全过程工程咨询研究与实践
——大学综合校区建设项目

·任 展 主编·
·郎灏川 柏永春 曾维迪 副主编·

中国建筑工业出版社

图书在版编目（CIP）数据

全过程工程咨询研究与实践：大学综合校区建设项目/任展主编；郎灏川，柏永春，曾维迪副主编. —北京：中国建筑工业出版社，2021.11
ISBN 978-7-112-26898-6

Ⅰ.①全… Ⅱ.①任…②郎…③柏…④曾… Ⅲ.①高等学校-校园-建筑工程-咨询服务-研究-中国 Ⅳ.①F426.9

中国版本图书馆CIP数据核字（2021）第248593号

本书详细介绍了工程项目建设全过程工程咨询与实践，结合具体工程项目，总结全过程工程咨询的组织架构模型、投资控制、设计控制等专篇做法和经验。全书共四篇十章，包括全过程工程咨询的发展背景与历程，全过程工程咨询的概念与理解，全过程工程咨询内涵与发展问题，深圳技术大学建设项目（一期）工程概况、管理模式、管理内容、管理成效、经验提炼与推广，绍兴高铁北站TOD综合体项目案例分析和项目管理类表格模板。

本书内容全面，实践性强，可供工程设计咨询单位、监理单位相关人员学习参考，也可作为院校相关专业师生参考使用。

责任编辑：徐仲莉　王砾瑶　范业庶
责任校对：赵　菲

全过程工程咨询研究与实践——大学综合校区建设项目

任　展　主编
郎灏川　柏永春　曾维迪　副主编

*

中国建筑工业出版社出版、发行（北京海淀三里河路9号）
各地新华书店、建筑书店经销
北京建筑工业印刷厂制版
北京建筑工业印刷厂印刷

*

开本：787毫米×1092毫米　1/16　印张：27　字数：554千字
2021年12月第一版　　2021年12月第一次印刷
定价：95.00元
ISBN 978-7-112-26898-6
（38629）

版权所有　翻印必究
如有印装质量问题，可寄本社图书出版中心退换
（邮政编码 100037）

本书编委会

主　　编：任　展

副 主 编：郎灏川　柏永春　曾维迪

编写人员：张云鹤　贾翊铭　邵忠安　黄正宇　刘天奇　阳　明
　　　　　吴林峰　张　宝　戚雨峰　李林洲　闵芙蓉　吕晓欢
　　　　　廖伯旋　余增猛　林为贤　张艺源　巫灵洲　戴裕华
　　　　　韦振芳　郑　毅　杨　阳　吕　桥　武瑾素　傅楚光
　　　　　吴克华　钟海荣　卢慧玉　姚　权　李超峰　武玉帅
　　　　　莫　豪　甘　霖　陈寿峰　薛立冬　武　爱　刘　江
　　　　　魏桂华　杨明华　李祥升　卢志超　张　叙　聂洪泉
　　　　　乔立强　程　亮　魏涌生　万　富　夏岳升　吴建平
　　　　　蔡俊慧　陈明堂　李道达　刘　印　李继才　王　宁
　　　　　林　楠　杨　波　苏　康　李洪波　赵　俊　陈　勇
　　　　　王　宇

校　　对：吕昌文　黄　薇　吴雨倩

序

自中华人民共和国成立以来,我国的工程咨询行业从无到有、由小到大,取得了飞速发展,随着改革开放的深入和社会主义市场经济体制的确立,工程咨询产业化、工程咨询单位市场化的步伐明显加快,行业规模显著增大,从业人员素质不断提高,服务质量和水平稳步提升。进入2000年后,随着国民经济的高速发展,中国建筑行业的技术水平、管理水平大幅度提升。2008年,国务院正式明确了"指导工程咨询业发展"是国家发展改革委的主要职能之一,首次明确中国工程咨询业的归口管理部门。随后,国家发展改革委编制并印发了《工程咨询业2010~2015年发展规划纲要》,由此标志着一个法律法规、运行制度日益完善的行业发展态势和政府指导、行业自律、市场运作的工程咨询市场正在形成。为进一步适应快速发展、变幻莫测的建筑市场环境,促进建筑可持续健康发展,政府主管部门不断探索创新,并于2017年2月21日由国务院办公厅发布《关于促进建筑业持续健康发展的意见》(国办发〔2017〕19号,以下简称〔2017〕19号文),其中在"完善工程组织建设模式"部分,明确倡导"培育全过程工程咨询,鼓励投资咨询、勘察、设计、监理、招标代理和造价等企业采取联合经营、并购重组等方式发展全过程工程咨询,培育一批具有国际水平的全过程工程咨询企业,制定全过程工程服务技术标准和合同范本"。该文件在建筑业全产业链中首次明确了"全过程工程咨询"这一概念。随后,住房城乡建设部发布了一系列规范性文件,从多个维度表明国家要大力发展全过程工程咨询的模式,逐步形成建设工程项目全生命周期的一体化工程咨询服务体系,从而实现建筑业转型升级,与国际接轨。2017年5月2日,住房城乡建设部发布了《关于开展全过程工程咨询试点工作的通知》(建市发〔2017〕101号),确定北京、上海、江苏、浙江、福建、湖南、广东、四川8省市及40家企业率先开展为期2年的全过程工程咨询试点的工作,至此,国内全过程工程咨询推广工作正式拉开序幕。

2017年以来,在政府相关部门的引导下,全过程工程咨询试点项目在各个地市不断涌现,特别是超大规模项目或项目群,使用全过程工程咨询模式实现项目建设目标较传统模式具备更大的优势。在深圳,政府工程集中代建单位深圳市建筑工务署率先响应〔2017〕19号文要求,先后在深圳技术大学建设项目(一期)等一批项目试点全过程工程咨询管理模式。上海建科工程咨询有限公司作为牵头单位全面提供深圳技术大学建设项目（一期）的全过程工程咨询服务。截至目前，该项目已经完成近 90 万 m^2 的建筑单体及室外工程竣工验收及移交工作，各相关方对交付的成果均表示满意，率先从实践的角度充分证实了全过程工程咨询建设模式的优越性、先进性。综合以上因素，上海建科工程咨询有限公司作为国内工程咨询行业龙头企业，本着引领行业发展方向、为客户提供满意的建设工程管理咨询服务的企业使命，组织编制了《全过程工程咨询研究与实践——大学综合校区建设项目》，将深圳技术大学建设项目（一期）全过程工程咨询系统性开展方法进行全面、系统地总结，对其他项目具有较高的借鉴价值。除此之外，本书还单独整理经验提炼与推广篇章，分别对全过程工程咨询组织架构模型、工程变更管理、投资控制等 14 个专篇提炼，对开展同类型的全过程工程咨询项目来说，有较大的指导意义。

全过程工程咨询是一种新颖的工程建设组织模式，需要不断地探索、总结实践经验、以创新的理念提炼价值，培养复合型人才，促进行业健康有序发展。也期望本书能为同类型项目开展全过程工程咨询提供宝贵经验，为促进全过程工程咨询进一步完善和发展作出积极的贡献。

前言

与传统工程咨询相比较,全过程工程咨询具有明显的优势:一是全过程工程咨询内容全面,包含建设、勘察、设计、施工、监理的环节。按照合同的约定内容,为建设单位提供无缝隙且非分离的整体型咨询服务,并对所提供服务的完整性、科学性和准确性负责。建设单位的合同成本大大降低,真正实现了"1+1＞2"的效益。二是可以合理协调整合资源,将各环节统一起来,大幅度缩短工期,提高工程品质,也有利于控制风险。不仅改变了传统工程咨询服务行业存在的松散化、碎片化的现象,还有效解决了传统工程咨询费用成本高、责任难以界定等问题,有利于咨询行业供给侧结构性改革,破解长期存在的市场供需矛盾,推动咨询行业的高质量发展。笔者结合全过程工程咨询实践,以深圳技术大学建设项目(一期)全过程工程咨询为例,分析该项目全过程工程咨询执行中各个环节模块关键点和创新性,并在此基础上,提出对于全过程工程咨询应用思考和建议,期望为同行及全过程工程咨询在我国的发展提供参考。

本书在编写时注重理论与实践相结合,系统地介绍了全过程工程咨询的基础理论和实际案例,从全过程工程咨询管理模式、管理内容、管理成效介绍了各阶段咨询服务程序、内容、方法和要求,还对绿色施工与环境管理、履约评价、智慧工地、"党建＋"、全过程工程监理、实验室工艺咨询等专项咨询进行了全面分析,具有较强的系统性、知识性、实践性和可操作性。

本书在编写过程中引用了大量案例,得到了诸多人员的理解和支持,也参阅了大量文献,引用了部分著作及文献资料,在此一并表示感谢。最后还要感谢中国建筑工业出版社领导和编辑等工作人员为本书出版所付出的辛勤劳动。

同时,真诚欢迎广大读者对本书提出修改补充与更新完善的意见。

目 录

第一篇　全过程工程咨询概论

第1章　全过程工程咨询的发展背景与历程　002
1.1　工程咨询业发展及现状　002
1.2　全过程工程咨询发展背景　005
1.3　全过程工程咨询发展历程　007

第2章　全过程工程咨询的概念与理解　010
2.1　全过程工程咨询的概念（1＋N＋X）　010
2.2　对全过程工程咨询的理解　013
2.3　全过程工程咨询的价值体现　019

第3章　全过程工程咨询内涵与发展问题　022
3.1　全过程工程咨询目标与内涵　022
3.2　全过程工程咨询发展问题及建议　023

第二篇　深圳技术大学建设项目（一期）实践案例

第4章　工程概况　028
4.1　项目基本信息　028
4.2　设计理念　031
4.3　对项目理解　033
4.4　对本项目可提供的服务　037

第5章　管理模式　043
5.1　组织架构　043
5.2　管理界面　050
5.3　管理方法　052

第6章 管理内容 ... 054
- 6.1 项目计划与总体统筹管理 ... 054
- 6.2 报批报建管理 ... 061
- 6.3 勘察管理 ... 068
- 6.4 设计管理 ... 071
- 6.5 招标与采购管理 ... 077
- 6.6 投资管理 ... 083
- 6.7 技术管理 ... 090
- 6.8 合同管理 ... 094
- 6.9 进度管理 ... 099
- 6.10 安全生产管理 ... 104
- 6.11 档案与信息管理 ... 113
- 6.12 BIM 管理 ... 127
- 6.13 结算管理 ... 140
- 6.14 风险管理 ... 147
- 6.15 竣工验收与移交管理 ... 151
- 6.16 后评价管理 ... 157
- 6.17 绿色施工与环境管理 ... 162
- 6.18 履约管理 ... 168
- 6.19 智慧工地 ... 174
- 6.20 "党建+" ... 180
- 6.21 全过程工程监理 ... 185
- 6.22 实验室工艺与咨询 ... 193

第7章 管理成效 ... 201
- 7.1 项目策划成效 ... 201
- 7.2 设计管理成效 ... 214
- 7.3 招标与采购精细化管控成效 ... 220
- 7.4 进度管理成效 ... 225
- 7.5 投资控制成效 ... 229
- 7.6 质量管理成效 ... 235

第8章 经验提炼与推广 ... 241
- 8.1 全过程工程咨询模式下组织架构设计 ... 241
- 8.2 全过程工程咨询清单式管理思路 ... 246
- 8.3 全过程工程咨询模式下工程变更管理 ... 251

8.4　全过程工程咨询投资控制方法 ·· 255
8.5　全过程工程咨询进度管理办法 ·· 260
8.6　全咨监理项目部 6S 管理探索 ··· 266
8.7　全咨监理项目部对高处作业安全的管控探索 ································· 275
8.8　基于 BIM 的现场管理 ··· 284
8.9　基于无人机航拍技术的现场管理 ·· 288
8.10　基于进度提升的钢结构施工技术 ··· 293
8.11　以履约评价促参建单位提升水平 ··· 301
8.12　安全管理合力的打造与维护 ·· 306
8.13　工务署管理模式下总包单位履责现状与需求 ································ 311
8.14　高品质交付的质量管控专篇 ·· 320

第三篇　其他案例实践

第 9 章　绍兴高铁北站 TOD 综合体项目案例分析 ································ 338
9.1　工程概况 ·· 338
9.2　管理模式 ·· 345
9.3　管理内容 ·· 348
9.4　重难点及措施 ·· 360

第四篇　管理工具展示

第 10 章　项目管理类表格模板 ·· 364
10.1　项目进度管理报告 ··· 364
10.2　关键日期完成确认书 ·· 365
10.3　成果交付确认表 ·· 366
10.4　招标呈批表 ··· 367
10.5　合同呈批表 ··· 368
10.6　合同履约评价报告 ··· 369
10.7　专家意见评审表 ·· 370
10.8　成果交付确认表 ·· 371
10.9　工程现场会签单 ·· 372

10.10	图纸审查意见	373
10.11	投资控制责任表	374
10.12	设计变更洽商记录	375
10.13	工程变更发包人员审批表	376
10.14	变更预算表	377
10.15	设计变更审核确认表	378
10.16	工程款支付审批表	379
10.17	工程款支付汇总表	380
10.18	工程量计算书	381
10.19	预（结）算呈批表	382
10.20	质量交底记录	383
10.21	工程质量检查记录表	384
10.22	重大质量问题、质量事故报告表	385
10.23	安全生产、文明施工记录	386
10.24	安全文明施工检查记录表	387
10.25	安全事故报告表	388
10.26	工程样板验收表	389
10.27	保修通知书	390
10.28	质量缺陷处理备案表	391
10.29	质量回访单	392
10.30	质量控制报告	393
10.31	设计阶段 BIM 实施计划样表	394
10.32	施工阶段 BIM 实施计划样表	395
10.33	项目应用成果文件审查表	396
10.34	项目问题收集、反馈表	397
10.35	BIM 模型综合审查表	398
10.36	BIM 模型精细度审查表（建筑）	399
10.37	BIM 模型精细度审查表（结构）	400
10.38	BIM 模型精细度审查表（给水排水及消防）	401
10.39	BIM 模型精细度审查表（暖通）	402
10.40	BIM 模型精细度审查表（电气）	403
10.41	档案移交清单	404
10.42	用印申请单	405
10.43	文件作废登记表	406

10.44	工作联系单	407
10.45	工作指令单	408
10.46	工作流转单	409
10.47	会议通知单	410
10.48	会议签到表	411
10.49	会议纪要	412
10.50	项目管理周报表	413
10.51	项目管理月报	415
10.52	项目管理专报	416
10.53	关键人员临时离场申请单	417

第一篇

全过程工程咨询概论

第1章 全过程工程咨询的发展背景与历程

第2章 全过程工程咨询的概念与理解

第3章 全过程工程咨询内涵与发展问题

第1章 全过程工程咨询的发展背景与历程

1.1 工程咨询业发展及现状

"工程咨询"是指遵循独立、科学、公正的原则，运用工程技术、科学技术、经济管理和法律法规等多学科方面的知识和经验，为政府部门、项目业主及其他各类客户的工程建设项目决策和管理提供咨询活动的智力型服务行业，包括前期立项阶段咨询、勘察设计阶段咨询、施工阶段咨询、维保阶段咨询、后评价阶段咨询，且遵循独立、科学、公正的原则。依据工作属性和服务目标的不同，建筑工程咨询主要分为12类，包括：项目决策分析与评估、建设项目环境影响评价、建设项目安全影响评价、建设项目社会影响评价、工程勘察、工程设计、招标代理、工程监理、工程项目管理、竣工验收阶段专项咨询、项目后评价、其他工程咨询。在我国，工程咨询单位资格等级分为甲级、乙级、丙级。各级工程咨询单位按照国家有关规定和业主要求依法开展业务。

我国工程咨询业经历了较长时间的发展，自中华人民共和国成立后，工程咨询业开始初步发展。第一个五年计划期间，我国投资决策体制沿用苏联的模式，当时我国投资决策多采用"方案研究""项目建议书""技术经济分析"等，类似可行性研究的方法，取得了较好的效果，并由此成立了一批工程设计院，由这些设计院单位担任大量的工程设计及项目前期工作。但当时的咨询都是在政府指令性计划下完成的，服务内容和服务形式与现代化的咨询服务在深度和广度上均有差异。

我国真正意义上的工程咨询业始于20世纪80年代初期，我国工程咨询业务大部分属于工程前期项目咨询，机构大体上可分为两个部分，其一大部分是当时计划经济体制下诞生的勘察设计单位，其二是依托各级计经委等政府部门或建设银行等金融机构而成立的各类咨询服务公司。

1992年，中国工程咨询协会的成立以及1994年《工程咨询业管理暂行办法》的颁布，标志着我国工程咨询行业正式形成，国家产业政策也明确把工程咨询纳入服务业。然而，此时从事战略性规划和工程项目后评价等工程咨询机构较少，工程咨询主业仍局限于前期论证和评估咨询，综合性工程咨询公司极少，而工程勘察设计单位的义务范围还是以工程勘察设计为主。

1996年，中国工程咨询协会加入国际咨询工程师联合会（FIDIC）以及2001年我国加入 WTO，政府机构改革、科研设计单位全面转制，在此契机下，国内各类工程咨询单位也进行了与政府机构脱钩改制，工程咨询市场进一步开放。与此同时，国外工程咨询机构也开始大力开拓中国市场，在中国设立办事处或公司。此外，国内工程咨询企业也开始尝试进入国际市场，我国工程咨询业进入了全面迎接国际竞争的时代。

2017 年，国务院《关于促进建筑业持续健康发展的意见》提出，完善工程建设组织模式，培育全过程工程咨询。鼓励投资咨询、勘察、设计、监理、招标代理、造价等企业采取联合经营、并购重组等方式发展全过程工程咨询，培育一批具有国际水平的全过程工程咨询企业。

我国实施改革开放后，工程咨询业在不断深入，并得到日益完善的发展，在我国政府的政策主导下，一批涉及工程咨询行业管理、市场准入、市场监管、质量控制的规范文件陆续出台，各项鼓励支持工程咨询业发展的政策措施进一步落实，使工程咨询的行业认知度有效提升，行业自律管理与服务有效加强，行业发展环境持续优化。

国际上工程咨询产生于 18 世纪末 19 世纪初的第一次产业革命，它是近代工业化进程下的产物，从初创至今，已有一百多年的历史，国际工程咨询业的发展主要分为三个阶段：个体咨询阶段、合伙咨询阶段、综合咨询阶段。

（1）个体咨询阶段。在 19 世纪，土木工程师和建筑师，独立承担从建筑工程建设中分离出来的技术咨询，这一时期的工程咨询活动带有分散性、随机性、经验性的特点。

（2）合伙咨询阶段。在 20 世纪，工程咨询已从建筑业扩展到工业、农业、交通等行业领域，咨询形式也由个体独立咨询发展到合伙人公司，技术咨询水平进一步提高。

（3）综合咨询阶段。第二次世界大战以后，工程咨询业又发生了三个变化：从专业咨询发展到综合咨询，从工程技术咨询发展到战略咨询，从国内咨询发展到国际咨询，同时，出现了一批著名的工程咨询公司。

目前，工程咨询行业在工程建设中的作用逐渐显现，对工程咨询行业的重视程度不断提高，随着我国经济的快速发展和固定资产投资规模的不断扩大，我国工程咨询行业发展迅速，工程咨询行业规模稳步扩大，可持续发展的人才队伍日益壮大，具有国际竞争力的工程咨询公司不断增加，工程咨询单位体制机制改革创新力度不断加大，工程咨询行业差异竞争、优势互补、协调共进的多元化发展格局逐步形成。我国工程咨询市场规模及体量大，工程咨询行业不断加快市场培育速度，在多种专项模式组合下累积的工程咨询实践经验丰富等，也反映出我国工程咨询行业发展前景较好。

工程咨询作为新兴产业，经过多年已经取得了飞速的发展，在发达国家，工程咨询已经成为项目投资的一项十分重要的工作。相比国际工程咨询业，我国工程咨询业起步较晚，基础较为薄弱，工程咨询行业发展过程中还存在许多制约。

如我国工程咨询业务大多来自国内市场，只有极少数工程咨询企业能做到"走出去"到国际上。我国工程咨询行业管理体制和机制仍需完善，还不能适应现阶段发展形势的需要。我国工程咨询行业相应的专业人才不够、部分技术资源匮乏、服务质量参差不齐等问题，整体上还制约着我国工程咨询行业快速发展。

在建筑行业，工程项目上参建单位一般较多，繁多的参与单位增加了组织的管理难度，形成了信息资源的壁垒，专项咨询单位之间信息流通受到制约，参建人员的经验都不同，不同专业的工作内容缺少互补，只能单一地为业主提供阶段性的工程咨询服务，各参建单位之间的沟通效率会有所降低。

工程咨询对项目类别依赖性较高，同一工程咨询对不同类型的项目，很难快速地提供优质的专项工程咨询服务，整体创新能力有待加强，咨询服务的质量有待提高。近些年，工程咨询从业人员逐年增加，拥有执业资格人员不断增加，但是整体上高端人才匮乏，工程咨询体制有待完善，整体信息化建设水平滞后，与国际工程咨询竞争相差仍然较大。

"十三五"规划期间，我国工程咨询业面临难得的发展机遇。从国内环境看，供给侧结构性改革部署推进，工业化、信息化、城镇化、农业现代化同步发展，生态文明建设致力打造美丽中国，"一带一路"建设、京津冀协同发展、长江经济带建设等推进产业升级转移、基础设施建设和区域一体化，"中国制造2025""互联网＋"推动新一代信息技术与制造业等传统产业深度融合等，国家决策支撑体系和国家治理体系加快建设，为我国工程咨询业的发展提供了更大的平台，带来了更多机遇，同时也提出了更高要求。

当前，我国的工业、信息以及城镇等发展速度较快，尤其是在不断改革的推动之下，新技术以及新工艺的不断出现，都可以加快工程咨询的发展，工程咨询在原有基础上得到不断的扩展，在发展过程当中，工程咨询行业不断面临全新的机遇与挑战，这需要工程咨询行业不断地适应发展目标，同时也使我国的工程咨询（如勘察、设计、监理、造价、施工等）转型升级，不断增强综合实力，加快与国际工程咨询融合，提升整体竞争力良好时机。

工程咨询是知识和技术型的专业化服务，是国家重点加快发展的产业，随着国家政策规定的日益规范和逐渐完善，紧密围绕国家经济社会发展需求、大力推进体制改革、业务协调发展和理论，我国工程咨询行业正在大力开展建设，工程咨询市场不断完善，行业发展环境持续优化。鉴于我国全过程工程咨询发展时间较短，因此工程咨询行业要重视全过程工程咨询项目，及时开展经验总结，工程咨询人员要加强自身专业知识，企业要培养复合型管理人才，技术方面要做好知识储备，用良好的信誉和方法，赢得各方的信任。因此，现在既面临着机遇，也面临着挑战。

1.2 全过程工程咨询发展背景

"全过程工程咨询"是指对在工程建设项目全生命周期,从前期研究、决策阶段、工程项目实施阶段到维修运营阶段全过程,提供组织、管理、经济和技术等各有关方面的工程咨询服务,包括项目的全过程工程项目管理以及投资咨询、勘察、设计、造价咨询、招标代理、监理、运营维护咨询等专业咨询服务。

全过程工程咨询服务是对工程建设项目前期研究和决策以及工程项目实施和运行(或称运营)的全生命周期提供包含设计和规划在内的涉及组织、管理、经济和技术等各有关方面的工程咨询服务。全过程工程咨询服务可采用多种组织模式,为项目决策、项目前期、实施过程、运营维护提供局部或整体解决方案,围绕项目全生命周期持续提供工程咨询服务。

改革开放以来,我国工程咨询发展迅速,形成了投资咨询、招标代理、勘察、设计、监理、造价、项目管理等咨询服务业。过去传统的咨询服务模式,由于各项咨询服务较多,但是不能提供全过程的项目管理,单一的工程咨询服务协调项目上整体资源较为困难,主要因工程咨询服务非全过程服务,很难与所有参建单位进行有效的沟通联系,由此在工程项目建设过程中,工程咨询在管理模式上不能满足建设单位全过程项目管理的需求,建设单位管理成本也会加大,同时市场的原因也导致建设方无法得到更好的咨询服务。

建筑业是我国国民经济中的重要产业,我国正在大力开展城镇化建设,城镇化的推进引领着工程建设的快速发展,重视对工程项目方面的投资,不仅带动经济的发展,也带动着产业的提升。在工程建设方面,传统模式下的项目管理目标是以各参建方的利益为主,如建设单位、勘察单位、设计单位、施工单位、监理单位、第三方服务单位的项目管理目的都各有不同,其中,建设单位对工程项目管理的特点是由建设方在工程项目中的特殊地位决定,主要体现为对投资控制的成效,是对工程项目全过程进行管理。施工单位对工程项目管理是为完成建设单位对项目建设的需求任务,在建设阶段对自己承担的工作任务投入资源进行计划、组织、协调、实施的过程。工程咨询单位对工程的项目管理是提供专项的咨询服务,在项目建设过程中提供技术上、策略方面的支撑,为完成建设单位委托的工作任务。由此可见,单一的工程咨询方式,很难从业主的角度来考虑利益,项目管理的阶段性和局部性,内在联系的割裂,导致项目管理存在明显的弊端,与国际上的工程建设模式相比,传统"碎片化"的工程咨询服务无法满足国际市场的需要,工程咨询服务技术标准与国际也很难接轨,需要创建大型"全过程"咨询机构到国际市场上参与竞争。因此,设计、造价、监理、招标代理等各类工程咨询遇到发展的瓶颈,需要进行创新突破,也是全过程工程咨询发展的必然趋势。

2017年，国务院《关于促进建筑业持续健康发展的意见》提出，要完善工程建设组织模式，培育全过程咨询。我国全过程工程咨询理念发展起步较晚，全过程工程咨询的提出，是转变建筑业经济增长方式的需要，促进工程建设实施组织方式变革的需求，推进工程咨询行业国际化发展战略的需求。提供全过程工程咨询服务的企业应当具有相应的组织、管理、经济、技术和法规等咨询服务能力，同时具有良好的信誉、相应的组织机构、健全的工程咨询服务管理体系和风险控制能力。全过程工程咨询服务企业承担勘察、设计或监理咨询服务时，应当具有与工程规模及委托内容相适应的资质条件。全过程工程咨询项目负责人应取得工程建设类注册执业资格或具有工程类、工程经济类高级职称，并具有类似工程经验。对于承担全过程工程咨询服务中勘察、设计或监理岗位的人员应具有现行法规规定的相应执业资格等。

随着我国经济社会的发展，为提升项目投资效益，确保建设工程质量，更好地实现投资建设意图，投资者或建设单位在固定资产投资项目决策、工程建设、项目运营过程中，对综合性、跨阶段、一体化的咨询服务需求日益增强，传统工程咨询模式中专项咨询模式较多，组织效率和社会经济效益最优化难以实现。因此，对于可以贯穿项目全寿命周期、涵盖各专业的全过程工程咨询服务形式出现，这是全面深化改革的结果，让全过程工程咨询闪亮走进人们的视野。随着我国对工程建设的组织管理模式提出更多的要求，加上我国战略"新丝绸之路经济带"和"21世纪海上丝绸之路"的重大推进，"一带一路"经济区开放后，我国在国际上承包的工程项目突破3000个，面对对外投资工程建设需求增加，我国在国际上需要加快推进建筑业市场化，政府从工程建设的微观转变为宏观，由此专业化的全过程咨询服务资源，将可以充分地发挥其在建筑业发展的主导作用，不仅促进政府职能的转变，也促进工程咨询服务企业的转型和升级，以中国投资带动中国建造必然要"走出去"，拓展更大的市场。因此，全过程工程咨询需要适应时代的发展和潮流。

综上所述，我国全过程工程咨询正处于初步发展阶段，全过程工程咨询的提出是经济发展需要，工程建设组织模式上转型的改变，是推进我国工程咨询国际化需要，是我国工程咨询行业发展的需求。但是，我国全过程工程咨询在市场上也面临着部分问题，我们的工程咨询业还没有完全走出去，与发达国家相比还存在一定差距和不足，竞争力相对较差，从业人员的素质、组织结构、管理机制等方面都存在差距。在我国，工程咨询的服务理念短时间内很难改变，国内全过程工程咨询公司的服务水平不一，各地的政策标准未统一，全过程工程咨询公司在全国存在区域限制，制约发展全过程工程咨询的规模。全过程工程咨询专业人才大多是从工程咨询转型，优秀资质的全过程工程咨询项目经理，具备全过程项目管理的理念，但是相应的人才较少。全过程工程咨询的发展，还需要继续深化改革，推进工程咨询的多种模式组合，尽早培育出一批具有国际水平的全过程工程咨询企业。

1.3 全过程工程咨询发展历程

自 2017 年我国开展全过程工程咨询试点后，通过多种全过程工程咨询模式实践，经历了概念的提出、全国开展试点、全国范围内陆续推广、项目落地实施等阶段。全过程工程咨询服务可由一家具有综合能力的工程咨询企业实施，或由多家具有不同专业特长的工程咨询企业联合实施，在建设全过程不同服务阶段提供不同层面的组织、管理、经济、技术咨询服务。

1.3.1 初步萌芽阶段（2017 年）

（1）2017 年，为加强对工程咨询行业的管理，规范从业行为，保障工程咨询服务质量，促进投资科学决策、规范实施，发挥投资对优化供给结构的关键性作用，国家发展和改革委员会令第 9 号发布的《工程咨询行业管理办法》提出，工程咨询是遵循独立、公正、科学的原则，综合运用多学科知识、工程实践经验、现代科学和管理方法，在经济社会发展、境内外投资建设项目决策与实施活动中，为投资者和政府部门提供阶段性或全过程咨询和管理的智力服务。全过程工程咨询采用多种服务方式组合，为项目决策、实施和运营持续提供局部或整体解决方案以及管理服务。有关工程设计、工程造价、工程监理等资格，由国务院有关主管部门认定。

（2）2017 年，国务院印发《关于促进建筑业持续健康发展的意见》（国办发［2017］19 号）。提出：一是要加快推行工程总承包。装配式建筑原则上应采用工程总承包模式。政府投资工程应完善建设管理模式，带头推行工程总承包。加快完善工程总承包相关的招标投标、施工许可、竣工验收等制度规定。按照总承包负总责的原则，落实工程总承包单位在工程质量安全、进度控制、成本管理等方面的责任。除以暂估价形式包括在工程总承包范围内且依法必须进行招标的项目外，工程总承包单位可以直接发包总承包合同中涵盖的其他专业业务。二是开始培育全过程工程咨询。政府投资工程应带头推行全过程工程咨询，鼓励非政府投资工程委托全过程工程咨询服务。在民用建筑项目中，充分发挥建筑师的主导作用，鼓励提供全过程工程咨询服务。

关于加快推行工程总承包方面，明确了建筑产品的生产模式，重新定义了工程建设的组织模式。培育全过程工程咨询方面，明确了建筑产品的服务模式，描述了培育方向，但未从概念上对全过程工程咨询进行准确定义。

（3）2017 年，住房和城乡建设部印发《关于征求在民用建筑工程中推进建筑师负责制指导意见（征求意见稿）意见的函》（建市设函［2017］62 号），提出推进建筑师负责制，充分发挥建筑师主导作用，鼓励提供全过程工程咨询服务，明确建筑师权利和责任，提高建筑师地位，提升建筑设计供给体系质量和建筑设计品质，增强核心竞争力，满足"中国设计"走出去和参与"一带一路"国际合作的需要。

（4）2017年，住房和城乡建设部印发《关于促进工程监理行业转型升级创新发展的意见》（建市［2017］145号）提出，建设工程监理制度的建立和实施，推动了工程建设组织实施方式的社会化、专业化，为工程质量安全提供了重要保障，是我国工程建设领域重要改革举措和改革成果。为完善工程监理制度，更好发挥监理作用，促进工程监理行业转型升级、创新发展。工程监理服务多元化水平显著提升，服务模式得到有效创新，逐步形成以市场化为基础、国际化为方向、信息化为支撑的工程监理服务市场体系。行业组织结构更趋优化，形成以主要从事施工现场监理服务的企业为主体，以提供全过程工程咨询服务的综合性企业为骨干，各类工程监理企业分工合理、竞争有序、协调发展的行业布局。监理行业核心竞争力显著增强，培育一批智力密集型、技术复合型、管理集约型的大型工程建设咨询服务企业。

1.3.2 初步试点阶段（2017年）

（1）2017年，住房和城乡建设部印发《关于建筑业发展"十三五"规划的通知》（建市［2017］98号）提出，提升工程咨询服务业发展质量，改革工程咨询服务委托方式，研究制定咨询服务技术标准和合同范本，引导有能力的企业开展项目投资咨询、工程勘察设计、施工招标咨询、施工指导监督、工程竣工验收、项目运营管理等覆盖工程全生命周期的一体化项目管理咨询服务，培育一批具有国际水平的全过程工程咨询企业提升建筑设计水平，健全适应建筑设计特点的招标投标制度完善注册建筑师制度，探索在民用建筑项目中推行建筑师负责制，完善工程监理制度，强化对工程监理的监管。

（2）为贯彻落实国务院办公厅《关于促进建筑业持续健康发展的意见》（国办发［2017］19号）要求，培育全过程工程咨询，经研究，决定选择部分地区和企业开展全过程工程咨询试点。

住房和城乡建设部《关于开展全过程工程咨询试点工作的通知》（建市［2017］101号）提出，通过选择有条件的地区和企业开展全过程工程咨询试点，健全全过程工程咨询管理制度，完善工程建设组织模式，培养有国际竞争力的企业，提高全过程工程咨询服务能力和水平，为全面开展全过程工程咨询积累经验，选择北京、上海、江苏、浙江、福建、湖南、广东、四川8省（市）等40家企业开展全过程工程咨询试点。试点工作自本通知印发之日起开始，时间为2年。

（3）《广东省全过程工程咨询试点工作实施方案》（粤建市［2017］167号）提出，创新和完善工程项目管理制度，全面整合工程建设过程中所需的服务业务，完善工程建设管理，提高投资效率，提升工程质量安全水平，完善全过程工程咨询技术标准体系和管理制度。

1.3.3 初步发展阶段（2018年至今）

（1）2018年，为进一步完善我国工程建设组织模式，推进全过程工程咨询服务发展，住房和城乡建设部印发《关于征求推进全过程工程咨询服务发展的指导意见（征求意见稿）和建设工程咨询服务合同示范文本（征求意见稿）意见的函》（建市监函［2018］9号），提出按照高质量发展的要求，深化工程建设组织管理模式改革，培育全过程工程咨询服务市场，推进工程咨询服务业供给侧结构性改革，增强工程咨询企业核心竞争力，实现工程咨询行业组织结构调整与资源优化组合，促进建筑业持续健康发展，全面提升工程建设质量和投资效益。

（2）2019年，国务院印发《关于完善质量保障体系提升建筑工程品质的指导意见》（国办函［2019］92号）提出，改革工程建设组织模式，推行工程总承包，落实工程总承包单位在工程质量安全、进度控制、成本管理等方面的责任。完善专业分包制度，大力发展专业承包企业。积极发展全过程工程咨询和专业化服务，创新工程监理制度，严格落实工程咨询（投资）、勘察设计、监理、造价等领域职业资格人员的质量责任。在民用建筑工程中推进建筑师负责制，依据双方合同约定，赋予建筑师代表建设单位签发指令和认可工程的权利，明确建筑师应承担的责任。

（3）2019年，为了贯彻落实党中央、国务院关于基础设施补短板、防范化解地方政府隐性债务风险的决策部署，加强PPP项目投资和建设管理、提高PPP项目投资决策科学性，国家发展改革委印发《关于依法依规加强PPP项目投资和建设管理的通知》（发改投资规［2019］1098号），指导监督PPP咨询机构严格执行《工程咨询行业管理办法》，通过在线平台履行法定备案义务，接受行业监督管理。

（4）2019年，为深化投融资体制改革，提升固定资产投资决策科学化水平，进一步完善工程建设组织模式，提高投资效益、工程建设质量和运营效率，国家发展改革委、住房和城乡建设部印发《关于推进全过程工程咨询服务发展的指导意见》（发改投资规［2019］515号，以下简称《指导意见》），就在房屋建筑和市政基础设施领域推进全过程工程咨询服务发展提出意见。在项目决策和建设实施两个阶段，重点培育发展投资决策综合性咨询和工程建设全过程咨询，全面提升投资效益、工程建设质量和运营效率，推动高质量发展。以投资决策综合性咨询促进投资决策科学化，大力提升投资决策综合性咨询水平，规范投资决策综合性咨询服务方式，充分发挥投资决策综合性咨询在促进投资高质量发展和投资审批制度改革中的支撑作用，政府投资项目要优先开展综合性咨询。以全过程咨询推动完善工程建设组织模式，以工程建设环节为重点推进全过程咨询，探索工程建设全过程咨询服务实施方式，促进工程建设全过程咨询服务发展，明确工程建设全过程咨询服务人员要求。

第2章 全过程工程咨询的概念与理解

2.1 全过程工程咨询的概念（1＋N＋X）

全过程工程咨询的特点是在项目建设全生命周期提供全过程的工程咨询服务，整合投资咨询、招标代理、勘察、设计、监理、造价、项目管理等业务资源和专业能力，实现项目组织、管理、经济、技术等全方位一体化。

全过程工程咨询服务模式，可由一家具有综合能力的工程咨询企业实施，或可由多家具有不同专业特长的工程咨询企业联合实施，也可以根据建设单位的需求，依据全过程工程咨询企业自身的条件和能力，为工程建设全过程中的几个阶段提供不同层面的组织、管理、经济和技术服务。全过程咨询单位提供勘察、设计、监理或造价咨询服务时，应当具有与工程规模及委托内容相适应的资质条件，工程建设中全过程咨询单位提供勘察、设计、监理或造价咨询服务时，应当具有与工程规模及委托内容相适应的资质条件，通常要求具备勘察、设计、监理、造价咨询等一项或多项资质。

全过程咨询项目负责人应当取得工程建设类注册执业资格且具有工程类、工程经济类高级职称，并具有类似工程经验。对于工程建设全过程咨询服务中承担工程勘察、设计、监理或造价咨询业务的负责人，应具有法律法规规定的相应执业资格。

对于"1＋N"的全过程工程咨询模式，其中"1"是指当投资人委托多个咨询单位共同承担项目全过程工程咨询业务时，投资人应明确其中一家咨询单位作为全过程工程咨询单位，负责全过程工程项目管理等综合性工作，由其协调其他咨询单位分别按合同约定负责所承担的专业咨询工作。"N"指全过程各专业咨询，包括前期工程咨询、工程勘察、工程设计、招标采购、造价咨询、工程监理、运营维护咨询和BIM咨询。

前期工程咨询包括可行性研究、环境影响评价、交通影响评价、防洪评价、水土保持方案等，是为配合项目前期审批进行的有关服务工作。设计阶段进行的勘察、造价咨询、施工图审查等咨询服务，施工阶段进行的监理、水土保持验收、环保验收、第三方检测、工艺咨询、后评价，为配合项目实施委托的工程咨询，根据不同阶段工程咨询进行探讨。因工程咨询种类多，不同阶段都会有很多专项的咨询单位，但是在现行的规范下，非法定规定拥有资质的工程咨询，实际上是很难广泛地来开展全过程工程咨询，主要是我国实行的资质制度，在行业之间形成壁垒。

全过程工程咨询的概念很多，基于"1＋N"模式的工程实践，现在全国各地都已在开展全过程工程咨询模式，但是各地方政策对于承接全过程工程咨询业务的资质要求不完全统一，通常要求具备勘察、设计、监理、招标代理、造价咨询、工程咨询等一项或多项资质。还有从企业的业绩、信誉、管理体系等不同方面提出了有关资格要求。综上所述，监理、勘察、设计咨询是"1＋N"模式中必不可缺的工程咨询。

从"1＋N＋X"概念思考，对于"1＋N＋X"的全过程工程咨询模式，其中"1"指的是全过程工程咨询项目管理。"N"指的是专业咨询，在资质许可范围内的专业工程咨询服务，应至少包括一项自行实施的专项服务，如勘察、工程设计、工程监理。"X"指的是为协调项目服务内容，按照规范政策，建设方必须委托或自行进行委托的阶段性专项咨询，包括项目前期咨询、设计阶段咨询、施工阶段咨询、专项工艺咨询等。

关于全过程工程咨询1＋N＋X模式，以全过程工程项目管理＋监理＋其他阶段性工程咨询组成的管理模式举例，在项目建设中，全过程工程咨询服务为项目管理与工程监理一体化服务管理模式，全过程工程咨询服务的主要内容主要为：对工程项目进行策划、前期、实施、验收移交、保修、竣工决算等全过程实施管理，其中项目管理内容为项目计划统筹及总体管理、报建报批管理、设计管理、招标采购及合同管理、进度管理、造价管理、投资管理、档案信息管理、BIM管理、专项工艺咨询管理、现场施工组织协调管理、竣工验收及移交管理、工程结算管理以及与项目建设管理相关的其他工作；工程监理包括施工准备阶段监理、施工阶段监理、保修监理、后续服务管理，以及与工程监理相关的其他工作。

（1）项目计划统筹及总体管理工作内容：制定项目管理具体目标，建立项目管理的组织机构，明确各部门及岗位工作职责，分解项目管理的工作内容，制定项目管理工作程序及工作制度，制订各阶段各岗位的人力资源计划。编制项目总体进度计划，根据项目实施情况进行动态调整。协调项目各层面、各相关单位、各项工作关系，协调项目外部关系。

（2）报建报批管理：根据项目建设内容编制报建报批工作计划，完成项目前期及工程建设期间的各项报批报建，包括但不限于：办理土地、规划、建设、环保、人防、消防、气象、水土保持、市政接入等。

（3）设计管理：制定设计管理工作大纲，明确设计管理的工作目标、管理模式、管理方法等。对项目设计全过程的进度、质量、投资进行管理。检查并控制设计单位的设计进度，检查图纸的设计深度及质量，分阶段、分专项对设计成果文件进行设计审查。负责组织对各阶段（方案、初步设计、施工图）及各专业的设计图纸设计深度及设计质量进行审查，减少由于设计错误造成的设计变更、增加投资、拖延工期等情况等。

（4）招标采购及合同管理：根据项目特点，对招标采购工作内容进行分解，制订招标采购计划，确定招标方式、招标时间、标段划分等内容，对造价咨询单位编制的报价原则、工程量清单、标底、上限价等经济技术指标进行审核等。

（5）进度管理：确定进度管理总体目标及节点目标，编制项目进度计划及控制措施，分析影响进度的主要因素，管控项目进度，对进度计划的实施进行检查和调整。

（6）投资管理：确定投资控制目标，制定投资管理制度、措施和工作程序，做好决策、设计、招标、施工、结算各阶段的投资控制。

（7）工程技术管理：对工程建设过程中的特殊结构、复杂技术、关键工序等技术措施和技术方案进行审核、评价、分析，解决施工过程中出现的设计问题，优化设计方案，对工程建设新技术、新工艺、新材料进行研究论证，对重要材料、设备、工艺进行考察、调研、论证、总结，从技术角度提出合理化建议或专项技术咨询报告。组织设计单位对监理和施工单位进行技术交底，对重点工序、重点环节的技术、质量进行控制，处理工程建设过程中发生的重大技术质量问题。

（8）档案与信息管理：对勘察、设计、监理、施工单位工程档案的编制工作进行指导，督促各单位编制合格的竣工资料，负责本项目所有竣工资料的收集、整理、汇编，并负责通过档案资料的竣工验收以及移交。

（9）BIM管理：组织落实项目BIM应用工作，保证项目BIM价值的实现，实现对项目BIM实施的综合管理。

（10）现场施工管理：对项目实施过程进行质量、进度、安全及文明施工管理。

（11）竣工验收及移交管理：负责组织项目相关参建各方办理项目专业验收和总体竣工验收申报手续，并协助进行项目专业验收和总体竣工验收，及时解决工程竣工验收中发现的工程质量问题。

（12）工程监理：施工准备阶段监理工作内容，根据项目的具体要求，对项目进行整体策划，包括工期策划和关键节点策划，编制监理实施计划和方案；开展施工过程中的质量、进度控制和安全生产监督管理，做好费用控制、合同、信息等方面的协调管理、保修及后续服务管理等。

由此可见，全过程工程咨询不仅服务模式多，还在工程建设项目全生命周期中，能较好地发挥组织项目上各项资源的优势，尤其体现在总体的统筹协调管理方面，对比各专项工程咨询模式，从项目服务周期的角度来看，不仅体现出了全过程工程咨询的具有较高的价值，而且提供专业的咨询服务更能给项目带来增值，也推进着工程咨询服务业的进步。但是，由于我国现在实行行业资质门槛，全过程工程咨询的发展依旧困难重重，相信经过不断的摸索和项目实践，随着全过程工程咨询企业服务水平越来越高,全过程工程咨询的理念,将会在政策及市场的推广中,让越来越多的人接受,全过程工程咨询的项目也会越来越多,尽早实现大量企业"走出去"到国际市场上的目标。

2.2 对全过程工程咨询的理解

全过程工程咨询是对工程建设项目前期研究和决策,以及工程项目实施和运行(或称运营)的全生命周期提供包含设计和规划在内的涉及组织、管理、经济和技术等各有关方面的工程咨询服务。全过程工程咨询服务可采用多种组织方式,为项目决策、实施和运营持续提供局部或整体解决方案。

2.2.1 提出的背景

(1)走入国际市场的需要

今日的中国,工程建设成绩举世瞩目,我国承包商水平(主要指施工)全球领先。随着全球经济一体化的发展,"一带一路"工作的推进,以中国投资带动中国建造必然要"走出去",拓展更大的市场。

但是,我们的工程咨询业还没有完全走出去,与发达国家相比,还存在一定差距和不足,竞争力相对较弱,在从业人员的素质、组织结构、管理机制等方面都存在较大差距。传统"碎片化"的咨询服务无法满足国际市场的需要,工程咨询服务技术标准与国际也很难接轨,需要创建大型"全过程"咨询机构到国际市场上参与竞争。

(2)项目建设单位的需要

传统的"碎片化"咨询服务,使得建设单位管理难度大、成本高,也无法得到更好的建筑产品和完备的服务,已不能满足建设单位的需要。

(3)咨询业转型的需要

传统模式项目管理的目标、计划、控制都以参与单位个体为主要对象,处于核心地位的"五方责任主体"(建设、勘察、设计、施工、监理)各有不同的特征和作用,彼此独立,相互牵制,无法有效整合。项目管理的阶段性和局部性割裂了项目的内在联系,导致项目管理存在明显的弊端,已与国际主流建设管理模式脱节。设计、造价、监理、招标代理等各类专业咨询企业遇到了发展的瓶颈,亟需创新突破。

(4)廉政建设的必要

当前工程建设领域是贪污腐败案件的多发区,"碎片式"承包也派生了更多廉洁风险点,难以监管,容易滋生腐败。有必要采用"全过程",大幅度减少廉洁风险点,铲除滋生腐败的温床。

2.2.2 政策的支持力度

"全过程"这一概念并非现在刚提出来，早在1994年4月，原国家计划委员会颁布的《工程咨询业管理暂行办法》中就提出全过程工程咨询概念，并且阐述了全过程咨询服务内容。2017年2月21日，《关于促进建筑业持续健康发展的意见》发布后，截至2019年3月，国家相关部委发布的有关"全过程"文件有12个之多。

但从文件的内容来看，推进"全过程"只是停留在"引导""鼓励""带头"层面，建设单位是否采用"全过程"模式，并无"强制性"要求。

2.2.3 "全过程"概念

"全过程"涉及建设工程全生命周期内的投资决策、招标代理、勘察设计、造价咨询、工程监理、项目管理、竣工验收及运营保修等各个阶段的管理服务。按阶段可分为全过程工程咨询和分阶段咨询。

在已发布的文件中，有两个文件给出了"全过程"的定义。国家发展改革委《工程咨询行业管理办法》中对"全过程"描述为：采用多种服务方式组合，为项目决策、实施和运营持续提供局部或整体解决方案以及管理服务。住房和城乡建设部《关于征求推进全过程工程咨询服务发展的指导意见（征求意见稿）》中关于"全过程"的描述为：全过程工程咨询是对工程建设项目前期研究和决策以及工程项目实施和运行（或称运营）的全生命周期提供包含设计和规划在内的涉及组织、管理、经济和技术等各有关方面的工程咨询服务。

"全过程"不同于以往的工程项目管理模式，它是技术、经济、信息、人才的高度融合和集约化管理，需要围绕项目的投资目标，高度整合投资决策、招标、勘察、设计、监理、项目管理、造价等业务资源和专业能力，提供全过程一体化的项目决策咨询和过程管理控制服务。如果从字面上理解，就是对一个工程从设想到立项、从设计到施工、从试产到运行期满的建设投资全过程的咨询服务过程。整个服务过程中，咨询部门不参与其间的实体生产，即不接触建筑施工（建造）和产品生产（运营），仅仅提供技术和管理等方面的支持（包含设计）。

2.2.4 委托主体

工程咨询企业接受建设单位委托提供的咨询服务属于全过程工程咨询服务，受其他委托人（如施工承包商）委托的咨询服务不属于全过程咨询服务。

2.2.5 适应项目

（1）从资金来源上

1）政府投资项目、国有企业投资项目（国有资金占控股或主导地位）。

2）民间投资项目。

（2）从项目所属领域上

适应于房屋建筑和市政基础工程。

（3）从项目需求上

1）工程总承包项目。工程总承包项目合同总价存在很大不确定性，建设单位在实施过程中不断变更或补充建设要求，加大了对总承包单位的干涉，也容易产生价格和工期的不确定性。

2）专业技术性较强的项目。技术性较强的项目需要依赖咨询公司提出专业意见，确保项目顺利实施。

3）政府、事业单位等建设主体投资的非经营性项目。政府、事业单位为不具备工程项目管理能力的建设主体，需要专业咨询机构进行管理。

2.2.6　组织方式

（1）为项目决策、招标代理、勘察设计、造价咨询、工程监理、项目管理、竣工验收及运营保修等各个阶段的全生命周期提供咨询服务。

（2）为项目若干阶段提供不同专业咨询服务。

（3）为项目的某一专业咨询提供跨阶段（至少涵盖两个或两个以上）的咨询服务。

以上第（1）类可以称之为完整全过程咨询服务，第（2）、（3）类可称之为相对全过程咨询服务。

2.2.7　服务模式

（1）由一家工程咨询企业实施。"全过程"服务可由建设单位委托一家具有综合能力的工程咨询企业实施，该工程咨询企业应具备与服务项目相匹配的资质、资格和能力，在具体提供咨询服务过程中，应当将依法需要资质但其不具备的（例如设计、监理）的服务分包给具备相应资质的企业实施。

（2）由多家具有不同专业特长的工程咨询企业组成联合体实施。多家工程咨询企业共同投标并与建设单位签订咨询合同，约定联合实施全过程工程咨询，签署联合体协议，明确联合体成员向建设单位承担连带责任，并明确牵头单位以及联合体成员单位所承担的咨询服务内容、权利、义务和责任。

（3）建筑师负责制。国务院办公厅《关于促进建筑业持续健康发展的意见》中提出："在民用建筑项目中，充分发挥建筑师的主导作用，鼓励提供全过程工程咨询服务。"

建筑师负责制是以担任民用建筑工程项目设计主持人或设计总负责人的注册建筑师为核心的设计团队，依据合同约定，对民用建筑工程全过程或部分阶段提供全寿命周期设计咨询管理服务，最终将符合建设单位要求的建筑产品和服务交付给建设单位的一种工作模式。

2.2.8 对咨询单位的委托

（1）《指导意见》要求

1）当全过程工程咨询中的一项或多项专业咨询服务达到法定必须招标规模标准的，应依法以招标方式发包全过程工程咨询服务，其他不需要招标的项目，建设单位可直接委托全过程工程咨询服务，如建设单位委托的全过程工程咨询服务单位具有资质覆盖下的内容可不再另行委托。

2）鼓励投资者在投资决策环节委托工程咨询单位提供综合性咨询服务，统筹考虑影响项目可行性的各种因素，增强决策论证的协调性。

3）建设单位选择具有相应工程勘察、设计、监理或造价咨询资质的单位开展全过程咨询服务的，除法律法规另有规定外，可不再另行委托勘察、设计、监理或造价咨询单位。

4）同一项目的全过程工程咨询单位与工程总承包、施工、材料设备供应单位之间不得有利害关系。

（2）部分试点省、市要求

1）四川省：对于必须招标的项目，只需对勘察设计、工程监理其中一项进行招标即可，其他咨询服务可直接委托同一咨询单位；而不需要依法招标的社会投资项目，可以直接委托实行全过程工程咨询服务。

2）湖南省：政府投资或国有投资试点项目应按照《招标投标法》组织全过程工程咨询招标投标，不需要进行招标的社会投资试点项目可直接委托全过程工程咨询服务。对于已经公开招标委托单项工程咨询服务的项目，在具备条件的情况下，可以补充合同形式将其他工程咨询服务委托给同一企业，开展全过程工程咨询工作。

3）上海市：具有相应工程监理资质的单位，依法通过招标方式取得工程项目管理服务（至少包含施工阶段项目管理服务）的，经建设单位同意，可在其资质许可范围内承接同一工程的监理工作。

2.2.9 对咨询单位的资质要求

（1）资质条件

工程建设全过程咨询单位提供勘察、设计、监理或造价咨询服务时，应当具有与工程规模及委托内容相适应的资质条件。通常要求具备勘察、设计、监理、造价咨询等一项或多项资质。

1）对于"1＋N"模式，仅承担"1"全过程工程咨询服务的，服务企业无需任何资质，具体视项目投资性质和委托方的要求决定。

2）对于"1+N"模式，承担"1"全过程工程咨询服务的同时，又承担必须具备法定资质要求的工程咨询、勘察、设计（含规划）、造价、监理的一项或多项任务时，服务企业应具备对应符合要求的资质。

3）全过程咨询服务单位应当自行完成自有资质证书许可范围内的业务，在保证整个工程项目完整性的前提下，按照合同约定或经建设单位同意，可将自有资质证书许可范围外的咨询业务依法依规择优委托给具有相应资质或能力的单位。

4）各地方政策中关于承接全过程工程咨询业务的资质要求不完全统一，通常要求具备勘察、设计、监理、招标代理、造价咨询、工程咨询等一项或多项资质。此外，还有一些地方从企业的业绩、信誉、管理体系等不同方面提出了有关资格要求。

（2）服务能力

具备相应的服务能力应为咨询企业承接全过程咨询服务的实质性条件，是需要重点关注的一项指标。全过程工程咨询单位应当建立与其咨询业务相适应的专业部门及组织机构，配备结构合理的专业咨询人员；应当在技术、经济、管理、法律等方面具有丰富经验，具有与全过程工程咨询业务相适应的服务能力。

（3）资信要求

资质管理改为资信管理，是国家对工程咨询行业管理的重大改革。资信评价是一项新工作，是国家发展改革委管理工程咨询行业的一项新举措。全过程咨询单位应具有良好的信誉，建设单位在选择工程咨询单位时，资信评价也将是一项评价指标。

（4）业绩要求

全过程工程咨询单位应具有与承接项目类似工程业绩，有类似项目管理经验。

2.2.10 对咨询人员的要求

结合《指导意见》规定，全过程工程咨询的项目负责人及相关岗位人员应符合以下要求：

（1）投资决策综合性咨询阶段

投资决策综合性咨询应当充分发挥咨询工程师（投资）的作用。

（2）工程建设全过程咨询阶段

《指导意见》中要求：

1）工程建设全过程咨询项目负责人，应当取得工程建设类注册执业资格，且具有工程类、工程经济类高级职称，并具有类似工程经验。

2）对于工程建设全过程咨询服务中承担工程勘察、设计、监理或造价咨询业务的负责人，应具有法律法规规定的相应执业资格。

3）设计单位在民用建筑中实施全过程咨询的，要充分发挥建筑师的主导作用。

4）除法律特别规定外，项目负责人和需要具备执业资格的岗位人员，应当与全过程工程咨询单位建立劳动关系、社保关系和工资关系。

5）相关法律法规对工程咨询人员或勘察、设计、造价咨询、监理等岗位人员的任职条件、执业条件有其他规定的，也应符合相关规定。

2.2.11 联合体投标

《指导意见》中强调：工程建设全过程咨询服务应当由一家具有综合能力的咨询单位实施，也可由多家具有招标代理、勘察、设计、监理、造价、项目管理等不同能力的咨询单位联合实施。

现在部分试点省份对联合体企业数量要求并不一样，有的要求由两家企业组成联合体，有的并未对联合体企业的数量作出规定。

2.2.12 咨询服务酬金计取

按照《指导意见》规定，"全过程"的酬金计取应根据工程项目的规模和复杂程度，工程咨询的服务范围、内容和期限等与工程咨询企业协商确定服务酬金，具体为：

（1）"全过程"服务模式：

1）按各专项服务酬金叠加后再增加相应统筹管理费用计取。

2）按人工成本加酬金方式计取。

3）鼓励投资者或建设单位根据咨询服务节约的投资额对咨询单位予以奖励。

（2）专项咨询服务：可根据所包含的具体服务事项，通过项目投资中列出的投资咨询、招标代理、勘察、设计、监理、造价、项目管理等费用进行支付。

（3）禁止价格垄断和恶意低价竞争行为。

2.2.13 法律责任

《指导意见》中规定："全过程工程咨询单位要切实履行合同约定的各项义务、承担相应责任，并对咨询成果的真实性、有效性和科学性负责。"《工程咨询行业管理办法》也明确规定"实行咨询成果质量终身负责制"。

在全过程工程咨询的概念下，全过程工程咨询企业的法定责任，应根据其所承担的具体业务内容，参照勘察、设计、监理、造价咨询、招标代理等各专业工程咨询的法律责任认定和处理。在全过程工程咨询活动中，有违反相关法律法规的，按照对勘察、设计、监理、造价咨询、招标代理等单位及其项目负责人的相应处罚规定，追究全过程工程咨询单位和其项目负责人的法律责任。

2.2.14 与工程总承包的关系

"全过程"系"包咨询"，属于包服务，不涉及物质化产品的生产，提供的是智力型咨询服务，收取的是费用，不宜实行价格竞争；工程总承包系"包工程"，是一种物质化的建筑生产，提供的是实体化的建筑产品，获取是工程造价，实行价格竞争性招标。

目前国家开始大力推进全过程工程咨询，这是中国参与"一带一路"建设的需要，是供给侧结构性改革的需要，也是行业转型升级的需要。"全过程"是我国工程咨询机构未来发展建设的主要方向和途径，随着时间的推进，"全过程"也必将在工程建设领域广泛开展。

为深化投融资体制改革，提升固定资产投资决策科学化水平，进一步完善工程建设组织模式，提高投资效益、工程建设质量和运营效率，根据中央城市工作会议精神及《中共中央国务院关于深化投融资体制改革的意见》《国务院办公厅关于促进建筑业持续健康发展的意见》等要求，国家发展改革委联合住房和城乡建设部印发《关于推进全过程工程咨询服务发展的指导意见》，提出了以下几点内容：改革开放以来，我国工程咨询服务市场化、专业化快速发展，形成了投资咨询、招标代理、勘察、设计、监理、造价、项目管理等咨询服务业态。随着我国固定资产投资项目建设水平逐步提高，为更好地实现投资建设意图，投资者或建设单位在固定资产投资项目决策、工程建设、项目运营过程中，对综合性、跨阶段、一体化的咨询服务需求日益增强。这种需求与现行制度造成的单项服务供给模式之间的矛盾日益突出。因此，有必要创新咨询服务组织实施方式，大力发展以市场需求为导向、满足委托方多样化需求的全过程工程咨询服务模式。

对此，相关单位应加强培育全过程工程咨询高端人才，需深入了解和贯彻全过程工程咨询服务模式，高度重视全过程工程咨询项目负责人及相关专业人才的培养，加强技术、经济、管理及法律等方面的理论知识培训，培养一批符合全过程工程咨询服务需求的综合型人才，为开展全过程工程咨询业务提供人才支撑。

2.3 全过程工程咨询的价值体现

全过程工程咨询是完善我国工程建设组织模式的必然要求，高度整合的服务内容的价值，体现在可为项目实现更快的工期、加大控制风险、节省投资等。全过程工程咨询工程建设组织模式在国际上发展较快，业务范围涉及了建设工程全生命周期内的策划咨询、前期可行性研究、工程设计、招标代理、造价咨询、工程监理、施工前期准备、施工过程管理、竣工验收及运营保修等各个阶段的管理服务。全过程工程咨询可采用多种咨询方式组合，也为创新技术的应用提供了更为广阔的施展空间。

2.3.1 有利于项目建设目标的实现

在项目策划阶段，全过程工程咨询提供专业的咨询服务，组织方面对工程结构进行分解，提供详细的任务分工，明确后续各参建方的组织层级关系。按照各政策文件，建立一套可用于工程实施生产任务的制度，提高参建单位介入后工作效率，尽量做到制度标准化。在招标阶段，可以在招标方案提出可行性的建议，通过编制招标文件、合同文件时，针对不同阶段要考虑到的风险进行分析，对工程项目因参建方较多将会造成较大的风险问题，有效地采取控制方法及应对措施，将会有效解决后续项目实施过程中可能出现的问题。通过制定项目管理措施，在不同阶段达到保证项目建设工期、质量、安全目标，提高投资控制水平。

2.3.2 工程项目建设节省投资

传统模式下，工程咨询只做阶段性咨询服务，整体上形成碎片化的管理，从建设方的角度来讲，多个承包合同将会加大项目的成本，但是却不能得到有效的全过程服务。在全过程工程咨询的理念下，全过程工程咨询利用资源整合的优势，通过全过程的管理服务，整合各个阶段的服务内容，能使得项目成本低于传统模式成本，加强一体化项目管理，实现 1＋1＞2 的效益。有利于实现投资控制，特别是在设计阶段，通过设计限额、施工图概算控制，有效地做到降低工程项目超概算的可能性，确保投资控制目标实现，降低项目投资风险。

2.3.3 减少建设方的人员投入

在传统的项目管理模式下，五方责任主体更多的是保证完成自己的服务内容，各方责任划分较多，在参建方较多的情况下，建设方由于人员匹配不足，很多需要协调的问题在短时间内容难以解决，甚至出现相互推脱的情况。在全过程工程咨询的模式下，全过程的项目管理＋工程咨询服务，能大幅度地减少建设方的日常工作和人员投入，能有效地优化管理界面，建设方更多的是开始去做决策型工作，而全过程工程咨询作为实施管理层，能有效协调各阶段的服务单位，用精细化的管理理念，打造与传统模式不一样的关系。

2.3.4 有效控制工程项目工期

通过项目前期的有效策划，全过程工程咨询用统筹管理的方式，根据项目实现目标，制订可行性的总进度控制计划，在实施过程中对不同阶段的进度目标进行动态调整，协调不同阶段的参建单位合同关系，不仅是项目上各参建单位之间的联络，也包含外部单位的沟通，加强项目信息沟通，针对不同阶段的人员资源需求，对项目的目标进行控制，保证目标实现，缩短项目建设周期。

2.3.5 提高工程服务质量

在项目建设过程中,不同阶段的工程咨询服务内容都不一样,建设方为使各参建方达到优质的服务,就必须要在很多方面予以管理。但是建设方又很难做到深度的管理,一方面,不少建设方人员的项目管理理念不一致,为达到实现项目目标,常常会不顾条款的约束而达到解决问题,造成在工程结算阶段暴露很多问题。另一方面是,存在经验不足,建设方项目管理人员较多是对项目前期较为了解,但是对施工阶段的管控能力还是有所欠缺。在此情况下,全过程工程咨询一是做好自身的工程咨询服务,还需要对各参建方做好合同、进度、质量、安全、投资方面的管理。因此,在全面的项目管理下,全过程工程咨询能较好地组合资源,通过精细化的管理,结合自身工程咨询的优势,能很好地去将各专业进行衔接和互补,规避和弥补原有单一服务模式下可能出现的管理疏漏和缺陷。

2.3.6 减小廉政风险

五方责任制度中,建设方的责任风险加大,建设方在工程建设中占有主导地位,于是出现部分投机的供应商,通过输送利益的方式来获取工程建设中的利益,往往会出现降低工程质量的风险。在全过程工程咨询模式下,全过程工程咨询作为项目实施方,因工程咨询单位的介入使得建设方在许多决策事情上,不能绕过管理方单一进行决策,因此能通过管控降低供应商输送利益,从而降低或规避建设单位风险,以达到较大降低工程项目廉政风险,规范建筑市场秩序,减少违法违规的行为。

总之,全过程工程咨询服务的试点推行,符合供给侧改革指导思想,有利于革除影响行业前进的深层次结构性矛盾,提升行业集中度,是国家宏观政策的价值导向,更是行业发展不可阻挡的趋势。全过程工程咨询服务方式的推广,有利于集聚和培育出适应新形势的新型建筑服务企业,加快我国建设模式与国际建设管理服务方式接轨,同时对于提升建设管理行业的服务价值,重塑原有行业企业形象有着重要意义。

第3章 全过程工程咨询内涵与发展问题

3.1 全过程工程咨询目标与内涵

2017年，国务院办公厅印发《关于促进建筑业持续健康发展的意见》（国办发[2017]19号），住房和城乡建设部发出《关于开展全过程工程咨询试点工作的通知》（建市[2017]101号）文件，其后浙江、江苏、福建、广东等省以及浙江绍兴市等地相继制定出台相关的指导意见或试点工作方案，在工程咨询服务行业引起了极大的反响，并就全过程工程咨询的提出背景、内涵与特征、服务范围和内容、委托方式、市场准入、服务模式、咨询企业能力建设、服务酬金、政府监管、挑战和对策等热点问题引发了各种形式的研讨。

此外，住房和城乡建设部发布的《建筑业发展"十三五"规划》中要求：提升工程咨询服务业发展质量，改革工程咨询服务委托方式，引导有能力的企业开展项目投资咨询、工程勘察设计、施工招标咨询、施工指导监督、工程竣工验收、项目运营管理等覆盖工程全生命周期的一体化项目管理咨询服务。

与此同时，在住房和城乡建设部发布的《工程勘察设计行业发展"十三五"规划》中提出：培育全过程工程咨询。积极利用工程勘察设计的先导优势，拓展覆盖可行性研究、项目策划、项目管理等工程建设全生命周期的技术支持与服务，提高工程项目建设水平。

在住房和城乡建设部发布的《关于开展全过程工程咨询试点工作的通知》中提到要引导大型勘察、设计、监理等企业积极发展全过程工程咨询服务，拓展业务范围。在民用建筑项目中充分发挥建筑师的主导作用，鼓励提供全过程工程咨询服务。

《关于征求推进全过程工程咨询服务发展的指导意见（征求意见稿）和建设工程咨询服务合同示本（征求意见稿）意见的函》（建市监函[2018]9号）发布，为全过程工程咨询的具体实践起到了较大的指导作用。

综上所述，全过程工程咨询的内涵和特征可以理解为：

（1）全过程工程咨询的内涵：全过程工程咨询是对工程建设项目前期研究和决策以及工程项目实施和运行（或称运营）的全生命周期提供包含设计和规划在内的涉及组织、管理、经济和技术等各有关方面的工程咨询服务。

（2）全过程工程咨询的性质：是咨询服务，管理咨询和技术咨询兼而有之。

（3）全过程工程咨询的目的：提高投资决策科学性，实现项目的集成化管理，提升项目投资效益的发挥，确保工程质量。

（4）全过程工程咨询的作用：

1）有利于工程建设组织管理模式的改革。

2）有利于工程咨询服务业发展质量的提升。

3）有利于工程咨询行业组织结构的调整以及行业资源的优化。

全过程工程咨询服务范围广、内涵丰富，核心及创新是咨询方可为委托人提供一套全新的一体化集成咨询服务，通俗地讲，就是打包的咨询服务，其中咨询方的角色会有各自形式，并且在每一个全过程工程咨询项目未必都是从投资决策阶段开始，也不是一定要到竣工验收结束，要突破传统的投资咨询、设计咨询、工程监理或项目管理服务等思维模式看全过程工程咨询。必须要明确和细化全过程工程咨询服务内容，明确业主组合，满足市场对全过程工程咨询的可操作性需求。合同是重要的全过程工程咨询工作依据，全过程工程咨询的技术服务标准需要和全过程工程咨询的合同示范文本结合使用，才能加深理解。全过程工程咨询的委托方可以是投资方或建设单位，也可以是运营方，全过程工程咨询的外延可以拓展到建设工程运营维护阶段。

3.2 全过程工程咨询发展问题及建议

（1）工程咨询组织模式

目前开展的全过程工程咨询项目中，应用的组织模式主要分为三种，分别为：一体化咨询服务提供商、联合体以及部分组合模式。

1）一体化咨询服务提供商模式：咨询业务承包单位为全过程工程咨询单位，施工业务承包单位为EPC工程总承包单位，不涉及其他业务的招标工作，因此可近似理解为一体化咨询服务提供商模式。

2）联合体模式：全过程咨询单位由两家单位组成联合体，主要以项目管理、监理、设计管理组成或由项目管理、造价咨询、设计管理组成，以此开展全过程工程咨询业务。

3）部分组合模式：一家单位作为全过程工程咨询单位，负责协调全过程工程咨询业务，不同组合类型中包含的基本咨询业务内容有前期策划、勘察设计、招标代理、造价咨询、工程监理和项目管理等。

（2）全过程工程咨询现状存在的问题

1）各地方政策对于承接全过程工程咨询业务的资质要求不完全统一。通常要求具备勘察、设计、监理、招标代理、造价咨询、工程咨询等一项或多项资质。并从企业的业绩、信誉、管理体系等不同方面提出了有关资格要求。

2）社会对行业地位的认同度不够。在发达国家，从事工程咨询业务的往往是工程技术领域的精英，属于高智力、复合型人才，且能获得与其知识价值相当的高酬劳。在我国，工程咨询还没有在社会上和政府领导意识中取得应有的地位，社会各界对工程咨询的概念不清，"先咨询、后决策"的制度未能严格遵守，不咨询就决策的现象仍然存在。工程咨询收费普遍较低，行业地位认同度未能充分体现。

3）行业法制建设滞后。工程咨询的服务涵盖项目建设的全过程，但由于历史原因，在国内形成了分阶段、分部门、分地区进行管理的格局，"政出多门"的现象仍比较突出。现行有关行业法规还未形成体系，且在执行过程中，与其他部门的规定产生不一致时难以协调平衡，从而削弱这些法规的权威性。法制建设滞后是制约行业发展的深层原因。

4）行业组织结构和管理体制不合理。工程咨询企业原先普遍附属于部门或地方政府，行政干预过多，企业缺乏所要求的独立性。在企业内部未建立现代企业制度进行管理，主要依靠计划或行政分配，机制陈旧，游离于市场之外，不适应市场发展的需求。各地方、部门自成体系，组织结构重复设置，造成行业队伍人员过剩。

5）工程咨询队伍素质有待提高。工程咨询服务质量的高低直接关系着工程质量，但不少单位迫于业主和市场的压力，为迎合业主要求而置"客观，科学、公正"的职业道德于不顾。另一方面，工程咨询队伍本身的素质也亟待提高，人员综合素质和外语水平较低，特别缺乏复合型、国际型的工程项目管理人才。行业人员普遍欠缺市场、经济、法律等方面的系统知识和综合协调的管理能力，全过程咨询能力薄弱，与国际市场对工程咨询人员的要求存在一定差距。

6）国际化程度低。尽管我国工程咨询业已有二十多年的发展历史，但大多以开展国内业务为主，只有极少数机构能进入国际市场，行业国际化程度普遍较低。国内的工程咨询企业无论从体制、管理、技术、人才等方面都缺乏国际竞争中应有的数据、信息、资料、法规等资源，因而无法与国际化的、综合性的工程咨询企业竞争全球市场。同时，在我国加入WTO后，对国内工程咨询业产生了新的冲击波，如何提升行业竞争力将是近一段时间需要考虑的问题。

（3）全过程工程咨询发展建议

在法律规范和各级政府指导下，开展行业自律管理和服务：

1）健全行业自律管理体系。

行业协会要在有关政府部门指导下，建立健全与市场准入负面清单制度相适应的行业自律机制。着力加强行业发展战略、规划、政策等重大问题的研究，促进政府加强指导协调。

2）加快提升工程项目全过程管理水平。

工程咨询单位要大力加强工程项目策划、准备、实施、运营阶段管理能力建设，努力提高工程项目全过程管理水平，积极开拓国内外工程项目管理市场。加快现代信息化手段与工程项目全过程管理的深度融合，积极开展工程项目全过程信息化管理，不断提高全过程管理的集成度、协调性和效率，为工程项目提供优质高效的整体解决方案。

3）加大国际化步伐，拓展发展空间。

充分利用国际国内两个市场、两种资源，坚持与世界融合和保持中国特色相统一，更加积极地与国家对外开放相关战略紧密衔接，进一步加大国际化步伐，在更大范围、更广领域、更高层次上参与国际合作与竞争，积极构建开放型行业发展新局面。我国高度重视全过程工程咨询的发展应用，国家及相关部委先后出台相关文件，引导和支持全过程工程咨询的发展。2017年以来，已经在北京、上海、江苏、贵州、陕西等17个省市以及上海建科工程咨询有限公司等40家单位开展全过程工程咨询试点工作，明确要求试点地区住建主管部门要引导政府投资工程带头参与试点，鼓励非政府投资工程积极参与。目前，我国工程咨询行业处于发展的迅速成长期，市场需求持续增长。以下将结合国内首批全过程工程咨询试点项目实践，以深圳技术大学建设项目（一期）全过程工程咨询为例，分析该项目全过程工程咨询执行中各个环节模块关键点和创新性，并在此基础上，提出对于全过程工程咨询应用思考和建议，期望为同业及全过程工程咨询在我国的发展提供参考。

第二篇

深圳技术大学建设项目（一期）实践案例

第 4 章　工程概况

第 5 章　管理模式

第 6 章　管理内容

第 7 章　管理成效

第 8 章　经验提炼与推广

第4章 工程概况

4.1 项目基本信息

2010年7月,《国家中长期教育改革和发展规划纲要(2010—2020年)》(以下简称《规划纲要》)正式发布,提出要"适应国家和区域经济社会发展需要,建立动态调整机制,不断优化高等教育结构",要"重点扩大应用型、复合型、技能型人才培养规模",要"建立高校分类体系,实行分类管理。发挥政策指导和资源配置的作用,引导高校合理定位,克服同质化倾向,形成各自的办学理念和风格,在不同层次、不同领域办出特色,争创一流"。

《规划纲要》的出台为地方本科高校科学定位和设置中国特色应用技术型大学提供了制度保障,为地方本科高校的人才培养指明了方向。成为我国深入推进高等教育结构调整、加快应用型技术人才培养、提升高校服务社会能力、促进高校特色发展的重要举措。

2013年1月,教育部启动地方本科高校转型发展和应用技术型大学改革试点战略研究工作,探索地方高校转型发展的方向和路径及现代职业教育体系建设问题,全国有13个省(市、自治区)的33所地方本科院校和多个科研院所参与项目研究工作。通过研究,地方本科高校转型发展方向逐渐明确,以转型发展为战略切入点,建设现代职业教育体系、推动高等教育结构战略性调整的发展蓝图也逐渐明确。

2013年6月,为引导地方本科高校向应用技术类型高校转型发展,加快现代职业教育体系建设,促进高等教育结构调整和高校分类管理,国内35所定位为应用技术型的地方本科高校成立应用技术大学(学院)联盟。至此,地方本科高校转型发展和现代职业教育体系建设走向组织化。

随之,教育部等六个部门印发《现代职业教育体系建设规划(2014—2020年)》,明确应用技术大学(学院)的地位:"应用技术类型高等学校是高等教育体系的重要组成部分,与其他普通本科学校具有平等地位。"并且鼓励举办应用技术类型高校,将其建设成为直接服务区域经济社会发展,以举办本科职业教育为重点,融职业教育、高等教育和继续教育于一体的新型大学。

深圳技术大学建设项目(一期)结合深圳产业优势,借鉴发达国家应用技术大学先进办学经验,在全国率先探索本科及以上层次职业教育,着力在职业教育重要领域和关键环节进行深入探索和创新，打造深圳市高等教育新亮点，增创新优势，带动全市职业教育整体水平的提升，推动深圳市加快构建现代职业教育体系，支撑深圳经济结构调整和产业优化升级。面向高端产业发展需求，以强化工程能力和实践创新能力为导向，致力于培养高水平工程师、设计师等极具"工匠特色"的高端应用技术型人才。

4.1.1 项目基本信息

深圳技术大学建设项目（一期）位于深圳市坪山区石井街道田头片区，项目用地面积约 59 万 m^2，总建筑面积约 96 万 m^2，概算批复投资约 80.8 亿元。该项目是全国范围内率先推行的全过程工程咨询项目之一，是广东省和深圳市高起点、高水平、高标准建设的本科层次公办普通高等学校，致力于借鉴世界一流应用大学先进办学理念和办学经验，打造国际化、开放式、创新型应用技术大学。

本项目是深圳市"十三五"期间重点打造的一所本科及以上层次的高水平应用型技术大学，也是继深圳大学、南方科技大学后，第三所深圳本土本科高校。另外，深圳技术大学也是贯彻落实市委市政府"东进战略"的一项具体行动，致力于培养高水平工程师、设计师等极具"工匠特色"的高端应用技术型人才。

根据项目前期策划，本项目划分为四个标段组织建设。为配合项目快速建造，基坑土石方和边坡支护工程先行招标并组织施工，并已于 2018 年 12 月竣工。四个标段通过公开招标选择实力雄厚的施工总承包单位（分别为中建一局发展、中建五局、上海建工和上海宝冶）承担相应的施工内容，包括施工总承包Ⅰ标（总建筑面积约 27.5 万 m^2，含公共教学与网络中心（B/C/E/F 区）、北区宿舍、北区食堂、校医院、留学生与外籍教师综合楼、北区宿舍 A 栋和留学生与外籍教师综合楼等单体）；施工总承包Ⅱ标（总建筑面积约 18 万 m^2，含图书馆、体育馆、大数据与互联网学院、公交首末站等单体）；施工总承包Ⅲ标（总建筑面积约 23.1 万 m^2，含创意设计学院、新材料与新能源学院、先进材料测试中心、学术交流中心、会堂、校行政与公共服务中心等单体）和施工总承包Ⅳ标（总建筑面积约 26.9 万 m^2，含南区宿舍和食堂、健康与环境工程学院、城市交通与物流学院、中德智能制造学院等单体）。

4.1.2 办学定位

深圳技术大学是一所涵盖本科及工程硕士的高水平、国际化、应用型技术大学。学校致力于打造精英职业教育，培养"两高一专"（高层次、高素质；专业能力精准，实际操作能力和开发创新能力强）的产业精英和技术精英。

4.1.3 培养目标

面向高端产业发展需求，以强化工程能力和实践创新能力为导向，致力于培养高水平工程师、设计师等极具"工匠特色"的高端应用技术型人才。如德国应用技术大学工科专业培养的特许工程师，不仅能胜任多岗位，还能完成新的科研与技术项目的研发以及新方法、新工艺的引进和使用。

4.1.4 办学发展方向

根据《中国制造 2025》和《（中国制造 2025）深圳行动计划》，参照德国工业 4.0、美国制造伙伴计划，确立的新工业革命目标，按照国家"卓越工程师教育培养计划"，结合深圳经济结构调整和产业优化升级的需要，以先进制造业急需专业为重点发展方向，与研究型大学形成"错位竞争"。

4.1.5 培养模式

（1）探索"学历教育＋企业实训＋工程项目"的培养模式。按照就业导向、服务需求的应用型、技术技能型人才培养原则，做到"五个对接"，即专业设置与产业需求对接，课程内容与职业标准对接，教学过程与生产过程对接，毕业证书与职业资格证书对接，职业教育与终身学习对接。

（2）打破传统的人才培养理念，全方位推进校企合作。参照德国应用技术大学模式，进一步强化实习实训在人才培养体系中的比重，安排一至两个学期为"实习学期"。

（3）开设大量的实践性课程，强调培养学生应用理论知识解决实际问题的能力。采用项目化教学方式，要求学生在学习期间完成至少一个项目作业，时间一般为一学期，由 5~8 名学生组成项目小组共同完成。

（4）实行完全学分制，设立专门的实践学分、创业学分、创新学分，培养学生的操作能力和创新创业能力。

4.1.6 学科设置

本项目在学科设置上，依据我国及深圳经济社会发展为基础，结合未来人才市场需求和深圳市产业发展需求为导向，学习和借鉴德国、瑞士应用技术大学专业设置经验，进行深圳技术大学的专业设置。

（1）经济社会发展紧密结合。依据《中国制造 2025》战略目标，对接深圳支柱产业、战略性新兴产业及未来产业发展需求，以深圳先进制造业急需专业为重点发展方向，聚焦《（中国制造 2025）深圳行动计划》确定的数字化网络设备、新型显示、集成电路、新型元器件与零部件、机器人、精密制造装备、新型材料、新能源汽车、航空航天、海洋工程装备及基因工程装备 11 个战略重点领域，协同国外高水平应用技术大学、大型职业教育机构和标杆企业，以工科专业为主，开展专业设置，形成特色专业集群。

（2）学科专业设置具有显著的职业导向。人才培养方式注重实践导向，课程、课题和项目与工作实际需求紧密结合，要与应用科技大学明确的人才培养目标相一致，并且与普通大学注重基础性和学术性的专业设置形成良好的互补。这样的设置才能在最大程度上保障毕业生的就业竞争力。

（3）专业设置以产业需求为导向。强调应用性研究和开发，注重与产业界开展合作。各专业人才培养目标应具有适应性，能够很好地适应经济的发展和行业的结构调整；人才培养既强调专业基础理论知识和技能，又突出技术应用；课程设置贴近职业岗位需求，及时跟踪新知识新技术，提供多个专业方向的选择，为学生职业生涯发展提供坚实的保障。

4.2 设计理念

深圳技术大学建设项目（一期）选址位于竹坑地区、田心田头法定图则，创景路沿南北向穿过校区，金田路、兰田路以及坪山河分别沿东西向穿过校区，将校区建设用地分为六大区块，割裂严重。未来规划的轨道16号线沿兰田路穿过校区，在创景路与兰田路交汇处设置地铁站点。为了在这错综复杂的地块中建一所对标国际一流的高水平应用技术大学，校园规划设计方案历经数次研讨修改，最终确定了"空中大学"的总体设计。该设计方案不仅能集约用地，与外部市政道路有机结合，而且能有效保障师生出行安全与便利。"空中大学"即以图书馆、行政办公楼等功能区为核心，以"科技轴"和"景观轴"为纵横轴线，"科技轴"连接健康与环境工程学院、创意设计学院、新材料与新能源学院、大数据与互联网学院、城市交通与物流学院、中德智能制造学院六大学院教学楼；"景观轴"连接学生宿舍楼、人工湖等生态景观区域，打造一个7m高双层步行体系，全程近10km长，利用"空中连廊"连接整座校园，而"空中连廊"下方市政道路"毫发无损"，车辆畅通无阻。

4.2.1 设计原则

（1）直面校园用地被多条市政机动车道分割为多块不完整土地的现实，以土地集约利用为基本策略，结合当代高等教育教学科研新模式的探索，提出"空中大学"的解决方案—向空中发展空间，形成立体化的校园空间体系，以解放底层空间，彻底实现人车分流。一起步就有独创的校园特征。

（2）两轴一心的规划结构。沿科技轴展开教学实训空间，沿景观轴展开生活运动空间；明晰的功能分区，界定教学、实训科研与生活区域；尊重场地内现有山体绿化与水系，充分利用坪山河自然景观资源。

（3）建立可持续发展校园，坚持低碳校园规划，鼓励绿色建筑设计。

4.2.2 规划建设目标

（1）通过对技术大学教育模式的研究，避免目前传统大学灌输式的教育模式，规划应充分体现开放、互动和交流的教育理念。

（2）通过引入外部要素来活跃校园氛围，增加校园的偶然性与趣味性，避免形成沉闷的校园空间。利用基地内的坪山河，将自然空间引入到校园腹地，为学生创造优美的校园环境。

深圳技术大学校区按功能可基本分为公共区（图书馆、校园综合管理、公共教学楼）、学院区、生活体育区等。依据校园用地特点，沿东西向布置六大学院，形成科技轴；沿南北布置生活体育区，形成景观生活轴；在两轴交汇处，布置公共区，形成校园核心。

4.2.3 单体设计特征

（1）打破传统教学空间较为封闭刻板的空间布局形态，而是在封闭空间与开放空间寻找一种平衡，从而创造一种适应新的教学模式的新型教学空间。

（2）采用建筑综合体的方式，在三维的空间体系下对复杂交叉的功能进行整合，从而打破各个建筑团块分立并置的局面。

（3）充分考虑到大规模人群集中时段交通的安全性，将大尺度的教学空间布置在24m标高以下的空间，便于安全便捷地疏散，将会发生的拥堵可能性及拥堵影响减少到最小。① 要有"前瞻意识"，在满足近期使用要求的同时，设计理念应具有超前性，符合可持续发展的原则。要结合学校学科建设、事业发展的需要，同时兼顾社会发展的态势，面向现代化、面向世界、面向未来；② 要有"特色意识"，应符合城市规划和校园总体规划的要求，并具有岭南沿海特色，结合地形地貌，使建筑物与校园周围环境相协调，创造出舒适、优美的校园空间和理工科特色的人文景观；③ 要有"环保意识"，要坚持校园建设和环境建设的同步发展，构建"绿色校园""生态校园""文明校园"。建筑物要兼顾四个方向的美观，同时结合绿化、小品、铺装设计，创造舒适宜人的内外部空间环境。

1）教学设施。沿东西布置六大学院：中德智能制造学院、互联网与大数据学院、城市交通与物流学院、新材料与新能源学院、健康与环境工程学院和创意设计学院，形成校园的科技轴。

2）生活设施。生活设施布置于校园的南北两侧，分为南北两块用地，分别服务于位于西侧新能源新材料，创意设计学院和东侧中德智能制造学院，互联网大数据学院。学生宿舍采用高层的布局方式，以尽可能获得良好的景观。

3）公共设施。图书馆、公共教学等公共设施设置在科技轴，生活轴交汇处，结合自然环境，形成校园展示、交流、学习的公共平台。并向南北辐射，具有较好的服务半径。

4）体育设施。结合南北生活区布置主体育场和体育馆，便于学生参与健身活动。

4.3 对项目理解

本项目是深圳市"十三五"期间重点建设项目，也是广东省重点建设项目，是贯彻落实深圳市委市政府"东进战略"的具体行动，深圳市委市政府高度重视本项目的规划建设工作。2016年7月2日，吴以环副市长主持深圳技术大学概念性规划方案专家评审会，何镜堂、孟建民等院士评委充分肯定吴家骅教授团队提出的"空中大学"总体设计策略，赞同校园立体平台系统和基于集约用地原则的设计理念。2017年10月25日，深圳市杨洪常委、刘庆生常委、高自民副市长组织会议对项目进行研究，在听取了修改方案后，原则同意修改完善后的深圳技术大学规划设计方案。2017年11月22日，深圳市长陈如桂组织会议，对深圳技术大学规划设计方案以及建筑单体形态和立面构成给予充分肯定，提出坚持集约节约利用土地原则，建设开放式校园（学校不设围墙，校园的文化、体育设施和周边进行有效对接，实现共享、共用、互惠互利），给学生体育运动和开展活动预留足够空间，根据学校作息时间特点设计电梯等公共设施，在校园区域内建设学校标志性建筑物和景观，打造精品工程等理念。要求按照"深圳质量""深圳标准"打造百年建筑，高标准、高质量完成校园建设工作。

深圳技术大学选址于深圳市坪山新区石井、田头片区，坪山环境园以西，绿梓大道以东，南坪快速（三期）以北，金牛路以南。由深圳市教育工程管理中心负责实施建设。项目建设内容包括教学大楼、实验室、活动中心、图书馆、体育馆、宿舍、食堂、校医院等，另有大面积的架空层和公共交通平台，以及室外体育场地。

4.3.1 定位前瞻、意义重大

深圳技术大学定位为一所涵盖本科及工程硕士的高水平、国际化、应用型技术大学，学校致力于打造精英职业教育，培养"两高一专"（高层次、高素质；专业能力精准，实际操作能力和开发创新能力强）的产业精英和技术精英。

项目建设以《中国制造2025》为行动指南，聚焦《(中国制造2025)深圳行动计划》，对接深圳支柱产业、战略性新兴产业及未来产业发展需求，以深圳先进制造业急需专业为重点发展方向。充分响应了国家"十三五"规划纲要中明确的深圳要加快科技、产业创新中心建设的要求。

因此，本项目的建设有利于实现深圳城市经济社会发展产业优化升级，有利于优化深圳高等教育体系及职业教育体系，为国家及广东省建设技术大学、建设现代职业教育体系提供经验，为深圳高新技术产业、金融业和文化产业等发展提供人才保障。

4.3.2 科学规划、低碳环保

本项目建设用地被多条市政机动车道分割为多块不完整土地，本着"尊重现有地形地貌，融合自然景观，体现可持续发展，环保及自然景观特色"的建设思想，以土地集约利用为基本策略，结合当代高等教育教学科研新模式的探索，提出了"空中大学"的解决方案：向空中发展空间，形成立体化的校园空间体系以解放底层空间，彻底实现人车分流，一起步就有独创的校园特征。

项目整体规划科学、布局合理，按照两轴一心的规划结构，沿科技轴展开教学实训空间，沿景观轴展开生活运动空间；明晰的功能分区，界定教学，实训科研与生活区域；尊重场地内现有山体绿化与水系，充分利用坪山河自然景观资源。建设可持续发展校园、低碳校园、绿色校园，体现了以人为本、经济适用、适当超前的规划原则。

4.3.3 创新管理、精益建造

本项目建设采用行业内领先的技术手段"BIM技术结合信息共享平台"，以及统一的管理标准来推进项目实施，是创新项目建设管理方法的核心。该系统的实施能够将项目建设和运营使用全过程有机结合起来，为项目全寿命周期管理提供技术保障。

通过BIM技术提供信息载体，运用数据管理平台，为高效、便捷、及时决策提供所需信息。在BIM数据支持下，提高工程建设质量和项目综合管理水平，实现项目全面管控（进度、质量、安全、投资等），特别是提高变更管理和信息共享方面的实效，实现精细管理、精益建造，保证切实有效地达成"高标准、高起点、高要求"的项目建设目标。

4.3.4 集约运营、功能完备

突破目前国内部分多校区院校采取"以条为主"管理模式，解决管理成本较高、效率较低的现状，以新校区建设为契机，推进校内管理体制改革。通过建立全校一体的校园网系统、全校一体的网络办公系统、全校一体的图书资料借阅系统和全校一体的教学科研行政视频系统，减少学校职能管理部门的工作负担，集约运营，提高管理效率；通过配置高端的专业教学与实训平台、充裕先进的公共教学辅助平台和充足的实训发展空间，助力不同学院根据自身学科特点，形成教学、科研及管理上的特色；通过建设齐整的生活设施配套、地下停车场、科学合理的人车流线，引入外部要素活跃校园氛围，增加校园的偶然性与趣味性，避免形成沉闷的校园空间，利用基地内的坪山河，将自然空间引入到校园腹地，为学生创造优美的校园环境。

4.3.5 国际合作、特色鲜明

本项目在学科设置上，依据我国及深圳经济社会发展为基础，结合未来人才市场需求和深圳市产业发展需求为导向，学习和借鉴德国、瑞士应用技术大学专业设置经验，进行深圳技术大学的专业设置，并协同标杆企业合作建立联合实验室和实训中心，让企业的车间进大学。

"实训＋科研＋国际合作"的办学特色较之传统的普通高校有着鲜明的区别，因此本项目的建设在前期设计阶段以及后续深化设计过程中需要密切结合学科设置提出的需求，如：为满足实训教学的需要，在建筑单体内充分考虑大空间、大跨度、大荷载对结构专业提出的特殊需求，以及实训设备在抗震/减震、管线排布、降噪吸声等方面对建筑、机电等专业提出的需要；为满足国际合作的需要，在前期策划时要充分考虑如何解决国内外设计标准、产品标准、验收标准、运营标准等的冲突，避免标准冲突成为工程建设的绊脚石，如此方能做到满足上述办学需求。

4.3.6 项目体量大、管理内容广

深圳技术大学建设项目（一期）总建筑面积约 96 万 m^2，涉及 19 栋建筑单体，总土方量约 130 万 m^3，最大建筑高度近 98m，工程量较为庞大。且本项目涉及装配式建筑（包括混凝土结构及钢结构）、绿色三星建筑、海绵城市建设、BIM 建设等诸多新兴领域。上海建科工程咨询有限公司作为本项目的全过程工程咨询机构，需要完成项目统筹及总体管理、报批报建管理、设计管理、招标采购及合同管理、投资管理、工程技术管理、施工管理、BIM 管理、工程监理等多个方面的管理内容，相应需要管理和协调的单位包括深圳市建筑工务署、深圳市教育工程管理中心、深圳技术大学、施工总包单位、专业工程承包单位、勘察设计单位、各类专业咨询单位（造价咨询单位、BIM 咨询单位等）、材料供应商等多家参建单位（经统计约 90 家参建单位），管理内容十分广泛。加之本项目包含了 1 个场地平整标、1 个基础工程标、4 个施工总承包标及多个专业工程和战略合作的采购包，形成了非常复杂的项目组织系统，导致本项目工程管理面广、点多，协调量大，具体体现在以下三个方面：（1）多个建设维度的协调管理，包括有公共建筑建设维度、立体空间建设维度、指标平衡控制维度等的协调管理；（2）多个建设分层的协调管理，包括有各建筑单体建设层、校区内公共配套建设层、外部市政配套建设层等的协调管理；（3）多个参建各方的协调管理，包括对各参建方的建设目标、建设标准、参建人员、安全文明等的协调管理。

4.3.7 工期短、进度紧、协调量大

深圳技术大学建设项目（一期）为深圳市重大项目，为配合 2019 年深圳技术大学

顺利招生办学，施工总承包 I 标计划于 2019 年 8 月 18 日前及 2019 年 12 月 31 日前先行交付校方，将正常情况下两年半的工期压缩为一年半。而其他所有单体均需在 2020 年 12 月 31 日前全部竣工交付。由此可见，本项目的建设工期十分紧张。另外，由于本项目规模较大，将划分成 4 个施工总承包标段实施建设，设计、招标采购、报批报建等工作也相应拆分成几个部分，这也无形之中增加了大量的管理工作。这些工作是否能如期完成，直接影响着施工能否如期开始，进而直接影响着本项目的竣工交付。因此，如何统筹协调各个标段的设计、招标采购、报批报建等工作，确保各个标段的相应工作能有序进行，是本项目的一大难点。

4.3.8 质量要求高，需建立多层次质量控制体系

深圳技术大学建设项目（一期）定位高，致力于精英职业教育，大学校园是大型公共设施，其质量社会关注度高，根据招标文件，鲁班奖是本工程建设的目标之一。要获得鲁班奖，意味着同时应获得广东省内建筑工程各项奖项，工程创优目标高对精细化质量控制工作带来了较大的挑战，需要对每个细节的质量控制严格把关，以打造精品样板工程。

4.3.9 安全生产管理点多面广

深圳技术大学建设项目（一期）工程规模庞大，呈现施工人员多、大型机械设备多、风险点多、施工风险高、作业过程复杂等特点（如施工高峰阶段作业人员可能超过万人；工程桩基、塔式起重机、移动式起重机、人货电梯数量众多；深基坑开挖、高支模、大型设备吊装等高风险作业多；预应力结构、特色实验室设备组装等施工作业复杂），安全生产过程始终处于动态变化中。而且，人与机械的垂直立体交叉作业组成复杂，存在不同程度的安全风险，安保体系覆盖面广，实施安全管理难度大。

4.3.10 限额设计、严控变更

深圳技术大学建设项目（一期）建设内容为近 20000 名师生的教学和生活所需的教室、实验室、宿舍、食堂、院系办公用房、后勤附属用房、师生活动用房、教职工宿舍、交流中心、图书馆、体育馆、室外设施等，并学习和借鉴德国、瑞士应用技术大学专业设置经验，协同标杆企业合作建立联合实验室和实训中心，让企业的车间进大学。可以看出所有的管理行为均围绕着深圳技术大学的开办而进行。因此，为了尽可能地在施工阶段减少变更，必须在整个设计管理全过程，包括前期阶段和深化、专业设计阶段，牢牢树立"坚持以运营为导向的设计管理"理念，以最终关系使用者的功能需求实现为导向开展设计管理工作，确保实现现代化校区"智能化、信息化、网络化、生态化、人性化"的高标准。

深圳技术大学建设项目（一期）概算批复金额约 80.8 亿元，投资额巨大，加之本项目为教育设施项目，所需资金全部由深圳市政府投资，有效的投资控制必须贯穿项目建设全过程，是工程管理人员必须关注的重点。加之本项目工期紧张，设计周期较短，且建设方非校方，做好投资控制必须做好源头的设计需求明确和设计质量把控，并在过程中建立良好的沟通机制和指令关系，依托监理及造价咨询单位严格变更签证管理。

4.4 对本项目可提供的服务

深圳技术大学建设项目（一期）全过程咨询单位采用联合体的形式，共同为本项目提供涵盖项目决策阶段和实施阶段至后续服务期（质量保修期）的项目全过程、全方位的项目管理服务。

服务模式可理解为"1+3"，其中"1"为全过程工程项目管理，"3"代表专业咨询，包括招标代理、工程监理和实验室工艺咨询。服务内容包含了项目计划统筹及总体管理、报建报批管理、设计管理、招标采购及合同管理、进度管理、投资管理、工程技术管理、档案与信息管理、BIM 管理、试验室工艺咨询及管理、施工管理、竣工验收及移交管理、工程监理 13 项内容。

4.4.1 项目计划统筹及总体管理工作内容

（1）制定项目管理具体目标，建立项目管理组织机构，明确各部门及岗位工作职责，分解项目管理的工作内容，制定项目管理工作程序及工作制度，制订各阶段各岗位的人力资源计划。

（2）编制项目总体进度计划，根据项目实施情况进行动态调整。

（3）协调项目各层面、各相关单位、各项工作关系，协调项目外部关系。

4.4.2 报建报批管理

（1）对项目建设需要开展的相关专题研究，以及需要办理的相关手续进行梳理。

（2）根据项目建设内容编制报建报批工作计划，完成项目前期及工程建设期间的各项报批报建手续，办理土地、规划、建设、环保、人防、消防、气象、水土保持、市政接驳等。

（3）对各参建单位的报建报批工作进行协调管理。

4.4.3 设计管理

（1）制定设计管理工作大纲，明确设计管理的工作目标、管理模式、管理方法等。

对项目设计全过程的进度、质量、投资进行管理。

（2）根据使用功能需求条件，转化成设计需求参数条件，要求设计单位按时提交合格的设计成果，检查并控制设计单位的设计进度，检查图纸的设计深度及质量，分阶段、分专项对设计成果文件进行设计审查。

（3）负责组织对各阶段（方案、初步设计、施工图）及各专业（规划、总图、建筑、结构、装饰、景观园林、幕墙、电气、泛光照明、通风与空调、给水排水、建筑智能化系统、室外道路、建筑节能环保与绿色建筑、民防、消防、燃气、电梯、钢结构、预应力、建筑声学、灯光、音响、基坑支护工程、地基处理、边坡治理、建设用地范围外的管线接入工程、水土保持工程施工图、厨房工程、实验室工艺、10kV外接线工程、污水处理工程、建筑永久性标识系统、地下综合管廊、海绵城市、工业化建筑以及其他与本项目密切相关、必不可少的系统、专业和其他特殊工程）的设计图纸设计深度及设计质量进行审查，减少由于设计错误造成的设计变更、增加投资、拖延工期等情况。对设计方案、装修方案及各专业系统和设备选型优化比选，并提交审查报告。

（4）协调使用各方对已有设计文件进行确认，确认设计样板，组织解决设计问题及设计变更，预估设计问题解决涉及的费用变更、施工方案变化和工期影响等，必要时开展价值工程解决设计变更问题。

（5）组织专项审查。包括交通评估的审查、环境影响评价的审查、结构超限审查论证、消防性能化论证、深基坑审查、建筑节能审查等。对评估单位提出问题的修改、送审，直到通过各种专业评估。组织工程勘察、设计、施工图设计审查、第三方检测等前期阶段的各项服务类招标、签订合同并监督实施。

（6）对项目全过程进行投资控制管理。负责组织设计单位进行工程设计优化、技术经济方案比选并进行投资控制，要求限额设计，施工图设计以批复的项目总概算作为控制限额。

4.4.4　招标采购及合同管理

（1）根据项目特点对招标采购工作内容进行分解，制订招标采购计划，确定招标方式、招标时间、标段划分等内容，编制招标文件和拟定设备材料的技术要求及参考品牌等。对造价咨询单位编制的报价原则、工程量清单、标底、上限价等经济技术指标进行审核。

（2）组织招标答疑与补遗编制、投标文件澄清工作，对投标资料、投标样板进行审查、验证，参与投标单位相关人员的面试、答辩等工作，对投标方及采购的设备材料进行调研。

（3）审查中标候选人技术标书中的施工组织设计及技术方案，审查材料设备的技术参数指标，审查中标候选人商务标书中的清单分项及投标报价，提出存在的问题并提出合理的优化建议。

（4）负责本项目涉及的土建项目和各专业系统地设计、咨询、施工、供货及相关的专业合同的起草、谈判，协助合同签订；对合同履约、变更、索赔、合同后评价进行管理；对合同风险进行分析并制定应对措施。

4.4.5 进度管理

（1）确定进度管理总体目标及节点目标，就进度控制目标向设计院、施工单位等进行交底，审核设计院、施工单位等提供的进度计划，并就计划执行情况向业主汇报。

（2）在项目进度计划实施过程中，工程咨询单位组织监理部和其他相关单位按每周、每月检查实际进度，并与基准进度计划进行比较，以确定实际进度是否出现偏差。

（3）当实际进度与基准进度计划相比出现滞后时，工程咨询单位组织监理部和其他相关单位分析产生偏差的原因，以及对后续工作的影响，并督促相关单位采取切实可行的赶工措施，在规定的时间内消除偏差。

4.4.6 投资管理

（1）确定投资控制目标，制定投资管理制度、措施和工作程序，做好决策、设计、招标、施工、结算各阶段的投资控制。

（2）负责设计概算的审核，配合发展改革委、评审中心概算评审工作，以批复的可行性研究报告中建安工程投资为依据，控制设计单位限额设计。

（3）管理造价咨询单位，组织概算全面审查工作，组织专家评审会议，根据项目特点参考同类工程经济指标。

（4）概算经业主批准后报送发改部门，与发展改革评审部门进行沟通、协调，确保评审结果的合理性。

（5）审核并且确认造价咨询单位编制的工程量清单、标底、控制价的准确性，尤其是材料设备的名称、规格、数量等内容，负责将招标控制价报送审计专业局审计或备案，招标上限价应按分项预算严格控制，对超过预算项说明原因，并报业主招标委员会批准。

（6）审批工程进度款支付，审核工程变更及签证并送审计局备案，做好用款计划、月报、年报、年度投资计划等统计工作，建立分管项目的合同、支付、变更、预结算等各种台账；负责对项目投资进行动态控制，处理各类有关工程造价的事宜，定期提交投资控制报告，参与甲供材料设备招标工作。

（7）定期组织召开造价专题会议，解决造价问题争议，建立投资控制台账，督促完善设计变更等程序。

(8)负责办理工程量清单复核报告审批手续，检查督促造价咨询单位、监理及时审核工程量清单复核报告、设计变更及现场签证等，督促专业工程师及时办理设计变更、现场签证等审批手续。负责检查催办专业工程师招标阶段的结算资料收集整理和归档情况。

(9)负责工程结算的审核并配合报审计局审定；负责对项目工程造价进行经济指标分析，负责提交结算审核事项表；参与结算资料整理归档；配合财务办理竣工决算；负责审核结算款、保修款，协助办理审批手续。

(10)负责协调和造价咨询单位有关结算问题的分歧。负责对监理和造价咨询单位的结算工作的管理，并在造价咨询单位的结算审核报告上签署意见。负责结算报告的审批手续和报送审计部门。负责跟踪审计进度，及时反馈审计意见。负责审计报告征求意见稿的审批手续和审计报告的整理归档。负责在工程项目所有结算完成后书面通知业主财务处办理项目决算，按业主财务部门要求准备相关决算资料并配合决算审计。

(11)负责监理及造价咨询单位的工程结算管理，送审、跟踪审计进度，反馈审计意见、归档审计报告，配合决算审计。

(12)工程投资控制月报制度：

1)每月25日前，向业主提供当月的投资控制月报。

2)投资控制月报应包括上月工程款支付情况、工程形象进度、工程完成投资额、承包商人员和机械设备投入情况、工程质量情况、检测资料数据、工程设计变更及投资增加情况，提出问题，查找原因，并提出下月的工作建议。

3)对于建设单位有特殊要求的情况，应向业主提供投资控制双周报。

(13)投资控制工作总结制度：

1)在工程竣工验收后，应向业主提交该项目的工程投资工作总结，该总结作为工程咨询工作的一项竣工验收资料，并报送业主资料室备案。

2)投资控制工作总结报告内容应包括并不限于：工程概况及建设全过程情况、造价咨询工作手段、造价管理情况，设计变更的内容、原因、造价审计中存在的问题及解决办法，对项目造价管理工作的评价与分析（包括但不限于概算与结算情况对比分析），工程遗留问题的总结与分析等，并提出合理的建议。

4.4.7 工程技术管理

对工程建设过程中的特殊结构、复杂技术、关键工序等技术措施和技术方案进行审核、评价、分析，解决施工过程中出现的设计问题，优化设计方案，对工程建设新技术、新工艺、新材料进行研究论证，对重要材料、设备、工艺进行考察、调研、论证、总结，从技术角度提出合理化建议或专项技术咨询报告。组织设计单位对监理和施工单位进行技术交底，对重点工序，重点环节的技术、质量进行控制，处理工程建设过程中发生的重大技术质量问题。

4.4.8 工程监理

（1）施工准备阶段，根据项目的具体要求，对项目进行整体策划，参与有关本项目监理工作。

（2）项目建设的其他招标工作，参与对中标候选人投标文件的复核工作等。

（3）施工阶段按国家法律、法规、规范、招标文件、合同及图纸的要求对施工过程中的质量、进度控制和安全生产监督管理。对费用进行控制，对合同、信息等方面的协调管理。

（4）协助建设方和项目管理团队办理其他与工程相关的事宜。

4.4.9 档案与信息管理

（1）借助专业的信息管理软件及先进的信息技术平台，根据时间、内容、类型进行分类、编码、归集，高效检索、分享、传递、审批工程项目信息，保存能清楚证明与项目有关的电子、文档资料直至项目移交。

（2）负责对勘察、设计、监理、施工单位工程档案的编制工作进行指导，督促各单位编制合格的竣工资料，负责本项目所有竣工资料的收集、整理、汇编，并负责通过档案资料的竣工验收以及移交。

（3）借助先进的信息管理软件或信息技术平台，对工程建设过程中的质量、安全、文明施工等信息进行高效的分享、传递、监督、反馈、管理。

4.4.10 BIM 管理

（1）组织落实项目 BIM 应用工作，保证项目 BIM 价值的实现，实现对项目 BIM 实施的综合管理。

（2）审核项目 BIM 总体实施方案和各专项实施方案，规范 BIM 实施的软硬件环境，审核招标投标文件 BIM 专项条款，审核项目的 BIM 实施管理细则、各项 BIM 实施标准和规范。

（3）审查 BIM 相关模型文件（含模型信息），包括建筑、结构、机电专业模型、各专业的综合模型及相关文档、数据，模型深度应符合各阶段设计深度要求。

（4）审查 BIM 可视化汇报资料、管线综合 BIM 模型成果、BIM 工程量清单、BIM 模型"冲突检测"报告。

（5）管线综合分析和优化调整，分析基于 BIM 的管线综合系统解决方案。

（6）实现基于 BIM 的工程咨询，建立 BIM 实施的协调机制及实施评价体系，负责项目 BIM 管理平台的管理，实现项目各参与各方的协同，基于 BIM 开展工程咨询工作，包括基于 BIM 的所有技术审查、项目例会等。

（7）审查相关 BIM 成果是否符合深圳市建筑工务署《BIM 实施管理标准》与深圳市建筑工务署《BIM 实施导则》的要求，提交审查报告并负责成果验收。

4.4.11　实验室工艺咨询管理

对本项目中公共实验室、教学实验室、科研实验室、生物实验室、激光实验室、重型实验室、轨道交通实验室、汽车实验室以及与实验室工艺相关的全过程咨询管理。主要包括：

（1）调研整理汇总实验室工艺需求，实验室的使用目的，实验室的实验内容，实验流程，实验室的仪器种类、型号、功率、重量等。主要设备使用频率，主要设备的用水、用电、用气、通风及承重要求、实验室的操作人数、实验室三废内容等。

（2）调研整理汇总实验室环境要求：人对环境的要求，实验对象对环境的要求，设备对环境的要求，实验内容对环境的要求，实验室的功能实现目标。

（3）认证定义：定义实验室的类别，实验室使用目的，实验室安全等级，实验流程与建筑空间要求，实验室总体环境要求，实验设备与建筑结构的配套要求，实验室功能与建筑结构关系，实验室三废对环境的影响。

（4）将使用需求转化为设计需求语言，制作实验室房间参数手册（或房间参数卡片）。

（5）评估设计输出与设计需求的匹配性、可行性、设计理念（如安全、舒适、节能、环保等）和实现目标（如前瞻性、灵活性、先进性等）。

（6）对实验室工艺设计进度、设计质量进行全过程管理。

（7）对实验室施工工艺进行全过程管理。

（8）对实验室工艺流程调试、验收、检测、认证过程进行管理。

4.4.12　现场施工管理

对项目实施过程进行质量、进度、安全及文明施工管理。

4.4.13　竣工验收及移交管理

（1）负责组织项目相关参建各方办理项目专业验收和总体竣工验收申报手续，并协助进行项目专业验收和总体竣工验收，及时解决工程竣工验收中发现的工程质量问题。

（2）负责项目移交工作的管理，包括质量监督、档案验收、项目审计、财务决算、环境保护、卫生监督、劳动安全、消防、工程总结等。

第 5 章 管 理 模 式

目前，全过程工程咨询单位提供全过程或阶段性服务，由项目业主自行根据自身项目特点进行选择。即建设方采用"1＋N"模式的全过程工程咨询，其中"1"指的是在全过程工程咨询项目经理带领下的服务团队，承担指导、控制、计划、组织、协调和审核职责，统筹管理各专项小组，协助建设方对建设项目的设计、招标、监理、BIM咨询等管理方面的工作，即全过程工程项目管理。"N"指各专业咨询工作团队，协助项目经理进行咨询服务质量的控制。

本项目（深圳技术大学（一期））的全过程工程咨询的"1＋N"可以理解为"全过程工程项目管理＋工程监理＋实验室工艺咨询"。由于全过程工程咨询中标单位没有实验室工艺咨询相关资质，故实验室工艺咨询单位发包，成为全过程工程咨询项下的专业咨询单位。在团队配置上，本项目配置两大管理团队，分别是全过程工程项目管理团队和工程监理团队。

5.1 组织架构

5.1.1 定位

建设方采用全过程工程咨询模式最急需解决的问题是明确组织架构。全过程工程咨询单位进场后，应深入总结建设方既有工程项目管理方式下的经验和不足，充分把握行业发展趋势和地方特征，精简工作界面、明晰管理层级，充分发挥建设方"总控督导"的定位，明晰工程咨询单位"自主实施"的定位，并形成如图5-1所示"金字塔"管理职能定位的模型。在该定位下，建设方将站位在"金字塔"顶端，工作重点面向工程项目使用单位及有关政府行政部门，明确总体需求，制定总体目标，总体监督和控制建设项目前期和施工阶段管理工作，充分发挥"决策、监督、保障、技术支撑"四大总控督导职能；全过程工程咨询方受建设方委托，全面组织开展工程项目管理组织行为（包括部分专业咨询工作的实施，如招标代理，工程监理等），根据总体需求及建设目标，具体开展前期审批、设计管理、招标采购、施工监管、工程监理、实验室工艺咨询等工作，组织管理好勘察单位、设计单位、施工单位、材料设备供货商等。

图 5-1　全过程工程咨询模式下"金字塔"管理定位模型

5.1.2　组织架构设计

深圳技术大学建设项目（一期）的组织架构设计以实现本项目的各项建设目标为导向，结合以往大型项目群建设管理经验，针对本项目设置"工程咨询领导班子（4人）+职能部门（5个）"的工程咨询组织机构，共委派驻场人员113名，其中项目管理人员53名，工程监理人员60名。

（1）成立工程咨询服务指挥部，确保项目资源落实

成立以上海建科工程咨询有限公司总经理为总指挥、深圳建科经理为副总指挥的工程咨询服务指挥部，调配两家公司资源，确保本项目资源配置满足建设管理需要。

（2）组建合理的工程咨询领导班子，配备完善的职能管理部门

根据招标文件要求，结合项目特点，对整个工程咨询组织优化如下：

1）考虑到整个校区建设的片区化管理需要，为便于统筹和提高效率，特成立"1名项目经理、2名项目副经理、1名技术负责人"组成的工程咨询领导班子。

2）除招标文件明示的综合管理部、规划设计部、造价合约部、施工监理部以外，考虑到项目建设阶段技术管理及现场管理需要，特增加工程管理部。

（3）专业配套齐全，确保项目科学管理

深圳技术大学建设项目（一期）工程技术难度大、质量要求高，在工程咨询和技术服务实施过程中对项目团队要求高。因此，在进行人员配备时根据项目实施及专业技术要求设置齐全的专业工程师，同时根据工程的进展和新技术应用，可以进行专业工程师的适时调配，确保工程咨询和技术服务顺利开展。

（4）依托公司专家咨询组，确保有效技术支撑

深圳技术大学建设项目（一期）建设要求高、新技术应用多，全咨团队积极参与项目技术管理和统一协调工作，依托上海市建筑科学研究院专家资源，成立上海建科集团专家顾问组，组建工程管理、建筑、结构、机电、节能、钢结构、幕墙、园林景观、工程经济等专家组，为本工程提供及时、可靠、合理的全面咨询支持。

5.1.3 任务分解及岗位职责

（1）任务分解

根据工程咨询服务工作内容以及人员配置，对工作任务进行分解，具体见表5-1。

项目任务分解一览表　　　　　　　　　表5-1

工作职责：D—批准；E—执行；S—支持；J—参与		工作职责划分				
序号	工作职责内容	建设单位	项管单位	监理单位	其他咨询单位	施工单位
一	项目启动阶段					
1.1	总体管理					
1.1.1	组建项目管理组织机构	D	E	—	—	—
1.1.2	明确管理目标	D	E	—	—	—
1.1.3	编制项目管理规划	D	E	—	—	—
1.1.4	编制项目进度规划	D	E	—	—	—
1.1.5	编制管理工作手册	D	E	—	—	—
1.1.6	编制管理实施手册	D	E	—	—	—
1.2	进度管理					
1.2.1	编制项目总进度计划	D	E	—	—	—
1.2.2	进度计划的管理	D	E	—	J	—
1.3	行政配套管理					
1.3.1	政府报批报建	D	E	—	J/S	—
1.4	设计管理					
1.4.1	编制设计需求/任务书	D	E	—	J/S	—
1.4.2	组织概念方案征集	D	E	—	J/S	—
1.4.3	组织概念方案评审	D	E	—	J/S	—
1.5	采购合约管理					
1.5.1	制定招标策略	D	J	—	E/S	—
1.5.2	招标文件编制	D	J	—	E/S	—
1.5.3	组织招标工作	D.J	E	—	J/S	—
1.5.4	合同执行管理	D	E	—	J/S	—
1.5.5	非公开招标投标竞争性谈判	D.J	E	—	J/S	—
1.5.6	建立项目投资控制体系	D	E	—	J/S	—
1.5.7	组织专项投资报告编制	D	E	—	J/S	—
1.5.8	支付管理	D	E	—	J/S	—
1.6	信息与行政管理					
1.6.1	信息沟通管理	S	D.E	J/S	J/S	S
1.6.2	建立文档管理制度	S	D.E	J/S	J/S	S

续表

工作职责：D-批准；E-执行；S-支持；J-参与			工作职责划分				
序号	工作职责内容		建设单位	项管单位	监理单位	其他咨询单位	施工单位
二	项目设计阶段						
2.1	总体管理						
2.1.1	召开项目管理例会		D	E	—	J/S	—
2.1.2	召开设计例会		D	E	—	J/S	—
2.1.3	召开专题会		D	E	—	—	—
2.2	进度管理						
2.2.1	编制设计进度计划		D	E	—	J/S	—
2.2.2	编制审批进度计划		D	E	—	J/S	—
2.2.3	编制采购进度计划		D	E	—	—	—
2.2.4	进度计划的管理		D	E	—	J/S	—
2.3	行政配套管理						
2.3.1	行政许可审批		D	E	—	—	—
2.3.2	配套申请		D	E	—	—	—
2.4	设计管理						
2.4.1	方案设计协调		D	E	—	J/S	—
2.4.2	初步设计协调		D	E	—	J/S	—
2.4.3	施工图设计送审		D	E	—	J/S	—
2.4.4	设计成果技术咨询		D	E	—	J/S	—
2.5	采购合约管理						
2.5.1	制定招标策略		D	J	—	E/S	—
2.5.2	招标文件编制		D	J	—	E/S	—
2.5.3	组织招标工作		D.J	E	—	J/S	—
2.5.4	合同执行管理		D	E	—	J/S	—
2.5.5	非公开招标投标竞争性谈判		D.J	E	—	J/S	—
2.5.6	建立项目投资控制体系		D	E	—	J/S	—
2.5.7	组织专项投资报告编制		D	E	—	J/S	—
2.5.8	支付管理		D	E	—	J/S	—
2.6	信息与行政管理						
2.6.1	信息沟通管理		S	D.E	J/S	J/S	S
2.6.2	文档档案管理		S	D.E	J/S	J/S	S
三	项目施工阶段						
3.1	总体管理						
3.1.1	组织召开工程例会、专题例会		S	D.E	J/S	J/S	S
3.1.2	负责项目的进度、质量、安全、投资监控		D	E	J/S	J/S	S
3.2	进度管理						

第 5 章　管理模式

续表

工作职责：D－批准；E－执行；S－支持；J－参与		工作职责划分				
序号	工作职责内容	建设单位	项管单位	监理单位	其他咨询单位	施工单位
3.2.1	审核施工单位的实施进度计划	S	D.E	S	—	S
3.2.2	监督并落实施工单位的工程进度计划	S	D.E	S	—	S
3.2.3	工程综合协调（含外围等社会环境管理）	D.S	E	S	—	S
3.3	行政配套管理					
3.3.1	政府办证过程协助	S	D	S	—	E
3.4	设计管理					
3.4.1	图纸会审及设计交底	S	D.E	J/S	J/S	J
3.4.2	深化设计协调管理	S	D.E	J/S	J/S	J
3.4.3	设计变更管理	D	E	J/S	J/S	S
3.4.4	技术核定	D	E	J/S	J/S	S
3.5	采购合约管理					
3.5.1	招标文件编制（材料设备采购、专业分包）	D	J	S	E/S	S
3.5.2	组织招标工作（材料设备采购、专业分包）	S	D.E	S	J/S	S
3.5.3	合同执行管理（材料设备采购、专业分包）	D	E	S	J/S	S
3.5.4	支付管理	D	E	S	J/S	—
3.5.5	变更管理	D	E	S	J/S	—
3.5.6	投资控制	D.S	E	S	J/S	—
3.6	施工管理					
3.6.1	施工质量管理	S	D	E	J/S	E
3.6.2	工程技术管理	S	D	E	J/S	E
3.6.3	施工界面协调管理	S	D	E	J/S	E
3.6.4	HSE 管理	S	D	E	J/S	E
3.6.5	工程中间验收管理	S	D	E	J/S	E
3.7	信息与行政管理					
3.7.1	工程档案管理	S	D	E	S	E
3.7.2	文件发放管理	S	D	E	S	E
四		项目收尾阶段				
4.1	总体管理					
4.1.1	组织召开竣工验收专题会	J	D.E	S	S	S
4.1.2	组织召开档案馆交底会	S	D.E	S	S	S
4.1.3	组织参建方制定总体、单体验收计划	S	D.E	S	J	S
4.2	进度管理					
4.2.1	管理竣工验收、备案以及实体移交进度	S	D.E	J	J	J
4.2.2	收尾工作进度协调的管理	S	D.E	J	J	J
4.3	行政配套管理					

续表

工作职责：D－批准；E－执行；S－支持；J－参与		工作职责划分				
序号	工作职责内容	建设单位	项管单位	监理单位	其他咨询单位	施工单位
4.3.1	配合办理各专项公用事业配套接入	S	D.E	S	J	S
4.3.2	竣工验收管理	S	D.E	S	S	S
4.4	设计管理					
4.4.1	竣工图管理	S	D.E	S	S	S
4.5	采购合约管理					
4.5.1	质保期合同管理	S	D.E	S	S	S
4.5.2	审核工程竣工结算	D	E	S	J/S	S
4.6	施工管理					
4.6.1	缺陷整改	S	D	S	S	E
4.6.2	组织运营培训	S	D.E	S	S	S
4.6.3	组织完成项目竣工验收	S	D.E	S	S	S
4.6.4	组织完成项目交付工作	S	D.E	S	—	S
4.6.5	项目HSE管理工作总结，评价	S	D.E	J	J	J
4.6.6	协助建设单位制定项目运营期HSE管理规划	S	D.E	J	J	J
4.7	信息与行政管理					
4.7.1	编制项目管理总结报告	S	D.E	J	J	J
主要工作职责动作定义						
执行（E）：本方案中系指对于某方面或者某项工作任务，由执行方负责对该任务需要何时开始、怎样实施、如何管控等进行整体策划（包括拟定策划方案、编制管控计划等说明性文件）并组织召开任务启动会议，确定任务方案，然后依照任务方案、合同等指令、指导性文件，组织该任务的具体实施开展，并负责过程管理						
批准（D）：本方案中系指对于某方面或者某项工作任务，由批准方负责对任务成果进行审批及最终批准，其他方必须在获得批准后才能开展与此相关的任务工作						
支持（S）：本方案中系指对于某方面或者某项工作任务，由支持方负责按照批准方、执行方、发起方为完成任务的实际需求，提供资料准备、关系协调或者咨询建议等帮助，以便协助任务的完成						
参与（J）：本方案中系指对于某方面或者某项工作任务，由参与方按照批准方、发起方、执行方为完成任务的要求，出席参加相关会议或工作任务，获取对完成工作任务具有参考价值的信息						
图例说明："—"表示本阶段该参建单位暂未进场						

注：1. 本表分工是根据对招标文件的理解初步拟定，中标后和招标人另行协商确定。
   2. 建设方拥有对任一项工作任务的工作过程、阶段成果、最终成果的检查和审核的权力。目的是督促该项工作的落实，并及时纠偏可以根据需要和实际情况，采取定期审查或者不定期的专项审查两种方式进行。
   3. 项目管理单位：招标人本次采购拟选定的单位，包括项目管理工作服务。
   4. 咨询单位：包括设计单位、顾问单位、造价咨询单位勘察单位等，为项目提供技术服务支持的咨询类单位。

（2）岗位职责

1）指挥部及专家顾问组职责。

上海建科工程咨询有限公司（以下简称"建科咨询"）总经理领导的工程咨询指

挥部负责本工程项目部、专家顾问组资源配置、工作全面、到位的协调和保障。建科咨询总工率领的专家顾问组，提供高层次的咨询意见和技术支撑，负责组织对工程实施中重大技术方案的审定、技术难题和重大质量问题等的决策处理，定期或根据现场工作的需要及时赴工地指导监理工作，解决重大技术问题。

2）项目经理。

项目经理为项目提供驻场服务，主要负责项目现场工作整体的安排调度、项目人员的配置等。主要对工程报批报建管理、设计管理、招标采购管理、进度控制、投资控制、造价咨询管理、合同管理、BIM实施管理、工程监理管理、档案信息管理，以及竣工验收移交等工作进行整体把控，确保项目管理总体策划的方案予以有效落实实施，同时及时响应招标人对于本项目的各项工作要求。

3）项目技术负责人。

协助项目经理分管项目的技术管理工作。主要对关键工程的设计方案进行讨论、优化，负责审查重大工程变更的技术、工艺方案，以及召开专家咨询会、上级审查会等相关工作，参与审核设计变更、计量支付工作。

4）项目副经理。

配合项目经理分管授权片区内的项目现场工作整体的安排调度。主要对片区内工程报批报建管理、设计管理、招标采购管理、进度控制、投资控制、造价咨询管理、合同管理、BIM实施管理、工程监理管理、档案信息管理以及竣工验收移交等工作进行整体把控。

5）综合管理负责人。

组建综合管理团队，对项目进度控制、档案信息管理、项目外围工作协调管理等工作进行整体把控，并协助项目经理做好项目人员的调配工作。

6）规划设计管理负责人。

组建规划设计咨询管理团队，对项目设计各阶段（方案设计、初步设计、施工图设计）计划统筹及总体管理，对设计进度、设计质量、设计投资进行管理，对设计方案、材料设备选用、设计变更进行管理，管理BIM、工业化建筑、实验室工艺、地下综合管廊及海绵城市等专业专项设计，负责与设计相关的调研、确认、审查、管理以及其他工作，负责报建报批管理、竣工验收及移交管理工作。

7）造价合约管理负责人。

组建造价合约管理团队，招标采购管理、合同管理、造价管理、投资管理、设计变更及现场签证管理、报表统计、工程结算以及与项目综合商务管理相关的其他工作，配合规划设计部做好报建报批管理、竣工验收及移交管理工作。

8）工程管理负责人。

组建工程管理团队，负责项目各标段的施工质量、安全生产管理、环境及文明施工管理、工程监理管理工作，配合综合管理部做好进度控制、档案信息管理工作。

9）总监理工程师。

组建项目工程监理团队，对项目各标段的施工准备阶段、施工阶段、保修及后续服务阶段监理，以及与工程监理相关的其他工作，对工程监理工作全面负责。

5.2 管理界面

5.2.1 建设方与全咨团队界面

（1）项目组和全过程工程咨询单位

项目组行使决策、监督、保障、协调、支撑职能，全过程工程咨询单位则是项目建设过程中组织和实施的主体，项目组应参加由全过程工程咨询单位组织的重要会议，保障和支撑全过程工程咨询单位在施工阶段有效地进行管理工作。

（2）项目组和全过程工程项目管理

与传统模式相比（无全过程工程项目管理），项目组现场管理工作由全过程工程项目管理承担，包括不限于项目策划、招标管理、设计管理和现场管理，同时包括各类汇报材料的准备，工务署体制内各类管理文件的编制（包括上会资料的准备）。

（3）全过程工程项目管理和监理

全过程工程项目管理负责项目策划、招标及设计管理类的组织和管理，负责项目质量、安全、进度和投资控制的宏观统筹管理工作，负责管理流程和制度的确定，是项目整体宏观管控的责任方。

全过程工程监理则是施工阶段质量、安全、进度和投资管控的组织与实施主体，负责施工单位按照国家规范、标准及工务署要求的执行和落地，在工务署管控体制下，组织施工单位迎检工作（主要指第三方检查单位瑞捷和必维）。在传统模式下，施工现场的变更管理由监理负责，而在深圳技术大学项目，设计变更图纸则由全过程工程项目管理（设计管理和造价部门）负责跟进，监理应加强同该部门的协同，共同推进变更与签证工作。

5.2.2 全咨团队内部界面划分

（1）全过程工程项目管理

与项目组形成合力，全面控制施工质量、进度和投资，做好安全文明施工。在工务署的管理体系下，建立管理制度，做好项目策划，履行管理程序，通过精细化管理，实现项目建设目标。全过程工程项目管理与全过程工程监理应划分管理界面，在项目实施中，互相支撑。在施工阶段全过程工程项目管理应负责以下内容的管理：

1）报批报建：办理平行发包施工许可证，管理施工阶段可能涉及的报建工作（开路口、占绿地等手续）。

2）招标管理：配合施工总承包单位的进度，完成平行发包及战略合作单位的招标至合同签订工作。

3）综合管理：对内优化文件流转流程，做好项目管理资料的传阅、整理与归档，对外建立制度要求监理和施工单位做好施工阶段资料的制作、整理、上传 EIM 平台及竣工资料的归档。完成履约评价管理。

4）设计管理：配合招标阶段的设计管理（设计图纸的审核，方案的优化等，主要工作集中在精装修的招标）。施工阶段的设计管理，主要涉及设计图纸的管理，技术问题的解决，设计图纸变更的管理，深化设计的管理及竣工图的管理等。

5）造价管理及合同管理：招标阶段的造价管理和施工阶段的变更管理，与监理造价部通过合院办公充分融合，提升管理效率，有效控制投资。同时做好对造价咨询公司的管理，做好变更与签证的审价工作（大于 50 万元（较为重大的变更）、造价咨询公司提前介入）。施工图预算和工程结算审核。

6）现场管理：分土建和机电两个大专业进行统筹，做好策划管理，对监理的现场质量、安全文明的监督工作进行管理，对现场的变更与签证、信息管理全面统筹。现场管理的责任主管作为唯一的出口，对标段经理及项目组的各专业工程师负责。

7）BIM 管理：对 BIM 咨询实施管理，并利用 BIM 指导现场施工，与现场管理共同完成 BIM 的统筹管理工作。

8）标段经理：所有条线的统筹管理，流程管理、制度管理和策划管理。

9）全过程工程监理：按国家及深圳市有关法律、法规、规范及沪深建科与工程管理站签订的工程咨询合同履行监理职责，包括本项目各地块（或标段）的施工准备阶段、施工阶段、保修及后续服务阶段的监理工作，以及与工程监理相关的其他工作。

（2）全过程工程监理管理

全过程工程监理与全过程工程项目管理应划分管理界面，在项目实施中，互相支撑。在施工阶段全过程工程监理，施工过程中的质量、进度控制和安全生产监督，进行投资控制及工程信息的管理，主要工作内容如下：

1）质量、进度控制及安全生产监理管理工作内容：

① 编制监理规划和监理细则，组织图纸会审，参加技术交底等。

② 督促、检查承包人严格执行工程施工承包合同和国家工程技术规范、标准，协调对外关系。

③ 做好审核承包人提出的施工组织设计、施工技术方案、施工进度计划、施工质量保证措施等监理日常管理工作。

④ 审核施工总承包人提交的工程变更申请，必要时会同管理公司设计管理部组织

设计专题协调会。

⑤控制工程进度、质量，督促、检查承包人落实施工质量、安全保证措施。

⑥组织分部分项工程和隐蔽工程的检查、验收。

⑦协助业主和项目管理团队组织工程竣工验收。

2）投资控制（与管理公司造价部门融合）：施工期间工程量的计量、工程款支付、审查工程变更、签证及其费用等。

3）合同、信息等方面的协调管理：做好合同管理的各项协调工作；协助业主和项目管理团队整理报建资料。

4）督促承包人整理合同文件和技术档案资料；协助业主和项目管理团队收集、整理、归档工程资料。

5.3 管理方法

5.3.1 组织融合

全过程工程咨询团队进驻现场后，分析建设方与全咨方内部组织架构的特点，提出组织融合的构想。如图5-2所示，全咨团队在进驻现场后，建设方的管理架构也随之变化，通过将全咨团队植入建设方管理团队，合院办公，共同推进项目，实现项目管理目标。

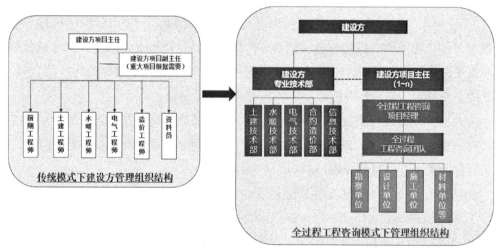

图5-2 建设方与全过程工程咨询单位组织结构的融合

5.3.2 流程再造

传统模式下，建设方管理团队从项目决策阶段至运营维护阶段实施全方面和全过程的管理，即直接对所有专业咨询服务单位、施工单位、材料供应单位等进行管理，既是管理组织实施层，也是管理决策层。全咨模式下，全咨项目管理团队代替项目组"组织实施"功能，对全咨项下、非项下专业咨询单位、施工单位、材料供应单位等进行管理，决策则仍由建设方完成。

全咨项目管理团队的介入，代替部分管理职责，因此管理流程发生变化。由于本项目是全咨的在深圳的试点项目，建设方也没有办法及时修改信息化线上流程，全咨团队在进场之初便针对建设方的管理模式，在材料品牌报审，重大方案审批、变更、洽商管理等关键管理节点上设计一套线下流程，增加全过程项目管理团队审批的环节，增强项目精细化管控程度。

第6章 管理内容

6.1 项目计划与总体统筹管理

深圳技术大学建设项目（一期）全过程工程咨询团队于2017年6月份驻场服务，项目处于方案设计阶段，可研已取得批复，项目建设目标见表6-1。

项目建设目标　　　　　　　　　　　表6-1

工作内容		管理目标
安全文明管理		获得广东省"安全生产、文明施工优良样板工地"（简称"省双优工程"）
质量管理		确保总体获得"深圳市优质工程奖"，若干单体获得"广东省建设工程优质奖"，并力争"鲁班奖"
进度管理		1. 施工总承包Ⅰ标： 公共教学与网络中心（B/C/E/F栋）、校医院、北区食堂、北区宿舍计划2019年8月18日前竣工交付，留学生及外籍教师综合楼计划2019年12月31日前竣工交付。 2. 施工总承包Ⅱ、Ⅲ、Ⅳ标： 所有单体均在2020年12月31日前竣工交付
投资控制	方案及初步设计阶段	投资估算准确可靠，通过限额设计，设计概算不超批复的估算额
	招标投标阶段	合理设置投标限价
	施工阶段	施工图预算控制在招标限价之内
	竣工验收阶段	最终结算总额控制在批准的概算范围内
创优评优		所有工程均达到一次验收合格100%，确保圳市优质工程奖及"广东省建设工程优质奖"，并争创"鲁班奖"

深圳技术大学建设项目（一期）的建设方和使用方相互独立，建设方深圳市建筑工务署及其下属机构深圳市教育工程管理中心是经验丰富的政府项目代建机构，具有自身的管理体系和先进建造体系（含快速建造、优质建造、绿色建造、智慧建造）要求，结合上述高标准建设目标，对全过程工程咨询团队在全过程工程策划上提出了较高的要求。

6.1.1 管理目标

从全过程视角对项目需求、建设条件、建设目标和功能特点进行分析，从项目整体高度对深圳技术大学建设项目（一期）实施整体策划，达到统筹全局的作用，对项目层面的各项工作进行整体策划，对项目的整体目标进行详细分解，明确项目管理单位的具体工作职责和各参建单位的工作范围及工作界面，并在项目实施过程中不断进行动态优化，调整实施方案，为建设单位提供切实可行的项目管理综合解决方案。

（1）项目整体目标分解

基于项目前期工作调研过程中明确的项目目标体系，分析细化并制定各管理模块的专项目标，在此基础上层层递进细化成各个片区或标段、各个参建单位的工作目标，再具体到每个参建人员自身职责范围的小目标。

（2）项目组织策划

本项目建设单位和使用单位相互独立，针对作为项目建设总体管控角色的建设单位和项目管理单位建立高效的组织体系，项目管理单位提出总体的组织系统策划原则，合理设计本项目的"工作流"及"信息流"，建立与本项目建设实施匹配的组织系统。

（3）沟通机制策划

本项目是典型的大型项目群，参建单位和人员众多，沟通协调工作量大，信息流程较长，及时准确地进行项目信息沟通是项目管理服务重点关注事项。通过建立整体统一的沟通协调渠道及各参建单位之间的沟通协调机制，确保建设过程中的各种问题得到解决，提高管理效率。

（4）项目进度策划

项目管理单位详细分析本项目特点，结合以往大型项目群（尤其是高校类项目群）的建设管理经验，提出针对项目整体的技术控制要求与关键控制节点，分析各个片区或标段涉及的工程范围、规模及技术难点，进而分析片区或标段之间的建设时序与相互影响，提出针对片区或标段的技术控制要求与关键控制节点，同时提出各片区或标段之间施工界面的具体划分。

（5）招标采购策划

招标采购工作是项目如期开工和交付的关键环节。本项目招采工作的数量和繁杂程度是一般工程项目的倍数，全过程工程咨询团队与建设单位及使用单位共同梳理本项目所有可能涉及的采购对象并归分类别，合理划分本项目的采购包（即划分片区或标段）及合同界面，确定上述不同采购包的采购方式和进度计划，确保各项采购进度与设计进度、报批报建进度、施工进度等相匹配，确保各项采购工作都合法合规、推进顺利。

（6）安全文明施工管理策划

全过程工程咨询团队制定整个项目统一的安全文明施工管理标准化体系，落实安全文明施工管理措施，以风险理念贯穿整个项目的安全文明施工管理，实行总体部署、分区落实的网格化管理方式，以提升整体安全文明施工管理水平，制定高风险事件的应急预案，在安全施工的前提下减少本项目的不确定性，确保能如期竣工和交付。

（7）质量管理策划

由于深圳技术大学建设项目（一期）是典型的大型项目群，每幢建筑单体的结构形式和使用功能也各不相同，而且参建单位和施工人员众多且水平也参差不齐，很容易因为某个环节的管理不善而造成质量缺陷甚至质量事故的发生，因此，加强质量管理是保证校园建设品质的重中之重。全过程工程咨询团队要求在确保基础质量目标的前提下，根据各建筑物的使用功能要求制定质量分目标和全过程质量管理制度及流程，指导并督促各参建单位建立完整的质量管理体系，建立多道设防的质量管理组织机构，达到人人管质量、人人保质量的目标。

（8）项目验收及移交策划

全过程工程咨询团队将根据相关政府规定及建设单位、使用单位的内部要求，将所有的验收及移交工作按片区或标段绘制成逻辑关系准确的工作流程图，确保每个片区或标段都有内容完整且流程清晰的验收及移交工作，拟定各片区或标段验收及移交的进度计划。使用专业的项目管理软件（MS Project 或 P6）将每个片区或标段的验收及移交工作编制成专项进度计划，对于每个片区可能存在的难点和风险点建立相应的反馈及预警机制。

6.1.2 工作内容

（1）制定项目管理具体目标，建立项目管理的组织机构，明确各部门及岗位工作职责，分解项目管理的工作内容，制定项目管理工作程序及工作制度，制订各阶段各岗位的人力资源计划。

（2）编制项目总体进度计划，根据项目实施情况进行动态调整。

（3）协调项目各层面、各相关单位、各项工作关系，协调项目外部关系。

6.1.3 管理要点

（1）组织融合

深圳技术大学建设项目（一期）全过程工程咨询团队进场后，对本项目建设的组织架构进行优化，指导思想则是实现深圳市建筑工务署和全过程工程咨询单位合院办公（以下简称"署咨合院办公"），确保管理行为边界清晰，管理内容无缝衔接，同时引导工务署的组织架构由传统管理模式向全过程工程咨询模式的转变。

在全过程工程咨询模式下，明确工务署在项目建设过程中重点面向工程项目使用单位及报批报建所涉及的政府行政部门，提出项目总体需求，制定项目总体目标，在项目层面充分发挥"决策、监督、保障、技术支撑"的总控督导职能，并对项目重要节点及重点工作进行控制与审核；明确全过程工程咨询单位在项目建设过程中受工务署委托全面组织开展工程项目管理与组织行为，根据总体需求及工务署明确的项目建设目标，开展前期审批、设计管理、招标采购、施工监管等工作，做好对咨询服务、施工与材料设备供货等单位的管理。

根据署咨合院办公的职能定位，深圳技术大学建设项目（一期）构建包含管理决策层、管理执行层与项目实施层的管理组织体系，并根据全过程工程咨询合同要求，设置综合管理部、设计管理部、招采合约部、工程管理部和工程监理部，实施项目全过程的管理和专业咨询工作。在项目建设过程中，各部门按专业与工务署项目组充分融合，且确保工作界面清晰，在工务署项目主任的领导下，确保项目建设目标的实现，如图6-1所示。

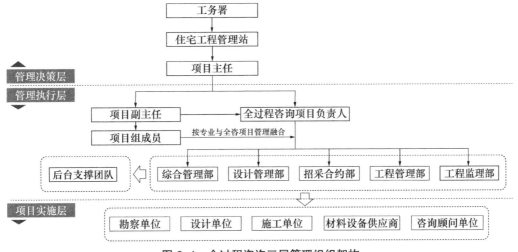

图6-1 全过程咨询三层管理组织架构

（2）报建报批

根据项目所在地的实际情况，依托前期丰富的报批报建工作经验，与项目所在地政府及公共事业管理部门建立良好关系，详细征询后制定报批报建咨询方案。该模块重点工作为：

1）按照片区或标段制定本项目报批报建的组织架构，确定报批报建专业团队及职责分工，确保工作的顺利展开及审批资料的完整性。

2）梳理项目建设总程序，绘制成逻辑关系准确的工作流程图，制定行政审批进度计划和工作反馈机制。

（3）设计管理

深圳技术大学建设项目（一期）工期紧张，在如此紧张的工期内优质完成项目建设工作，设计是关键环节中的关键。该模块重点工作为：

1）明确使用单位的功能需求，建议并协助建设单位对设计包进行合理划分，并建立设计交流平台和统一管理制度，制定设计管理工作大纲。

2）将不同类型的建筑使用要求分门别类后，组织设计单位进行投标报价，充分发挥不同设计单位优势，提高管理效率。

3）施工阶段专项设计及设计流程变更制度化，利用BIM技术对项目进行全面监管审查，加强项目设计文件的审核与分析。

（4）招标采购管理

本项目采购工作数量和繁杂程度都高于其他一般项目，合理招标采购管理对于工程按期竣工、避免施工变更非常重要。该模块重点工作为：

1）明确采购目标和采购原则，根据专业分包的特点及规模划分不同的标段，编制各级采购计划，系统地指导采购工作，确保建设单位利益的最大化。

2）编制标准的招标文件，审核采购清单。

3）把控招标流程，明确参与各方的职责权利，积极做好协调工作，确保招标质量。

4）有效归档和保管招标文件，确保其真实性和有序性。

（5）进度管理

为确保工程项目按期建成交付使用，减少计划管理多重性和不确定性，把控项目进度管理总体目标及节点目标。该模块重点工作为：

1）确定进度计划编制原则，与建设单位共同确定项目的计划开工及竣工等里程碑节点。

2）根据建设单位总体进度目标控制要求，对项目进行结构分解，制订项目实施计划和进度计划，并编制分级、分层的结构化项目进度计划。

3）统筹设计、采购、施工的进度匹配，把控进度规划中的主要风险，跟踪调查各参建单位实施进度计划，对存在的问题分析原因并纠正偏差。

（6）投资控制

为提高资金的使用效益，确保本项目建设各阶段费用支出有计划、有控制，提高资金的使用效益，实现投资控制目标。该模块重点工作为：

1）明确项目投资体系和制度，规范项目建设资金计划、使用、审核等行为。

2）有效管理设计单位做好限额设计。

3）建立投资控制台账。

4）审核各类承包商提供的工程结算文件及依据，协助招标人完成工程结算、决算，使其不偏离项目成本计划。

5）有效分析和评估已经发生的工程变更对工程以及设计单位可能产生的投资控制影响，监督设计概算及相关合同中各类造价和取费依据的变化与波动，提前预警并降低各种导致造价超支因素的影响。

（7）造价管理

以批复的估算及概算为基础，通过组织、协调、监督及指导第三方造价咨询单位，对项目全过程的所有投资文件进行控制和审核。该阶段主要工作为：

1）审核工程量清单。

2）审核招标控制价。

3）审核施工阶段的工程进度款和变更估算。

4）建立项目管理平台，造价咨询实行线下审核、线上批复平台化管理。

5）建立沟通汇报机制，方便造价咨询单位与项目其他参建单位之间就投资控制所涉费用沟通和配合，向业主提供审核意见。

（8）合同管理

本项目涉及咨询、勘察、设计、施工总承包及专业分包、材料设备采购等各种合同。该模块重点工作为：

1）建立技术经济与设计合同集成控制思维模式，根据招标采购计划确定的合同类型，编制招标合同文件及其组成部分。

2）建立基于协调平台的合同界面管理机制，充分发挥各参与方能力。

3）合理设定各类采购合同模式及工作范围，避免因方案变化或提升品质等原因导致合同变更发生。

4）提高设计标准，严格控制设计变更风险。对必须发生的设计变更及时核算，监督变更实施过程，严格控制现场签证。

5）加强施工合同履约跟踪，及时处理设计变更及索赔，对合约风险进行分析并在合同条款中制订应对措施。

6）以总进度计划为纲，设置合同合理的支付节点及条件，实现进度付款与现场形象进度匹配，定期评价合同履约情况，设立验收条件。

（9）BIM管理

通过实施项目级BIM管理，确保各参建单位实现信息共享和工作协同，协助设计管理实现投资控制和精细化要求的管理目标。该模块重点工作为：

1）全面监督和指导BIM工作，BIM实施管理组织体系，编制项目总体、专项及各阶段实施方案、标准及规范。

2）监管审核BIM在导入期、定义期、初始实施期、认知加强期和全面实施期阶段的服务。

3）精准定义BIM管理总流程及工作流程。

4）明确项目其他参与方的BIM责任。

（10）监理服务

本项目采取监管一体化模式，监理服务强调过程管理，即质量、进度、投资、安全目标的实现，该模块重点工作为：

1）建立监理组织架构，明确职责，为项目提供技术支撑。

2）发挥程序管理主导地位，通过开工审核、过程控制以及交工管理等方面控制现场的质量和安全。

3）在关键分部分项实施前识别项目特点、做好监理工作策划，将监理工作内容和要求表单化，做细做实管理工作，确保项目有序推进。

4）核查项目基本建设程序履行情况，协助建设单位、承包商办理项目基本建设程序手续。

（11）档案信息管理

为确保工程建设过程中档案信息有组织地收集、整理、存储和传递，确保信息数据的通畅、共享，实现档案的真实性、准确性和完整性。该模块的重点工作为：

1）建立合理有效的信息管理制度，确保信息收集、传递、处理的及时性，建立信息共享平台，形成数字化档案，进行数字化移交。

2）前期建设项目实际情况的收集，制定规范的文件格式和表格模板，建立符合项目整体组织构架的信息沟通、流转及审批流程。

3）施工阶段及时搜集传递现场信息，定期与各参建单位复核信息的一致性。

（12）竣工验收及移交管理模块

竣工验收是对项目前期报批报建工作的闭合，工程移交是对项目所有权的转移。该模块的重点工作为：

1）根据建设单位及使用单位要求制订验收计划。

2）协助使用单位办理后续相关运营执照。

3）根据建设单位及使用单位进度计划安排，进行建筑实体移交，组织参建单位和设备供应商对使用单位和物业单位进行现场指导和培训。

4）对各类合同履行情况进行梳理，出具专业履约评估报告，明确保修单位的责任主体和保修内容，形成保修责任清单。

5）进行工程结算，组织安排相关单位进行结算编制并予以审核。

6）综合管理项目咨询总结报告和依托项目进行的各类课题，形成研究成果。

（13）风险管理与控制

本项目场地大且分散，参建单位和人员多，建设周期长，政策变化、市场价格变动、劳动力紧缺、灾害性气候等各种不确定因素均可能导致项目风险损失，这些不确定的因素蕴含在工程建设的每个阶段和环节，为了降低风险发生概率，减少风险可能带来的损失，项目咨询管理团队必须全过程、全方位做好各类风险要素管理。管理重点工作为：

1）本项目引入全过程风险管理模式，确保工程平稳推进，建立深圳技术大学建设项目工程风险管理体系。

2）会同建设单位和其他项目参建单位科学合理地进行风险分析和评估，建立本项目的风险管理工作台账。

3）构建风险管理标准体系、现场风险管理组织体系等，掌握本项目需要重点管控的风险因素，例如社会稳定风险、进度风险、新技术风险等，并对这些重点风险因素制定针对性的应对策略，进行实时风险监控与管理，编制风险事件预警预报体系，以及突发事件应急体系。

4）利用建筑信息模型（BIM）和4D施工模拟，预先发现进度安排中的不合理之处，从源头上减少一些进度风险，通过对现场施工方案的模拟，减少施工交叉风险和现场交通组织风险，验证施工方案的可行性，实现标准化和信息化的风险管理。

5）建立风险动态控制制度，包括风险跟踪、检查、反馈和应对（转移、消除、接收等），组织和督促相关单位按要求做好建设过程的风险动态管控，及时汇报各片区或标段的风险管理情况，确保有关风险管理的信息及时、通畅。

6.1.4 经验总结

预则立，不预则废。首先，通过项目的全盘计划和统筹策划，使得项目在开始实施前融入全过程工程咨询的工程目标、思路、工作内容、思路等智慧结晶，是各主要单位开展工作必须遵守的指导性文件；其次，在满足全过程工程咨询活动的制度化、程序化、规范化、标准化的同时下，最大程度实现本项目的各项建设，并实现项目投资的经济效益、社会效益、环境效益和项目管理绩效最大化。

6.2 报批报建管理

2016年11月1日上午，由市工务署和深圳技术大学基建办共同主持召开了深圳技术大学建设项目（一期）接收会，自项目接收后，全过程工程咨询开展报批报建工作。深圳技术大学建设项目（一期）投资金额大、建筑规模大、建设周期短，项目报批报建类别为房屋建筑工程类，本项目行政审批上审批文件非常多，且涉及的审批部门多、审批文件之间的衔接较多等，因此报批报建的工作任务重大，报批报建主要分为项目立项、项目前期、施工图设计、施工阶段、竣工验收、竣工备案阶段，在报批报建工作中，主要任务是在各阶段完成各事项办理，推进项目进展，配合现场施工进度，完善各类手续工作等。

6.2.1 管理目标

按照项目结构、项目进度计划、管理职能分工，明确办理报批报建的责任单位及负责人，制订报批报建工作进度计划，在开展全过程工程咨询中，制定报批报建管理目标和进度控制方法，针对滞后的工作，及时进行调整，有效地进行动态管理。

梳理项目涉及的报批报建事项，根据项目进展情况，和各行政审批部门做好沟通工作，按照报批报建总流程，在不同阶段及时完成相应的事项审批，保证项目前期行政许可及审批手续办理顺利进行。

在项目实施过程中，与各参建单位做好沟通协调，全咨单位统筹进行管理，做好报批报建信息需求收集，组织相关参建单位推进报批报建工作进度，按照现有的政策及相关文件，做好分析理解。

在开展报批报建工作时，按照总的进度计划目标，建立项目报批报建沟通机制，做好定期汇报工作，形成执行计划的工作记录，针对过程中遇到的问题进行记录，与项目各参建单位做好监督反馈。

全过程跟进完成项目前期及工程建设期间的各项报批报建手续，做好跟进与协调工作，严格落实完成各项报批报建事项报审工作，积极组织各参建方办理项目各专项验收和竣工验收申报手续，配合项目完成竣工验收及竣工备案。

6.2.2 工作内容

（1）报批报建总流程，如图6-2所示。

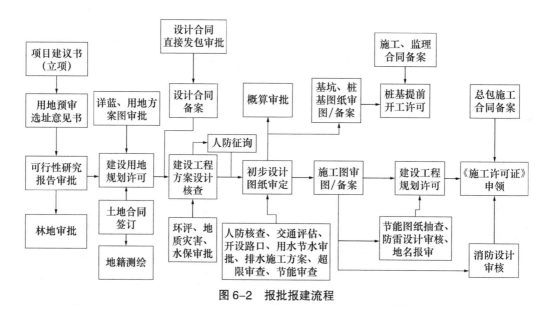

图6-2 报批报建流程

（2）报批报建主要事项见表6-2。

报批报建主要事项 表6-2

序号	实施机构	事项名称	办理时限	办理阶段	申请材料
1	市发展改革委	可行性研究报告审批	20个工作日	建设工程规划许可和概算批复	申请表；申请报告；可行性研究报告；项目生成启动凭证文件

续表

序号	实施机构	事项名称	办理时限	办理阶段	申请材料
2	市发展改革委	项目概算备案或审批	审批：20个工作日 备案：5个工作日	建设工程规划许可和概算批复	申请表； 申请报告； 初步设计图纸； 项目总概算材料； 项目生成启动凭证文件
3	市规土委及各管理局	出具选址及用地预审意见和规划设计要点	25个工作日	立项及用地规划许可	深圳市市政工程报建审批意见书（方案设计）
4	市规土委及各管理局	建设用地规划许可证核发	20个工作日	立项及用地规划许可	深圳市规划和国土资源委员会行政审批事项业务申请表； 选址意见书或用地预审意见或规划设计要点或土地使用权出让合同； 项目首次前期经费下达文件； 规划设计方案或总平面示意图； 有相应资质的设计单位出具的方案设计文件； 设计单位工程设计资质证书、资格证明文件
5	市规土委及各管理局	划拨土地决定书或签订土地使用权出让合同	5个工作日	立项及用地规划许可	土地使用权出让合同签订申请表； 选址意见书或用地预审意见或规划设计要点或用地规划许可证； 组织机构代码证； 法定代表人证明书； 法定授权委托证明书； 法定代表人身份证； 被授权人身份证
6	市规土委及各管理局	出具开设路口审批、市政管线接口审批审查意见	15个工作日	建设工程规划许可和概算批复	深圳市规划和国土资源委员会行政审批事项业务申请表； 有相应资质的设计单位出具的方案设计文件； 设计单位工程设计资质证书、资格证明文件； 选址意见书或用地预审意见或规划设计要点或用地规划许可证； 法人证书； 法定代表人身份证； 法定代表人证明书； 法人授权委托证明书； 代理人身份证
7	市规土委及各管理局	建设工程规划许可证核发（房建类）	15个工作日	建设工程规划许可和概算批复	申请表； 建设工程方案设计文件； 选址意见书或用地预审意见或规划设计要点或用地规划许可证
8	市规土委及各管理局	建设工程方案设计招标备案	10个工作日	建设工程规划许可和概算批复	建设工程方案设计招标备案申请表； 招标文件（含设计任务书）

续表

序号	实施机构	事项名称	办理时限	办理阶段	申请材料
9	市规土委及各管理局	地名批复（建筑物命名核准/公共设施名称核准/专业设施名称备案）	5个工作日	建设工程规划许可和概算批复	深圳市建筑物命名、更名核准申请表； 土地使用权出让合同及补充协议或取得选址意见书或用地预审意见； 规划设计要点或用地规划许可证； 总平面图
10	市住房城乡建设局	建筑工程施工许可证核发	3个工作日	施工许可	施工企业安全生产许可证、项目经理（安全员）安全生产考核合格证； 深圳市建设工程施工许可申请表； 项目首次前期经费下达文件或资金申请报告的批复； 承诺书； 施工合同及监理合同关键页； 地下燃气管道现状查询及燃气管道保护协议； 用地规划许可证； 建设工程规划许可证； 施工图设计文件审查意见或承诺书； 消防设计审核意见
11	市、区环境保护主管部门	建设项目环境影响评价文件审批	报告书：20个工作日，报告表：10个工作日	施工许可	深圳市建设项目环境影响评价文件审批申请表； 建设项目环境影响报告书； 建设项目环境影响报告书技术审查意见； 组织机构代码证； 经办人身份证信息
12	市交委、市交警局	占用、挖掘道路审批	交委12个工作日 交警10个工作日	建设工程规划许可和概算批复	深圳市路政许可申请表； 建设工程项目批准文件； 施工组织方案； 交通疏解方案； 临时占用道路交通疏解方案征求意见表； 书面延期申请报告； 深圳市占用挖掘道路许可证
13	市、区水务主管部门	建设项目用水节水评估报告备案	即来即办	建设工程规划许可和概算批复	建设项目用水节水评估报告备案申请表； 具有相应设计咨询资质单位编制的符合规范要求的用水节水评估报告； 关于建设项目用水节水评估报告备案的承诺函； 项目首次前期经费下达文件或资金申请报告的批复； 法定授权委托证明书； 法定代表人证明书； 法人身份证复印件； 经办人身份证复印件； 机构信用代码证或事业单位法人证书

续表

序号	实施机构	事项名称	办理时限	办理阶段	申请材料
14	市、区水务主管部门	生产建设项目水土保持方案审批	审批：20个工作日 备案：即来即办	建设工程规划许可和概算批复	水土保持方案申请表；水土保持方案报告书（表）；承诺书；授权委托书；经办人身份证复印件；机构信用代码证或事业单位法人证书；法定代表人证明书；法人身份证复印件；项目首次前期经费下达文件或资金申请报告的批复
15	市、区水务主管部门	城市排水许可	12个工作日	施工许可	排水总平面图；预处理设施材料；施工期限证明；水质检测报告；深圳市水务局排水行政许可业务申请表；基坑及桩基础阶段施工许可或项目主体施工许可；法定授权委托证明书；经办人身份证复印件；机构信用代码证或事业单位法人证书；法定代表人证明书；法人身份证复印件
16	市、区城管局	建设项目使用林地审核审批（含临时占用林地审核审批）	15个工作日	立项及用地规划许可	使用林地申请表；项目前期经费下达文件或资金申请报告批复、项目可行性研究报告批复；选址意见书或用地规划许可证；林地证明材料；使用林地可行性研究报告；使用林地现状图；使用林地现场查验表；林业部门审查意见；森林植被恢复费缴费发票复印件
17	市、区城管局	占用城市绿地和砍伐、迁移城市树木审批	10个工作日	建设工程规划许可和概算批复	深圳市占用城市绿地和砍伐、迁移城市树木申请表；承诺函；法人证书；法定代表人证明书；法人授权委托书；办理人身份证；现场照片及位置示意图；实施占用城市绿地和砍伐、迁移城市树木的管理方案；涉及在轨道交通、燃气等设施控制保护范围内活动的，提供设施管理单位意见或双方签订的保护协议；项目首次前期经费下达文件或项目资金申请报告批复；规土部门路口开设批文和报建设计图；深圳市占用挖掘道路许可证和报建设计图

续表

序号	实施机构	事项名称	办理时限	办理阶段	申请材料
18	市消防局	消防设计审核	10个工作日	建设工程规划许可和概算批复	建设工程消防设计审核申报表； 设计单位资质证明文件； 消防设计文件； 合法身份证明文件（含单位法人、经办人身份证明文件及授权委托书）
19	市、区人防主管部门	人防工程方案报建审查	5个工作日	建设工程规划许可和概算批复	深圳市人防工程报建登记表； 规划设计要点或用地规划许可证； 深圳市土地使用权出让合同书或选址意见书； 人防工程方案设计文本； 免建或易地修建防空地下室的申请

6.2.3 管理要点

深圳技术大学建设项目（一期）报批报建事项较多。本项目报批报建分为三个地块，共计19个单体，四个标段。本项目涉及参建单位较多，因此项目行政审批文件复杂，所以在开展报批报建工作时，要针对各标段情况进行分析，做好各项审批事项进度跟踪，同时要做好各标段及各参建单位之间的衔接关系。

（1）建立报批报建制度

按照项目目标，为做好报批报建管控，在参与项目前期，做好报批报建管理制度和模板的编制及使用，报批报建工作各成员需要按照制度文件，定期按每天、每周、每月一次填报已完成工作情况和工作计划，并与相关参加单位及人员进行沟通联系，建立相应的反馈及预警机制。

（2）编制报批报建进度计划

在编制报批报建进度计划时，需要对项目结构进行了解，在梳理各报批报建事项后，制订出项目总的进度计划，后续针对各参建施工单位招标后，按照各参建单位类别（如总包单位、平行发包单位）区分编制专项进度计划，对报批报建的工作进度进行管控，同时可按照现场施工情况调整各项进度计划。

（3）保证前期报批报建资料完整性

项目行政审批的成果是各种行政文件，这些文件都具有法律效力，因此在项目群的审批过程中要保证审批结果，即审批过程输入文件和资料的质量符合审批要求，审批的结果达到预期，就需要采用一定的方法对项目行政审批的前期资料和最终结果进行控制，保证项目群行政审批的顺利实施。

（4）研究相关政策性文件

深圳市正处于政府机关行政审批流程改革时期，其中建设项目行政审批流程日益改进，渐趋简化。本项目报批报建前期阶段，坪山区的政府投资项目行政审批流程也处于变革中,因此,项目管理团队将需要随时掌握深圳市以及坪山区的行政审批流程的改革动向,并熟悉各行政审批部门新印发的文件,减少政府改革因素对项目报批报建工作的影响,确保项目报批报建工作按期完成。

(5)熟悉项目的共性问题

1)土地合同签订问题:土地合同在办理过程中,因不同地块原因,涉及的产权和签订时间等,是项目重要的关键节点之一,因此在土地合同签订前,全咨单位要主动跟进合同签订进度。

2)建设用地规划许可证问题:学校筹建办重新提交了建设用地规划许可变更申请。因变更申请获批复是项目关键节点之一,因此全咨单位需主动跟进,详细了解新申请的规划要点内容并跟进其办理进度。

3)方案设计审查问题:在方案设计审查阶段,由于深圳技术大学建设项目(一期)的设计合同尚未正式签订,导致方案设计审查的报建工作无法进行,因此,会需要全咨单位做好跟进,与坪山规划国土管理局提前做好沟通审查意见征询。

4)初步设计图纸审定问题:初步设计图纸审定是关键工作,是开展人防核查、节能审查、交通影响评价、超限审查等工作的前提条件,在初步设计完成后,报批报建工作需加快完成。

因此,为把控项目报批报建质量与进度,在项目组织和人员上要保证报批报建工作的顺利开展,尽早组建本项目的报批报建专业团队,将每一项任务落实到相应的部门和负责人。

(6)充分了解项目特点及各参建单位

标段范围未按照地块范围划分,标段与地块划分不统一,报建流程复杂,在进行报批报建工作时,需根据审批或现场条件要求进行分标段或分地块申报,工作切划复杂,工作量非常规项目所能及,窗口收文人员和审批科室不清楚如何划分审批范围,导致报建流程尤其烦琐。由此全咨单位管理人员要充分了解项目特点及各参建单位人员,做好任务分工及工作推进。

6.2.4 经验总结

报批报建是一项贯穿整个项目周期的工作。本项目报批报建工作小组成员共办理行政审批事项有235项,共取得189件批复。从时间看,从项目立项—施工期间—竣工验收,报批报建工作人员必须能够把控各项报批报建的时间节点;从空间看,从项目内部对接政府部门及项目涉及的周边单位,报批报建工作人员在项目中担任重要枢纽的角色,连通项目内部(施工、监理、勘察、建设单位、校方等)与外部(市住建局、市发改、区环水局等30个以上政府部门),推动各项报批报建事宜进展;从专业看,需协调办理多专业事宜,例如给水排水、强电、弱电、暖通、消防、幕墙等,报

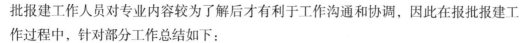

批报建工作人员对专业内容较为了解后才有利于工作沟通和协调，因此在报批报建工作过程中，针对部分工作总结如下：

（1）及时了解行政审批流程的改革动向

政府改革影响项目报批报建计划变动较大，但是区里报建系统未能及时更新至市里统一，导致部分报建事项停滞不前，影响项目推进，流程先后顺序有所变动，报批报建部门部分调整，以至严重影响项目报批报建计划推进。因此项目管理团队需要随时掌握深圳市以及项目所在区域行政审批流程的改革动向，并熟悉各行政审批部门新印发的文件，减少政府改革因素对项目报批报建工作的影响，确保项目报批报建工作按期完成。

（2）不轻易变动人员，有利于与政府资源保持联系

作为报批报建工作人员，既需要与政府部门人员沟通，同时需要协调各参建部门，从项目立项到项目结束需经常与政府部门人员保持联系，掌握充足的政府政策资源，以便报批报建工作在必要时可以请审批人员开通绿色通道。

（3）及时安排各项工作不滞留

作为项目管理单位，能够及时把各项工作安排给各参建单位，遇到棘手问题同样及时反馈给建设单位，有问题及时解决，不把工作滞留在自己手中。

（4）收集各方工作信息，做好工作记录

组织各条线相关人员每周提交工作任务进度表和周报，每月提交工作月报，梳理各条线工作进度、工作问题和工作计划。会议中采用会议纪要、录音、拍照等留存，重要事宜则采用往来邮件形式作为工作记录。

（5）信息及时通知各条线相关人员

每次例会的会议纪要、报批报建取得的批复、设计变更等工作中产生新的信息，安排以邮件形式及时通知各条线负责人，做到消息互通。

6.3 勘察管理

工程勘察工作是工程基本建设管理中的一项重要基础工作，勘察单位属于建设工程的"五方责任主体"之一。工程勘察在项目投资决策和项目建设中具有十分重要的作用，是编制建设项目设计文件的依据。深圳技术大学建设项目（一期）全过程工程咨询团队在进场之初，项目初步勘察尚未开始，全咨团队根据当地政策要求，牵头委托了项目详细勘察合同及勘察文件专项审查（现取消审查制，简化为告知承诺制）。

6.3.1 管理目标

（1）按照国家及地区相关法律法规完成相关政策程序。

（2）勘察任务书（初勘及详勘）结合设计需求，具有针对性。

（3）通过现场与内业管理相结合方式，保证现场勘查工作及报告编撰合法合规、内容真实有效。

（4）勘察结果阐述明确，勘察建议和岩土问题分析具有针对性。

（5）现场地形地貌测量清晰，真实反映现场实际工况。

（6）地下管线、构筑物和障碍物工程物探准确无误差。

6.3.2　工作内容

（1）分析地下管线（包括给水、排水、电力、通信、燃气等所有地下管线）和设施等埋藏物的复杂程度（包括向相关部门购买资料等），为工程勘察、设计及施工开挖等工作提供条件。

（2）通过勘察，查明不良地质作用和地质灾害，为工程设计和施工提供依据。

（3）通过场地地形测量，出具地形图，为项目的场地策划及规划提供依据。

（4）结合工程设计、施工条件，进行技术论证和分析评价，提出解决工程岩土问题的建议，并服务于工程建设的全过程。

6.3.3　管理要点

（1）为保证勘察成果能为后期工程设计及施工提供依据，签署勘察审查合同，其内容主要包括岩土勘察文件的程序性和技术性审查；勘察任务书、勘察纲要能否满足规范和设计要求；现场作业是否按勘察纲要执行。

（2）勘察纲要资料齐全、全面体现设计意图及对勘察的要求、按规定进行现场踏勘、充分收集利用附近地质资料和建筑经验，对拟建场地的地质、水文地质条件进行深入的分析，提出的工作方案经济合理且满足任务书、规范和工期要求，勘察网点的布置、数量、深度、测试要求等均符合规范规定，以恰当的勘察工作量或采用新技术解决关键技术问题。

（3）审查由设计单位编制的勘察任务书，审查内容主要包括：工程名称、项目概况、勘察范围、勘察具体内容及要求、提交勘察成果的内容与时间。根据工程项目建设计划及设计进度计划拟定工程勘察进度计划。

（4）钻探及野外测试孔位正确、钻孔地面标高测量符合规定。严格按合同要求完成全部的钻探、测试工作量，钻探、测试符合操作规程要求、钻孔、测试质量符合地质要求，开终孔、取样、试验时地质技术人员始终在现场，作业人员签名完整，记录正确清楚，能如实反映地层土质的特性及地下水位。测试数量、位置及控制程度、采样的数量、深度符合勘察任务书或有关规范的要求。

（5）取土、水试样符合勘察纲要或有关规范的要求。试验单位符合资质要求，试验无遗漏差错项目。土、水试验符合操作规程，原始数据和计算数据正确，各项指标之间关系吻合。

（6）作业人员严格按照有关安全文明的要求开展工作，勘察前详细了解场地及周边地下管线及埋藏物情况，不损坏场地及附近的地下管线、建（构）筑物，不出现安全事故。

（7）工程勘察的进度控制，勘察人员、设备是否按计划进场；记录进场时间，根据实际勘察速度预测勘察进度，必要时应及时通知勘察单位予以调整。

（8）勘察文件深度满足勘察任务书、有关技术标准规范等合同规定的要求，勘察成果的审核审批程序、签署齐全，能够按照合同要求保质保量及时提交完整的符合档案管理要求的资料。

（9）通过地形勘察测量，了解场地现状，分析场地土方情况，并结合项目总体设计及建设目标，为场地的交通组织、建设次序、临时设施布置等场地策划提供依据。

（10）要求勘察单位积极参加与地基相关的各类施工交底及工程验收，配合处理施工过程中出现的地质问题，并根据建设单位要求，及时派驻专业工程师到现场解决问题。

6.3.4 经验总结

工程勘察作为我国建设工程的强规要求，是作为工程设计的前置需求文件。全过程工程咨询下的勘察管理，可充分发挥全过程工程咨询的项目管理及监理丰富经验，在满足国家及地区勘察工作规范要求的前提下，进一步丰富并针对性地完善项目勘察方案，使得勘察工作内容更加结合项目实际，为项目的设计及后续施工保驾护航，保障项目设计及施工进度，提高项目经济效益。

随着本项目推进过程中遇到的问题，部分可在勘察阶段进行针对性地规避和解决，具体如下：

（1）在项目室外工程施工阶段，场地内情况较差，且正式出入口的开设与室外工程同步实施。工程勘察阶段，本项目仅仅是进行了红线范围内的管线情况调查和物探，未探究红线范围外的部分地下管线和掩藏物，导致在正式出入口的施工过程中，需进行地下管线和构筑物等设施的二次调查和迁改，存在与权属部门沟通、招标投标、施工等工作内容，对红线范围内的室外工作内容亦造成一定影响。因此，在项目收尾抢工阶段，前述工作可能会极大的影响现场施工整体形象和进度，而此部分工作内容可在前期时间较为充裕的勘察阶段合并解决，即在勘察阶段探明后续影响施工的红线范围内外的所有地下管线，一并进行废除或迁改，为后续施工赢得便利。

（2）根据本项目初勘报告显示，项目地块一范围内存在溶洞不良地质。全咨单位在知悉此情况下，详细地分析了初勘孔下面的工程地质情况，对不良地质的溶洞分布情况进行了大致分析，要求设计单位在详勘任务书中考虑此种情况，并根据勘察任务书要求审核勘察方案，在满足工程勘察规范要求的前提下，减少不必要的勘察布点，节省工程勘察费用。此外，勘察方案中尽量增设孔位针对性地布置在工程桩原位上，为工程地基基础设计提供最为直接及准确的地质条件。此种情况下的勘察管理，能在前期阶段较为针对性地反映工程地质，探明不良地质情况，为设计扫除障碍，保障主体结构安全。同时，前期的针对性勘察设计，可为不良地质的后续施工处理预留足够多的时间，以用于施工方案出具、比选及可能的专家论证，节省工期。提前的处理方案确定，使得招标阶段的工程量清单更为准确，能更加真实地反映工程实际，减少后续工程变更及签证，变更工程造价管理。

（3）在本项目施工单位进场后，通过施工开挖发现地块三内存在污水管涵，此管涵尚须满足附近居民的生活排污要求，而此种情况在前期的管线勘察、物探资料以及权属单位提供的相关管线资料中均未反映。此问题从发现至解决历经约2个月时间，签证费用高达数百万元，既给工程的推进造成阻碍，又对本工程的投资造价造成了极大不确定。因此，勘察无小事，勘察工作除作为设计依据之外，地下管线及掩埋物地如实探明应作为勘察工作的重中之重，其工作效果及成效与后续的工程进度和工程投资息息相关。前期勘察管理，应是一个精细化管理的过程，通过多方途径了解场地内地下管线情况，充分运用技术分析手段以及科技化物探手段，以实事求是的态度、务实的工作作风对待现场勘查工作。

6.4 设计管理

6.4.1 管理目标

（1）方案设计

审查和优化方案设计：

1）符合招标及国家规范、标准、技术规程等要求；

2）美观、实用、易实施等原则；

3）总平面、立面、剖面设计及布置合理；

4）结构及景观设计合理；

5）新材料、新技术的运用；

6）配套设施管理；

7）其他。

（2）初步设计

在项目初步设计阶段，全过程工程咨询单位须确保所编制和交付的主要设计成果文件，在设计深度上满足方案设计内容需求，以确定施工平面、各专业系统、主要设备及材料等内容，从而稳步开展施工图设计。

全过程工程咨询单位进行的初步设计审查主要内容应确保：

1）符合方案设计的审查意见；

2）满足施工图设计深度需求；

3）满足消防规范要求；

4）建筑、结构、设备各专业设计合理；

5）新技术、新材料的适用性；

6）设计概算准确可控；

7）其他。

（3）施工图设计

在项目施工图设计阶段，施工图设计文件是设计单位根据批准的初步设计进行编制和交付的设计成果文件，以满足质量标准、技术细节、招标采购、施工安装及指导施工的要求。

全过程工程咨询单位对施工图设计审查的主要内容包括：

1）建筑专业；

2）结构专业；

3）设备专业；

4）给水排水专业；

5）强、弱电专业；

6）强制性标准；

7）相关法律法规；

8）其他。

（4）设计全过程管理

设计管理不仅限于项目设计阶段的设计过程管理，它基本上贯穿于项目建设的全过程。

1）前期（分析决策）阶段。配合项目部做好前期合同管理、沟通协调和信息管理等工作。包括项目投资机会探究、意向形成、项目建议提出、建设选址、可行性研究、项目评估以及设计要求提出等分析决策过程。

2）设计阶段。在设计过程中，做好设计过程的接口管理，对参与设计的设计单位进行配合、沟通、协调、管理，协调包括中、外设计机构的相关设计单位的协作关系。设计过程包括设计准备、方案设计、初步设计，施工图设计，以及会审、送审报批等。本阶段的设计过程管理是项目设计管理的重点。

3）施工阶段。包括设计交底、协助设备材料采购、现场设计配合服务、设计变更、修改设计等过程。督促设计单位配合施工，全面及时地做好设计沟通协调工作，参加施工中主要技术问题的设计校核与处理等。严格控制工程变更，及时处理设计变更及包括因变更而引起的施工进度和费用控制变化。

4）收尾阶段。包括协助施工单位制定项目竣工计划，提供必要的计划目标实施支持，参与竣工验收、竣工图纸等文件整理和归档、设计回访与总结评估等过程。按国家现行标准规定，参与完成项目竣工验收文件报告编制和资料的整改、整理、交接、归档等工作。

6.4.2 工作内容

（1）制订设计管理工作大纲，明确设计管理的工作目标、管理模式、管理方法等。对项目设计全过程的进度、质量、投资进行管理。

（2）负责组织对各阶段（方案、初步设计、施工图）及各专业（规划、总图、建筑、结构、装饰、景观园林、幕墙、电气、泛光照明、通风与空调、给水排水、建筑智能化系统、室外道路、建筑节能环保与绿色建筑、民防、消防、燃气、电梯钢结构、预应力、建筑声学、灯光、音响、基坑支护工程、地基处理、边坡治理、建设用地范围外的管线接入工程、水土保持工程、厨房工程、实验室工艺、10kV外接线工程、污水处理工程、建筑永久性标识系统、地下综合管廊、海绵城市、工业化建筑以及其他与本项目密切相关、必不可少的系统、专业和其他特殊工程）的设计图纸设计深度及设计质量进行审查，减少由于设计错误造成的设计变更、增加投资、拖延工期等情况。

（3）协调使用各方对已有设计文件进行确认。确认设计样板，组织解决设计问题及设计变更，预估设计问题解决涉及的费用变更、施工方案变化和工期影响等，必要时开展价值工程解决设计变更问题。

（4）组织专项审查。交通评估的审查、环境影响评价的审查、结构超限审查论证、消防性能化论证、深基坑审查、建筑节能审查等。对评估单位提出意义的修改、送审，直到通过各种专业评估。

（5）对项目全过程进行投资控制管理。

6.4.3 管理要点

（1）方案设计阶段

1）组织设计单位定期向工务署领导和市领导进行方案汇报，相关单位派人参会。

2）本着"需求实事求是、布局因地制宜、功能主次分明"的原则，要求设计单位与使用单位共同确定各功能用房的平面及空间布局、建筑外立面的风格及主要材料，同时详细考虑其他各专业的需求。

3）在方案设计阶段，将《深圳市建筑工务署技术指引》发设计单位，并监督执行。

4）对设计方案的功能适用性、经济性、安全性、合理性进行把关。

5）积极推广建筑工业化设计，在设计阶段充分考虑工业化建造方案。

6）对方案设计进行审查，确保方案满足使用单位的要求，并督促使用单位出具书面意见予以功能确认。

7）督促设计单位在方案设计完成后提交投资估算书，投资估算与可研批复的功能、面积、投资额相匹配。若有较大变动，督促设计院配合可研修编提供相关技术文件。

（2）初步设计阶段

1）定期组织相关单位召开设计例会，协调设计进度满足总进度计划要求；

2）在深化使用功能及布局的基础上，确定项目的建筑平（立）面、室外景观及室内装修风格、基础选型、结构体系、设备系统（给水排水、空调、强电、弱电、消防、智能化等）、大型设备选型、电梯品牌、外线方案等，对一些特殊需求在此阶段明确并细化，初步确定主要材料、设备的样板。

3）组织对超大空间、特殊技术、特殊工艺等进行技术论证，确保其可实施性。

4）对深基坑、防水等重要专项工程，项目组根据专业的复杂程度及重要性，报请工务署专业技术组评审或邀请署外专家评审。对涉及新技术、新工艺、新材料、新产品方面，要求设计院在设计汇报中书面提出，经设计管理小组确认，组织有关专家论证并报送工务署。

5）确保初步设计成果符合国家《建筑工程设计文件编制深度的规定》《城市规划编制办法》、深圳市《关于报审建筑工程设计内容及深度的规定》《深圳市建筑设计规则》和工务署各项设计指引及各项设计要求。

6）在确定以上所述的建筑体系、设备系统、材料等的选择时，由设计单位提供方案比较及对应的投资估算（技术经济比较），设计管理小组在此基础上组织评审，审查初步设计文件图纸与估算的匹配性，确保限额设计。

7）项目总概算经使用单位确认后进行申报。

8）分析初步设计对质量目标控制的风险，并提出风险管理的对策与建议。

（3）施工图设计阶段

1）定期组织相关单位召开设计例会，协调施工图设计进度满足总进度计划要求。

2）确保初步设计文件审查时各审批部门提出的要求得到落实。

3）组织交通、卫生、防雷、节能、绿建等专项审查。

4）监督设计单位严格按照项目概算批复的建设规模、标准进行施工图设计，与使用单位共同确定主要材料、设备的样板。

5）督促设计单位加强自审，确保设计文件的正确性、完整性、可实施性，并组织施工图审查。

6）对图纸进行校对审核，确保施工图深度符合国家《建筑工程设计文件编制深度的规定》《城市规划编制办法》、深圳市《关于报审建筑工程设计内容及深度的规定》《深圳市建筑设计规则》和工务署各项设计指引及各项设计要求，同时审核施工图的可施工性，与设计单位就施工方案难点进行沟通。

7）施工图设计完成后，督请使用单位出具书面意见予以确认。

（4）施工阶段

1）项目管理部在开工前组织设计单位向施工单位进行设计交底。

2）组织监理、施工、设计、造价咨询等相关单位进行图纸会审。图纸会审前，将监理、施工、造价咨询等单位审查图纸发现的问题汇总发给设计单位，图纸会审时设计单位逐一进行解释。

3）督促施工单位整理图纸会审会议纪要，与会各方会签，并督促设计单位对设计交底与图纸会审中涉及变更的问题按相关程序出具设计变更文件。

4）在项目实施过程中，监督设计单位按设计合同约定派驻现场代表，并对其履职情况进行检查，及时通知设计单位对于履职情况不佳的现场代表进行更换。同时还对设计单位各专业工程师的现场配合工作进行监督检查，检查情况作为设计履约评价的依据之一。

5）督促设计院对施工图深化设计及专项设计进行复核及确认，视情况聘请外部咨询公司进行审核。

6）明确设计变更流程，加强设计变更管理，确保变更的合理必要性，重视结构安全性及经济可行性审查。

7）根据BIM模型对设计成果进行审查，落实施工可实施性。通过BIM检查设计中的错漏碰缺，督请设计单位和施工单位共同在三维模型里对管线综合进行"模拟建造"，解决管线综合的难题，以减少设计变更。同时要求施工单位通过BIM，对项目重点及难点部分进行"模拟建造"，优化施工方案。

（5）验收及移交阶段

1）督促设计单位汇总现场签证、联系单及变更单等文件，竣工验收前两个月完成竣工图的编制，并对图纸进行审核。

2）组织相关设计单位配合审批部门进行竣工验收。

3）协调设计单位准备竣工备案所需相关文件。

6.4.4 经验总结

全过程工程咨询单位在设计阶段最核心的工作在于做好对设计质量的把控。项目的设计质量不仅决定了设计进度的控制，直接关系到设计文件能否按时完成，也直接决定了项目最终所能达到的质量标准，而且决定了项目实施的进度水平和费用水平。尤其在当前，推行节能建筑、绿色生态建筑、智能建筑，坚持可持续发展，这对项目设计水平和设计质量的控制较以往面更广、度更深、要求更高。对于设计管理，可从以下方面采取措施：

（1）设计质量

设计在技术上是否可行、工艺是否先进、经济是否合理、设备是否配套、结构是否可靠等，都将决定项目建成后的功能使用和工程质量。

1）加强工程设计的标准化。设计标准化在保证项目设计质量及造价控制方面起着重要作用，要求设计单位编制本项目统一技术措施，以便于各单位开展工作。

2）建立设计成果校审制度。设计校审按设计过程中每一个阶段进行，对阶段成果质量进行严格校审，包括但不限于以下内容：

① 计算依据的可靠性，计算结果的准确性，现行标准规范特别是强制性规定的执行。

② 设计文件的内容和深度，文字说明的准确性，图纸的清晰与准确。

③ 各专业图纸之间相关说明、要求、数据、索引一致，尽量减少错、漏、碰、缺现象。

④ 标准、规范、规程引用正确、恰当；出图深度符合国家相关规定，并能满足现场施工需要。

⑤ 设计文件中选用的建筑材料、建筑构配件和设备，需注明规格、型号、性能等技术指标，设计单位不得指定生产商或供应商。

⑥ 设计单位就审查合格的设计文件和工程设计的主导思想、建筑构思和要求、采用的设计规范，向施工单位作出详细的说明和技术交底；要求各专业设计交底时将本专业设计所采用的设计、施工规范、专业配套文件及质量验收标准、主要工艺流程和操作要领、主要建筑材料及构配件和设备要求、三新技术及其他施工中应特别注意事项，向施工单位作出详细的说明和交底。

⑦ 要求设计单位参与建设工程质量事故分析，并对因设计造成的质量事故，提出相应的技术处理方案。

3）对于专项设计、深化设计和工艺设计图纸，除要求设计院进行确认外，应视情况聘请外部咨询公司进行审核，并要求出具详细的审核清单。

（2）设计进度管理

设计阶段作为整个工程项目中的关键环节，其进度控制至关重要。

1）严格按设计合同控制设计周期。根据设计合同管理规定，方案修改经确认后，40日内完成方案报建文本设计。设计方案经政府相关部门批准后，50日内完成初步设计，初步设计技术图纸部分完成后30日内完成概算编制。初步设计经政府相关部门批准后，20日内完成场地平整工程、基坑支护和桩基础施工图，90日内完成施工图设计（不含室内精装修）。装修方案确定后90日内完成室内精装修施工图设计，景观方案确定后60日内完成景观工程施工图设计。不迟于竣工验收前两个月交付竣工图。

2）在项目设计过程中，按控制节点检查实际进度，并与计划进度进行比较，以确定实际进度是否出现偏差。

3）当实际进度与计划进度相比出现滞后时，及时组织设计单位分析产生偏差的原因，以及对后续工作的影响，并督促设计单位采取切实可行的赶工措施，在规定的时间内消除偏差，要确保不因设计进度原因对工程进展产生延误。

4）当确实由于设计进度滞后原因影响后续工作时，启动进度预警。由项目管理部负责人约谈相关单位法定代表人及项目负责人，并提出解决方案。

（3）设计成本控制

设计阶段决定了项目的功能、规模、性质及建设标准，是项目成本控制的关键和重点。

1）方案设计阶段：依据可研控制估算总投资。

2）初步设计阶段：设计概算编制完成后，在报送发改部门审批前，由造价咨询单位对设计概算进行复核，必要时组织召开专家预评审会。在参考同类工程经济指标的同时充分考虑项目特点，确保设计概算全面、合理、准确。

3）施工图设计阶段：要求设计单位在批准的初步设计和总概算范围内进行施工图设计，实行限额设计。在施工图设计完成后，由造价咨询单位按照发改委的概算批复投资进行逐项对比。

4）设计变更：对于确属原设计不能保证工程使用要求的，或确属设计遗漏和错误的，以及与现场情况不符合而无法施工的或由于国家、地方相关法规调整等非改不可的设计变更，分析变更对项目造价的影响，进行设计变更的费用预估及初审，由造价咨询单位审核；若属于重大变更应提交建设单位审批。

6.5 招标与采购管理

工务署内部已经形成各专业工程平行发包或纳入施工总包范围的标准化招标方案及内部审批程序，同时还有部分战略合作或批量采购的相关规定。工务署大多数项目采用的是"主体施工总承包＋专业工程平行发包"的模式。针对部分专业工程（如防水工程、人防工程、电梯工程）或材料设备（如电缆、涂料等），工务署有战略合作伙伴并且与之签订了战略合作协议，此类工程或材料设备不论规模、金额大小，均由工务署直接根据战略合作协议的内容，按批量采购程序进行委托。

专业工程平行发包模式有利于为部分重要专业工程选择更优秀或更适合的承包商，从而有利于专业工程的质量控制及现场的施工管理。同时，因平行发包的专业工程承包商直接与建设单位签订承包合同，通常可获得较施工总承包再行分包模式更理想的合同价格；另外，因各专业工程的开工时间各不相同，设计图纸和招标文件（含工程量清单）的完成时间可视各专业工程的进度计划合理安排，在缓解工期对设计出图压力的同时，也为更完善的设计和招标创造了有利条件，从而有效提升设计质量，降低施工期间工程变更的发生。

现有工务署项目管理模式下，一般不进行单独的招标代理委托，由建设单位自行进行招标工作的实施与管理。而在全过程工程咨询下，招标工作的具体实施与管理则由全咨单位实施，建设单位履行监督、指导的义务。因分包单位数量多，招标及合同管理工作任务多，管理界面相对复杂，现场施工过程中碰撞多，为保证在项目实施过程中总承包单位与平行发包单位（含工务署战略合作单位）及平行发包单位之间的施工及管理界面清晰，避免后续发生扯皮、推诿现象发生，全过程工程咨询单位需要充分发挥统筹策划职能，以保证项目管理目标的全面实现。

6.5.1 管理目标

（1）根据工务署现有招标模式，通过前期调研，梳理采购前期整体方案，把握工程采购重点，制订满足本项目工期及施工质量要求的采购计划和时间节点。

（2）根据项目特点分解招标方案，编制切实可行的全过程招标计划，拟定前期各专业招标时间，有效缩短前期准备时间，确保招标工作的顺利进行。

（3）通过合理的招标策划手段，遴选优秀的承包商、供应商及服务商。

（4）确保招标程序、流程合法合规。

6.5.2 工作内容

（1）根据项目特点对招标采购工作内容进行分解，制订招标采购计划，确定招标方式、招标时间、标段划分等内容，编制招标文件和拟定设备材料的技术要求及参考品牌等。

（2）组织答题补遗、投标文件的编制工作，审查技术标书中的施工组织方案及材料设备技术参数，审查商务标书清单分项及报价，指出问题并提出咨询建议。

（3）负责本项目涉及的土建项目和各专业系统的设计、咨询、施工、供货及相关的专业合同的起草、谈判，协助签订；对合同履约、变更、索赔、合同后评价进行管理；对合同风险进行分析并制定应对措施。

（4）保证关键施工节点进度开始前招标采购工作完成，不拖延施工进度。根据施工进度计划制订招标采购计划，并密切配合工程施工进度相应调整工程招标采购计划，通过合法、合规的采购渠道，得到与本项目进度和体量相匹配的优质招标采购对象，并且不突破工程概算，从而确保项目投资控制目标、质量目标、进度目标的实现。

6.5.3 管理要点

（1）招标策划

1）合同包及标段划分策划。

在本项目实行前期，项目组及全过程工程咨询单位针对总包合同包、标段划分进行了大量的策划和汇报论证工作，确定后的策划文件作为后续招标的纲领性文件，该策划的确定将直接影响项目的后续建设进度、项目组施工现场管理难度、投资控制的难易程度等。

2）标段划分。

项目部根据项目特征及规模，合理划分工程标段，标段划分考虑如下因素：

① 根据项目使用需求，存在先行完工交付使用的情况存在，需要强行划分标段。
② 施工场地内外的交通道路均利于各标段的施工组织安排。
③ 各标段的建筑形式尽量保证统一，保证施工连续性。
④ 各标段的建筑规模、合同金额尽量保证相差不大，以形成市场良性竞争。
⑤ 建设单位、使用单位及其他外部单位的特殊要求。

基于上述原则，本项目确定的标段划分如图 6-3 所示。

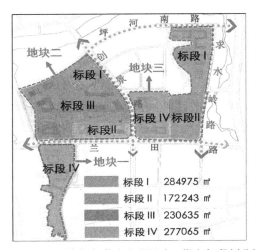

图 6-3 深圳技术大学建设项目（一期）标段划分图

3）合同包划分。

在合同包划分时，应与建设单位充分沟通，可按如图 6-4 实施。

图 6-4 合同包划分流程

4)场地整体规划。

待合同包划分确定后,项目组须根据设计图纸、现场踏勘、地质情况等资料综合规划场地,包括但不限于场内交通走向、土方平衡、场地出入口开设、临电路由走向。上述场地规划的内容不同均会影响项目建设及投资控制的合理与否,以场地土方平衡为例,项目组在招标阶段仔细分析场地地形地貌测量数据、设计标高数据、合同包施工范围、场地建筑物分布等相关技术资料,将开挖的土方合理用于回填(前提是土质满足回填要求),或者先行空地堆置后期开挖回填。若非如此,可能会造成土方外运和回购的投资浪费,使得投资控制工作未发挥其应有的作用,加大投资成本。

(2)招标计划

根据施工总进度计划的需求,招标采购工作完成的最佳时间节点为施工进度计划需求节点开始的前两周左右,根据项目组招标采购流程,所需时限一般为:招标文件上会1~2周,招标文件编制、备案20d,招标投标30d,评定分离项目定标5~10d,澄清、结果上会、公示、中标通知书等20d,从启动招标到招标完成,一般需要3.5个月时间。所以招标计划编制的关键是管理好穿插时间,才能保证不因为招标进度拖延施工进度。

(3)采购实施

本项目的招标采购实施环节,工程咨询单位更多关注招标文件、工程量清单、附件合同等经济文件的质量,依靠有经验的管理团队分别从技术和经济两方面审核经济成果文件的不同模块,以保证工程招标质量,从源头上控制工程变更和索赔的发生。

(4)工程界面划分

本项目采用先总包后平行发包招标的方式,在总包单位招标时,将总包单位与平行发包单位之间的界面(含施工及管理界面)在招标文件中明确规定,根据总包单位施工进度,适时进行平行发包单位的招标工作。该工程界面划分将作为项目组现场管理依据,同时,在总包单位施工过程中,项目组针对工程界面部分同步总结及查漏补缺,对于总包单位招标文件中未规定内容,可在平行发包单位招标过程中进行补充。在总包单位招标之前,项目组仔细研读工务署战略合作协议,在充分执行署战略合作协议的同时,总结战略合作单位的权利与义务,在总包单位及平行发包单位招标时,将其与战略合作单位的工程界面进行规定。

总之,项目组在招标过程中针对工程界面划分遵循的原则是保证总包单位与平行发包单位(含署战略合作单位)及平行发包单位之间无缝衔接,互相咬合,避免出现界面真空及界面重复。为保证上述原则得以实现,项目组在招标过程中主要实施以下工作:

1)全工况模拟。

为保证界面不出现真空和重复，项目组联合全过程工程咨询单位在招标过程中对工程的实施进行全工况模拟，即针对各分部分项工程的施工工序进行了彻底的梳理和分解，从工程实施的便利将可能出现争议的工序（如收边收口、孔洞开设封堵等）施工进行规定。

2）招标工作全员参与。

为达到不出现界面真空及重复这一目标，需要对工程有充分的认知和施工管理经验，因总包单位与各专业（含土建及安装）均有施工及管理界面，所以仅靠招标组的专业能力可能无法很好地完成（注：本项目采用全过程工程咨询模式，项目组指派专人统筹全过程工程咨询招标团队联合组成招标组），招标组在招标过程中统筹项目组及项目管理公司的土建、安装专业现场管理人员参与工程界面的编制与审核，以保证工程界面的编制完善、合理、正确。

3）配合及管理界面明确。

受总包单位与平行发包单位（含工务署战略合作单位）及平行发包单位之间的施工界面繁多影响，相应的配合及管理界面较为复杂。项目组在招标文件的编制过程中，充分结合以往项目管理经验，针对总包单位为平行发包单位提供的配合易发生扯皮的地方进行重点明确，如：项目组在总包招标文件中明确总包提供的外墙脚手架持续使用时间为该区域移交于指定承包人后期所需的合理施工周期（至少三个月），总包须在每个楼层安装取水点和至少两个供电接驳点供专业发包单位使用，且对水电费的收取进行规定等。此种定性和定量明确，大大方便项目组的现场管理，减少协调工作。

4）投标报价规定。

项目组在招标时充分分析图纸、招标文件规定质量标准，国家及地区施工和验收规范，结合自身经验及现场工况，合理、全面地设定投标报价，如气体灭火专项工程的报价方式、门窗洞口的塞缝费用、各系统的联合调试费用、总分包管理费及配合费等。此报价规定在招标文件（含工程量清单描述）中予以明确，使得工程量清单编制与招标要求完美结合，方便现场施工管理，减少后续工程变更及签证，投资在招标阶段得以控制。

5）风险提示。

项目组客观公正地根据现场具体工况、工程建设要求、国家及当地法律法规变化等，合理提醒投标人在投标报价时需注意的风险，如建设质量标准高于国家标准、项目要求申报奖项、现场不利施工条件等，此部分提资要求投标人在投标报价时综合考虑，避免后期施工单位因此而索赔费用及工期，造成项目工期目标和投资目标失控。

（5）其他

1）审核招标文件和拟定设备材料的技术要求及参考品牌。

2）对造价咨询单位编制的报价原则、工程量清单、标底、投标限价、经济技术指标进行审核。

3）协调造价咨询单位和设计单位在清单编制过程中的冲突点，使其积极投入到图纸深化和工程量清单深化的工作中，减少推诿和内耗，使清单编制质量达到可报价的唯一指向，以便减少施工过程中的工程变更，并提高工程招标工作效率。

4）组织招标答疑与补遗编制、投标文件澄清工作，对投标资料、投标样板进行审查、验证，参与投标单位相关人员的面试、答辩等工作，对投标方及采购的设备材料进行调研。

5）审查中标候选人技术标书中的施工组织设计及技术方案，审查材料设备的技术参数指标，审查中标候选人商务标书中的清单分项及投标报价，提出存在的问题并提出合理的优化建议。

6）负责本项目涉及的土建项目和各专业系统的设计、咨询、施工、供货及相关的专业合同的起草、谈判，协助签订；对合同履约、变更、索赔、合同后评价进行管理；对合同风险进行分析并制定应对措施。

7）建立合格供应商库，大型设备、大宗材料统一采购，并在设备招标文件中约定大型设备供应商应提供设备维修手册。

6.5.4 经验总结

本项目采购工作数量和繁杂程度都高于其他一般项目，合计完成招标约100多项，合理招标采购管理对于工程按期竣工、避免施工变更非常重要。

（1）本项目全过程工程咨询进场之后，在熟悉深圳市、建设单位固有的招标程序及规则下，承担了项目从前期、施工阶段乃至竣工验收阶段的全过程招标采购工作的实施与精细化管理，可实现招标采购的增值服务。

（2）全过程工程咨询单位根据以往的公司项目实践，分析各招标模式的优缺点及重点，于进场之初充分调研当地市场，结合项目实际选定最为合适的招标实施策略和方法，充分运用科学化的管控方法，使得项目的招标策划工作科学、合理。

（3）招标采购是一项综合性的实施与管理学科，除须完成其固有的国家法律法规、行业及地区规范的法定要求动作外，还应按照建设单位内部的规定完善相关程序。此外，更为重要的是，全过程工程咨询团队依托其管理模式及组织架构的优势，在项目管理中配备全专业的设计管理及现场施工管理工程师，且可将监理工作前置，团队的充分融合可将项目特性、过程管控重难点、技术要点、投标报价要求等与工程相关的技术、管理及经济要求形成讨论与决议，辅助于精细化的图纸审核和清单审核工作，可实现招标各相关模块目的的统一和落地。

（4）招标条款设置（投标报价规定、工程界面划分、管理要求等）作为招标采购的核心工作，须进行准确的策划、讨论以及实施。全过程工作咨询模式下的招标全员参与可使现场施工管理、造价管理等部门充分了解招标条款设定，使得后续管理更加贴切于招标文件要求设定，在提升项目精细化实施和管理的同时，提升人员管理水平，实现了项目推进和人员能力提升的双赢，一定程度上提升了行业管理水平。

6.6 投资管理

投资控制是从建设方的角度出发，即对一个项目的建设成本进行宏观及微观把控，使项目的建设成本控制在一个理想、合理的范围之内。建设项目存在"工期""质量""安全""投资"等几大控制目标，而这几大目标是天然的矛盾体，相互制约，即为了达到一个目标势必会牺牲另外三大目标的控制效果，而在国内目前投资控制背景下，建设单位一般是自行或聘请第三方单位进行项目投资控制，由于设计单位、监理单位、造价咨询单位及建设单位相对独立，各自所关注的重点各有侧重，对于投资控制的立场大相径庭。在社会高速发展的今天，工程质量、安全及工期要求越来越高，导致建设单位在投资控制上作出诸多让步，外加项目全寿命周期各阶段投资控制要点不尽相同，建设单位（含建设单位委托的造价咨询单位）造价管理部门能力不一，不可能深入将各阶段的投资控制做到尽善尽美，导致传统模式下的决算超预算、预算超概算、概算超估算"三超"现象时有发生，投资控制失去了其本该发挥的作用。

全过程工程咨询以项目管理为核心，统筹其项下设计管理、招标代理、施工管理、BIM管理、监理、专业工艺咨询等各服务模板的工作内容，各专业人员（设计、监理、造价、施工管理等）配备齐全，各管理部门可进行有效的协调、沟通，在项目进度、安全、质量及造价目标找到平衡点，作为项目总体的实施目标并按照该目标制定工作思路和战略。此外，全过程工程咨询经过建设单位充分授权，可全面整合其非项下的造价咨询、勘察、设计等服务单位，以及材料设备供应商、施工单位等相关参建单位资源，充分发挥其主观能动性，实现项目投资控制的统一部署和协调。另外，全过程工程咨询介入时间较早，历经了从项目决策阶段到维护运营阶段的全寿命周期管理，项目投资真正意义地实现了全过程控制。

6.6.1 管理目标

（1）将确定全过程工程咨询投资控制目标并分解，建立预警指标，重点研究项目立项（如工程编制、估算批复）、前期策划（如报批报建、审批、证照）、设计管理（如设计需求、方案优化、设计质量、进度控制）、招标采购（如招标策略研究、技术条款审核）、施工管理（如变更、签证管理）、竣工验收（如竣工结算）和运营维护等各阶段影响项目投资的关键因素，主动控制，提升项目管理水平。

（2）以投资估算控制工程设计概算，工程设计概算控制工程施工图预算，工程施工图预算控制工程结算投资与竣工结算投资，做到"三不超"，即：概算不超估算、预算不超概算、结算不超预算，并解决工程建设过程中工程投资确定与控制、技术与经济、经营与管理等实际问题。

（3）合理使用人力、物力和财力，达到提高投资效益和经济效益，从而实现全过程工程咨询的有效投资控制。

（4）找出项目实施过程中存在的主要问题，剖析所遇到的问题难点及其产生原因，总结取得的主要经验。

6.6.2　工作内容

（1）确定投资控制目标，制定投资管理制度、措施和工作程序，做好决策、设计、招标、施工、结算各阶段的投资控制。

（2）负责设计概算的审核，配合发改委、评审中心概算评审工作，以批复的可行性研究报告中建安工程投资为依据，控制设计单位限额设计。

（3）对造价咨询单位进行管理。

（4）概算经业主批准后报送发改部门，与发改评审部门进行沟通、协调，确保评审结果的合理性。

（5）审批工程进度款支付，审核工程变更及签证并送审计局备案，做好用款计划、月报、年报、年度投资计划等统计工作，建立分管项目的合同、支付、变更、预结算等各种台账；负责对项目投资进行动态控制，处理各类有关工程造价的事宜，定期提交投资控制报告；参与甲供材料设备招标工作。

（6）组织召开造价专题会议，解决造价问题，建立投资管控台账，督促设计变更流程。

（7）负责办理工程量清单符合报告的审批，负责工程结算的审核及配合建设单位报审计局进行审定，负责监理及造价咨询单位的工程结算管理。

（8）负责协调和造价咨询单位有关结算问题的分歧；负责对监理和造价咨询单位的结算工作的管理，并在造价咨询单位的结算审核报告上签署意见；负责结算报告的审批手续和报送审计部门；负责跟踪审计进度，及时反馈审计意见；负责审计报告征求意见稿的审批手续和审计报告的整理归档；负责在工程项目所有结算完成后书面通知业主财务处办理项目决算，按业主财务部门要求准备相关决算资料并配合决算审计。

（9）工程投资控制月报制度：

1）每月 25 日前，应向业主提供当月的投资控制月报。

2）投资控制月报应包括上月工程款支付情况、工程形象进度、工程完成投资额、承包商人员和机械设备投入情况、工程质量情况、检测资料、数据、工程设计变更及投资增加情况，提出问题，查找原因，并提出下月的工作建议。

（10）投资控制工作总结制度：

1）从技术和组织管理方向，针对各阶段投资情况、设计变更内容、原因、结算评审中存在的问题及解决办法，对项目投资控制工作的评价。

2）投资控制工作总结报告内容应包括并不限于：工程概况及建设全过程情况、造价咨询工作手段、造价管理情况，设计变更的内容、原因，造价审计中存在的问题及解决办法，对项目造价管理工作的评价与分析（包括但不限于概算与结算情况对比分析），工程遗留问题的总结与分析等，并提出合理的建议。

6.6.3 管理要点

（1）设计概算管理

1）全咨单位根据以往经验数据，分析估算批复指标，并结合项目定位、项目建设目标、项目建设规模等项目目标综合分析其估算批复的准确性，用切实、有说服力的数据提出概算申报的标准和目标。

2）设计概算由项目设计单位负责编制，造价咨询单位审核、工程咨询单位复核，设计概算编制质量由设计单位负责，并纳入设计履约评价管理。

3）对造价咨询单位进行管理，组织概算的审核工作，必要时组织专家评审会议。

4）负责设计概算的审核，以批复的可行性研究报告中建安工程投资为依据，控制设计单位限额设计。

5）配合建设单位将设计概算报送发展改革委，协助建设单位与评审部门的沟通、协调，确保评审结果的合理性。

（2）施工图预算管理

1）施工图设计完成后，组织造价咨询单位尽快完成施工图预算的编制工作，并要求造价咨询单位按照发展改革委的概算批复投资进行逐项对比，对施工图预算进行复核。

2）施工图预算是编制或调整固定资产投资计划的依据。造价咨询单位须认真编制施工图预算，经审核后报全咨单位复核、建设单位审核，建设单位、工程咨询单位、造价咨询单位均应严格审核施工图预算并作为调整施工图设计的依据。

3）全咨单位复核工程预算后，对预算和概算进行对比分析，建立项目全过程动态投资控制台账。

（3）工程量清单与招标控制价管理

1）在工程量清单与招标控制价编制过程中，应明确与招标文件和合同条款拟定的相关问题：承发包方式的选择；招标工程范围的界定；标段的划分；合同价方式的选择；总包与分包的合同关系；计价方式的选择；招标控制价的说明；投标报价的约定等。

2）全咨单位对工程量清单及招标控制价进行复核，在工程量清单和招标控制价的编制过程中，书面提出设计和招标文件的问题，提醒建设单位在工程中采用的新材料、新工艺，并拟定计价方案供建设单位决策。

3）复核造价咨询单位提供的主要材料和设备数量及价格清单、询价或计价依据，并提出合理建议。

4）组织监理部、设计单位评审造价咨询单位编制的工程量清单、招标控制价的准确性，尤其是材料设备的名称、规格、数量等内容须准确无误，做到项目描述清晰、不缺项，招标控制价不得超出设计概算各项指标。

5）协助建设单位将招标控制价报送审计专业局审计或备案，招标上限价应按分项预算严格控制，对超过预算项说明原因，并报建设单位招标委员会批准。

（4）设计变更与签证管理

1）严格审核设计变更需求。

在设计变更提出后，应严格审查设计变更的必要性及可行性，并须遵照建设方的变更审批流程履行所有相关的手续。坚持事前审批原则。要求设计单位及各专业设计人员务必对设计变更进行技术经济比较、从严控制设计变更的发生，对非发生不可的变更，需确立"设计变更发生越早越好"的意识。设计单位及设计人员务必提高认识，尽可能把设计变更控制在设计阶段，尽可能少发、不发变更，当发生对工程造价、工期或方案有较大影响的设计变更时，设计单位务必充分阐述变更理由、依据，并申报项目管理部组织，由建设单位参加的技术经济论证，获得建设单位批准后方可实施。

①《设计变更申请表》可由各参建单位提出，并具有充足理由与依据。

②设计变更后总投资额原则上不得超出批复概算投资额。

③由于责任单位的失误提出设计变更所发生费用由责任单位承担。

④提出的设计变更必须技术可行、经济合理。

⑤重大设计变更与系统改变必须由责任单位组织专家论证会，提出专家论证意见，报建设单位批准。

⑥设计修改与设计变更必须在变更前作出经济分析。

⑦《设计变更通知单》必须分专业办理，内容翔实、文字清楚、附图全面，由专业设计人与设计单位负责人签发。

⑧符合国家相关法规、规范、操作规程的要求。

2）全过程工程咨询单位应组织设计单位、承包人等对工程变更进行洽商，对变更的合理性和可行性进行评估，或对现场签证工程量进行现场计量确认。按审计条例要求，部分现场签证需通知审计单位派人员现场见证。

3）经洽商各方同意变更可行，则由总监签发《工程变更指令》给各单位。

4）承包人负责填报《工程变更申报审批表》，编制估算或预算并准备相关资料（时限 3d），经全过程工程咨询监理部、设计单位、造价咨询单位、全过程咨询管理部、建设单位审批。

（5）及时审核变更费用

1）当设计变更成立并由建设单位批准后，应由全过程工程咨询单位组织造价咨询单位及时对变更费用进行核定。核定的时间一般为变更实施完成之后，按实际完成的工程量进行计量及计价，或是在变更实施前按项包干，实施后按总价进行核定支付。

2）变更费用及时审核，对避免及减少工程纠纷较重要。当变更发生时，建设方、设计方、全过程工程咨询单位、造价咨询单位及施工单位等基本都了解事件的来龙去脉，对变更的性质及影响程度能较准确地判断，但如果因某种原因造成审核中断或延期（如证据资料不足或关键人员未签字确认等），则随着时间的延长，支持性的资料会越来越难以收集，部分掌握关键信息的人员会调动流失，造成最终变更结算的困难，引发合同纠纷，因此，及时审核变更对各方推进合同履约是比较重要的。

3）现场签证是指承发包双方在工程建设过程中针对一些特定的合同外项目、工程事实、工程现状、责任事件等进行现场记录、确认、审核并达成一致意见所做的签认证明，主要目的是为后期办理追加合同价款及工程结算等提供直接依据，如确认工程量、增加合同价款、支付各种费用、顺延竣工日期、承担违约责任、赔偿损失等内容，主要包括：隐蔽工程签证；工程变更、设计变更、现场临时项目实施指令等导致的签证；工程量清单缺项、项目工程量的签证；费用项目的签证。现场签证发生时，组织监理部、造价咨询单位、承包人等相关人员到场共同确认。协助建设单位组织审计专业局对现场勘查和审核查证工作。

（6）工程结算管理

全咨单位承担项目实施的全面管理、组织及监督职能，对各项验收质量负责，对签认的各类签证索赔的原始事实、施工方案等计价原始资料的真实性负责，同时负责结算全面初审工作，负责协助建设单位及审计单位的结算审核工作。具体工作内容如下：

1）编制结算工作计划，跟踪督促落实承包单位申报结算文件进度情况，确保各单位结算资料申报时间节点。

2）针对承包单位申报的结算文件，组织监理部落实结算资料完整性、符合性、规范性、真实性初步审查，当审查不符合要求时，及时书面签发《结算申报资料整改意见表》，落实承包单位修正、完善或整改重报结算申报资料。

3）跟踪监理部门在规定的时间内落实对结算资料、结算造价进行详细、全面审查，提出审查意见后送项目管理部。

4）组织造价咨询单位进行复审，督促造价咨询单位按规定的程序及期限完成复审。

5）负责和造价咨询单位协调有关结算问题的分歧，负责对监理和造价咨询单位结算工作的管理，并在造价咨询单位的结算审核报告上签署意见。

6）负责工程结算的审核；对项目工程造价进行经济指标分析，负责提交结算审核事项表；参与结算资料整理归档；配合财务办理竣工决算；负责审核结算款、保修款，协助办理审批手续。

7）配合建设单位报审计专业局审定；协助建设单位对审计单位在结算过程中有关结算争议问题处理。

8）负责在工程项目所有结算完成后书面通知建设单位财务处办理项目决算，按建设单位财务部门要求准备相关决算资料并配合决算审计。

6.6.4 经验总结

一般项目管理单位是从设计与施工阶段开始介入，到竣工验收为止，无法掌控项目完整动态信息且未能在工程建设项目的前期参与投资策划，其项目管理团队人员专业性较弱，往往依托于第三方专业咨询单位，对于项目投资控制掌控难度大。全过程工程咨询与之相比主要有以下三大优点：

（1）服务范围广

全过程工程咨询单位是从投资决策阶段、设计准备阶段、设计阶段、招标投标阶段、施工阶段、竣工验收阶段及维护运营阶段等全过程对项目进行监督和控制，投资控制始终贯穿于其中，内容包括了项目各个阶段所涉及的所有成本和费用。

（2）管理团队更专业

全过程工程咨询单位拥有专业性极强的全过程项目管理团队负责开展项目全寿命周期的投资控制，设计、施工、技术、商务等各部门均配合完全且通力合作，通过限额、优化设计和精细化管理等措施，投资控制合理，落实力度大。

（3）服务内容更全面

全过程工程咨询单位依托其掌握项目全过程信息的优势，建立系统的控制方法在项目决策阶段确定合理的投资控制目标，对可行性研究经济评价、投资估算、项目后评价报告的编制和审核，在设计阶段通过全过程管控，在实现建设方的需求落地的同时进行优化，于招标采购阶段简化了合同关系，减少了繁多的招标次数和冗长的招标期限。在整个实施阶段能够更有效地控制影响投资的主要因素，及时预测质量和建设工期等变化带来工程造价的变化，及时作出反应和调整目标。同时，项目保修期内的运营费用也是全过程工程咨询的投资控制在项目实施阶段的一个重要考量因素。

因此，全过程工程咨询模式下的投资管控重点如下：

（1）建立合理的组织架构

全过程工程咨询整合"管理碎片"，统一各咨询单位建设目标，是新型的管理模式。为确保全过程工程咨询模式下投资控制工作有效开展，需进一步明确建设方与全过程项目管理团队的管理职能和任务分工，明确全过程工程咨询团队和非咨询团队的工作流程和制度，同时设置专人或专业的团队控制投资，做到主动与动态控制。全过程工程咨询模式下，建设方需要对全过程项目管理团队充分授权，使其能充分调动和管理非咨询单位资源，达到有效控制投资的目的。

（2）明确投资控制目标

建设项目的投资控制归根结底是对投资目标的控制，因此需要事先设置一个目标，为投资控制行为设置一个限额或"天花板"参数，并以这个"天花板"参数为依据将实际投资与目标投资进行比较，及时发现偏差，调整偏差，控制投资。由于建设项目涉及范围广、时间长、风险因素多、控制难度大，因此目标的设置并非一成不变，要根据工程建设项目分阶段设置投资目标。全过程工程咨询模式下，咨询管理团队应全面统筹，确保目标设置的先进性、准确性和预判性，能事先估计到哪些风险因素可能对项目投资造成影响，判断影响发生的概率及产生的后果，制定风险因素发生后的处理措施，确保在满足使用功能和质量的前提下，投资最少。咨询管理团队应充分与建设单位（使用单位）沟通，使得设置的目标客观且能够实现，不应好高骛远，否则影响团队人员工作热情，目标设置得科学且合理，可以激发团队人员的进取精神。

（3）严控项目决策及设计阶段

众所周知，建设项目的投资控制贯穿于工程建设全寿命周期，但对项目投资影响最大的是决策阶段和初步设计阶段。据统计分析，决策阶段和初步设计阶段仅占25%的项目建设周期，但却影响了75%以上的项目投资，其中初步设计对建设项目投资影响为75%～95%，技术设计对项目投资的影响为35%～75%，施工图设计及施工阶段变更设计仅为5%～35%。

（4）形成主动与动态的控制思路

全过程工程咨询模式下的投资控制重点在主动控制与动态控制。传统模式下，工程咨询呈碎片化管理，前期咨询、勘察设计、造价咨询、招标、监理分别由不同的咨询方完成，最为关键的是建设方往往没有专业性极强的管理团队开展项目全寿命周期的造价控制，造价控制则依赖造价咨询团队被动式的"事后控制"进行，投资控制效果差，导向不明确。全过程工程咨询单位的全过程项目管理团队则是建设项目投资控制的核心角色，专业性强且资源充裕，在进行项目投资控制时，重点是主动将实际投资额与目标比较，不能被动地等到偏差发生时再去考虑如何补救，采用什么方法和措施控制，而是要在偏差发生前能够比较准确地预测到哪一阶段最容易出现偏差，哪一环节的投资最难控制，做到事先有预防措施，以减少偏差发生的可能性，并加以动态（定期或不定期）分析，将投资控制在规定的范围内。

（5）加强现场变更与签证的管理

工程变更与签证的管理作为施工阶段投资控制的重点内容之一，其管理成效同样对施工现场的质量控制和进度控制有重要影响，决定了项目建设目标是否可以顺利实现。在传统的管理模式下，工程变更的管理一直是施工阶段管理的难点之一，主要体现在管理流程不完善，责任界面划分不明确，设计变更的技术可行性和经济合理性判断不足，使得工程变更管理不能有效落实，从而引起施工阶段投资失控，影响现场施工进度和质量。在全过程工程咨询模式下，通过对工作任务重新划分与定义，实现管理方式的重新组织，确定合适的变更流程和制度，配置相应的资源，高效的实施工程变更与签证管理。一套完整的工程变更与签证管理流程涉及各参建单位的各部门，全过程工程咨询单位强有力的技术统筹与经济分析是完成顺利开展工程变更与签证管理的重要保障。

6.7 技术管理

深圳技术大学建设项目（一期）规模巨大、建设周期紧张、参建单位众多，整个项目的管控压力很大，在工程实施的各个阶段既要有整体的技术控制措施，又要有具体的管理手段。技术管理是整个工程项目管理的重要组成部分。其主要任务是，贯彻执行国家的各项技术政策和技术法规，科学地组织各项技术工作和技术活动，充分发挥广大科技人员的聪明才智和现有物质条件的作用，建立完善正常的施工生产秩序，不断革新，采用新技术、新工艺、新设备、新材料，努力推进技术进步，合理有效地组织施工生产，不断提高工程质量和社会经济效益，促进施工任务按期、安全、优质、高效地完成。

6.7.1 管理目标

（1）以科技为先导，推动项目建设，提高工程质量。全过程工程咨询项目管理部开展管理与技术培训、编制和传播管理与技术信息、营建示范工程活动，使项目管理理念、方法和技术标准在项目实施过程中得以贯彻和应用。

（2）全面了解并准确把握建设领域技术内容。因建筑领域技术内容多，指导性强，全过程工程咨询项目管理部认真组织学习，了解和掌握建设领域推广应用和限制、禁止使用技术情况。

（3）切实加强推广应用新技术、新材料工作。全过程工程咨询设计管理部及时了解并准确把握、推广采用节能、节地、节水、节材和环保新技术、新材料等，提升建设工程科技含量，保证工程质量。在新技术、新材料在设计选用时，要检查设计院是否按照有关的行业规范和标准图集设计，是否违反国家强制性标准和强制性条文规定。

（4）严格限制、禁止落后技术及材料的使用。明确要求禁止使用的产品和技术在设计选用中禁止采用；对于限制使用的产品和技术，需在明确的限用条件及范围内限制使用。全过程工程咨询监理部需加强对限制、禁止使用落后技术的审查、监督。

（5）切实加强建设科技创新工作。采取切实措施，积极开展智慧城市、生态城市、绿色建筑、建筑节能、建筑工业化等建设科技领域的技术研究和应用，及时从政府建设行政主管部门及其网站咨询获取信息，充分利用国家优惠政策，争取专项奖励资金，推动深圳市建设科技工作高起点、规模化健康发展。

（6）大力推进建筑产业现代化。以标准化建筑构配件和产品为核心，以专业化、工厂化生产和市场化供应为组织模式，推进建筑产业现代化，促进建筑产业优化升级。

（7）积极推进建筑业信息化发展。通过信息技术的应用，改变传统的施工管理模式，加快推进施工方式的变革，不断提升工程建设管理水平。充分发挥建筑业10项新技术、新技术示范工程及绿色施工示范工程的标杆引领作用，推进绿色施工和建筑节能减排，加强生态文明建设，实现绿色发展和循环经济，推动建筑行业持续健康发展。

6.7.2 工作内容

（1）对工程建设过程中的特殊结构、复杂技术、关键工序等技术措施和技术方案进行审核、评价、分析，解决施工过程中出现的设计问题，优化设计方案，对工程建设新技术、新工艺、新材料进行研究论证，对重要材料、设备、工艺进行考察、调研、论证、总结，从技术角度提出合理化建议或专项技术咨询报告。

（2）组织设计单位对监理和施工单位进行技术交底，对重点工序、重点环节的技术、质量进行控制，处理工程建设过程中发生的重大技术质量问题。

6.7.3 管理要点

本项目作为深圳市"十三五"期间重点建设项目，受到社会各界广泛关注，工期紧、任务重。项目组积极响应《深圳市建筑工务署政府工程2020先进建造体系实施纲要》号召，合理缩减建设周期，不负校方及社会各界期望。本项目在建设过程中大量引用优秀管理做法，通过"全方位履约评价机制、全链条质安监管机制、全系统精细化实测实量机制、全员培训与共同成长机制、全过程廉政监督机制"五项管控机制，进一步提升项目的工程管理水平，促进项目施工质量提高。

（1）全穿插施工。项目全面运用工业化、穿插施工组织体系，编制施工计划，现场监督实施，做到各工序专业高效、高质、高精度穿插施工，同时利用BIM技术，确定预留预埋位置，以确保项目整体高强度抢工、高品质履约创优目标实现。

（2）可视化交底。参建单位将各专业技术交底内容内置于"二维码"中，充分发挥其方式更新颖、传播更快捷、制作更方便、成本更节约的优势，现场作业人员只需拿起手机"扫一扫"就能快速查询到各工序施工工艺和质量把控要点。同时，通过编制可视化的作业指导书，将施工组织设计和难以理解的技术制度的具体化、可视化、可操作化，便于工人理解。

（3）质量安全周检制度。每周组织开展质量安全专项巡检，总结现场问题并进行点评，对存在问题进行指正，督促整改。项目组始终将质量安全管控工作放在第一位。通过对施工单位的体系审核，对施工方案审核及其措施检查，保证施工质量安全。

（4）清单化的技术管控手段。深圳技术大学建设项目（一期）共涉及19栋单体，专业覆盖面广，在施工管理过程中存在大量的技术问题需要进行协调沟通，项目利用清单化的管理理念，形成技术问题销项清单，明确责任人，完成时间，由全咨单位统筹设计单位积极解决现场技术问题，同时对设计院提出的技术方案进行审核，方案比选，确保经济合理，方案最优。

（5）6S精细化管理。引入施工工地6S管理模式，强调全员参与，调动施工现场每位员工的积极性，通过宣传教育，提高对6S管理的认识，并付诸实践；采用目视化管理，对于6S各类清单中所述具体内容，在现场各处采取目视化、不同颜色等级的区分化管理。尤其是在材料、机械、场地等方面推行。在施工现场推行6S管理样板先行，采用好的示范，进行推广。积极响应、大力配合深圳市建筑工务署的"精细化"管理要求，谋划推进深圳技术大学项目有序施工，在项目上开展施工现场6S管理的思考和实践工作。6S管理工作意义重大，以建筑工人为中心，让施工现场变得整洁有序，改变了以往"蓬头垢面"的形象，推动施工现场安全文明管理精细化、现代化、智慧化。

（6）安全生产培训制度。每月22日组织各参建单位进行全员安全日培训，增强安全生产意识和安全管理水平，提高工人遵章守纪、自我保护、防范事故的能力。

（7）加强履约考核，落实奖惩制度。加强日常巡查抽查，加强过程考核，配合工务署第三方巡查，发挥杠杆作用，将奖惩制度落地见效。强化履约评价结果的应用，促使参建单位切实履行工程质量安全主体责任，实现对项目现场的全过程动态管理。

（8）开展月度标段竞赛。通过标段竞赛，让各单位自我发现并暴露出的问题和不足，进行攻克解决，确保本项目能按质按量地顺利完工，同时也促进在第三方的检查中获得更好的成绩；各参建单位通过标段竞赛这个平台，比学赶超，扬长避短，促进自我管理水平提升。

（9）网格化管理模式。深圳技术大学建设项目总建筑面积共96万m^2，场地大且分散，安全风险点多面广，项目组成立了专门的安全文明施工网格化管理小组，并明确了责任人对应岗位。建立了"点、线、面"管理模式，网格化管理层明确分工，形成了管理层与安全文明监管相结合的管理机制，以消除安全事故的发生概率，实现精细化管理。通过设立网格化管理组织机构，使安全文明施工管理真正做到"横向到边，纵向到底"，建立了"监管抓总包、总包抓分包、分包抓现场"的安全文明管理模式。

（10）BIM技术应用。BIM技术作为建筑行业革命性的新兴技术，通过建立五维数据模型(三维空间、工序、成本),将建筑设计、施工、运维全生命周期信息进行集成应用,具有三维可视、管理协同、快速算量、精确建造、提高效率、全程优化等特点和作用,如施工过程中通过对重难点方案进行全过程模拟,可发现方案实施过程中可能出现的问题并提前解决。实时更新进度模型,保证模型与现场进度同步,实现现场进度可视化,如采用 BIM 技术生成可视化的三维设计模型,对二维的空间结构以及复杂节点进行综合设计,避免管线碰撞或遗漏而导致现场返工的问题。还可以在整个项目的施工过程中运用无人机拍摄、记录进度、获取相应信息用于 BIM 实景建模,对施工现场进行动态管理,掌握整个项目的施工进度。

(11)信息化管理平台应用。借助工务署信息管理平台的专业手段,在工程建设过程中有组织的收集、整理、存储和传递档案信息,确保信息数据的通畅、共享,实现档案信息的真实性、完整性、准确性、系统性。

(12)实名制刷脸考勤。人脸识别实名管理技术,可做到进入工地的人员,必须通过刷脸方能进入,有效隔绝与工地无关的外来人员进入工地。真实地记录施工人员的实名制信息,规避不必要的用工风险;记录和显示施工人员的出工信息,规避、记录和统计施工人员的工资发放信息,为解决劳资纠纷保存必要的证据;对现场的劳动力情况进行数据分析,科学决策项目进度和人员投入;通过 LED 屏,实时对外显示现场用工信息,提高公共监督的数据透明度;黑名单和白名单管理,提前规避项目的人员用工风险,既满足项目级应用,也满足企业级应用,提高企业对劳务用工效率,降低用工风险。同时,管理人员采用刷脸考勤制度,将其到岗履职情况纳入履约评价中,为项目建设提供保障。

(13)VR 技术。利用 VR 混合现实技术,通过模拟建筑施工现场可能发生的各种安全事故,让体验者亲身体验不安全操作行为带来的危害。通过体验,让体验者熟练掌握安全操作规程以及紧急状况的安全对策,达到提升职业技能,提高安全意识的目的。

(14)特种设备监测+VR 体验式教育。为安全保驾护航在项目建设现场,塔式起重机等特种设备的使用必不可少,这些设备涉及生命安全、危险性较大。通过实施塔式起重机限位及防碰撞管理、施工电梯监测、视频监测、越界侦测等手段,对施工现场的关键设备和重要施工区域情况进行 24h 实时监控,对存在安全隐患的行为发出警报信号,以防止意外发生,保障施工安全。同时,结合 VR 安全教育系统,对高坠、塔式起重机倾覆等 10 多个常见危险场景进行实景体验,通过身临其境的安全体验,对现场工作人员进行技术交底、安全知识宣贯与教育,可加深其对安全生产的认识,提高安全生产意识。

(15)环境监测+绿色施工时刻捍卫深圳蓝。合理配置节能、节水及环境保护的在线监测设备,并及时收集汇总节能、节水及环境保护的监测报告、检测记录,建立节能、节水及环境保护监测、检测台账。如通过 TSP 监测工地环境,实时掌握温度、湿度、PM2.5等数据，当施工现场环境超过设定值后，喷淋装置自动开启，扩音器提前一分钟提醒周围人员避让喷淋，有效改善作业环境。推广应用标准化、定型化、工具化的防护用具和工具，牢记6个"百分百要求"，创建绿色施工优秀工程。

（16）绿色建造体系。严格按照《深圳市建设工程扬尘污染防治专项方案》（深建质安［2018］70号）要求，在深圳技术大学建设项目（一期）中全面落实：施工围挡及外架100%全封闭，出入口及车行道100%硬底化，出入口100%安装冲洗设施，易起尘作业面100%湿法施工，裸露土及易起尘物料100%覆盖，出入口100%安装TSP在线监测设备。

6.7.4 经验总结

深圳技术大学建设项目（一期）建设过程中，上海建科作为项目全过程工程咨询单位，充分利用全过程管理优势，从项目前期至竣工验收不同阶段、不同专业，通过对各项技术管理工作的层层推进，步步执行，真正做到了以技术管理、科技建设作为第一生产力的有效工作。过程中充分融合工务署管理体系和先进建造体系（含快速建造、优质建造、绿色建造、智慧建造）要求，引入创新的管理模式，把施工现场作为科技进步的主战场，围绕工程项目，根据施工需要，推广应用"四新"科技成果，采用先进合理的技术措施和现代化管理手段，提高质量、缩短工期、降低消耗、提高效益以实现先进建造的需求，加强建设科技孵化应用，实现高效率建设管理。

6.8 合同管理

建设工程合同按照工作性质可分为勘察合同、设计合同、施工合同、监理合同、造价合同等，在工程建设过程中发包人与承包人依法签订、明确双方权利义务关系的合同协议。在协议中，承包人的主要义务是进行工程建设，权利是得到工程价款；发包人的主要义务是支付工程价款，权利是得到完整、符合约定的建筑产品。

全过程工程咨询属于建设项目中服务类的项目，其为项目建设开展全生命周期的工程建设咨询服务，包括项目管理、监理、实验室工艺咨询等服务性内容。深圳技术大学建设项目（一期）作为全国首批实施全过程工程咨询的项目，其建设意义重大，投资大、建设体量大，总共签署合同份数约140份，覆盖施工、货物、服务等多种类型的合同，因此，深圳技术大学建设项目（一期）合同管理任务艰巨。

6.8.1 管理目标

工程建设管理水平的提高主要体现在工程质量、施工进度和建设投资三大控制目标上，而这三大控制目标的水平又主要体现在合同中。在合同中规定三大控制目标后，项目管理方需要监督并要求合同当事人在工程管理中细化这些内容，且按照这些内容去执行，工程质量就有可能有效地得到保障，进度和投资的控制目标也就能够实现。

6.8.2 工作内容

（1）建设行政主管部门在施工合同管理中的主要工作。

（2）各级建设行政主管部门主要从市场管理的角度对施工合同进行宏观管理。

（3）业主及监理工程师在施工合同管理中的主要工作：

1）业主的主要工作。业主的主要工作是对合同进行总体策划和总体控制，对授标及合同的签订进行决策，为承包商的合同实施提供必要的条件，委托监理工程师监督承包商履行合同。

2）全过程咨询单位的主要工作。全过程咨询单位的工作内容包括招标投标阶段和施工实施、结算的进度管理、质量管理、投资管理和组织协调的全部或部分工作内容。具体包括：

① 协助业主招标阶段的工作。

② 对投标人的投标资格进行预审。

③ 组织现场踏勘和答疑。

④ 组织开标会议参加评标。

⑤ 合同谈判。

⑥ 起草合同文件和各种相关文件。

⑦ 解释合同，监督合同执行，协调关系。

⑧ 对工程项目进行进度控制、质量控制、投资控制。

（4）承包商在施工合同管理中的主要工作

1）确定工程项目合同管理组织，包括项目的组织形式、人员分工和职责。

2）及时填写合同文件资料，并保存经有关方面签证的文件和单据，主要包括以下内容：

① 招标文件、投标文件、合同文本、设计文件、规范、标准以及经设计单位和建设单位签证的设计变更、通知等。

② 建设单位负责供应的设备、材料进场时间以及材料规格、数量和质量情况的备忘录。

③ 承包商负责的主要建筑材料、成品、半成品、构配件及设备。

④ 材料代用议定书。

⑤ 主控项目和一般项目的质量抽样检验报告、施工操作质量检查记录、检验批质量验收记录等。

⑥ 质量事故鉴定书及采取的处理措施。

⑦ 合理化建议内容及节约分成协议书。

⑧ 赶工协议及提前竣工收益分享协议。

⑨ 与工程质量、预算、结算和工期等有关的资料和数据。

⑩ 与业主代表定期会议的记录，书面指令、来往信函、照片、进度报表等。

6.8.3 管理要点

全过程工程咨询单位应以合同管理为主要控制手段，在保证项目合法合规的前提下，做到以策划为先导、投资管控为主线，以项目增值为最终目标的管理。分析合同条款，了解合同的权利与义务，保障项目的顺利实施。

（1）审核工程概（预）算

对于建筑工程而言，最终经济收益是关系合同双方的利益。为此，工程造价概（预）算审核工作对建筑工程有着十分重要的影响。全过程工程咨询单位作为业主聘请的主要管理方，存在着对项目概（预）算审核的责任。为此，应该从以下几点开始开展工作：

1）在审核概（预）算工作之前，应该先明确概（预）算编制的范围，保障不缺漏项。因此，概（预）算应该包括施工图设计中的所有内容，检查核实好概算批复文件的条款与招标文件的要求。

2）概算指标是开展概算编制的重要基础和有效依据，在落实预算编制的过程中必须要将清单规范和预算定额当成是开展依据，一旦在参考依据上出现问题，将会直接影响到概预算编制以及随后的一系列工作，因此，必须要重视概预算编制工作，确保编制依据符合规范。

3）在项目前期阶段，对工程量的审核与计算是保障施工阶段工程造价工作顺利实施的基础。因为项目越大，工程量计算越复杂，同样导致日常的工程量审核与计算工作常常存在较大的偏差。为了减少工程量偏差，就应该要求相关人员在利用施工图纸对工程量进行计算时，深入现场，了解实际施工情况，将设计变更与实际施工相结合，充分保证好工程量审核与计算工作的准备性。

4）在审核工程套用定额时，必须要先检查并核实好合同的要求，按照合同的要求套用哪一版本、哪一个地区的定额，同时根据项目名称、施工图纸设计标准以及建设内容进行审核套用的定额子项，保证套用定额内容、换算方式时候不存在差错。因此，在落实和套用某项定额标准时，必须严格遵从国家的规定，按照相关法律政策来执行，同时需要密切关注建筑工程的实际建设情况与实施进度。

5）在审核完工程套用定额后，将进一步优化与完善工程造价概算工作，有利于管控工程造价风险，提高概（预）算的准确性。当费用不合理时，进行更改造价结构模式，及时根据政府批复的条款与相关规定标准，防止因为原始数据出错而导致工程造价概（预）算审核准确性受到影响。从而保证概（预）算与工程实际造价的准确性，保障实际工程造价不超过概算。

（2）起草招标文件，审查各种投标文件

在起草招标文件时，根据建设单位要求、招标范围、施工图纸、注意事项等进行招标文件的起草。经过业主审核后的招标文件，进行挂网，等待施工单位进行投标。施工单位投标之后，全过程工程咨询单位将协助建设单位，对投标文件进行细致审核。

（3）负责各种合同文件的起草

当经过公平的招标投标确定中标人之后，根据建设单位的要求，全过程工程咨询单位将组织、牵头起草合同文件的编制。根据招标的文件以及建设单位内部自身的合同模式进行编写，编写完成后交由建设单位进行审核以及签约合同。

（4）负责合同台账的建立

建设项目越大，签署的合同越多，为此如何统计好合同数量、管控好合同质量是作为一名项目管理者的任务之一。通过全过程工程咨询单位建立合同台账，对合同属性按照服务类、施工类、采购类、其他类进行分类，并且将合同条款里面主要的内容进行摘取，建立一个完整的合同台账，方便管理人员及时利用合同条款里面的奖罚情况进行管控施工进度、安全、质量等多个维度。

（5）协助建设单位对建设工期及建设投资进行控制

协助建设单位依据合同条款，对施工单位的进度款、变更、签证支付进行合理的管控，提前告知建设单位风险，并做好风险管控。通过减少支付、停止支付等手段，管控建设投资，保障实际工程造价不突破概算。

（6）负责合同履行过程的监督和履行结果的评价工作

在建设过程中，施工单位需要严格按照合同进行履约，同时全过程工程咨询单位需要根据建设单位的指示，对施工单位合同进行过程的监督和履行结果的评价，具体表现为合同要求的工期、质量、奖金、罚款等情况，要求施工单位严格履约完成。

深圳技术大学建设项目（一期）采用红黄牌进度考核模式，对于严重未按期完成建设单位需求以及总监要求的单位，发放红牌并且按照合同的条款进行严格的处罚；对于未按期完成建设单位需求以及总监要求的单位，发放黄牌而不处罚；对于按期完成建设单位需求以及总监要求的单位，可依据合同条款进行奖励等措施。

（7）编制资金使用计划

在施工过程中，全过程咨询单位根据施工单位与建设单位签约的合同条款进行编制资金使用计划，每月初与建设单位召开投资目标专题会议，在会上讨论上个月的支付情况以及本月计划支付情况，在会后根据投资目标专题会议的要求和结果，要求施工单位按照会议要求完成施工进度，并在月底时候由施工单位上报现场形象进度，交由全过程工程咨询单位监理部审核后，由业主进行确认支付。

(8)负责合同索赔的处理

合同索赔的重要前提条件是合同双方存在对方的违约行为和事实且发生了,应由对方承担的责任与风险导致的损失。它又可以分为费用索赔、工期索赔及费用工期索赔。在发生合同索赔时,由施工单位进行提交至全过程工程咨询单位进行审核后,建设单位根据全过程工程咨询审核的结果,进行工期或者费用的研判。

(9)工程进度控制

施工计划是控制工程进度的依据,也是管理工作的重要组成部分,科学合理的工程进度计划是保证施工工期的前提条件。工程进度的控制主要是审查承包商所制订的施工组织计划的合理性和可行性,并对计划的执行情况进行追踪检查,当发现实际进度与计划不符时,及时提醒承包商,帮助分析查找原因,适时指导承包商调整进度计划,并监督和促进其采取有效的补救措施。

(10)工程质量控制

工程质量是工程建设的核心,也是管理的核心工作。做好质量管理和控制应采取以下措施:明确职责,实行分级管理。在质量管理方面规范管理体系,做到承包商自检、监理员检查和现场监理工程师抽查三者的有机结合,形成一个上下贯通,内外连成一体的质量管理网,使质量管理工作规范化、程序化、标准化;督促承包商完善内部质量管理体系,把好质量管理关;加强监理,严格按规范施工。在日常管理中,监理要做到严格按质量标准办事,认真检查工程施工中每个环节,现在总监对施工环节要做到不定期抽查。做到单项工程准备工作不足不批准开工,未经批准的施工图纸不得使用,未经同意不得变更工程设计,未经检验或经检验不合格的材料不准使用,未经试验或证明不可行的施工方案不准采用,上道工序未经认可不得进行下道工序,未经质量检验认可的工程不可计量等。

6.8.4 经验总结

在项目建设过程中,合同双方在履行合同时可能存在一些问题,因此,就这些问题对全过程工程咨询项目管理人员来说,做好解决问题方式的总结,通过总结把控项目整体进展,同时也是为了下个项目提供经验。因此,在合同终止后,及时做好项目合同资料的收集、整理、分类、装打、归档备案等工作,对合同履行情况与具体工程实施进行对比分析,总结执行情况,作出客观评价。对好的经验加以推广,对不符合现行法律法规、不严谨或以前忽略的内容进行改正和补充。特别是那些影响工程造价不可预见的因素,要作为可追溯事件加以标识,以便在以后的工程合同中得以明示,制定出相应的预防或应对措施。合同总结工作需要注意以下几点:

(1)合同签订状况的总结。包括合同文件条款设置的好坏、工作界面划分的清晰程度以及奖罚设置等。

（2）合同落实状况的总结。对于合同落实阶段面对的问题开展分析。提出处理方法。

（3）合同管理状况的总结。将在整个工程合同管理阶段出现的问题与处理措施进行整理总结。

6.9 进度管理

深圳技术大学建设工程（一期）具有规模庞大、工程结构与工艺技术复杂、建设周期长及参建单位多等特点。因此，该项目建设工程的进度受到了诸多场内外因素的影响，从而使进度管控的难度大大增加。

基于对本项目管理服务内容的理解，上海建科工程咨询有限公司和深圳市建筑科学研究院股份有限公司组成联合体，强强合作，共同推进管理项目建设进度，解决项目建设过程中遇到的各项问题。

6.9.1 管理目标

进度管理包括为确保项目按期完成所必需的所有工作过程：确定项目目标、明确组织分工、分析工作问题、调整进度规划、控制项目进度、沟通各方单位。主要意义体现在对设计管理、工程标段、工程界面划分、材料品牌库选定及招标文件编制等方面的技术支撑作用，体现集成效应，溢出经济效益。进度管理的关键在于在满足质量安全要求的前提下，达成合同关键日期的进度对标，从而使项目各部分逐步有序交付。

为了实现项目总体逐步按时竣工交付的进度目标，经过不断的探索与实践，上海建科管理团队总结了一套卓有成效的进度管控方法。

6.9.2 工作内容

确定进度管理总体目标及节点目标，编制项目进度计划及控制措施，分析影响进度的主要因素，对进度计划的实施进行检查和调整。

6.9.3 管理要点

（1）确定项目目标

在明确项目计划取得的成果后，首先应全面了解项目概况，包括工程名称、项目地理位置、工程建设规模、项目建设背景、项目类型、工程特征（结构类型）、项目目标、项目重难点、立项批文、相关招标投标文件、相关合同、建筑场地状态、交通运输情况、自然地理条件、环境保护以及项目行政主管部门、使用单位、资金来源、目前进展到何地步、介入阶段等。充分了解项目情况，便于结合项目特征对该项目的管控方式进行深入地组织设计。

在了解项目基本情况的前提下，通过对完成该项目的所有行为，包括前期准备阶段、项目施工阶段、项目竣工阶段、交付使用阶段等时期的施工活动、管理活动等重要事项进行结构分解，分解后的每一工作包对应相应的单项任务，不重不漏。完成分解后，计列各工作包完成时长。此后，根据工作包之间的逻辑关系来确定工作开展顺序，依照关键线路对工作时长进行预估。同时确定整体项目最重要的若干时间节点（里程碑）。在有明确工期要求的情况下，根据结构分解工作所得到的依据，确定人员规模、管理层次、设备材料，给出整体进度方案和目标。基本目标一经确立，原则上在项目开始后不再进行后续调整。

项目的进度目标应分时、分层确立。总体层面上包含项目的总进度计划和总目标。以总目标为基准，依据不同时间长度，确定分时进度目标，如年度目标、季度目标、月度目标、周目标等。在项目的不同层级上，将总体目标细分为各地块、各标段、各单体、各工作包的任务预期目标。以便于分时、分级监督管理和总结。

项目目标除成文文件外，还可以通过计划表、里程碑图、前导图、甘特图等形式进行辅助表述，以加强表达的清晰度并方便项目管理人员根据实际进度进行后续调整。项目实施过程中的管控手段和变更申请流程应同步确定并将其潜在耗时纳入工时考量范畴。

（2）明确组织分工

一般全过程咨询团队的组织架构为项目决策层（项目经理）—项目执行层（职能部门）—项目实施层（勘察、设计、施工）三层架构。

1）管理决策层。

管理决策层为全咨单位项目经理和专家顾问组，负责联系建设单位。在深圳技术大学（一期）项目中，建设单位代表为深圳市建筑工务署住宅工程管理站的项目组。

2）管理执行层。

由项目副经理和各功能部门组成。设置综合管理部、造价咨询部、设计管理部、行政管理部、工程管理部、采购合约部等部门，对项目进行统筹管理。

因深圳技术大学项目（一期）根据实际情况下设了四个标段，进行发包；工程管理部、项目监理部和综合管理部分别同步划分四个标段专门对应的管理人员，即每个标段设标段经理和执行经理、机电工程师、执行经理、综合管理各一名。其中，由标段经理负责所辖标段的土建工程进度、质量、安全管控和项目进度变更调整，执行经理协助负责土建相关管控，机电工程师负责质量进度管控中设计机电工程的专业部分内容，综合管理负责协助资料流转（如洽商单、联系单、复工申请等）并向建设单位申报工程管理进度规划成果等相关信息。

3）建设实施层。

建设实施层由施工单位、勘察单位、设计单位等组成。全咨单位的管理人员直接对接施工单位的各级项目负责人，负责将信息传达到位。

组织分解结构及各级结构在深圳技术大学项目（一期）中的应用实例显示，明确的组织分工提高了效率，节省了时间，更好地发挥了团队的协调合作能力，对一些重难点问题的解决提供了有力的保证。

（3）完善进度规划

1）明确职责。

鉴于该项目规模庞大、管理架构复杂、参建单位众多，全咨单位首先依据法律法规、招标文件和工作合同所列条款划分所有单位的责任、义务。各单位依次将各项工作的责任和义务分层分级分解。此后，建立涵盖设计、施工、监理、供货商的进度管理组织体系，明确每一个管理层次和管理部门的权责范围，将这些责任和义务分层级划分给每个部门，最终落实到每一个个人头上，从而保证项目工作可以有条不紊地运行。各部门、个人的职责和职权必须协调一致。

例如，为按期完成连廊先行开通段的重要时间节点，建设单位和全咨单位组织各施工单位召开专项会议，明确各施工单位的施工界面和各分项目完成节点，每项工作分别交由对应标段的专人负责督促和管控，在实际进度与计划进度有偏差时，责成相关管理责任人沟通协调对应的现场负责人及时纠偏。

2）设置节点目标和周期性考评。

全咨单位根据项目各阶段不同的目标要求，确定了"先期交付、连廊开通、消防验收"等关键节点目标。同时，为保障关键目标的实现，根据项目实际进度调配相应的人员、设备、材料等资源，采取综合性的统筹管理措施，对节点目标的优先度进行分级处理，根据实际施工进度灵活调整工作安排确保目标实现。在规划完成高优先级节点目标时，可以结合网络前导图显示的工作包之间关系，并参考建设单位和施工单位意见，根据被节点目标调整影响到的工作包的优先等级确定让步顺序。

除此之外，全咨单位还通过成立临时专项领导小组进行统筹管理，制定相应的考评奖惩办法，设立以周、月、季、年等不同时间长度为周期的定期考评。为了激励各参建单位按照时间节点完成项目，在相关合同中已明确规定提前完成时间节点的奖励措施以及非发包人原因造成的时间节点拖延的惩罚措施。在考评过程中，通过横道图比较法、香蕉曲线比较法等简单可靠的进度管控方法，按照当前进度对比规划进度的提前/滞后情况，工作完成质量等项目进行加权评分，依据各工作包的进度得分和完成情况设立红黄榜、进度预警、重点推进等专项汇报内容；根据现场施工情况召开专题推进会、现场协调会、工程洽商会等一系列会议，进一步确保目标节点的顺利实现。

在节点目标考评中，一旦发现实际进度偏离进度计划，必须认真分析产生偏差的原因及其对后续工作和总工期的影响。在保证工期不变、质量安全要求不降低为前提条件下，重新制订进度计划并及时更新整体进度计划。在施工单位完成某一关键节点后，审核施工承包商完成合同中的每一关键日期的条件要素并出具完成确认书，协助合约管理部门完成关键日期的合同条款惩奖。

3）进度计划调整。

对于施工具体计划，全咨单位应做好事前预控、事中督查、事后总结工作，协助施工单位提供实物量曲线表并设立进度预警机制，计算时间性能指标、成本执行指数等参数，以便于随时监督工作完成进度，调整工作安排，对进度落后的节点目标采取包括但不限于加强督促、约谈项目负责人、计列专项任务推进清单等进度推进措施。在子项目进度严重滞后或时间即将到达进度节点时召开专项会议，对相关参建单位进行预警、提出要求。对于多次进度推进效果不理想的情况，需要联合建设单位约谈其单位上级领导，提高重视程度，加大战略支持力度，要求施工单位加点、加人、适当加班。对于重要的节点计划目标，安排专人专项跟进，按时汇报进度情况，并依据其后续管理成果不断优化管控措施。对于重要节点的调整应经项目部审批，完成周期1日以内，不涉及高额金额变更的计划调整可以先行更改再补办手续。

在后续工作受到当前进度滞后影响严重的情况下，需要通过计划—检查—分析—处理的步骤实时更新进度计划，在进度计划调整中，投资目标，质量标准、安全目标不得更改，工期原则上不得因进度计划调整而随意改变。

4）第三方巡查监管。

在深圳技术大学建设项目（一期）中，建设单位深圳市建筑工务署与第三方巡查公司签订巡查合同，定期对项目进度、质量、安全进行检查，并形成专项汇报，通过大数据对比，检查本项目不足之处，通过现场巡查、资料查阅确定项目进度情况，对比进度计划节点，对滞后节点及时预警，升级采取各项措施，确保目标节点顺利实现。

除建设单位外，上海建科利用全咨单位自身优势，通过公司安全督导部、计划统筹处（运营管理部）的监管机制，每月对项目进度、安全和质量以及体系建设进行检查，并及时指出不足之处，提炼项目亮点。深圳技术大学项目部通过对比上海建科的自行巡查结果与第三方巡查公司的报告，对比分析双方的巡查重点、标准、修正自身巡查评分的不合理、不严谨之处，形成结论，优化巡查监管方案，同时调整项目管理团队的巡查监管计划。

此外，公司不定期邀请优秀项目部对各项目进行针对管理手段、沟通方法、工程技术等方面的专项培训，以及应对突发状况和事故等方面的经验分享，帮助各项目完善管理体制建设。

（4）强调现场管理

每一个节点目标的实现都离不开现场管理。除审查施工单位报送的进度计划外，完善、有效的现场管理是第一时间掌握现场实际进度的有效措施,通过及时沟通现场负责人和施工单位了解施工过程中的阻碍,甄别施工单位的虚报进度行为。根据现场情况,全咨单位将目标分解至相应的时间节点及专项工作中,制定相应的销项清单,明确责任人和完成时间,以报表、报告等文档形式分时记录工作进度,每两天检查更新并及时采取纠偏措施。例如,连廊开通及消防验收节点目标,涉及单位多、战线长、环境复杂、工作量大。全咨单位通过安排专人专项负责进行现场管理,每天定期前往施工现场验收进度,并协调施工边界处的界面划分,形成清单式报告;向现场负责人确定第二天需要完成的目标任务,对比规划进度,要求现场负责人督促施工员调整施工方案,必要时直接召开现场协调会,并定期向各上级领导汇报进度情况;对滞后情况及时预警,充分调动资源,积极协调各方矛盾,确保了目标的顺利实现。

(5)调动执行能力

全咨单位充分发挥全过程咨询单位的主动性,积极对接建设单位、勘察设计、施工等单位,及时协调解决各类技术问题,统一各方单位对建设单位需求和设计方案具体步骤的理解,确保现场按图施工,确认施工人员、工程材料、施工机械等资源供应等是否满足施工单位需求,协调总包、分包的各项工程进度,排除施工过程中的干扰、矛盾点并协助施工单位遇到的问题分析原因并纠正偏差,必要时及时调整任务进度;积极对接建设单位,了解关于项目使用功能的要求,汇报总体进度计划和后续计划变更,提出科学合理的建议供建设单位参考,为接下来设计工作提供支持,预防后期因设计问题等变更因素影响进度目标的实现。同时协助建设单位结合项目总体进度计划合理安排项目前期准备工作,使项目尽早进入工程施工阶段。

6.9.4 经验总结

该项目在进度管控过程中,通过组织统筹各项会议,约谈施工单位负责人,下发催办函、工作指令单、工作联系单等方式,在各方共同努力下,有效控制项目进度偏差,推进项目进度,实现进度目标。在长期的工作总结中,逐渐形成了建立组织机构—明确目标—任务分解—过程管控—纠偏反馈—总结后评价的固化管控机制,建立起相对稳定的管理组织结构和管理制度,以保证管理层次简化固化,管理过程优化效率化。这些在本项目中被逐渐固化的制度将在新项目中付诸实践,在维持基本理念不变的情况下,根据工程施工的最新情况在未来进行有限度的调整,从而实现管理能力的螺旋上升。

在该项目的实施中,得益于诸多管理方法的建议和应用,使得项目总体进度目标得到实现。因此,一套行之有效并具有一定应用价值的进度管控模式是进度目标实现的基本保障。

6.10 安全生产管理

深圳技术大学建设项目（一期）全过程工程咨询项目部始终将安全管控作为项目管控的核心任务。

深圳技术大学建设项目用地面积约 59 万 m^2，建筑面积约 96 万 m^2，包括六大学院，19 个单体，共有 4 个总包单位与超过 40 家平行分包单位。超大的建设规模、紧张的建设工期、繁多的施工单位，都是项目安全管控的不利条件。

面对严峻的安全形势，唯有通过系统化管控思维，建立起成熟的安全管控体系，才能系统性地管控施工安全风险，避免或减少安全事故发生。

6.10.1 管理目标

基于国家法律法规、标准规范与合同要求。本项目全咨项目部与深圳市建筑工务署共同确定了七项安全生产目标与五项安全管控过程目标。

（1）安全生产目标

1）工亡事故为 0。

2）重伤事故率＜ 1‰。

重伤事故率＝年度重伤人数／年平均人数 ×100%

3）轻伤事故率＜ 5‰。

轻伤事故率＝年度轻伤人数／年平均人数 ×100%

4）初起受控火灾≤ 3 起／年。

初起受控火灾是指：过火面积 10m^2 以下，同时未造成人员伤亡，且经济损失 2 万元以下的火灾。

5）初起以上火灾 0。

6）职业病发病率＜ 1‰。

职业病发病率＝年度职业病确诊人数／年平均人数 ×100%

7）环境污染事故 0。

（2）安全管控过程目标

1）安全隐患到期整改率：

① 周安全检查报告隐患到期整改率＞ 95%。

② 监理安全通知单隐患到期整改率＝ 100%。

③ 工程暂停令隐患到期整改率＝ 100%。

2）上岗前三级安全教育率＝ 100%。

3）特种作业人员持证率＝ 100%。

4）特种设备操作人员持证率＝ 100%。

5）危险性较大（危大）工程执行违规率：

① 方案中存在重大安全缺陷＝0%。

② 方案虚假交底＝0%。

③ 方案不执行＝0%。

（3）安全目标的定期回顾与分析

所有安全目标经项目安委会决议确定并公布，在每月定期召开的安委会月度会议中对实现情况进行回顾。对于未完成的目标，分析其原因，采取针对性改进措施。

6.10.2 工作内容

深圳技术大学建设项目（一期）由全咨项目部牵头，以建立包括建设单位、全咨单位、施工单位在内的项目安委会来全面负责项目安全管理内容。

（1）项目安委会的职能

本项目安委会的职能包括：

1）贯彻落实党中央、国务院和上级部委安全生产方针、政策和决策部署，研究部署、指导协调安全生产工作。

2）制定本项目安全生产目标，每月度对安全生产目标的实现情况进行回顾与分析，制定措施确保安全生产目标的实现，必须时对安全生产管理目标进行调整。

3）协调和解决安全生产风险突出、影响重大的事项或工作。

4）协调项目各主体责任方的安全管理工作，实现安全目标与安全行动方向的统一。

5）依据安全生产突发事件规模、响应等级，指挥协调应急救援工作。

6）定期对现有安全管理体系进行评估，对安全管理体系的不足提出改进的要求与建议。

（2）安委会月度例会

本项目安委会每月召开一次月度例会，通过月度例会完成下列工作：

1）回顾当月项目安全生产目标的实现情况。

2）盘点当月项目基本安全数据，包括施工及管理人员数量、安全团队情况、特种设备的数量及分布、特种作业人员数量、各类危大工程的数量及分布等。

3）对当月发出的安全监理文件（《安全监理联系单》《安全整改通知单》《罚款单》《停工令》等）进行盘点。

4）通报当月发生的主要安全隐患及违章行为，对责任单位提出整改和防范要求。

5）梳理当前项目面临的主要安全风险，并向参建单位提出安全管控要求。

6）安委会成员共同学习安全管理的理念及相关知识，安委会成员相互进行交流与讨论，并提出安全管理建议。

7）安委会主席向所有安委会成员提出安全管控要求。

6.10.3 管理要点

深圳技术大学建设项目（一期）全咨项目部建立八大安全管理体系，分别为项目安全管控团队体系、安全管理制度文件体系、人员资质与培训体系、安全隐患预防体系、危大工程管控体系、安全检查与隐患整改体系、应急管控体系、事故意外事件管控体系，通过建立和维持完善的安全管理体系，从各个方面、各个环节防止安全管理漏洞的产生。

（1）项目安全管控团队体系

人是安全管理工作的第一要素，无数项目管理的经验说明，建立一支有主心骨、有责任心、有积极性、有管控力的安全管理团队是全咨项目安全管理成败的决定性因素。

1）专职安全管理人员团队。

本项目在执行过程中，通过选派公司优秀安全管理人员、引进高素质安全管理人才和培养现有安全管理人员三条途径相结合的方式，建立一支优秀的项目安全管理团队。

2）"全员管安全"实践。

全咨项目部在项目实施过程中，不断探索"全员管安全"的管控模式，让所有全咨项目部成员都成为项目实施过程中安全管控的重要力量。"全员管安全"的实践不只是一句口号，而是一系列具体工作：

① 理清项目安全管理职责。安全责任是天然依附于每一个岗位本职责任之上的管理要求，属于必须优先做到的本职而非兼职。本项目通过会议、宣传、岗位责任清单的形式，不断纠正错误观念。

② 全员安全管理赋能。"全员管安全"在技术上面临的困难是大多数非安全岗位人员缺乏安全专业知识，既无法提前辨识安全风险，也无法及时发现安全隐患。本项目在项目开展过程中，制定了每周一次安全知识学习，每月一场专项安全培训的计划，并在日常工作中严格实施。

③ 全员预控与全员监督。"全员管安全"工作的最终落地，体现在全员预控与全员监督。

全员预控即所有岗位人员在其工作职责范围内，对所审批的方案、所验收的设备材料、所审核的人员都要检查安全上是否符合规定。

全员监督即所有岗位人员在现场巡查过程中，始终对安全作业情况保持监督与管控，对于所发现的安全隐患与违章行为绝不容忍。

（2）安全管理制度文件体系

安全管理体系文件是安全管理体系运行的依据，根据管理需要，上海建科按照标准化相关国标的要求，建立和保持文件化的管理体系，包括管理手册、程序文件、作业指导书、记录四个层次的文件。在项目层面上，全咨项目部严格执行公司管理手册、程序文件和作业指导书的要求，同时做好相关记录文件的审核与保存。

全咨项目部既需要制定本单位的安全管理制度，也需要审核施工单位安全管理制度。

（3）人员资质与培训体系

本项目在实施过程中，注重人员资质把控与人员培训工作。

1）参建人员资质把控。

本项目所有参建人员都应当具备符合要求的资质，其中较为重要的安全类资质包括：

① 施工单位主要管理人员的安全三类证书。

② 特种作业人员的特种作业证书。

③ 特种设备安装、拆卸、操作等特殊岗位的证书。

④ 各类高空作业设备操作人员由厂家提供的培训及考核证书等。

2）人员安全培训工作。

本项目根据安全工作需要，建立一整套安全管理培训，包括：

① 所有新员工上岗必须经过三级安全教育。

② 所有危大工程方案编制完成后，必须对作业人员进行安全交底。

③ 每日施工开始前，必须开展班前安全交底。

④ 对于高处作业人员、架子工、塔式起重机操作人员、塔式起重机司索工、施工升降机操作人员、电工、电焊工、叉车司机等安全风险较大的工种，定期分工种进行业务培训及安全培训。

⑤ 每月 22 日，根据深圳市建筑工务署的要求对全体员工进行安全教育。

⑥ 每月安委会中，组织各参建单位主要管理人员进行安全管理先进知识与管理理念的培训。

（4）安全隐患预防体系

安全隐患预防体系是项目八个安全体系中最为重要的体系，对安全管理结果影响最为直接的体系。安全隐患预防体系是施工单位安全管理能力最为重要的体现，但任何成功的安全隐患预防体系必须是全咨项目部与施工单位项目部共同努力的成果。

安全隐患预防体系的基本构成。安全隐患预防体系的基本构成包括：

① 施工许可证制度运行。动火、吊装、密闭空间作业等风险较大的作业，在施工前需作业管理人员提前提交施工许可申请表，对照申请表完成施工安全条件的确认，然后再开始施工。

② 劳动防护用品管控。劳动防护用品管控工作包括劳动防护用品的采观、进场检

测验收、发放、使用培训与使用监督等。常用的劳动防护用品包括基本劳动防护用品和特殊劳动防护用品两类：

a.基本劳动防护用品包括安全帽、反光衣、安全鞋。

b.特殊劳动防护用品包括高处作业的安全带，电焊作业的电焊面罩、电焊手套、防火服，有尘环境中作业的口罩，噪声环境中作业的耳塞等。

③ 大型机械设备安全管控。大型机械设备的管控工作包括设备选型、进场前资料报审、进场验收、安装方案报审、安装过程监督、安装后第三方检测、联合验收、操作安全培训、日常使用的安全监督、定期维护保养、拆除退场等。

房建项目中常用的大型机械设备包括：

a.桩基类设备：旋挖钻机、地连墙施作设备等。

b.起重设备：汽车起重机、履带起重机、塔式起重机、施工升降机等。

c.脚手架类设备：附着式升降脚手架、吊篮等。

④ 工具设备安全管控。部分工具设备对安全施工有较大影响，需要对其选型、完好度、使用方式进行专项管控，例如：

a.梯子：不得使用自制木梯、高度不得超过3m、使用时必须有人协助手扶。

b.马凳：不得使用自制木马凳，高度不得超过1m，严禁叠放使用或再加梯子使用。

c.移动操作平台：必须使用符合规定的型号，搭设必须完整，搭设完成后必须经过监理验收与挂牌才能使用。

d.角磨机：严禁私自拆除防护罩使用，严禁使用切割片进行打磨。

⑤ 现场6S管控。创造和保持现场良好的6S面貌是预防安全隐患的重要工作，本项目在现场6S管控过程中，坚持三项基本原则：

a.安全第一原则。现场6S工作的开展在最大程度上与安全管控同向发力，通过6S工作的开展，提升作业环境的安全性与作业人员的安全意识。

b.动态可控原则。在6S管控标准、工人培训方面下真工夫，对6S工作做到日常化坚持，避免静态美观的误区，不以追求拍出好照片为目的，而以营造动态过程中基本可接受的现场面貌为目标。

c.持续执行原则。在日常管控过程中，全咨项目部每周向市深圳市建筑工务署上报6S管理专报，及时反映现场6S工作中存在的不足，不断唤起项目各参建单位对6S工作的注意力。

为了实现6S管控要求在施工现场的落地与执行，本项目将6S实施要素从人员管理、场地建设、场地管控、6S管控活动四个方面进行分解和细化，将6S要求最终落实执行。

⑥ 安全标志管控。

现场设置必要的安全标识，以发挥提醒、指示、警示、禁止功能。在实现操作过程中，强调安全标志必须有足够的针对性，起到警示风险、指示安全措施的功能。

⑦ 高处作业安全管控。

高处坠落是房建项目最为突出的安全风险之一，遍及现场每一个角落，贯穿建设周期全过程，因此本项目实施过程中特别强调对高处作业安全风险的管控。

⑧ 脚手架安全管控。

本项目使用的脚手架类型较多，包括落地式钢管扣件式脚手架、悬挑式钢管扣件式脚手架、铝合金移动式脚手架、附着式提升脚手架、吊篮等，多数脚手架属于危险性较大的分部分项工程。脚手架存在较大的物体打击、高处坠落、坍塌风险，脚手架安全管控是现场安全管控的重要课题。本项目主要从以下几个方面对脚手架进行安全管控：

a. 方案。所有脚手架搭设之前，必须针对现场工况编制专项方案，经监理部审批通过允许在现场搭设。

b. 材料。本项目所有脚手架的材料、零配件、半成品均需通过现场验收。

c. 人员。所有脚手架搭设人员均需持有相应脚手架搭设所需的证书。

d. 验收。脚手架搭设完成后，必须先经监理单位验收通过才能使用。

e. 巡视与旁站。在脚手架搭设、使用、拆除的全过程中，施工单位与监理部派人进行巡视，涉及危大工程时，监理部派专人旁站监督。

⑨ 起重吊装安全管控。

本项目的起重吊装主要分移动式起重设备吊装和塔式起重机吊装。

A. 移动式起重设备吊装的安全管控要点：

a. 检查起吊设备及吊具安全性。

b. 检查起吊人员资质。

c. 起吊前确认吊车支放方式。

B. 塔式起重机吊装安全管控要点：

a. 编制和审核塔式起重机安装、升节、附墙及拆卸方案。

b. 审核塔式起重机设备证书与人员资质。

c. 塔式起重机安装、升节、附墙及拆卸过程中全程旁观监督。

d. 塔式起重机日常使用过程监督。

⑩ 用电安全管控。

用电安全管控是贯穿于项目建设全程的重要工作，其要点包括：

a. 编制和审核施工临时用电安全专项方案。

b. 严格审查电工资质，禁止无资质人员私接电线。

c. 严格按照三级配电、两级保护标准设置全场临时施工用电系统。

d. 对现场使用的配电相关硬件设备进行定期检查。

⑪ 消防管控。

本项目消防安全管控工作本着"预防为主，防消结合"的方针，主要采购下列消防管控工作：

a. 建立并严格执行《动火许可证》流程，密切监督和管控所有动火作业行为，确保动火作业的消防安全。

b. 严格管控现场可燃、易燃材料的存放。

c. 严格管控现场吸烟行为。

d. 建立和维护现场施工临时消防体系，完善消防给水、灭火器布置、应急通道、应急照明，确保火灾情况下能及时灭火和疏散人员。

e. 定期开展消防应急演练，培养员工具备扑灭初期火灾和火场紧急逃生的能力。

（5）危大工程管控体系

本项目危大工程类别繁多、数量巨大，几乎遍及项目的每一个角落，且伴随着项目进展，不断发生变化。为全面管控项目危大工程，全咨项目部建立危大工程定期统计机制。每一项危大工程，从施工需求辨识开始，必须经过规范化的管控程序，直至该分部分项工程的验收结束。全咨项目部对危大工程的管控标准程序如下：

1）危大识别。

每月由施工单位向全咨监理部报审"危险性较大的分部分项工程辨识清单"，全咨监理部进行审核与确认。

全咨监理部编制本项目"危险性较大的分部分项工程一览表"，以清单化的形式，对所有危大工程的方案、实施、验收、闭合情况进行跟踪管理。

2）方案管理。

对辨识出的危大工程，由施工单位报审安全专项方案，全咨监理部进行审核。对于超过一定规模的危大工程，先由全咨监理部进行审核，审核通过后组织专家论证，论证后根据修改的方案由全咨监理部进行再次审核。

通过审核的方案，需要向作业班组进行交底，全咨监理部派专员见证交底过程。

3）专项细则。

针对每一项危大工程，全咨监理部需要同步编制监理实施细则，定位危大工程施工过程中的风险实施节点，确定节点的监督及检查方式。

4）条件审查。

危大工程实施前，对施工人员、施工材料、作业设备、施工方法、施工环境的安全性进行审查，对于不符合要求的要素进行整改。

5）专项巡视与旁站。

危大工程实施过程中，全咨监理部安全管理人员每天对全场范围内的危大工程进行专项巡视，对于风险特别突出的危大工程进行全程旁站。

6）危大验收。

部分危大工程（如高支模、塔式起重机、施工升降机等）施工完成后，应组织各责任主体单位进行联合验收，通过验收合格的危大工程允许投入使用或下一步施工。

（6）安全检查与隐患整改体系

安全隐患检查与整改是安全管理工作的重要内容，用于及时发现和整改现场出现的安全隐患，同时反向发力，防止更多同类的安全隐患出现。

1）安全隐患检查体系。

本全咨项目部有下列安全隐患检查的机制：

① 全咨监理人员现场巡视检查。

② 每周联合安全检查（如项目全咨监理部牵头，建设单位、施工单位参加）。

③ 安全专项检查（如节前安全检查、高处作业专项检查、起吊作业专项检查等）。

④ 第三方安全检查（由市工务署聘请的第三方单位对现场开展安全检查）。

⑤ 危大工程旁站及验收。

2）安全隐患整改。

对于现场发现的安全隐患，全咨项目部必须立即采取必要的措施督促施工单位进行整改。根据隐患严重程度、紧急程度、整改难度、施工单位响应情况等因素的不同，可采取下列措施：

① 现场要求作业人员整改。对一般安全隐患或违章行为，可在现场要求作业人员直接进行整改。

② 微信群内督促整改。对于需要施工单位管理人员配合进行整改的安全隐患或违章行为，应当在微信工作群内进行曝光，提出整改要求，并督促施工单位进行整改与回复。

③ 下发《安全隐患整改通知单》。对于需要施工单位整改，并且采取措施防范防止复发的安全隐患或违章行为，全咨项目部应当下发书面《安全隐患整改通知单》，并敦促施工单位进行整改和书面回复。

④ 下发《处罚通知单》。对于较为严重的安全隐患或违章行为，反映出施工单位安全管控缺失或相关人员主观违章的，全咨项目部应依据合同下发《处罚通知单》，同时要求施工单位进行员整改。

⑤ 下发《停工令》。对于严重的安全隐患或违章行为，继续施工将给作业人员带来人身安全威胁的，应要求施工单位立即停止作业，并尽快签发书面《停工令》。相关安全风险受控之前，不得关闭《停工令》。

⑥ 召开安全专题会议。对于整改或防范较为困难，需要多家参建单位共同协调解决的安全问题，全咨项目部应牵头召开安全专题会议，通过会议探寻各方参建单位都可接受的方案，并以书面会议纪要的形式发出会议决议，供各方执行。

⑦ 对施工单位负责人进行约谈。在施工单位不积极配合整改，不主动采取防范措施，不服从全咨项目部相关指令的情况下，全咨项目部可联合建设单位对施工单位负责人进行专项约谈，以唤起施工单位对项目部安全管控薄弱的重视。

⑧ 监理报告。在全咨项目部已经采取上述必要措施，但施工单位仍未整改，客观安全风险依然存在的情况下，全咨项目部应当向政府相关主管部门进行汇报。

（7）应急管控体系

应急管控体系是项目安全管理体系中的重要组成部分。本项目通过对应急预案、应急资源、应急演练三方面的管控，确保项目应急管控体系的正常运行。

1）应急预案。本项目应急预案主要分为以下三类：

① 综合应急预案。

② 工伤、火灾、防疫、灾害性气候（台风、龙舟水、强对流天气）等专项应急预案。

③ 危大工程专项应急预案。所有应急预案全部需要经过编制、审核、交底的完整过程。

2）应急资源。本项目应急资源包括：

① 项目应急团队及关键人员。

② 应急避难场所。

③ 应急设备与物资。

④ 外部应急机构。

3）应急演练。

本项目所有参建单位以不超过6个月为周期，开展专项应急演练，通过应急演练来检验《应急预案》的合理性，检验应急资源是否满足需要，查找应急管控过程中可能遭遇的现实问题。

（8）事故／意外事件管控体系

在一般项目的管控过程中，往往强调对事故的"四不放过"。而对于一般的意外事件，在项目上则多是本着息事宁人的心态，尽可能在较小范围内处理。这样的处理方式对于安全管控极为不妥，意外事件的类别、地点、发生人群往往是安全风险较大、安全管理薄弱的区域和人群，因此意外事件往往是事故的前兆。因此可以说，对意外事件的放纵是对安全管理某种"资源"的浪费。

在本项目中，市工务署与全咨项目部形成针对事故／意外事件的一个共识，即所有事故、意外事件甚至较为严重的安全隐患或违章行为，都要作为"事故"进行处理，履行"四不放过"管控：

（1）发生原因未查清不放过。

（2）责任人员未处理不放过。

（3）整改措施未落实不放过。

（4）有关人员未受到教育不放过。

6.10.4 经验总结

由于本项目规模大、周期长、风险高，安全管理面临的困难错综复杂。作为项目全咨单位，唯有站在足够的高度上，合理进行安全管理的顶层设计，应用科学的体系化管控思维，才能使项目安全管理工作平稳健康运行。但是，体系化安全管控有效的提前，是项目全咨单位能组建一支有主心骨、有责任心、有积极性、有管控力的安全管理团队，能有效联系市工务署、施工单位以及一切安全管理的积极力量，严谨履职，坚持不懈，让强制性的安全管控逐步转化为浓厚的安全管理氛围，通过团队与文化影响每一个参与项目建设的人员，最终实现项目安全管理的目标。

6.11 档案与信息管理

自国务院 2017 年 19 号文提出全过程工程咨询概念以来，目前在建设项目实践中取得了一定的成绩。全过程工程咨询项目中的监理信息档案经过多年的发展、应用经验累积，已建立较为完善的管理体系。但是，对于全过程咨询类项目中的项目管理部分，作为发展初期，没有一套较为完善的管理体系制度可作参考，仍有许多项目对于全过程、全周期的档案信息管理能力还较为落后，因此可以认为，全过程工程咨询项目中档案信息管理是目前较为薄弱的管理环节之一。

深圳技术大学建设项目（一期）建设周期长、涉及专业面广、参建单位多、信息流量大，及时、准确、有效地对档案信息进行管理，充分协助项目的计划、组织、控制和协调管理工作是本项目档案信息管理的难点，也是保证项目实现全寿命周期进度、成本、质量、安全、环保等管理目标的重要保证。

6.11.1 管理目标

（1）项目档案信息管理的要求

保证项目档案便于且有效地获取、处理、存储、存档。首先，通过对项目建设过程中产生的所有信息的合理分类、编码，促进各参建单位、各部门迅速准确地传递信息，全面有效地管理档案信息，并且客观地记录和反映项目建设的整个历史过程，有效地指导和控制项目实施。其次，借助现代管理模式及专业信息化手段，在工程建设过程中有组织的收集、整理、存储和传递档案信息，确保信息数据的通畅、共享，实现档案信息的真实性、完整性、准确性、系统性，建立数字化的信息体系。

在项目前期到交付使用过程中形成的档案资料，对工程的建设、验收及今后运营都具有十分重要的意义，结合本工程的特点，工程档案信息还需满足建设单位、档案馆以及创优评审对档案资料编制和归档的要求。全过程工程咨询单位作为项目全阶段、全流程管理单位，需在各阶段协调建设、施工等单位与监理单位之间的信息流通，做到及时准确完整地掌握各类信息，并进行全面系统的处理，使信息资料和施工现场进度同步、内容齐全完整、数据真实准确；资料归档和单位工程完工同步，逻辑关系清晰、系统专业配套；案卷整洁美观、组卷方式合理；满足归档要求、达到创优标准。

（2）档案管理目标

项目档案管理具体目标如下：

1）内容齐全完整、数据真实准确。在项目开工前，需对工程类型及归档要求有足够的认识，档案资料的内容及深度必须符合国家、城建档案管理部门以及评奖获优等方面的相关规范、标准和规程的要求。应归档的文件材料、图纸必须真实、正确、完整，印章齐全、数据准确，具备法律效力。所移交的项目文件内容，真实记述和准确反映工程建设过程和竣工时的客观实际，各项原始记录和技术数据翔实可靠。

2）逻辑关系清晰、系统专业配套。档案资料应保持卷内文件间的有机联系，且建设项目各专业内档案文件材料、图纸的各项内容应配套完整，以便于档案的保管和利用。档案资料收集时应结合各专业分类进行，并经过系统整理、立卷成册。

3）案卷整洁美观、组卷方式合理。各参建单位按照所明确的资料预立卷，对工程档案按照有关规定进行分类整理、组卷并装订，要求档案材料装订整齐、美观，软封面及卷内目录填写清楚、字体工整、文面整洁、图纸图幅标准、线条清晰、折叠规范统一。

4）满足归档要求、达到创优标准。本项目质量要求高，对档案管理也尤为严格，为提高竣工档案质量、规范归档要求，同时方便建设单位及时移交竣工档案，提高办事效率，在项目开工初期，组织各参建单位根据《建设工程文件归档整理规范》《建设工程竣工档案归档内容及归档要求》等相关规范文件编制档案预立卷，有效地控制建设项目档案的形成质量，以满足档案归档及评奖创优要求。

5）借助专业的信息管理软件及先进的信息技术平台，如建设单位档案平台、云空间、云盘等，在工程建设过程中依据时间、内容、类型进行分类、编码、归类，高效检索、分享、传递、审批工程项目信息，确保信息数据的通畅、共享，实现档案信息的真实性、完整性、准确性、系统性，建立数字化的档案信息体系。

6.11.2 工作内容

（1）负责对勘察、设计、监理、施工单位工程档案的编制工作进行指导，督促各单位编制合格的竣工资料，负责本项目所有竣工资料的收集、整理、汇编，并负责通过档案资料的竣工验收以及移交。

（2）借助先进的信息管理软件或信息技术平台，对工程建设过程中如质量、安全、文明施工等信息进行高效的分享、传递、监督、反馈、管理。

6.11.3 管理要点

（1）档案信息管理工作内容及分工

1）档案信息管理工作内容：

① 公共信息管理。

组织建设过程照片和视频等影像资料的形成、整理和归类，项目管理模式、招标投标、质量安全管理、技术创新、信息化等亮点工作归纳总结。

② 信息化应用管理。

a. 数字化平台应用：

（a）基于互联网开展信息技术应用（包括大数据等）管理。

（b）借助先进的信息管理软件或信息技术平台，对工程建设过程中如质量、安全、文明施工等信息进行高效的分享、传递、监督、反馈、管理。

（c）开发和利用建筑信息模型（BIM）、大数据、物联网等现代信息技术和资源，努力提高信息化管理与应用水平，为开展全过程工程咨询业务提供保障。

b. 智慧工地。

督促相关参建单位落实建设方关于"智慧工地建设"的有关规定，确保智慧工地设备相关监测数据按要求接入智慧工地系统，包括但不限于：

（a）督促施工单位制定智慧工地实施方案，督促施工单位完成视频监控、塔式起重机监测、升降机监测、配电箱监测、车辆识别、环境监测、实名管理7类设备接入智慧工地平台，并定期进行抽查巡检。

（b）组织项目实施单位及设备供应商根据建设方要求及相关标准开放机电设备、智能化检测设备的检测数据接口，并接入建设方的相关监测平台。

③ 档案信息管理。

a. 项目前期阶段的档案信息管理：

（a）建立工程项目信息与档案管理体系，统一文档管理制度与具体业务标准。

（b）借助信息管理软件或信息技术平台，建立信息沟通机制。

（c）对勘察设计文件及时进行整理、分发。

（d）定期提交工作报告，工作报告包含但不限于：日志、周报、月报、专家评审报告等。

（e）配合建设单位各类信息化系统的应用。

（f）定期每月召开项目档案信息管理会议。

b. 项目实施阶段的档案信息管理：

（a）统筹各参建单位档案资料工作，建立项目组档案资料管理制度、体系。

（b）统筹各参建单位资料员管理，落实参建单位资料员培训、开户、报备等。

（c）指导、审核参建单位分部分项设置的科学、规范、完整。

（d）督促检查项目各参建档案资料及信息化的完整性、同步性、规范性。

（e）做好自身单位档案资料的完整性、同步性、规范性。

（f）组织项目档案预验收并取得认可文件或备案。

（g）每月定期指导审核各参建单位档案资料情况。

c. 项目保修阶段的档案管理：

（a）配备专职档案资料员，并且能及时协调和组织项目各参建单位开展档案移交归档工作。

（b）负责项目组甲方文件资料的整理，满足进馆、交使用方、交建设方的要求。

（c）认真审核项目各参建单位的应进馆移交的档案，并完成进馆工作。

（d）及时组织项目各参建单位的档案移交使用方，并完成移交工作。

（e）组织和审核参建单位的档案移交建设方。

（f）及时完成本单位自身档案资料的整理移交。

2）档案信息管理工作分工。

总承包单位：

a. 按建设单位及项目管理规定的信息管理制度提供相关图纸、技术资料文件。

b. 负责设计交底会议记录，并在各方签章完后移交信息管理中心归档保存。

c. 负责规范内部的信息与沟通管理。

d. 负责收集和整理项目的施工文件。

e. 负责监督、汇总整理各分包单位编制的全部施工文件。

f. 按照信息管理中心项目信息与沟通管理制度的要求完成信息与沟通管理工作。

g. 按国家、市城建档案馆、建设单位档案室及合同要求完成所负责施工竣工档案的编制与立卷。

h. 根据建设单位要求提供项目控制必要的数据报表，接受信息管理中心的检查与监督。

3）全过程工程咨询单位。

① 综合管理部：

a. 组建信息与沟通管理团队即信息管理中心。

b. 负责编制文档编码体系及制度。

c. 负责编制联系制度、会议制度、报告制度。

d. 负责向各参建单位进行信息管理交底，并形成会签记录。

e. 负责各类文件收发、流转、归档及记录。

f. 负责文档信息管理总体工作的规范与检查。

g.负责图纸的接收、分发和归档整理。

h.负责项目全过程文件的整理与分类保存、档案室提供检索、查询与借阅服务。

i.负责对各方文档工作的检查、监督与指导。

j.负责会议信息的发布、通知。

k.负责编制月报、专报等报告内容,并流转及收集工程监理部、造价咨询单位、总包单位等提交的日报、周报、月报、专报等报告。

l.负责信息平台的维护工作。

m.负责项目档案的接收、归档整理、保管等日常管理。

n.负责建立项目部各类工作台账:

(a)项目管理部信息资料台账。该台账是反映本项目所有信息资料的分类编目及归档情况的检索目录索引,做到分类目录与实际归档情况相吻合,卷内建立目录清单,合理有序,方便查询。

(b)建设项目政府报批资料管理台账。该台账是反映本项目从项目建议书、可行性研究、立项、建设用地规划、建设工程规划许可、施工许可证的办理到竣工验收及竣工备案证的取得,所有资料的目录。该台账只要求相关资料齐全,目录清晰,方便查询。

(c)建设项目专项审核管理台账。该台账反映项目管理对消防、环保、民防、绿化、职业卫生、卫生防疫、抗震及防雷等项目的审核资料的汇总。

(d)建设项目配套手续管理台账。该台账反映项目管理对供水、供电、燃气、电信、技防及临水临电的报批审核资料的汇总。

(e)项目管理声像档案目录台账。该台账反映本项目管理咨询服务全过程中,各个工程阶段拍摄的工程照片及录像资料,应按项目部编制的声像档案拍摄工作计划进行拍摄。各单位工程开工前、施工阶段及竣工验收后的有效声像档案目录,每幅归档照片及每段录像应按项目内容标注齐全,存在计算机中的声像档案编号应与目录相对应。

(f)项目施工管理工作台账。项目管理部在施工阶段应对安全与质量控制建立施工管理工作台账。

②负责项目部建设项目竣工档案管理工作:

a.项目管理部进驻现场后应向所在地城建档案管理部门征询建设项目档案编制及归档要求。

b.在开工前,请所在地城建档案部门向参加单位进行档案编制要求交底,并形成会议纪要。

c.根据档案部门对档案编制及报送的要求,项目管理部组织参建单位项目经理、项目工程师及项目部资料员召开会议,明确各参建单位的档案工作的职责、编制范围、编制要求、编制时间、编制套数等要求，并形成书面文件，发至各参建单位。

　　d.项目竣工验收阶段，要注意各类文件的收集。由工程监理部组织各参建单位对各自的档案进行清理和预整理；项目管理部资料员收集各专项验收合格文件和竣工验收过程文件；各种设备移交，要做好实物移交和设备移交清单的签字完善手续，清单原件均交建设单位档案室归档；组织竣工图编制质量的审核工作；在项目竣工验收前需接受由市档案局组织的档案专项验收。

　　e.竣工验收合格后，要及时办理档案移交归档工作，归档时限，竣工后3~6个月。以项目为单位，所有参建单位整体移交（桩基工程可提前移交）。由项目管理部协助建设单位统筹协调，避免因个别参建单位滞后，影响整个项目的档案移交；组织和督促各参建单位，开展工程档案的整理工作。在此过程中，及时与建设单位档案室沟通，协调解决相关归档问题；项目档案移交档案馆前，必须由建设单位档案室统一审核，并出具审核意见后才能申请移交档案馆；项目竣工后，向使用单位移交一套完整的竣工档案。项目管理部协助建设单位组织各参建单位向使用单位办理档案移交手续，取得档案交接证明。其中，设备资料的移交随实物移交一起办理实物移交清单。

　　f.向建设单位移交。将城建档案移交书、竣工图电子文件、使用单位的档案交接证明原件向建设单位档案室移交。

　　g.项目文件的清理。项目组撤销之前或搬迁时，应告知建设单位档案室对档案资料的搬迁进行跟踪监督，并按档案管理的相关规定，对项目组文件进行一次集中清理、鉴定、整理，对有归档价值的文件移交建设单位档案室保存，不需归档的各类文件进行集中销毁。

　　h.项目竣工档案移交手续。全过程咨询项目部按项目档案移交要求，将竣工档案向所在地城市建设档案馆、建设单位档案室、档案馆建设项目档案管理部门移交竣工档案。

　　③项目管理各部门：

　　a.收集并整理日常产生的各种业务范围内的文档资料，并及时移交信息管理中心归档。

　　b.协助信息管理中心做好文档信息与沟通管理工作。

　　c.负责处理信息平台以及负责软件各方上报的各类事宜。

　　④工程监理部：

　　a.负责收集并整理监理日常文档。

　　b.按《建设工程监理规范》和国家、市城建档案馆、建设单位档案室、档案馆及合同要求完成监理文档的编制与立卷。

　　c.指导施工单位的工程档案管理，监督检查施工单位提供的工程资料的真实性、完整性和准确性。

d. 配合信息管理中心项目信息与沟通管理工作。

e. 配合总承包单位提供必要的项目进度投资数据报表。

f. 监督与检查总承包单位完成竣工档案的整理。

g. 其他各参建单位。

h. 负责各自项目的信息与沟通管理工作。

i. 及时向信息管理中心报送相应资料和信息管理数据报表；接受信息管理中心的检查与监督。

（2）档案信息管理制度与流程

1）档案信息管理制度：

① 组建档案信息管理团队。

本项目规模较大、专业工程较多，有众多参建方，档案信息管理沟通协调、归档管理工作量较大，全过程咨询团队在进入项目后，档案信息管理工作人员需会同各参建单位的档案信息管理工作人员，成立项目档案信息管理团队，借助信息管理软件，统一规划部署整个项目信息管理工作，更及时准确地进行信息处理。

档案负责人员，包含勘察、设计、监理、施工单位等负责同步收集、整理自己所分管项目的档案资料，并对其真实性、完整性负责，同时施工单位负责检查分包单位资料。

② 建立先进的信息管理手段：

a. 建立信息共享平台。

运用先进的信息化系统提升项目的管理能力，通过引入档案信息平台系统，利用先进的管理手段整合项目关键信息和企业知识，为项目提供优质高效的服务。

建立互联网档案信息资料云盘，设置各方权限，通过信息云端共享，可以保证不同地理位置的工程参与者能够方便地共享工程项目信息，信息的完整性和一致性得到了保证；并且可以随时随地看到每个项目成员和每个事件的执行情况，并对出现的问题及时有效地采取措施，保障项目按计划实施，并保证信息的可追溯性。

b. 建立施工过程信息沟通工具。

本项目涉及参建单位数量多，涉及专业复杂，在施工过程中质量、安全、文明施工等问题需及时上报解决，为了及时传递施工过程信息，本项目引用手机端质量安全管理程序 App，各方检查人员通过手机客户端，随时将需整改项目通过 App 开启整改流程，提高管理效率。

③ 通过档案信息管理平台对资料同步管理。

通过对于建设单位档案信息管理平台的使用，可以及时将实体资料形成电子文档，避免了过程中若实体资料丢失、损坏对竣工验收造成影响；同时系统内功能、体系架构齐全，便于过程上传、搜索、分类、组卷等。

全过程咨询团队在进场后统筹各参建单位资料员管理，落实参建单位资料员档案信息平台的培训、开户并指导使用，在过程中督促检查项目各参建档案资料及档案信息平台资料的完整性、同步性、规范性，每月召开档案管理专题会，对各参建单位平台使用情况进行考核，并考核结果将纳入合同履约评价。

④ 建立文档分类编码制度。

本项目的档案信息资料种类繁多，必须分标段、分项目、分类型地对资料进行管理，按照档案馆验收资料（常规为档案馆一套、建设单位一套）、其他必要资料（如运营移交资料、各类管理制度手册）等，将项目根据纸质、声像、照片、电子等不同类型进行归档。

⑤ 形成文档管理工作手册。

搜集及完善当地文档验收资料。结合上述资料最终形成适用于本项目的文档管理工作手册，指导整个项目的档案信息管理工作。

⑥ 建立合理的沟通协调机制。

根据项目实际情况，建立会议制度、报告制度、联系制度以及信息储存制度。在制定规则的情况下，相应的工作流程也会出台，并组织参建各方交底消化，共同完善，以便于各方在施工过程中严格执行并遵守，提高项目沟通和协调的效率。针对建设实施过程中发生的问题采用专题报告、专题会议进行跟踪整改，对过程中出现的共性难以解决的问题，及时向建设方寻求帮助。

a. 建立职责分明的会议制度。项目管理过程中有管理例会、工程例会、各阶段的专题会议以及其他会议。明确各类会议中组织者、参与者的职责划分，并要求相关责任方及时跟踪落实各项任务。

b. 建立规范的状态报告制度。根据前期策划方案，督促相关单位在总体报告制度的基础上，建立自己的报告制度，并督促其严格执行。根据各阶段的报表，结合整体的进度计划、投资费用计划对比分析项目阶段性的运行情况、遗留问题的落实情况，和下一步的项目计划任务，形成管理报表或专题报告上报给招标人。

c. 往来联系制度。全过程工程咨询管理团队进场后，组织召开信息管理专题会议，明确各项工作的联系人及联系方式，并会设置项目专用邮箱。所有有关项目信息的沟通均通过项目部信箱收发，定期对重要的来往邮件进行梳理，指导下一步项目管理工作的开展。

d. 信息储存制度。在文档管理框架的基础上，对阶段性完成的文件进行储存。储存的方式以声像、电子、文档相结合，储存的信息必须完整、规范。全过程工程咨询团队定期组织内审人员严格按照信息管理规程对项目上各项工作进行核查和指导。

e. 制订及跟踪工作计划。配合整个项目的验收计划，制订各单位各专业合理的档案验收计划，并及时跟踪档案资料的现状及资料进展状态，内容包含但不限于：检查时间、文件编号、文件数量、问题描述、负责人、进展状态、计划完成时间、实际完成时间、是否涉及费用等信息。

2）档案信息管理流程

① 档案信息管理流程总体框架图如图 6-5 所示。

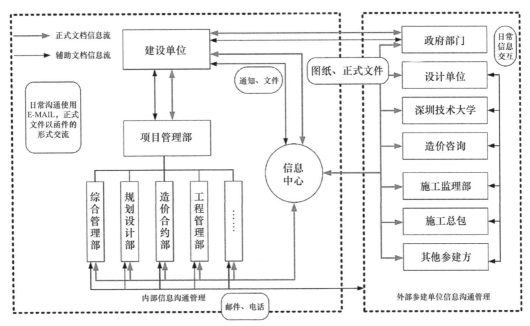

图 6-5 深圳技术大学建设项目（一期）档案与信息管理总体框架图

说明：

1. 信息中心主要工作内容：项目建设过程中的文档管理、图纸管理、会议文件管理、报告文件管理、函件管理及信息平台更新维护。

2. 信息中心以项目管理部按照市城建档案馆、建设单位档案室、管理手册等要求进行综合及专项管理。

3. 所有归档文件以正式文件为主，正式文件（原件）必须归档；各部门及外部支撑单位可借阅或使用复印件，但经信息中心及各部门相关责任人同意。

4. 项目管理部对外正式文件联系需通过信息中心或在信息中心记录，相关文件需存档。

② 日常文件传输流程如图 6-6 所示。

说明：

1. 文件流转主要为内部文件和外来文件的处理。

2. 项目管理信息中心在收到外来文件以后，应及时在收文登记簿上进行登记、编号。

3. 项目负责人一般在下列情况下，需要向建设单位分管领导报告：

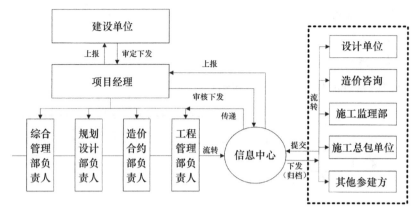

图 6-6　深圳技术大学建设项目（一期）项目日常文件传输流程图

（a）涉及项目管理部将要作出的重大决策。

（b）代表项目管理部和合作单位对有关重要问题进行处理。

（c）涉及项目管理部与其他组织的重大纠纷或矛盾的处理。

③ 文件收发流转流程如图 6-7 所示。

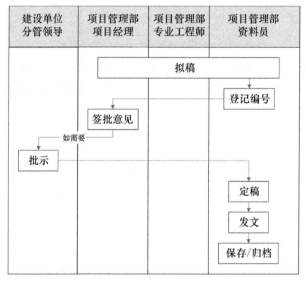

图 6-7　深圳技术大学建设项目（一期）项目文件发文流转流程图

说明：

1.项目管理部发文，包括联系函及指令单，也包括会议纪要、报告等文件，专业人员拟稿后，进入发文审批流程。

2.文件审批流程完成后，方可进行发文。如因地域条件无法进行书面审批的，可通过电子邮件或OA的方式替代。

（3）档案信息管理文件分类

1）根据信息的表现形式可分为声音、图像、文字和数字形式信息。

2）根据信息的属性可分为技术类信息、管理类信息、组织类信息、合同类信息。

3）根据信息的用途可分为投资控制信息、进度控制信息、质量控制信息、合同管理信息和组织协调信息。

4）根据信息来源可分为业主方信息、项目管理方信息、监理方信息、设计方信息、施工方信息和供货方信息等。

5）根据信息产生阶段可分为设计准备阶段的信息、方案设计信息、初步设计信息、扩大初步设计（或技术设计）信息、施工招标信息、施工信息、竣工验收信息和保修信息等。

（4）档案信息管理文件编码

1）档案信息编码结构。

档案体系编码的原则以项目各类别资料编号单位，由总到分，按照不同的文件类别，分类编目。

文件的体系结构可分为五个层级，分别由项目名称缩写、文件类别、类别名称、文件名称、卷内文件目录五个部分组成，采用统一的编号格式，具体格式与各类目的对应的关系和说明如图 6-8 所示。

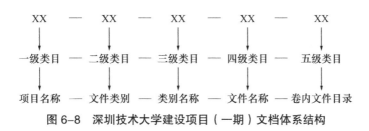

图 6-8 深圳技术大学建设项目（一期）文档体系结构

① 一级类目。

一级类目对应各项目名称，名称采用文字形式，文字采用全过程工程咨询合同中规定的项目名称。

② 二级类目。

二级类目为文件名称，归档文件主要分为 A 综合管理文件、B 前期及验收文件、C 设计管理文件、D 质量管理文件、E 安全管理文件、F 采购合约文件、G 进度管理文件、H 投资管理文件、I-BIM 管理文件、J 运行管理文件、K 影像文件、L 其他十二大类文件。

③ 三级类目。

三级类目为类别名称，如 A 类文件综合管理文件，包括 A1 内部资源管理文件、A2 关键过程管理文件、A3 依据性文件、A4 项目工作文件、A5 纪要函件、A6 上级部门检查记录、A7 工作报告文件等。

④ 四级类目。

四级类目为类目文件名称。如A1内部资源管理文件，包含：A101项目管理部资质文件、A102项目管理人员资质文件、A103项目部员工培训记录、A104项目部设备管理文件、A105项目部人员情况及通信录等。

⑤ 卷内文件目录。

对于某一类资料，会根据时间节点形成多份不同的资料，多出现在资料中，对此类资料，应以资料形成的先后时间顺序进行区分编写。顺序代码采用三位数编写，例如：001，002。

2）档案信息编码规则。

档案编码的原则以项目各类别资料为编号单位，由总到分，按照不同的文件类别，分类编号。

文件的体系结构分为五个层级，分别由项目名称缩写、文件类别、类别名称、文件名称、卷内文件目录五个部分组成，采用统一的编号格式，具体格式与各类目的对应的关系和说明如图6-9所示。

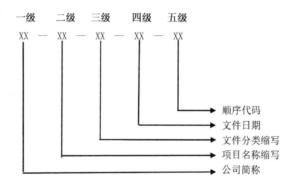

如：JKEC-SZTU-PMXX-20201110-001

图6-9 深圳技术大学建设项目（一期）文件体系结构

① 公司简称。

公司规定的公司名称缩写。

② 项目名称缩写。

全过程工程咨询合同中项目名称关键词进行缩写。

③ 文件分类缩写：

a. 编码体系采用：PM＋文件内容区分，PM：表示项目管理。

（a）如深圳技术大学2020年12月18日召开的第15次变更管理专题会：JKEC-SZTU-PMBGZT-20201218-015。

（b）如深圳技术大学2020年12月20日下发的第20份催办函：JKEC-SZTU-PMCBH-20201220-020。

b. 文件内容缩写：

（a）工程管理例会：拼音编码缩写——LH

（b）项目管理内部会：拼音编码缩写——NBH

（c）工程管理专题会：拼音编码缩写——ZT

（d）设计管理专题会：拼音编码缩写——SJZT

（e）采购合约专题会：拼音编码缩写——CGZT

（f）质量管理专题会：拼音编码缩写——ZLZT

（g）安全管理专题会：拼音编码缩写——AQZT

（h）变更管理专题会：拼音编码缩写——BGZT

（i）变更洽商会：拼音编码缩写——BGQS

（j）进度管理专题会：拼音编码缩写——JZZT

（k）机电管理专题会：拼音编码缩写——JDZT

（l）BIM 管理专题会：拼音编码缩写——BIMZT

（m）工作联系单：拼音编码缩写——LXD

（n）工作指令单：拼音编码缩写——ZLD

（o）函件：拼音编码缩写——HJ

（p）催办函：拼音编码缩写——CBH

（q）项目管理周报：拼音编码缩写——ZB

（r）项目管理月报：拼音编码缩写——YB

（s）工作任务跟踪表：拼音编码缩写——GZB

④ 文件日期。

采用"yyyyMMdd"的格式，例如，"20201001"代表该文件是 2020 年 10 月 1 日制定的。

⑤ 顺序代码。

统一采用三位阿拉伯数字编码，例如，"001"代表第一份文件。

（5）档案信息管理组卷及移交

1）质量要求：

① 归档文件一般为原件，其内容及深度必须符合国家有关技术规范、标准和规程。内容必须真实、准确，与工程实际相符合。

② 工程文件应字迹清楚、图样清晰、图表整洁，签字盖章、手续齐备。文字材料宜用 A4 纸，书写材料和纸张要耐久性好。

③ 图纸采用国家标准图幅，一般采用蓝晒图。计算机绘图必须清晰，不得用复印件。

④ 竣工图应是最后完工图，加盖竣工图章。

2）组卷方法。

① 组卷原则：

a. 遵循工程文件的自然形成规律，保持卷内文件的有机联系，便于档案保管和利用。

b. 一个项目由多个单位工程组成时，工程文件应按单位工程组卷。

② 组卷方法：

a. 将按照档案馆的归档要求，对需要档案馆归档的资料进行专项的分类管理，包含：

（a）项目前期文件（包含立项文件；建设用地文件及场地基础性资料；招标投标及合同文件；设计审查及开工报批文件；工程财务文件）。

（b）监理工作文件（包含组织机构和技术准备、现场准备文件；施工安全、质量、进度、造价的管理控制文件；监理例行工作文件）。

（c）施工管理及质量保证文件（包含组织机构和技术准备、现场准备文件；工程变更、联系洽商等现场文件；工程重要节点控制与验收文件；施工管理例行文件；工程材料、试验器具管理文件；工程质量第三方试验、检验、检测文件；各分部分项工程工序检查及质量验收文件）。

（d）竣工验收文件。

（e）竣工图。

（f）声像文件。

（g）电子资料。

b. 待档案资料齐全完备后，根据档案馆的组卷的要求进行分类组卷。

3）档案验收：

① 为确保工程档案质量，各编制单位、地方城建档案管理部门、建设行政管理部门要对档案进行严格检查验收。

② 工程档案由建设单位验收。

③ 国家、省市重点工程项目或一些特大型、大型工程项目的预验收和验收，必须有地方城建档案管理部门参加。

④ 地方城建档案管理部门进行档案预验收时，重点验收内容如下：

a. 分类齐全、系统完整、内容真实，准确地反映工程建设活动和工程实际情况。

b. 文件的形成、来源符合实际，文件签章手续完备。

c. 文件材质、幅面、书写、绘图、用墨等符合要求。

d. 工程档案已整理立卷，立卷符合规范规定。

e. 竣工图绘制方法、图式及规格等符合专业技术要求，图面整洁，盖有竣工图章。

4）档案移交：

a. 施工单位、监理单位等有关单位应在竣工前将工程档案按合同规定的时间、套数移交给建设单位，并办理移交手续。

b. 列入当地城建档案管理部门验收范围的工程，竣工验收3个月内向该部门移交符合规定的工程档案。移交时应办理移交手续，填写移交记录，双方签字盖章后交接。

c.停建、缓建工程的工程档案暂由建设单位保管。

6.11.4 经验总结

应用先进的信息管理技术提高工程项目建设生产效率，提升工程项目建设管理水平和能力，是目前建筑业发展的重要课题。对于全过程咨询类项目，全生命周期的档案信息管理需结合以往监理档案信息管理体系的基础上，融合项目前期管理阶段内容，通过有效的档案收集、信息流通，使决策者能及时、准确地获得相应的信息，以便为工程项目全过程或各个建设阶段提供决策所需要的可靠的帮助。

6.12 BIM 管理

深圳技术大学项目作为工务署在全过程工程咨询与 BIM 相结合的工作模式探索中重要的一个实践，引入上海建科工程咨询有限公司及深圳市建筑科学研究院股份有限公司的联合体，为本项目提供全过程工程咨询服务，将为后续工务署项目的开展提供宝贵经验。该项目的全过程工程咨询服务的合同内容包括项目统筹和总体管理、报批报建管理、设计管理、招标采购和合同管理、投资管理、工程技术管理、施工管理、BIM 管理、工程监理等。在该项目中，咨询服务联合体将专业化的项目前期总控策划与精细化的项目过程控制有机结合，将各设计管理与成本管理有机结合，方便项目的整体统筹协调和项目内部各工作模块之间的相互支撑与配合，从而有效控制并降低了投资方的成本，加快了项目的进度。

在全过程咨询的过程中，BIM 技术的推广与应用给建筑业带来了剧烈变革，为解决建设项目全过程工程咨询中业务流程众多、信息传递效率低等问题提供了有效的方法和工具，化解了信息不对称带来的工程成本增加难题，实现建设项目全生命周期信息的有效整合。全过程工程咨询的实施，不是简单地把服务内容相加，而是要进行高度整合，如果能够以投资管控为主线，项目增值为目的，融合项目各阶段多项业务不但能提升工程质量、管控投资成本，也有助于缩短项目工期，有效规避风险，进一步提高服务质量和项目品质。

6.12.1 管理目标

BIM 管理作为项目需求与项目管理咨询服务中的一项环节，通过开展针对性项目级 BIM 实施管理，实现整个咨询目标的实现。具体目标如下：

（1）确保 BIM 实施管理工作满足招标文件中对于项目 BIM 需求及要求的实现。

（2）提供基于项目管理的 BIM 咨询及技术审查工作，协助提高设计管理质量，实现把控项目进度及投资的管理目标。

(3)提供基于项目管理的BIM咨询及技术审查工作,辅助项目管理方对安全、质量、进度的管控,并通过数字化移交及应用,实现基于BIM的可视化信息交互,提高项目品质。

(4)保证本项目BIM实施管理的质量符合深圳市建筑工务署颁布的《BIM应用实施纲要》及《实施管理标准》中明确的要求及标准。

6.12.2 工作内容

(1)BIM管理实施内容

1)BIM实施管理策划。

组织编制BIM实施管理规划、BIM分阶段实施目标和实施方案、建模指南与交付标准、应用点规划等,并协助业主对施工单位、监理单位提出BIM要求和组织落实BIM工作,组织项目参与各单位编制各自界面范围的BIM实施方案、细则、流程、组织等,并进行审核后提交业主审定。

2)建立BIM实施管理体系。

组织建立全面统筹BIM管理的组织架构,统一的BIM实施标准,BIM管理实施总计划,各阶段BIM管理实施计划,组织协调各参与单位的BIM实施;审核汇总各参与方提交的BIM成果,对项目的BIM工作进行整体规划、监督与指导。

3)精准定义BIM实施总流程及工作流程。

基于深圳市建筑工务署颁布的《BIM实施导则》和《BIM实施管理标准》,通过合同、方案中有关条款的细致设计,提前锁定相应实施阶段的工作流程的技术特征,以此保障工作目的不折不扣地实现。

定义工作流程主要在:BIM实施总流程及BIM工作流程(设计阶段、设计会审、施工阶段、设计变更、设计深化、交付阶段)。

推动各专业单位对模型进行及时更新,实行内部审核、咨询单位审核及管理单位审核的三级审核机制,加强各专业间及总包与分包单位间的协同工作,做到模型实时同步,确保实体与模型一致,通过模型及时全面地发现图纸或施工方案的问题,优化设计及施工。通过协同工作便于相关单位进行信息和成果共享、协调与管理。

4)组织建立沟通及汇报机制。

基于招标人、项目管理方已批准建立的BIM实施管理体系,按照BIM实施进度计划,组织建立考核、评估、会议、报告(年度总结报告、月度小结报告、工作周报、专项分析报告)制度。

组织各项BIM相关会议,如BIM例会、模型专题会等,协调各方解决施工中遇到的有关BIM问题,通过BIM可视化反映出的设计及施工问题,由各单位进行讨论,提出解决方案,报设计、施工、业主方审核确认,通过变更或者修改实施方案等方式实施修改，过程中形成的文档资料须在项目平台上存档备查。

基于项目 BIM 应用管理平台，策划、组织主要参建方与其他参建方在相邻片区、组团内外同级、跨级层次的信息传递线路的通畅；基于本项目的特征编码预设，针对项目群各片区庞大又相对自成体系的建设团队，督导建立快速跳转及精确检索的信息交互功能，供招标人及项目管理方调阅背景信息。

以嵌入到设计管理为本投标人实现 BIM 设施管理工作的抓手，在工作伊始，设计为整体 BIM 实施的前端，技术信息与协同信息亦大量产生，除了能验证软硬件环境与项目 BIM 应用管理平台是否真正适应巨量数据的吞吐外，还可以将实现 BIM 咨询工作的核心内容即协同、评价、审查与会议制度在单片区的某一设计阶段的实施及改进，更加融合到整个项目管理体系中。

工程竣工后，根据业主需要更新和完善电子竣工资料，按工务署相关交付标准及项目交付标准文件，收集各单位 BIM 成果文件并进行审核确认后提交至工程站，同时在项目平台上传至对应的存档窗口，为业主的物业管理与维护提供支持。

5）组织建立监督与奖惩机制。

为使整个建设团队充分重视及踏实履行 BIM 实施管理的一系列大纲、方案、规范、细则，充分理解项目管理总体监督与奖惩机制的指导精神及丰富内涵，将 BIM 实施管理层面的子级制度纳入其中，一体受控，将 BIM 任务束缚在主体任务中，使得其他各项目参建方在制度层面无法规避自身的 BIM 实施职责，也无法以自身主体工作为由，怠慢其 BIM 工作。同时，充分激励其工作态度，防止项目管理总控的期望有损。

6）BIM 实施管理：

① 基于 BIM 开展工程管理咨询工作，包括基于 BIM 的技术审查、项目例会等。

② 审核招标投标文件 BIM 专项条款（设计顾问，土方、桩基与围护工程、施工总承包、机电施工分包、钢结构施工分包、装饰装修工程、幕墙工程顾问与施工，医疗工艺各专业分包）。

③ 审核项目各阶段 BIM 实施方案（方案阶段、初设阶段、施工图阶段、施工图封版阶段、招标阶段、施工阶段）和各专项实施方案（机电专项、钢结构专项、幕墙专项、医疗工艺专项、装饰装修专项）。

④ 审核项目各项 BIM 实施技术标准和规范及 BIM 实施计划。

⑤ 审核 BIM 相关模型成果（含模型信息），包括建筑、结构、机电、医疗等专业模型、各专业的综合模型，及相关文档、数据成果，确保 BIM 应用深度符合各个阶段深度技术要求。

⑥ 审核 BIM 实施单位提交的 BIM 可视化汇报资料、管线综合 BIM 模型成果、BIM 工程量清单、BIM 模型"冲突检测"报告。

⑦ 审核 BIM 实施单位对于管线综合分析和优化调整的成果，分析基于 BIM 的管

线综合系统解决方案。

7) BIM 实施辅助项目技术专项的措施。

制定缜密及有针对性策划，梳理重要控制点的 BIM 技术方案，落实相应实施单位，具体包括如下内容：

① BIM 技术方案多片区和标段整合。
② 辅助土方平衡技术的 BIM 占位分析及模拟方案。
③ 辅助交通组织的 BIM 人流及车辆动线模拟方案。
④ 辅助地下综合管廊开发的 BIM 可视化展示及模拟方案。
⑤ 辅助工艺建造的 BIM 专项应用方案。
⑥ 辅助实验室专项咨询方的 BIM 建造可行性研究分析方案。

（2）BIM 进度管理工作

根据确定的进度计划要求，实行每周进度汇总工作，协调和解决影响实施进度的问题。

1) 根据项目总实施进度，审查 BIM 各阶段 BIM 实施进度计划，协助 BIM 咨询方确定模型及成果提交节点及时间。

2) 根据各阶段 BIM 实施进度计划，审核是否在计划日期内按要求在 BIM 协同平台上提交 BIM 成果。

3) 监督项目实施过程是否按照 BIM 实施计划执行，实现过程监督及偏差分析。

4) 若 BIM 实施进度没能按计划实施的，及时要求 BIM 咨询方追踪查明延误原因，及时纠正偏差并追究相关方责任。

（3）BIM 质量管理工作

根据深圳市建筑工务署的《BIM 应用实施纲要》和《BIM 实施管理标准》相关规定，明确质量控制方式，制定相应的质量控制模板，实现 BIM 成果质量的标准化、流程化控制。具体包括：

1) 项目实施各阶段前期准备工作交付成果审核。

在项目阶段实施之前，BIM 管理方按项目 BIM 实施标准中确定的模型内容、模型深度，对 BIM 咨询方提交的模型质量进行审查，协助 BIM 咨询方解决可能出现的问题。

① 审核节点：项目各阶段实施前期准备工作完成节点。
② 审核依据：国家 BIM 标准、项目 BIM 实施标准等。
③ 审核形式：前期准备协调会。
④ 审核人员：BIM 实施团队、BIM 咨询方、BIM 管理团队、工程管理站。
⑤ 审核内容：BIM 实施方案、建模标准、建模计划、样板文件、基准模型等。
⑥ 审核结论：是否可以启动项目工作。

2）项目实施各阶段过程交付成果审核。

在 BIM 实施阶段，严格按照 BIM 实施标准把控质量及其实施情况，通过设计审查、协调会议及专题汇报等进行协调解决。

① 审核节点：项目各阶段实施过程。

② 审查依据：项目 BIM 实施标准、项目 BIM 实施方案等。

③ 审核形式：BIM 协调周例会。

④ 审核人员：BIM 管理团队、BIM 咨询方、BIM 实施团队及相关方。

⑤ 审核内容：过程成果质量审核（交付成果格式及内容是否满足交付要求，模型搭建及更新是否符合项目实施标准等），没达到要求的应填写修改意见单并反馈至 BIM 咨询方修改后重新提交审核。

⑥ 审核结论：BIM 审核结果反馈、落实下一阶段 BIM 实施计划及要求。

3）项目实施各阶段最终交付成果审核。

严格把控 BIM 咨询方审核完成的 BIM 模型的时间节点，对提交的 BIM 模型进行质量检查确认，并确定模型修订后的质量要求。

① 审核节点：各阶段 BIM 实施成果交付后。

② 审查依据：国家建设工程相关规范规程、国家 BIM 标准、项目 BIM 实施标准、项目 BIM 实施方案。

③ 审核形式：项目 BIM 成果交付审查会。

④ 审核人员：BIM 实施团队及相关方，BIM 咨询方、BIM 管理团队、工程管理站。

⑤ 审核内容：提交 BIM 模型及成果质量是否满足相关要求。

⑥ 审核结论：BIM 成果验收及移交下一阶段参与方使用。

6.12.3 管理要点

深圳技术大学工程建设项目（一期）是深圳市重大项目，沪深建科作为项目全过程工程咨询单位，负责落实工务署对项目 BIM 工作的各项要求，从项目管理层面把控、协调、推进本项目 BIM 工作的开展。本项目 BIM 管理工作的重点是明确项目整体的组织架构，明确各单位工作职责，制定各阶段工作流程并建立跟踪机制，以保障 BIM 管理工作的顺利推进。

（1）BIM 管理策划阶段

1）BIM 管理策划：

① 组建项目 BIM 管理团队。

② 编制项目 BIM 管理规划。

③ 建立 BIM 实施的协调机制及实施评价体系。

2）BIM 管理工作职责。

在项目 BIM 工作开展工程中，全过程工程咨询 BIM 管理部门作为中轴，负责协调管理 BIM 咨询单位配合工程站及管理公司开展工作，保证项目关键信息的互通流畅，把握项目 BIM 应用的方向，确保项目 BIM 工作不流于形式，切实做到技术落地，服务项目的工作目标。因此，在项目前期需进行项目 BIM 工作模式的策划，依据工程咨询规划 BIM 部分的内容，明确项目 BIM 工作各阶段各方的工作职责，如图 6-10 所示。

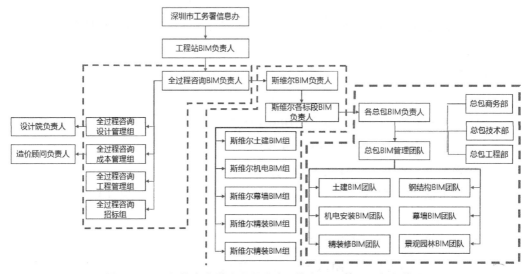

图 6-10　深圳技术大学建设项目（一期）BIM 管理组织架构图

（2）前期准备阶段

1）项目整体 BIM 工作规划。

为深入了解了工务署未来 BIM 应用发展方向，充分学习了深圳市建筑工务署的相关 BIM 应用指引及标准，参与编制了深圳技术大学建设项目（一期）工程咨询规划 BIM 管理工作内容。

规划中主要对项目整体的 BIM 实施目标进行了明确，制定了关键工作的工作流程，明确了关键的控制节点，对各单位的 BIM 相关工作职责进行了划分梳理。

2）招标工作。

在确定了项目 BIM 工作模式及目标，明确了项目各方 BIM 工作职责之后，全过程咨询 BIM 管理部门配合项目招标组进了招标工作，主要有以下两个方面。

① BIM 咨询顾问的招标方案、招标文件编制及其他配合工作。

② 组织斯维尔开展各标段施工总承包单位、各专业平行发包单位招标文件 BIM 相关内容的编制。

3）BIM 基础文件体系。

在项目前期准备阶段，全过程工程咨询单位组织 BIM 顾问参照工务署系列指导文件及标准，为本项目建立 BIM 工作基础文件体系，主要包括：

① 总则（项目定义、编制依据、适用范围等），制定项目《BIM 实施细则》和《BIM 技术实施方案》。

② 结合项目特点，确定项目 BIM 应用点，建立《BIM 应用点细则》。

③ 建立项目 BIM 基础模型的标准，包括《BIM 建模规范》（建模原则、建模规则、建模深度）和《BIM 出图标准》。

④ 为提高 BIM 深化模型质量制定《BIM 深化规范》，制订《机房及管井 BIM 深化计划》。

⑤ 建立施工阶段 BIM 工作管理机制（协同工作机制、设计阶段 BIM 工作进度计划）及 BIM 工作考核标准。

⑥ 制定《BIM 设计问题台账管理》及流程。

⑦ 制定《BIM 深化设计变更管理台账》，并要求各标段总包单位定期更新、提交至 BIM 顾问及管理公司。

⑧ 预期成果和成果要求（施工阶段预期交付成果内容、成果格式、交付方式等）。

基础文件体系将用于指导各个单位 BIM 工作的统一标准化开展。在项目施工阶段，全过程工程咨询单位组织 BIM 顾问紧密地与项目各团队融合起来，协调管理各 BIM 实施单位开展 BIM 工作，从专业的角度去审核、指导项目 BIM 工作的开展。

4）BIM 辅助施工与优化应用管理：

① BIM 辅助施工深化设计。施工准备阶段，在施工图设计 BIM 模型基础上，进行各专业模型的拆分和深化。

② BIM 辅助施工场地规划。施工准备阶段，依据施工组织方案，搭建 BIM 施工组织模型；依据施工顺序，尤其是公共区域和配套部分的施工顺序，按需进行基于 BIM 的施工组织模拟；通过 BIM 模拟，展示施工场地规划，进而优化排布施工组织和施工进度计划，指导施工。

5）施工单位、监理单位沟通与对接。

在施工准备阶段应当与施工总包单位和监理单位进行充分的沟通和对接，主要内容包括：

① 施工模型创建要求和模型管理机制。

② 基于 BIM 技术的交底。

③ 施工阶段组织管理机制。

（3）施工阶段

1）项目深化设计 BIM 模型审查。

以满足现场施工作业的需求，施工深化设计 BIM 模型审查的作业流程为：

① 收集数据,并确保数据的准确性。

② 施工单位依据设计单位提供的施工图与设计阶段 BIM 模型,根据施工特点及现场情况,完善或重新建立施工作业模型,该模型应当包含工程实体的基本信息。

③ BIM 咨询单位对深化设计 BIM 模型的施工合理性、可行性进行甄别,填写施工深化设计 BIM 模型审查表,根据审查结果对深化设计模型提出优化建议。

④ 深化设计 BIM 模型应通过建设单位、设计单位、相关顾问单位审核确认,最终生成三维图形文件及二维深化施工图、节点图,流程如图 6-11 所示。

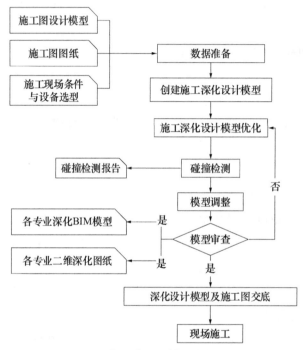

图 6-11 深化设计 BIM 模型审查工作流程

2)施工阶段 BIM 设计协同实施总体流程。

为将 BIM 应用的成果真正落地到项目实际施工中,全过程工程咨询单位组织斯维尔针对项目开展过程中关键工作成果的流转审核编制了流程图,作为 BIM 实施细则中的关键内容。

3)BIM 辅助施工与优化应用管理。

在项目施工阶段,由施工单位或咨询公司开展 BIM 辅助施工与优化应用工作,由施工单位开展的工作需交咨询公司审查,并出具审查报告。BIM 辅助施工与优化应用一般应包括以下内容:

① BIM 辅助施工 4D 进度模拟。

根据业主和施工总包提供的项目施工进度计划,将进度计划中的工作包与基准进度模型中的构件挂接,形象展示施工进度组织先后顺序及里程碑节点,充分表述进度计划的内在联系性,以及与其他穿插专业的配合。

② BIM 辅助复杂节点施工工艺模拟。

根据业主和施工总包提供的项目施工节点施工专项方案,将节点施工模拟中的工作包与 BIM 模型中的构件挂接,形象展示专项施工方案中各构件、各项施工工序的先后顺序及里程碑节点,充分表述节点施工各项工艺的内在联系性,辅助现场施工交底。

③ BIM 辅助的虚拟进度与实际进度对比。

由业主提出进度计划控制周期(半月度、月度、季度或者半年),定期依据最新编制的进度计划到现场进行航飞摄影或现场比对,记录现场实际进度情况(进度提前、进度一致或进度滞后),在基准 BIM 模型中用不同颜色对相应部位进行区分,同时对各部分构件其进行工程量统计,以此为依据编制进度管理报告。

④ 基于 BIM 的设备安装空间分析。

根据施工模型,模拟大型机械和设备在建筑内部(尤其是地下室)结构中行经的路线或投料口下放方案,模拟搬运和运输过程中可能遇到的障碍、碰撞或净高不足情况,提前发现问题,辅助修改大型设备进场施工方案。

⑤ 基于 BIM 的施工工程量统计。

由业主提出投资控制周期(半月度、月度、季度或者半年),定期根据最新的 BIM 模型(录入过程变更和签证信息),对各部分构件进行工程量统计,以此为依据编制工程量统计报告。

⑥ 净高分析。

组织 BIM 咨询单位通过对各楼栋的过道、机房、车库等管线设备密集区域或有净高控制要求区域进行净高分析,提前发现设计不满足要求位置并召开净高分析会,提出优化建议,会议结果形成净高分析报告,实现净高优化,并为现场提升净高 100~500mm。

4)现场协调与管理。

在施工过程中,BIM 管理部门应做好现场的协调与管理工作:

① 协调会议机制。

在项目 BIM 实施过程中,组织 BIM 咨询单位以每两周召开一次 BIM 工作协调会,就现阶段各参建方 BIM 相关工作的进展及所遇到的问题进行交流,并做好会议记录。

组织 BIM 咨询单位应以 BIM 工作周报/月报的形式发送业主单位,详细介绍当前 BIM 工作进展、下一步工作计划及需要协调的问题。

② 现场指导协调机制。

针对不易解决或与现场关联性较大的 BIM 问题,须组织 BIM 咨询单位可采用现场指导/协调方式。主要内容包括:协调管理施工模型创建与应用、协调指导现场 BIM 技术应用、解答指导 BIM 现场实施问题等。

③模型管理机制。

BIM工作开展前,组织BIM咨询单位将对模型命名、模型拆分、模型图形、模型单位坐标设置、模型信息和项目文档等管理标准进行明确。在BIM实施过程中,依据管理标准和技术标准,对各参建方的BIM工作进行抽检与验收,并对抽检与验收情况及问题进行记录、跟踪与管理。

5) BIM深化问题台账制度。

组织BIM咨询单位建立BIM深化问题台账管理制度。由BIM建模及深化过程中发现的问题经设计确认需要变更部分,通过前期BIM模型创建及深化,截至目前发现问题并发布问题报告共计1280条,提前发现设计失误,减少施工中变更,大幅减少返工损失,提升工程质量。

6) BIM深化与现场一致性检查。

制定项目BIM深化与现场一致性检查流程,跟踪施工进度,在相关施工工序完成后组织BIM工作小组对施工现场进行检查,复核现场施工与BIM深化成果是否一致,督促施工单位按照BIM深化成果进行施工,形成闭环流程,确保BIM成果落地。

7) 月度考核制度。

依据工务署BIM实施履约评价细则,结合本项目BIM考核标准,组织BIM顾问于每季度对各标段BIM工作情况进行考核评分,通过考核直观反映各总包单位工作进度、质量以及BIM应用点实施情况,并根据最终考核排名,相应进行通报批评及表扬。

8) 变更管理。

随着项目的不断推进及前期设计问题的积极反馈,过程中产生了许多图纸变更,项目建立设计变更BIM跟踪管理台账制度。BIM团队可以利用全过程工程咨询单位编制的变更跟踪台账,及时地了解各项变更的进展情况,在收到变更之后立即将变更同步在模型中进行修改,并建立一个新的模型版本,在模型内将变更到的部位进行标识,直观地反映出变更的部位及内容。每一个变更的修改也要求各BIM实施单位同步记录在台账里,方便查询,使整个模型的建模过程做到及时、准确、可追溯。

另外,利用BIM技术发现的图纸问题,也要求各BIM实施单位积极跟踪,建立台账制度,直到BIM问题通过设计变更解决为止。

(4) 竣工阶段

根据设计院蓝图搭建的施工阶段模型,以及后续设计变更进行相应调整,搭建项目竣工模型,有利于运营单位进场后对楼内相关设施的快速熟悉,为建筑运维阶段提供便利。

将设备相关信息、参数,以及施工过程中相关工程资料文档录入至竣工模型中,方便设备的相关维护,有利于运营单位进场后对施工过程中的相关施工情况的快速掌握,为后期项目运营提供有力且便捷保障。检查确保模型与竣工图保持一致,对于不合格的模型和应用，明确不合格的情况、出具整改意见和整改时间，监督各方整改直至符合要求。负责整合 BIM 基础模型及竣工模型为最终竣工 BIM 模型，以满足交付及运营基本要求。

（5）BIM 平台管理

负责项目 BIM 管理平台的管理，实现项目各参与方的协同。针对上述工作内容进行实施阶段进行划分，各阶段 BIM 管理工作内容如下：

1）前期准备阶段：

① 组建 BIM 管理团队。

② 编制项目 BIM 管理规划。

③ 审核项目 BIM 实施大纲、BIM 实施标准和规划（包括软硬件及平台）、BIM 实施总体计划。

2）施工阶段：

① 审核 BIM 咨询方提交的施工阶段 BIM 模型及各项应用成果（包括总包、各专业分包单位提交的整合模型成果及信息汇总）并给予技术支持。

② 审核 BIM 咨询方提交的深化模型及 BIM 应用成果。

③ 审核施工阶段各专项 BIM 成果（包括各专业重点部位的专项模拟及应用成果）。

④ BIM 协同平台的维护及管理。

⑤ 参与项目 BIM 沟通协调及相关例会。

⑥ 审核 BIM 咨询方提交的施工阶段的 BIM 可视化汇报材料，参与项目 BIM 汇报及奖项的申报工作。

⑦ 审核 BIM 咨询方提交的施工阶段 BIM 成果及工作总结。

3）竣工验收阶段：

① 审核由 BIM 咨询方整合完成的竣工模型及竣工应用成果（包含 BIM 模型、成果资料、应用构件资源库及相关报告等）。

② 审查由 BIM 咨询方提交的《BIM 辅助验收报告》。

③ 审核《项目 BIM 实施最终成果报告》，并参与对工务署的汇报工作。

（6）BIM 实施重难点及应对措施

1）本项目是深圳市重点建设工程，包含有多种类型的功能性建筑，公众关注度高，具有较大社会影响力和示范作用，因此对进度、成本、质量、安全等都有非常高的要求。

本项目在设计阶段采用传统二维技术完成设计工作。由于二维设计技术的局限性，设计中存在大量表达不清、表达错误、设计深度不够、设计冲突等问题。另外，由于项目复杂，图纸版次相对比较多，对建模和模型更新都带来巨大挑战。

应对措施：

在施工准备阶段，由施工总包单位根据设计图纸建立 BIM 模型，通过 BIM 模型深化、管线综合深化等优化设计，减少设计错误，在施工前尽可能地解决问题，减少建设过程当中的返工；利用 BIM 技术模拟和优化施工组织、进度安排等；利用 BIM 平台实现可视、动态和精确的进度管理，支持施工管理人员进度管控工作。

2）本项目由四个总包（包含不同标段）完成施工，涉及的专业、单位非常多，且各个总包单位在不同时间进场，同时由于各单位、各专业间的协调和沟通难度大，以上因素都会影响本项目 BIM 实施的效果，是 BIM 管理控制的难点。

应对措施：

利用 BIM 模型三维直观可视的特点，建立方案模拟视频、三维模型视点等可视化成果，帮助设计师、建设方、施工管理人员与劳务班组在技术沟通的过程中，更准确地理解设计意图和施工细节，减少因沟通偏差导致的施工问题，可有效降低沟通成本。同时，在本项目中使用 BIM 协同管理平台，也可有效提高各个单位协调配合及沟通管理的效率。

同时，在项目开始前制定项目《BIM 实施导则》，明确组织架构及各参与方职责要求、BIM 实施流程、BIM 应用内容、进度和质量控制规定、工作协同规定、软硬件配置标准、BIM 技术标准（模型精度标准、命名规则、单位坐标设置、模型拆分合并、视图创建规则、色彩标准、模型信息要求）、成果交付规定、考核评价方法等，确保项目各参与方按照统一的标准和方法应用 BIM 技术，交付 BIM 成果，实现预期目标。

在工作程序上，制定出创建模型、评审模型、模型出图、BIM 图纸审核的工作流程与责任机制，通过工作程序和机制规范各方工作行为。

在协作方式上，通过充分使用项目上的工务署平台，利用该平台提供的设计图纸、模型文档管理、文档审核功能，进行成果提交、成果评审、问题跟踪、任务安排、任务跟踪，使得各项工作按计划有序进行。

3）本项目为学校工程项目，在保证工程质量的前提下，对项目进度要求很高，工期紧，任务重。

应对措施：

利用 BIM 5D 进度施工模型进行可视化的模拟施工（Navisworks、斯维尔 BIM 管理平台），对施工的组织和安排、材料的供应关系以及资金供应等提前进行沟通和协调，根据工期要求，合理分析项目进度计划的准确性和优化进度。通过动态模拟让项目管理人员在施工之前提前预测项目建造过程中每个关键节点的施工现场布置、大型机械及技术措施布置方案，减低因施工现场问题导致的施工进度迟、施工现场协调困难等问题，提前发现问题并进行优化。

1）本项目建筑部分采用装配式施工，而装配式施工中预制构件从设计、生产、存储、运输、安装可能会产生各种技术质量问题。

应对措施：

通过对混凝土预制装配模型的深化设计，将工程进度、工程造价等信息进行整合，形成 BIM 模型，实现混凝土预制构件在设计、采购、加工、安装等业务上的信息共享和可视化管控。其中深化设计模型包含各种构配件信息、结构信息、材料信息等内容。

另外借助条形码、二维码或射频芯片等方式，使用移动端（手机、平板电脑）进行预制构件生产和运输过程的动态管理，实时查询构件的加工运输情况，进行动态管理。

2）本项目 BIM 应用的模型成果，应考虑能延伸到运维阶段，支持未来运维管理平台和工作需要。

应对措施：

在前期准备阶段，与建设、设计、施工单位等进行深入沟通，了解各参与方工作和模型成果使用需求，制定项目《BIM 实施导则》，明确后期运维相关标准和交付要求，并在实施过程中进行有效管控。

与学校负责运维的部门进行专项沟通，深入理解其运维需求，共同制定出运维工作所需的 BIM 工作要求，提前考虑相关要求。

3）本项目的场地空间小，项目现场可有效利用的场地不多，且施工单位众多，场地布置规划困难。

应对措施：

可利用 BIM 技术建立施工现场场地模型，对施工场地布置、施工现场塔式起重机运动、材料堆放转场、场地周转利用、现场运输交通、临时围挡对周边环境影响、安全文明施工管理等进行模拟，提前发现问题，优化方案，对施工总平面规划合理性进行验证。

4）本项目涉及较多高大空间，存在较多高大支模工程，其施工安全的管控是本项目的难点之一。

应对措施：

可利用 BIM 模型，对高支模区域进行模板支架设计，研究方案的可行性，预处理施工总可能出现的问题。

其次，可利用项目管理平台，打印出危险源二维码，张贴在项目现场，对高支模区域的危险源进行常态化的管控，每天安排安全员利用手机 App 扫码巡检，并将检查结果输入平台，对施工安全进行管控。

总体而言，本项目体量大，功能复杂，BIM 应用点较多，典型性强，全面、系统性地深入应用 BIM 技术，可以有效提升项目单位的项目管理能力和管理水平，达到提升项目质量，保障项目进度，有效控制项目造价的目的。而且在目前国家 BIM 技术应用与推广大环境下，该项目综合应用 BIM 技术，对项目本身以及建设单位、总包单位都具有非常大的宣传价值。

6.12.4 经验总结

项目秉承 BIM 先行，持续推进总承包 BIM 应用，成长 BIM 团队，加大创新新型 BIM 信息技术与施工管理结合，落实工务署"2020 先进建造体系"，重点探索 BIM 在施工阶段的落地以及如何做到更好的指导施工，为项目建设提供新技术支持，让 BIM 服务生产建设。

目前国内从国家、行业到企业，BIM 理论体系已经很成熟，关键在如何去重视 BIM，推广普及 BIM，实施落实 BIM。深圳市 BIM 应用国内领先，尤其政府投资工程、工务署建设项目等，对 BIM 应用尤为重视，由工务署编制的相关全过程 BIM 标准体系（设计施工交付标准等）、BIM 第三方检查等相关制度体系完善，强化施工阶段 BIM 落地，目前整套体系在项目实施较好，但缺少运维阶段考虑和物业运营参与。

本项目整套 BIM 体系比较完善，涵盖了管理标准体系、技术标准体系和项目实施导则，贯穿 BIM 全生命周期 BIM 应用，突出了全过程整体把控，运维平台 BIM 实施。

深圳技术大学建设项目中 BIM 的应用实施，在一定的程度上提高了现场施工效率，有效地避免了因设计图纸问题和施工交底时施工工艺不明确，以及施工方案比选时的不直观，减少了项目设计中的错漏碰缺，提升了项目施工质量。对于管理者来说，更需要有超前的需求预知及技术和过程中的把控能力，以及如何去认识 BIM 这个工具并完成对应的成果最终转化为能够有效指导施工传递到项目一线施工人员中去。在后期阶段过程中，管理者还应在施工前对设计和施工工序及施工工艺做好相应分析、管控，使其能够在下阶段工程完成交付中发挥积极作用，避免可能会出现的各类施工问题，并在传统施工技术及流程的基础上，结合 BIM 技术去管理和应用，才能最大化地实现 BIM 的价值。

6.13 结算管理

施工工程经工程竣工验收合格以后就进入了工程结算阶段。工程结算是指施工企业按照承包合同和已完工程量向建设单位办理工程价清算的经济文件，是建设单位进行建设项目实际工程造价的确认，同时，结算也是建设单位进行工程款支付的重要依据，是管理方进行投资控制的最后一个环节。

本项目采用全过程工程咨询模式，全过程工程咨询单位提供全过程项目管理服务与招标代理服务、工程监理、实验室工艺等专业咨询，不提供勘察、设计咨询、造价咨询等专业咨询服务，由建设单位另行委托。全过程工程咨询单位根据服务内容，设立造价合约部，由造价合约部负责项目投资控制。本项目采用招标图＋变更＋签证＋索赔的结算管理思路，使得结算工作更加方便快捷，与此同时，也对全咨项目管理团队在施工过程中的变更、签证及索赔管理提出了比较高的要求，也成为结算管理的一大难点。

6.13.1 管理目标

科学合理地控制竣工阶段工程造价对于投资控制起着至关重要的作用，全咨项目管理团队在工程结算管理过程中，应以投资可控为大目标，通过践行"四个确保"结算管理目标，把好投资控制的最后一道关卡。

（1）确保工程造价控制在概算批复以内，保证最终结算总价不超概算。

（2）确保最终结算价不超合同价。

（3）确保投资者的经济效益获得更好的保障。

（4）确保各参建单位结算可在合同约定时间内完成，使得结算工作可以保质保量完成。

6.13.2 工作内容

咨询单位承担项目实施的全面管理、组织及监督职能，对各项验收质量负责，对签认的各类签证索赔的原始事实、施工方案等计价原始资料的真实性负责，同时负责结算全面初审工作，负责协助建设单位及审计单位的结算审核工作。具体工作内容如下：

（1）负责工程结算的审核并配合报审计局审定；负责对项目工程造价进行经济指标分析，负责提交结算审核事项表；参与结算资料整理归档；配合财务办理竣工决算；负责审核结算款、保修款，协助办理审批手续。

（2）负责协调和造价咨询单位有关结算问题的分歧；负责对监理和造价咨询单位的结算工作的管理，并在造价咨询单位的结算审核报告上签署意见；负责结算报告的审批手续和报送审计部门；负责跟踪审计进度，及时反馈审计意见；负责审计报告征求意见稿的审批手续和审计报告的整理归档；负责在工程项目所有结算完成后书面通知业主财务处办理项目决算，按业主财务部门要求准备相关决算资料并配合决算审计。

（3）负责监理及造价咨询单位的工程结算管理，送审、跟踪审计进度，反馈审计意见、归档审计报告，配合决算审计。

6.13.3 管理要点

全过程工程咨询团队应做好结算管控，对于满足结算条件的合同，及时开展结算工作。工程合同总的可以分为三类，主要有施工类合同、货物类合同、服务类合同。不同类型的合同拥有不同的结算方式，结算的条件也有相应的区别。

（1）施工类：工程验收合格，取得验收合格证明文件；具备完整有效的工程结算资料,包括:施工图、竣工图、图纸会审记录、设计变更、现场签证以及工程验收资料等。

(2)货物类:货物验收合格,取得由监理、项目组签认的到货凭证。

(3)服务类:合同履行完成,按约定已提交成果文件;完成合同阶段及最终履约评价。

结算过程中,严格把关,制定完善的结算管理体系,规范结算制度,明确任务分工,依据国家有关规范、招标文件及合同相关条款开展结算审核工作,确保结算工作制度化、规范化、科学化。

本项目全过程工程咨询团队在结算管理时根据《深圳市住宅工程管理站结算指引》制定了适合于本项目的结算工作流程,规范和健全了结算管理制度,同时,也为加快结算工作的推进奠定了坚实的基础,具体工作流程如下:

(1)召开结算会议

在施工工程经工程竣工验收合格后组织各承包单位召开工程结算启动会议,会议中对结算工作的重要性、结算的审核原则、工程结算资料提交要求、结算资料提交时间要求、监理单位审核时间、造价咨询单位审核时间作出相应的要求及强调,并要求承包单位提交结算工作安排表,确保结算资料提交的及时性,以及加强承包单位对结算工作的重视程度。

(2)明确任务分工

1)承包单位

在竣工验收后,按照《合同结算评审提交资料表》及规定时限内申报完整的结算资料,注意工期延期,变更完整性说明,界面划分,详见表6-3。

合同结算评审提交资料表　　　　　　　　　表6-3

资料分类	资料名称	资料分类	备注
合同结算评审申请	合同结算评审申请书(须附承接单位承诺书或单方结算资料)	必备资料	格式由我中心提供
项目立项资料	市发改部门概算批复文件或市政府有关文件	必备材料	
招标投标资料	1.招标文件(含招标控制价计价文件纸质版及电子版、招标答疑补疑文件、甲供材料清单及采购方式说明)及标底公示表; 2.中标通知书; 3.中标单位投标文件(含商务标及计价文件电子版)	必备材料	招标工程须提供
预算造价文件	经审批的预算书(纸质版及电子版)	必备材料	非招标工程须提供
合同资料	合同、补充合同或协议书(若有)	必备材料	须确保完整提供

续表

资料分类	资料名称	资料分类	备注
开竣工证明资料	开工报告或开工令； 竣工验收报告； 如合同延期，须提供符合合同约定的延期审批资料； 服务类合同须提交合同内容完结证明文件	必备材料	根据合同类型提供
竣工结算造价成果文件	1. 结算造价成果文件（纸质版及电子版），纸质版封面签章须完整、有效，包括建设单位、造价咨询公司公章及执业印章及注册造价工程师执业印章（若有委托造价咨询）； 2. 提供的结算造价文件纸质版与电子版内容一致	必备材料	无统一格式，由申请人据实提供
工程量计算书	完整的工程量计算书（纸质版及电子版），包括三维工程量计算模型或工程说明、计算式	必备材料	无统一格式，由申请人据实提供；工程量计算书与结算造价成果文件工程量一致
图纸资料	完整的施工图纸、图纸会审答疑记录及竣工图纸（纸质版及电子版）	必备材料	提供的纸质版图纸与电子版内容一致；提供的图纸资料符合出图规范要求
工程变更及签证资料	1. 经审批的设计变更、签证资料； 2. 送审变更及签证资料的完整性说明	补充资料	涉及相关事项时须提供
材料及设备的定价依据	1. 专业工程暂估价部分的定价资料； 2. 新增材料、设备的询价记录或定价资料； 3. 按《深圳市建设工程材料设备询价采购办法》进行询价采购的材料设备，需提供询价采购的结果证明资料	补充材料	涉及相关事项时须提供
施工方案	经批准的施工方案及专项施工方案	补充材料	涉及相关事项时须提供
工料机调差资料	工、料、机调差计算文件（含电子版）及相关依据文件	补充材料	涉及相关事项时须提供
合同奖罚资料	结算涉及的奖、罚金计取依据及证明文件	补充材料	涉及相关事项时须提供
土方、基坑支护及桩基工程施工资料	1. 土方工程须提供土方方格网图，如有测绘须提供相关资料； 2. 基坑支护工程、桩基工程须提供施工记录等相关资料； 3. 工程地质勘察报告	补充材料	涉及相关事项时须提供
其他资料	送审单位根据实际情况提供的其他资料	补充材料	涉及相关事项时须提供

2）设计单位

配合施工单位出具竣工图纸，并对于出具变更进行确认。

3）监理单位

督促施工单位报送结算资料；负责现场完成工程量与结算内容的核对；在规定的时间内对结算资料（含竣工图）、造价进行全面审查，出具审查意见。

4）造价咨询单位

审核结算计价文件中的计价依据，对计价依据的合理性、完整性负责；审核项目各合同结算，出具结算审核成果；结算审核质量要求按照造价咨询合同执行；配合业主完成所有合同的结算评审工作。

5）全咨项目管理团队

制订项目结算计划，配合业主协调结算争议事项；配合业主完成结算送审工作。

6）业主

负责项目结算的总体安排，办理工程结算的送审、跟进结算评审进度，及时向项目组反馈结算评审过程中的存在问题，组织项目组对结算评审报告征求意见进行回复协调问题。

（3）严格控制结算进度

承包单位编制结算，监理单位、项目组、造价咨询单位审核结算资料及审核造价的时间可参考表6-4进行，遇特殊、大型、复杂工程可适当延长结算时限，每个合同的审批环节计划时间需借鉴表中程序进行编制，最终以全过程工程咨询团队与项目组书面确认的时间进行进度管控。

结算进度控制表 表6-4

序号	结算申报金额	承包单位编制结算文件时限	监理单位审核结算资料时限	监理单位审核结算意见时限	项目组审核结算资料时限	造价咨询单位审核结算时限
1	500万元以下	竣工验收合格或结算通知之日起30d以内	从接到竣工结算报告和完整的竣工结算资料之日起3d以内	从接到合格的竣工结算资料之日起20d以内	从接到经监理单位审查合格的竣工结算资料之日起3d以内	从接到造价咨询任务书之日起20d以内
2	500万～5000万元	竣工验收合格或结算通知之日起30d以内	从接到竣工结算报告和完整的竣工结算资料之日起5d以内	从接到合格的竣工结算资料之日起45d以内	从接到经监理单位审查合格的竣工结算资料之日起5d以内	从接到造价咨询任务书之日起45d以内
3	5000万元以上	竣工验收合格或结算通知之日起30d以内	从接到竣工结算报告和完整的竣工结算资料之日起7d以内	从接到合格的竣工结算资料之日起60d以内	从接到经监理单位审查合格的竣工结算资料之日起7d以内	从接到造价咨询任务书之日起60d以内

（4）实行结算动态管理

在工程结算启动时，全过程工程咨询团队需根据合同类型进行科学合理的编制结算计划，制定执行清单，按照每周为一个滚动周期进行动态跟进管理，并配备结算管理人员，全程跟进结算事项，对施工单位结算资料的准备进展情况，结算资料提交时限要求，监理单位及造价咨询单位审核时限要求严格按照管理制度执行。同时，结算管理制度不是刚性的，不是不可改变的，应根据实际情况进行适当的调整，将不可预见的变化考虑进去，以保证结算目标的实现。

（5）提高审核人员专业素质

竣工结算中的审核工作直接决定建设单位的投资盈利情况，因此提高结算审核人员的专业素质也就成为影响投资的关键因素，同时，结算审核人员也应具备良好的职业道德素养，本着公平、公正、客观的原则对结算造价进行审核，杜绝审核人员与施工单位私下交易的行为发生。审核人员应熟悉国家法律法规、工程量计算规则、清单计价规范、招标文件、合同相关条款等，尤其需注意地方标准是否与国家或其他地区一致，避免审核时出现数量、计算错误。审核过程中应注意以下问题：

1）合同的模式。

① 固定总价合同，如本项目室内环境检测工程，这类合同为总价包干，除非设计变更及合同另有约定外，一律不予调整，结算价＝合同价＋变更＋签证。

② 固定单价合同，双方在合同中约定了综合单价和风险范围、风险费用的计算方法，在约定的风险范围内综合单价不再调整，工程量按实结算。但如果结算工程量超过了合同清单内工程量的一定幅度，则原合同综合单价另需确定。

2）工程量计算不准确。工程量的计算在审核结算工作中，是最繁琐耗时的，也是结算最主要的依据，是一切费用计算的基础，它直接影响着结算的准确性，所以是审查的重点。因造价人员业务能力及自身的原因，对定额理解不同，计算结果也因人而异，造成工程量错算、漏算、重复计算，使最终工程价款的结算及结算审核的结果不准确。因此，审核人员应熟练掌握工程量计算规则，避免出现多算、重算或漏算的地方。对于采用工程量清单报审的工程，必须既要熟悉计价规范的计算规则，还要熟悉计价表中的计算规则，这样才能确保不多算、不少算。对于工艺复杂的安装分部分项工程的特征要深入现场了解情况，进行现场的勘察和测量，提高感性认识，不能进行"想当然"或"生搬硬套"的利用工程造价软件进行审核，降低审核质量。

3）审核工程量时计量单位必须一致，是否与预算定额中的计量单位相一致，只有一致才能套用预算定额中的预算单价。例如：安装工程预算定额中的计量单位，有用"台""组""10m""100m"等。这些都应该注意分清，以免由于计量单位搞错而影响工程量的准确性。如接地母线，清单中的工程量单位是"m"，而计价表中单位是"10m"，如果不注意直接会按照"10m"套价，这样就会多出10倍的造价。

4）套用定额存在的问题。建设工程定额可分为全国统一定额、行业统一定额、地区统一定额、企业定额、补充定额，各种定额适用于不同的范围，不同的用途，不同的时期不能随意套用。各种定额中的人工、材料、机械费都有差异，注意审查工程结算选用的定额子目与该工程各分部分项工程特征是否一致，代换是否合理，有无高套、错套、重套的现象。对于一个工程项目应该套用哪一个子目，有时可能产生很大争议，特别是对一些模棱两可的子目单价，施工单位常用的办法是就高不就低地选套子目单价。在工程结算中，同类工程量套入基价高或基价低的定额子目的现象时有发生，审核时，一要注意看定额子目所包含的工作内容；二要注意看各章节定额的编制说明，熟悉定额中同类工程的子目套用的界限。

5) 取费标准是否符合定额及当地主管部门下达的文件规定，各种计算方法和标准都要进行认真审查，防止多支多付。应注意以下 7 个方面：

① 费用定额与采用的预算定额相配套。

② 取费标准的取定与地区分类及工程类别是否相符。

③ 取费基数是否正确。

④ 按规定有些签证应放在独立费中的费用，是否放在了定额直接费中取费计算。

⑤ 有否不该收取的费率照收。

⑥ 其他费用的计列是否有漏项。

⑦ 结算中是否正确地按国家或地方有关调整文件规定收费。

6) 甲供材料结算问题。造价人员应认真审核发货、收货信息和记录，以及审核材料是否出现超领情况，对于存在超领的应按招标文件要求在施工总承包合同或装饰装修合同结算时扣除超领用费用。

7) 合同中涉及罚款的扣减。如工期节点要求罚款、施工单位项目经理、项目技术负责人、安装专业负责人更换以及质量安全文明违约罚款等。监理单位应收集整理施工阶段对施工单位出具的相关罚款单，在结算审核过程中予以扣减。

8) 结算价款中有关变更及签证措施费的扣除，造价人员应熟悉招标文件及合同价款的组成中有关措施费用的条款，如果招标文件及合同中有条款约定，投标单位中标后措施费包干，则在施工过程中出现的变更及签证等所涉及的措施项目，其费用一律不得调整，此部分费用在结算时予以扣除，避免出现错误。

6.13.4 经验总结

全过程工程咨询模式下的结算管理，具有全过程性、动态性，且建立了以"招标图＋变更＋签证＋索赔"的结算原则，使得结算管理工作进行前置，因此，在一定程度上，对结算的管理也就是对施工过程中变更、签证及索赔的管理，施工过程中变更、签证及索赔管理到位，为结算管理打下了良好的基础。除此以外，要求管理人员不断地提高工作力，提高自己的综合素质，公平公正，客观全面，确保结算造价的合理性、可控性。

6.14 风险管理

深圳技术大学建设项目（一期）建设规模大，建设周期长，风险源较多，包括自然风险、社会风险、技术风险和管理风险等诸多方面。而每一类风险源包括的风险因素有很多，如何做好各项风险因素的管控，关系到本项目建设目标的最终实现。项目管理团队进场后须根据本项目的实际特点，对本项目的风险管理进行统一策划，高品质、高品位、高效能打造政府精品工程。

6.14.1 管理目标

（1）坚持"零伤害"的安全愿景和"消除质量通病"的质量愿景。实现"零死亡"的安全目标和"杜绝结构隐患，结构和功能缺陷"的质量目标。

（2）及时发现风险，消除隐患，特别是及时发现和消除可能导致死亡和结构隐患的质量安全风险隐患。

（3）对照工务署标准，所有在建项目在任何一次的随机检查活动中，质量安全评分均达到85分以上。

（4）各施工单位、监理单位等参建各方要争创一流，承接地项目在全市质量安全文明检查评比中排名位列前20%，且在各单位系统内排名达到前10%。

6.14.2 工作内容

深圳技术大学建设项目（一期）作为省、市重点项目，要全面掌握防范化解风险的策略和方法，必须始终保持高度警惕，既要高度警惕"黑天鹅"事件，也要防范"灰犀牛"事件；既要有防范风险的先手，也要有应对和化解风险挑战的高招；既要打好防范和抵御风险的有准备之战，也要打好化险为夷、转危为机的战略主动战。项目管理部进场后，根据风险管控程序建立有效的风险管理机制，做到"前规划、中管控、后总结"三层管理，保证风险管控力度及效果。

（1）确定本项目的风险管理总体思路，即以降低项目总体风险、确保工程平稳推进为目标，通过科学合理的风险分析和评估技术，进行实时风险监控与管理，构建风险管理标准体系。根据差异化管理原则，利用先进的信息化手段，实现项目风险评估与管理的标准化、差异化和信息化。

（2）采用多种先进风险管理工具（如风险评估及管理信息系统、基于BIM技术的风险评估及管理软件）进行项目的风险管理。

（3）按片区或标段识别本项目的所有风险因素，建立初始风险清单，且清单中要初步判定各风险因素的发生概率、相应后果及风险等级（1～5级）。

（4）与建设单位等共同确定本项目需重点管控的风险因素，如社会稳定风险、进度风险、新技术风险等,并对这些重点风险因素分别制定针对性的应对策略。

1)社会稳定风险:深圳技术大学建设项目(一期)是深圳市"十三五"期间重点打造的一所本科及以上层次的高水平应用技术大学,项目社会关注度高,项目管理团队进场后,根据项目的实际情况及建设单位需求,对可能影响社会稳定的风险因素开展系统的调查(如:本项目目前已完成征地拆迁并正在进行场地平整,社会稳定风险将主要集中在施工阶段,包括但不限于可能出现的施工噪声扰民、对周边环境及交通的影响、拖欠工人工资等),科学的预测、分析和评估,制定风险应对策略和预案,有效规避、预防、控制项目建设过程中可能产生的社会稳定风险。"安全重于泰山,稳定压倒一切",在本项目实施过程中,杜绝群体性事件及重大突发性事件,坚决维护好与周边居民或企业的关系,协调好不同专业单位之间的关系,共同合作维护好项目实施过程中的社会稳定,确保本项目的顺利实施。

2)进度风险:高校类项目的进度控制要求较一般项目更为严格,因此项目管理团队进场后,在建设时序策划及总进度计划编制的基础上,全面分析本项目各个片区及标段的进度风险因素,包括前期报批报建进度风险因素、设计进度风险因素、招标采购进度风险因素、施工进度风险因素、验收及移交进度风险因素等,并对每一项进度风险因素制定针对性的应对措施,并通过挣值法、BIM进度模拟等技术对施工进度进行全方位管控,确保本项目能如期竣工和交付使用。

3)新技术风险:本项目涉及绿色建筑、工业化建筑、海绵城市、地下综合管廊、"空中大学"等诸多新技术,技术性风险较一般项目大。因此,我们将在分析本项目建设时序的基础上,依托我们的专家资源,全面梳理项目建设过程中可能存在于项目群内部及项目群与外部之间的技术性风险,并在设计阶段即组织有关单位进行协调,化风险于前期,以减少不必要的投入。另外,我们还将建议建设单位借助课题研究及先进的信息化手段,增加风险的预先把控程度。

(5)做好建设过程中的风险动态控制。包括风险跟踪、检查、反馈和应对(转移、消除、接收等)。有关参建单位进场后,我们将向他们进行必要的风险交底,并组织和督促相关单位按要求做好建设过程的风险动态管控,及时汇报各片区或标段的风险管理情况,确保有关风险管理的信息及时、通畅。

(6)与建设单位共同商定本项目的工程保险方案。

6.14.3 管理要点

风险防控工作必须加强预判,抓早抓小,标本兼治,全面掌握防范化解风险的策略和方法。

(1)加强组织领导和机制建设,为防范化解风险提供组织和制度保障

1)完善风险防控责任机制。明确工程参建各方质量安全主体责任,细化、量化考

核目标，加强动态管理。

2）建立风险分析研判机制。分析研判风险原因，评估风险大小，采取针对措施防范化解风险，做到风险防范化解与工作同步布置、检查落实。

3）完善决策风险评估机制。对勘察设计方案、招标方案、施工方案、设计变更等决策事项中涉及的质量安全风险进行评估，加强风险管控。

4）建立风险防控协同机制。由总包单位牵头成立风险管理委员会，加强现场各参建方的施工组织协调，制定施工现场风险防控总体方案，加强防控工作全过程管理。

5）制定风险防控管理办法。明确各参建单位各级风险防控责任、风险防控机制监督和奖惩措施，规范风险防控工作，提高风险防范化解能力。

（2）突出重点，持续全面降低质量安全风险

1）推广风险管理理念和方法，强化风险管控。落实风险辨识评估、风险防范方案编制与审核、技术交底与培训、方案落实与监督等各项措施。

2）加强对容易引起群死群伤风险的辨识和管控。总包单位要会同分包单位全面落实重大风险的防控措施，施工单位要合理组织技术人员和技术工人，开展风险防范方案专题培训，着力解决交底流于形式走过场的问题，加强组织管理，确保各项措施落实到位。

3）强化安全文明施工标准落实，全面管控风险。各施工单位要全面对标标杆项目，抓好安全文明施工标准化的落实，推行施工现场 6S 和可视化管理，重点强化高频多发事故，以标准化手段推动全面风险管控。

4）以清单化管理推动自然灾害和季节性安全防范措施的落实。针对台风、暴雨、雷电等自然灾害性天气和季节性施工的特点，要分类分级制定日常预防措施清单，加强应急准备，加强应急物资储备，加强应急演练，增强预案的可操作性，将应急预案落到实处。

（3）加强监督检查的闭环管理，增强风险管理检查的效能

1）强化施工单位的风险管控自查。施工单位要建立完善风险隐患的定期和不定期排查机制，提高风险管理能力，着力解决风险隐患不能及时全面发现，安全文明施工标准落实不到位的问题。

2）强化对重大分部分项工程和安全标准化执行的旁站监理。监理单位要严格落实签字负责制度，旁站监理情况纳入第三方检查和甲方抽查，着力解决监理单位"旁而不站"、签字审核流于形式的问题。

3）强化第三方巡查评估，增强对施工及监理单位的影响力。第三方单位要提高巡查活动的随机性和专业性，全面深入开展第三方巡查，及时公布检查结果，强化季度检查结果的数据分析和评估，全面有针对性地提出专业、系统的改进措施和管理建议。

4）专家抽查和专项检查，强化对参建各方风险管控的约束。由建设单位领导组织专家进行抽查，检查施工单位、监理单位风险防控措施和安全文明标准的落实情况以及第三方巡查机构巡检服务的规范性和实效性。

（4）强化宣传培训活动，增强风险意识，提升风险管理能力，提高防范化解风险的水平

1）各工程参建单位要开展多种形式的风险教育活动，强化管理人员和员工的风险管理意识，丰富风险管理知识。充分认识风险的全面性、全过程性及关联性，处理好防范风险和执行标准之间的关系，要坚持风险防范为导向的执行标准，而不是生搬硬套地执行标准。

2）建立岗位风险分析和培训制度。各施工单位要全面分析评估各岗位质量安全风险，全面查找岗位风险，分析原因，找准各岗位风险防范措施，并明确措施落实责任人。

3）加强风险防控经验交流和风险警示。各参建单位通过微信群、会议、现场观摩、约谈等形式，及时分享风险辨识与管控、人员培训、标准化建设、科技创新等风险治理经验，对风险辨识不全不及时、管控措施不足不到位等情况，及时提出警示。

4）加强重大风险治理专题研讨和培训。各施工单位、监理单位按照各自职责针对现场的特点，开展对危险性较大分部分项工程所存在风险的预防、预警、应急等进行专题研讨和培训，提高专业能力。

（5）加强质量安全技术力量投入，不断提高科技和信息化水平，为风险防范提供技术支撑

1）建立健全安全质量专家队伍制度，加强技术支持。建立市安全质量专家库，制定安全质量专家库管理办法，从各优秀企业和社会机构甄选安全质量专家，组织专家开展研究、检查、咨询，加强技术支持。

2）突出科技强安，强化信息化技术应用。适应引导风险防控工作的需求，加强风险防控信息化工作，提高风险防控的数字化、智能化、信息化水平。

3）推广先进的安全施工设施设备，提高现场施工本质安全。针对薄弱环节和短板，重点推广使用安全梯和安全操作平台、塔式起重机三维立体防碰撞系统、安全用电检测设备、整体提升式附着升降脚手架、更新新型泥头车等简便实用管用的安全新技术和新设备，增强施工的本质化安全，降低施工安全风险。

（6）完善履约评价和督导工作，增强防范化解风险的约束力

1）修改完善履约评价管理办法，建立动态履约评价机制。把施工单位管理、风险自查自改、项目组评价、监理单位旁站监理、第三方巡查评估、工务署抽查、专项检查和约谈，以及行业主管部门的检查、不良行为记录等风险管控情况全部纳入履约评价。

2）实行多层次的督导约谈制度，落实企业主体责任。对季度质量安全排名靠后等情况，纳入履约风险预警，由建筑工务署主要负责人视情形分级约谈。

3）完善质量安全评分排名制度，挂钩企业履约风险名录。工务署每季度、每年底举行全署项目质量安全工作总结会，对质量安全排名靠后，经约谈后仍没有达到要求的企业，启动不良行为记录工作。

4）突出提高管理团队水平和员工安全文明素质，加强履约评价结果运用。完善政府工程预选承包商分类分级管理制度，推动参建单位提高防风险的基础能力。

5）建立质量安全专家抽查制度。加强检查的随机性和专业性，更加客观地开展履约评价，进一步督促参建各方全面履行合约。

6.14.4 经验总结

在深圳技术大学建设项目（一期）建设过程中，全面推广执行风险管理理念，以风险管理为导向，坚持预防预警和应急处置相结合，优先加强预防工作；坚持消除风险和控制风险相结合，优先采取消除风险措施，加强源头治理；坚持风险全面治理和重点治理相结合，优先治理高风险，减少存量风险，控制增量风险，全过程、全方位做实了风险管控工作，为实现政府工程项目高品质生产水平做持续提升。

6.15 竣工验收与移交管理

本项目为深圳市房建类项目，为确保本项目各单体的各专项验收及竣工验收顺利通过，在项目前期阶段，通过对项目整体情况分析，重点策划竣工验收及移交管理工作，保证各单体的验收完整性，满足使用要求，避免未通过验收先使用。全过程工程咨询单位对项目进行整体策划时，将竣工验收及移交工作主要分为整体策划、竣工验收、交付移交三个阶段，其中重点考虑的验收工作有监理预验收、工务署预验收和竣工验收工作。

6.15.1 管理目标

（1）竣工验收策划

根据项目竣工验收要求，制定项目专项验收策略，按照项目竣工验收策划节点目标，对竣工验收目标进行工作分解，对各部门工作任务进行分工，按照竣工验收整体流程，做好总体竣工验收计划和各专项计划，对各专项验收进行策划及进度跟踪，包括消防验收、环保验收、人防验收、节能验收、电梯验收、档案验收、监理预验收、工务署预验收等。

（2）竣工验收

以检验工程设计与施工质量为目的,为保证项目竣工验收目标,在各阶段验收完成的基础上,按照合同节点要求,按期完成项目上各单体验收,使得项目具备竣工验收条件,及时组织进行竣工验收,并在竣工验收前完成相关专项验收,早日投入运行使用。

（3）交付移交

在各单体竣工验收完成后,将具备使用条件的单体移交至使用方,使得项目进入维修运营阶段,做好竣工移交方面工作策划以及指导施工单位完成移交工作,并按照相关法规及合同约定,落实移交文件及清单,明确各责任单位保修责任和维保期限。

6.15.2 工作内容

（1）制订跟踪工作计划

在竣工验收阶段,由于学校的接收时间已固定,竣工验收的合理安排将是确保竣工验收及时完成的前提条件。同时,本项目因体量庞大,拟采用分片区、分单体进行验收,验收工作将重复且繁多。必须制订验收和移交专项跟踪工作计划,及时反馈各项工作的进展和存在问题,确保计划的工作不遗漏、不拖延。

（2）验收及移交策划方案

根据验收和移交内容及责任分解矩阵,制定验收和移交方案,明确专项验收组织、验收计划、验收条件核查、验收成果文件核查及设施移交组织、移交计划、移交程序、移交内容等,最后取得正式使用该设施所需的相应部门和监管机构的所有最终检查、报告以及认证。

（3）资料和实物移交

在本项目竣工验收前,结合使用单位意见,根据前期设计任务书、各项专项设计等技术性文件,制定项目移交条件书。在竣工验收工作中,确保各建筑单体的适用性得到满足,进而确保在达到使用单位开办使用要求的同时其功能要求的最低标准得到满足。

（4）编制项目使用维护手册

为了深圳技术大学更好地熟悉并使用校园各项设施,项目管理部将组织承包商、设备供应商、监理、设计等编制《项目使用维护手册》。使深圳技术大学运营和维护团队正确使用各类专业系统和设备,全面了解装饰、维修和使用的注意事项,确保建筑结构、设施的使用安全。

（5）指导员工培训

组织或协助深圳技术大学召开必要的研讨会,对运营及维护人员进行有关正确使用和维护项目（包含各种设备、材料和系统）的指导和培训,并将协调承包单位和主要设备供应商,在移交初期阶段对深圳技术大学运营团队进行培训和现场指导。

6.15.3 管理要点

在深圳技术大学建设项目（一期）现场施工工作完成后，项目进入收尾阶段，竣工验收是对项目前期的报建报批工作的闭合，复核工程实际施工内容，满足建设单位及设计单位前期的设计意图，同时确保施工成果满足各审批部门的法律法规要求。工程移交则是对项目所有权的移交，同时在移交过程中向校方明确各建筑、系统、设备的使用方法及功能说明，以满足校方日后正常使用及合理维护要求，主要管控的工作事项如下。

（1）监理预验收

1）明确组织人员。监理预验收作为竣工验收的前置条件之一，为保证工程竣工验收顺利进行，监理在预验收方面进行有效的策划，在人员组织方面，明确各人员职责，分别设立土建组、安全组、机电组、综合组，各组设置专业组长、相关专业监理人员等，负责开展相应专业的监理工作。

2）监理工作程序化。依据监理大纲要求，制定详细的监理规划、监理细则，以便指导项目部开展监理工作，在实施过程中，按照事前、事中、事后控制的原则，采取以预控为主的方针，通过各种控制手段以达到主动控制与被动控制相辅相成的目的。

3）全方位质量控制。严格按监理程序对施工单位的资质审查、施工组织设计（方案）审查、工程材料审核、隐蔽工程质量验收、材料见证取样复试、材料平行检测、分项工程抽检实测质量评定、巡视与旁站监理等。对相关工程质量问题的整改及复查等进行督促落实，使工程质量得到全面控制。

4）严格把好材料进场验收关。施工过程中，监理根据材料进场验收的管理要求做好对材料进场报验、实物质量验收、技术要求符合性的核查、质量证明文件的核查、材料复试见证取样、平行检测等环节的把控，严禁未经验收或验收不合格的材料进场使用。

5）跟踪质量检查问题。以发监理工作联系单、通知单、工程例会会议纪要、专题会议纪要等形式，要求施工单位进行整改，并经施工单位自检，总包单位复验后，报监理复查，合格后方可进行下道工序施工。

6）过程中沟通管理。每周组织召开工程例会、专题会议等，严把工程质量关，及时向业主提供工程相关资料报告等，认真审查总包、分包施工单位的质量、安全、进度资料，并完善监理的归档资料。监理每月组织参建各方召开月度质量总结会，对所有单位施工质量进行点评，对存在的质量通病进行分析，对存在的多次发现同类质量问题的施工单位予以警告。

7）进度控制方法。要求施工单位制订并上报切实可行的年度、季度、月度及周施工进度计划。围绕项目的进度计划节点，对施工单位上报的施工计划进行审查，并将总进度计划与阶段性进度计划进行比对，对于存在进度滞后的环节及时提醒施工单位并督促施工单位根据进度滞后情况采取相应的措施予以纠偏，同时，监理协调解决过程中制约施工进度的相关问题。

（2）工务署预验收

1）工务署预验收制度。为保证项目移交质量，工务署结合实际情况，编制了《深圳市建筑工务署项目预验收工作指引》，在项目竣工验收阶段，各项目需要成立验收小组，由工务署、建设单位、第三方评估单位、全咨单位组织各参建单位完成工务署预验收工作。

2）预验收前提条件。完成工程设计和合同约定的各项工作内容，勘察、设计、施工、监理等单位已签署质量合格文件，项目所含的分部（子分部）验收合格，水电已满足进行验收的要求，项目组、直属单位项目分管领导确认初验问题整改完成。

3）计划开展预验收阶段。全咨单位制作预验收工作计划，上报至建设单位审核通过后，报工程督导处，并提出预验收申请，成立项目预验收小组。

4）预验收申请阶段。由全咨单位填报工务署项目预验收申请表，提交工程预验收资料及清单，经现场自检检查合格后，向工程督导处提出预验收申请，工程督导处组织第三方评估单位准备对项目进行检查。

5）预验收阶段。第三方评估小组对项目进行检查，在预验收评估后，第三方评估小组出具预验收评估报告，如评估不合格，则继续进行下一次评估工作，直至工程质量合格。同时，全咨单位组织各参建单位对提出的问题进行整改，并填报项目预验收整改通知单进行回复。

6）预验收工作会议阶段。在通过第三方评估单位的检查工作后，预验收工作小组在现场检查结束后召开总结会议，提出预验收评价、整改意见及结论，填写项目预验收记录，施工单位1个月内回复现场检查问题整改情况。

7）特殊情况下的处理方式。若项目还存在部分质量问题尚未整改完成，项目组可在整改回复单中明确整改单位责任人、整改时限、整改工作计划及相应措施，经直属单位审核后报项目预验收工作小组审定，同意后报工务署工程督导处备案。

（3）工程竣工验收

1）竣工验收准备。在进行竣工验收前，由全咨单位组织施工单位做好竣工验收计划，按通知的时间，全体参加竣工验收人员在指定的地点集合，建设单位、勘察单位、设计单位、施工单位、监理单位等参建单位参加竣工验收，分别汇报工程合同履约情况和工程建设各个环节执行法律、法规和工程建设强制性标准的情况，各单位工作情况汇报应形成书面材料，由本单位项目负责人和单位有关负责人签字并加盖公章。

2）工程竣工资料审查。全咨单位组织人员审阅建设单位、勘察单位、设计单位、施工单位、监理单位的工程档案资料，对工程勘察单位、设计单位、施工单位、设备安装质量和各管理环节等方面作出全面评价，形成经验收组人员签署的工程竣工验收意见，当参与各方不能形成一致意见时，应当协商提出解决办法，待意见一致后，重新组织工程竣工验收。同时，还需要将竣工资料提前报给住房城乡建设局进行审查和通过。

3）竣工验收的组织。根据工期要求，提前10d向建设单位提交申请并进行验收，建设单位组织勘察单位、设计单位、施工单位、监理单位组成验收组，经深圳市建筑工程质量安全监督总站同意，对本项目申请的楼栋进行竣工验收，建设单位组织工程竣工验收，参加验收单位及人员都要到位，勘察单位、设计单位、施工单位、监理单位、建设单位等各单位的项目负责人参加，并保证验收单位的验收行为在质量安全监督总站监督人员的监督下进行。

4）竣工验收资料清单。包括施工合同及中标通知书、施工许可证、开工申请报告、各责任主体总结报告、各责任主体两书（法定代表人授权书及终生质量承诺书）、施工现场质量管理检查记录、分项工程质量验收记录、分部工程质量验收记录、单位工程质量竣工验收记录、单位工程质量控制资料核查记录、单位工程安全和功能检验资料核查及主要功能抽查记录、单位工程质量观感质量检查记录、竣工验收方案、工程竣工报验单、预验收记录、竣工验收报告、竣工验收方案大纲。

5）竣工验收方案。包括建筑概况、工程完成情况、工程分项验收情况、验收人员组成、责任主体单位验收人员组成、验收部位及内容、工程竣工验收程序、工程竣工验收组织、工程竣工验收报告。

6）竣工验收会。在项目进行竣工初验和竣工核验两个阶段，质安站质量监督组和各参建单位共同召开竣工验收会议，在现场检查后由质安站直接出具整改意见书，后续施工单位对质安站出具的整改意见书进行书面回复，并加盖各自单位公章。

7）竣工验收合格后。通过竣工验收后，设计单位、监理单位、施工单位将工程资料准备齐全，并同意交给施工单位项目经理部统一整理汇编，并向住房城乡建设局城建档案馆移交工程资料与档案，在3个月内办理相应的工程验收备案手续。

6.15.4 经验总结

（1）积极推进各专项验收

在竣工验收前，由施工单位通知监理单位进行验收，主要包括：隐蔽工程及检验批验收、分项工程验收、分部工程质量验收、单位工程验收等。关于各专项验收，本项目主要以消防验收、竣工验收为核心开展工作。在申报消防验收前，通过组织各种专题会和现场会议进行沟通协调，推进消防验收进展。一方面，紧抓现场进度与质量、安全管理；另一方面，做好申报消防验收资料准备工作，按照完成目标的计划时间，现场管理推进各项销项清单、倒排调试计划落实和调整。

（2）监理预验收工作

本项目监理在预验收工作中，通过质量问题分析原因，总结经验，组织相关单位展开专题讨论会，对于重复、繁杂的通病，要求施工单位提出相应整改措施，并组织质量员对于此类问题对工人进行交底。根据项目的特点和难点，引入风险管理理念，对项目进行质量、安全有效管理，对工程进行全方位风险评估分析，并形成针对性风险评估报告，使得在监理过程中，项目部能对本工程的风险有一个全面的、系统的认识，进而使得现场管理能够做到有的放矢，同时根据风险分析成果，制定针对性防范措施，使全体监理人员形成共同的风险意识并进行积极主动地控制。

（3）工务署预验收

在工务署预验收工作中，全过程工程咨询单位起到了非常重要的作用。深圳市工务署于2021年首次开展项目预验收工作，全过程工程咨询单位仔细研究工务署制度，统筹协调各施工单位进行沟通协调，讲解工务署预验收流程及制度指引，让各参建单位能更快地融入了解制度及内容要求。另外，在整改过程中对接建设单位和工务署，能做好有效沟通和落实领导要求，加快督办施工单位进行整改回复，对提到的整改问题进行落实和闭合，推进工务署预验收工作实施。

（4）工程竣工验收

在项目实体基本完成时，由建设单位及全过程工程咨询单位组织各参建单位对现场进行查验，在进行自检合格的基础上，由建设单位向住房和建设局申请竣工验收，并提前做好会议议程、现场实体资料、竣工图、现场查验小组名单准备工作，在进行竣工验收会议当天，各参建单位按照现场查验小组名单，建筑施工组、设备安装组、节能验收组、资料组分别开展工作，在当天竣工验收总结会上，由住房和建设局针对现场查验问题进行宣贯，并形成纸质文件记录。

（5）项目维修保障工作

在项目竣工验收完成后，后面开展维保工作和结算工作，关于维保工作的重点与思考，首先要组织各参建单位召开专题会，形成专项维保人员通讯录，通讯录一是要有现场负责人的联系方式，二是要记录各参建单位项目负责人联系方式，并规定如需要更换维保人员，应按照合同约定一周前予以告知建设方。维保工作开展后还要对各参建单位合同条款和工务署制度进行梳理，明确参建单位在项目上合同履约情况。

（6）项目移交工作

移交工作主要分为实体移交和资料移交使用方，在本项目消防验收、竣工验收通过后，建设方需要与使用单位沟通接收工作，组织使用单位及物业单位召开专题移交会议，并将项目移交使用方进行管理。在进行移交前，由总包单位、精装修单位对各自承包范围内容进行保洁，按照招标文件或合同进行履约，并提前做好项目维保方案，做好对使用方相关培训工作。

由此可见，在竣工验收工作中，全咨单位要对各施工单位定期进行沟通，对现场进行巡视，对问题进行汇总及分类，并做好问题过程记录与存档，在每次专题会讨论的过程中，涉及设计需要提出解决方案的问题，要做好过程中的依据文件记录。另外要考虑到，对于施工单位不积极进行履约的情况，一是要做好对建设方的定期汇报工作，二是要做好对施工方书面文件督办，并按照合同约定和建设方沟通意见后及时采取有效措施。

6.16 后评价管理

项目后评价是指在项目建设完成并运行一段时间后，对项目的目的、执行过程、效益、作用和影响进行系统地、客观地分析和总结的一种技术经济活动。在项目竣工验收后，由全咨单位对本项目进行全面回顾与总结，系统客观地分析评价项目各阶段的成果与经验，确定项目的目标、效果、效益的实现程度，提高后续类似项目决策科学化水平。项目后评价工作是从项目的前期准备到竣工验收，全面系统地总结各个阶段的实施过程，查找问题，分析原因。

6.16.1 管理目标

（1）总结工程项目经验

项目后评价工作是为回顾项目与总结经验，后评价工作由各参建单位共同完成，按照后评价的工作要求，对项目过程经验进行总结，全咨询单位牵头收集项目实际资料，并在竣工验收后 1 个月内完成后评价总结与评价报告，报至建设单位进行审核确认。

（2）提升建设管理水平

后评价工作是总结项目管理的经验与教训，指导未来的管理活动，有助于提高后续项目管理水平。因此，后评价总结工作中，要保证事件的真实性，做好事件评价的客观性、公正性分析。

（3）提高后续项目效益

项目后评价的任务是评定项目立项时各项预期目标的实现程度，并要对项目原定决策目标的正确性、合理性和实践性进行分析评价。建立项目后评价工作总结方法，有利于以项目目标和效益后评价为基础，结合其他相关资料，对项目整个生命周期中各阶段管理工作进行评价。

（4）评估项目质量目标

在招标阶段，应通过项目策划明确项目获奖目标，将项目是否获得奖项、获得具体奖项要求，纳入相应总包、精装修、幕墙等单位的合同文件条款中。在开展后评价工作中，对项目是否策划设置奖项进行检查，另外在施工质量目标方面，对监理、第三方巡检、质安站质量检查情况进行评估。

（5）对比项目关键进度节点

根据项目接收后至实施阶段，对施工单位进场至竣工的实际完工进度对比，通过合同文件节点工期要求，对比各关键节点的进度延误，以及对关键节点进度的调整，通过在后评价工作中了解项目工期的变化规律。

（6）分析项目投资目标

按照项目批复概算情况，在项目竣工验收后，通过实际投资金额对比投资概算批复，根据项目实际投资完成率，分析项目投资是否超概算，特别是工程设计变更的累计金额，对整个工程的投资控制影响等。

（7）做好安全环保文明管控

根据策划方案，制定项目安全文明目标，通过各种安全文明管理方法，做好项目安全管控，提升安全管理水平，结合项目安全文明检查情况，分析第三方巡查单位分数，项目在工务署内的安全文明排名情况，总结安全文明管控过程中，巡查的平均次数，红黑榜次数等，分析得分高低的主要原因。

6.16.2 工作内容

（1）后评价工作流程

成立后评价工作小组和总结小组，收集项目实际资料，工程竣工验收后14个工作日后开展后评价总结工作，建设单位审核，修改后形成最终后评价总结文件。

（2）后评价工作组织

全咨单位对项目基本信息进行梳理，包括项目总结报告、项目策划方案、项目建议书及批复、可行性研究报告及批复、有关规划设计过程的决策文件等。全咨单位组织项目管理、设计管理、现场管理、造价部门、监理部、BIM管理各部门、相关参建单位召开会议，明确项目总结报告编制大纲，对各章节部分明确负责人，对整体思路进行讲解，明确各部门职责分工等。

（3）组织协调方面

分析项目内部、外部协调关系，根据项目策划、项目管理实施规划，是否通过培训、团建等方式充分调动项目组成员的积极性，及时解决出现的内部人员关系障碍，保证项目各参建方之间的关系是否协调、顺畅。

（4）招标采购方面

项目的招标采购方式，需要结合各参建单位招标情况，对项目采用公开招标、邀请招标、比选招标、直接委托等方式的合理性进行分析。按照项目合同划分情况，分析主要合同划分原因，各个合同的工作内容范围和工作界面是否明晰、权责明确，基于项目建设需要，评估各独立分包、战略采购、材料设备采购划分的合理性，是否便于协调管理，有利于降低成本等。

(5)策划管理方面

按照项目设定的目标,分析策划的施工进度目标、质量目标、成本目标、安全文明环保目标策划是否合理,明确项目目标是参照同类的项目经验,还是根据管理的需求,项目重难点把握是否准确,是否未有考虑到的重难点,对参建单位管控能力、解决问题的效率、不同部门专业间沟通配合的效率等,标段划分是否合理有效,是否影响项目管控的效率,管控要点是否把握准确。

(6)设计管理方面

分析设计进度管理采用进度计划,是否保证了项目设计进度需求,与各参建单位设计进度沟通措施是否有效,如设计进度监控、设计协调会、沟通函件等;设计合同管理中,合同对设计单位的专业人员配置、设计人员资质、能力、数量是否能满足出图质量、进度及现场设计协调的需要,合同中是否具备相关约束条款,了解各专业及施工过程设计管理,各专业交接界面的划分情况,以避免设计管理处于被动状态。

(7)进度管理方面

按照制订的进度计划,与竣工后的进度节点进行比较,分析施工进度各阶段进度管控措施,如在设计出图阶段、材料进场、施工单位进场后,各进度节点的情况,为满足施工进度需要,采取了哪些有效的措施对进度进行纠偏。

(8)质量管理方面

针对施工过程中的样板先行、材料进场、工序施工质量控制、测量控制、相关验收,分析采取的管控方式,如何使项目质量控制得到提升。另外,在质量问题处理上,评估在施工过程中处理问题的有效性。

(9)成本管理方面

评价估算及概算编制深度和目标成本合理性。投资控制计划是否准确把握了投资控制的重点,对可能重大影响投资的风险因素进行分析与总结,限额设计、指标设计等控制手段和工具的应用情况是否合理,是否认真组织编制合理准确的工程量清单,招标程序和评标过程是否保证中标价格的合理性,施工过程中出现的变更、索赔等可能影响到投资的各种情况,是否严格审批和确认等。

6.16.3 管理要点

(1)项目策划

项目策划是一种具有建设性、逻辑性的思维的过程,在此过程中,总的目的就是把所有可能影响决策的决定总结起来,对未来起到指导和控制作用,最终借以达到方案目标。它是一门新兴的策划学,以具体的项目活动为对象,体现一定的功利性、社会性、创造性、实效性和超前性的大型策划活动。

(2)项目建筑设计管理

项目建筑设计管理贯穿整个项目开发建设的所有阶段与过程，设计管理的任务由产品的市场定位、设计进度规划、建筑规划与方案、扩充与施工图设计、设计图纸的优化与审查、施工过程中的设计管控等构成。设计阶段是影响建筑工程造价和品质最重要的环节，通过在设计阶段管理过程中对设计关键点的有效预控，可以提高建设单位或开发商的投资效益，在设计阶段为开发商控制项目工程造价，实现降低项目总投资的目的。

（3）项目进度与工程管理

工程进度管理是一种日计划、周计划的管理制度。施工计划种类包括日计划、周计划、月计划等。建筑施工企业应该充分合理利用本身的人力、物力、财力、人脉等资源，在总目标的规划组织管理下，确保施工进度计划按部就班，以实现预期的任务，提高经济效益。

（4）项目投资管理

工程投资管理是一个全过程动态管理，参与者众多，要加强调研与规划。在实际工作中，工程设计人员往往偏重于设计质量与功能，不太注重设计对工程造价的影响，因此要认真做好项目决策，项目决策前，要进行市场调查和合理的市场预测，总体要求加强各阶段投资管理，控制工程造价不超概算。

（5）设计变更管理

要加强现场施工管理，坚持规章制度，严格控制建设经费，严格控制来自施工方的工程变更、材料代用、现场签证、额外用工及各种预算外费用，无特殊情况坚决不做设计变更。在工程变更前，先进行变更立项，技术部门对是否变更从技术上提出意见，工程造价人则根据拟定变更的工程进行费用计算，两者结合，权衡是否变更，在确定需要变更后，再通知施工单位进行变更实施。

（6）项目合同管理

施工合同是工程建设的主要合同，是工程建设质量控制、进度控制、投资控制的主要依据，要熟悉《合同法》和《招标投标法》及工程建设的相关法律、法规的内容，应充分理解和熟悉合同条款，加强合同管理，避免施工单位索赔的发生，必要时抓住反索赔的机会，以减少自己的损失，降低工程投资，合同管理也要发挥审计监督作用，审计机构对与工程建设项目有关的财务收支真实、合法、效益进行审计监督。

（7）项目信息管理

在工程建设过程中，需要对项目上各类信息进行有效管理，包括各类事务、合同、进度、物资、设备、成本、质量、技术、安全、风险、竣工验收等方面，要建立项目上的信息沟通机制，搜集相关信息文件，做好项目文件往来信息整理，同时指导各参建单位做好工程档案移交工作。

（8）项目质量管理

按照工务署第三方质量评估体系及第三方质量评估方案，严格遵照相关法律法规及行业标准，依据合同和工务署履约评价制度，从项目实际出发，编制和实施项目质量精细化管理制度，提高质量管理水平，确保质量目标得以实现；完善和落实材料管理制度，压实责任到人，把好质量第一关；落实好履约评价体系的实行工作；监督施工单位质量保障体系的有效运行，并加强质量分级巡检、验收、旁站、材料进场等施工现场管理力度，严格督促整改落实，压实责任到人，多层次、全方位地确保质量问题能够及时有效的得到解决。

（9）安全及文明施工管理

做好每日安全交底早班会，定期开展安全教育培训专题会，加强安全教育宣传，提高施工现场安全意识。做好制度优化，加强方案审核、加强安全交底工作，扎实做好危大工程、重大危险源的安全专项方案编制，从源头抓安全技术保障。加强分级巡检，严格验收程序，压实责任到人。利用技术手段提高安全管控效率，组织好应用智慧工地建设等技术手段强化安全、文明施工管理。对所有进场人员实行"一人一档"制度；利用项目门禁系统及智慧工地系统，对项目人员进出场情况、安全帽反光衣穿戴情况、规范作业情况等进行跟踪监测，并严格根据履约评价，结合相关奖惩规定对各参建单位管理人员的管理行为、施工专业班组的作业行为进行评价打分，优奖劣惩，形成常态化。

6.16.4 经验总结

（1）制定项目后评价管理办法

项目制定自己的后评价总结管理办法，应针对在建项目进行梳理，利用相关办法标准化，将项目后评价工作完成情况纳入对部门工作考核体系，引起各项目对有关部门对项目后评价工作的重视，发挥其提高项目管理的水平。

（2）设置项目后评价工作奖金经费

项目后评价工作对公司其他项目和在建项目管理具有重要意义。要把该项目后评价与项目前期工作同等对待，建议将后评价项目奖金纳入项目整体成本中，明确费用标准或占合同金额的比重，做到项目能主动积极开展此工作，为公司其他项目作出经验分享和指引。

（3）加强过程经验总结和工作经验分享

在项目建设过程中，统筹管理各参建单位及时对阶段性工作进行经验总结，可以采取电子邮件、微信、电话、专题会议等方法进行沟通，形成有利于后评价工作的成果文件。减少避免在项目开展后人员更换、流动较大的情况下，后续无人开展此部分工作总结情况发生。

（4）加强对合同文件的梳理

包括合同条款和特别约定的内容，针对与经济有关的内容进行梳理，包括对施工单位的奖励和罚款。同时，可以对各参建单位的履约评价情况进行梳理，形成经验汇总。

结合以上内容，本项目开展评价工作时，认真回顾项目建设过程中的经验与教训，最终形成后评价报告文件。主要通过对项目策划管理总结、项目成果评价、经验教训与对策方面进行总结，包括组织架构、招标管理、设计管理、合同与采购管理、信息管理、创新与总结等方面，在完成后评价文件总结后，全咨单位多次与建设单位沟通意见进行修改及完善，通过建设方的角度看到许多事情的重要性，因此后评价工作不仅总结了本项目问题和经验，也是对全过程工程咨询模式的思考与分享。

6.17 绿色施工与环境管理

建筑行业是我国的基础行业之一，它的高速发展给予市场上很多行业促进作用。我国经济高速发展的同时，其建筑施工活动造成环境一定的破坏（如扬尘、噪声、光污染等），在倡导"绿水青山就是金山银山"的现实环境保护大背景下，建筑工程的绿色施工，保证可持续发展显得尤为重要。

高校作为社会耗能大户之一，是节能减排的潜力市场和示范基地，因此推进高校绿色建筑势在必行。深圳技术大学建设项目（一期）在规划中，充分考虑了可持续发展场地和节能、节水、节材等方面的方案措施，以期提高建筑功能、效率与舒适性水平，创造高效、低耗、低污染、健康舒适、绿色平衡的建筑环境，推动深圳市绿色建筑和循环经济的可持续发展。

6.17.1 管理目标

依据国家与地方法律、法规与管理规定，按本项目工程咨询合同相关约定，明确绿色建筑管理工作内容与工作流程，明确各阶段工作重点，梳理绿色建筑及绿色施工评价标准，达到绿色建筑预期目标。

6.17.2 工作内容

（1）项目决策阶段

为项目决策阶段的绿色建筑和LEED认证实施定位要求，包括场址选择、周边环境和目标要求等情况。

（2）设计阶段

包括体现在设计方案中的绿色建筑要素，例如新风系统、屋顶绿化、清洁能源利用、中水处理系统等绿色生态技术的综合考量及采用。

（3）招标投标阶段

在施工总包和各主要分包商的选择时，应当把绿色建筑和 LEED 双认证目标作为建设目标之一。特别在主要材料和设备供应商的招标选取时，要注意绿色建筑和 LEED 双认证体系对于本地化、再生化的标准和要求。

（4）施工阶段

在施工阶段，通过最大限度地实现"四节一环保"，即建筑节地、建筑节水、建筑节材、建筑节能、保护环境，尽可能地控制和减少对自然环境的使用和破坏。

6.17.3 管理要点

（1）绿色建筑及施工措施

1）绿色建筑及施工分工要求：

① 建设单位：确定建设工程绿色建筑的目标及总体要求，并在工期、资金等方面给予保障。

② 全过程工程咨询单位：编制工程概算和招标文件时，明确绿色建筑及绿色建造施工的要求，并协调提供包括场地、环境、技术要求等条件保障。向设计单位提出绿色建筑设计及运营的要求，向施工单位提供绿色建筑的设计文件、产品要求等相关资料，保证资料的真实性和完整性。建立工程项目绿色建造的协调机制。强化施工协同管理，强化技术管理，监督各参建方绿色施工过程技术资料应及时收集和归档。监督设计单位及施工单位按照国家现行有关标准和建设单位的要求进行设计和施工。审查绿色施工组织设计、绿色施工方案，在实施过程中做好监督检查工作，承担监督责任。

③ 设计单位：按照国家现行有关标准和建设单位的要求进行工程的绿色设计。协助、支持、配合做好建筑工程绿色施工的有关设计工作及支撑工作。

④ 施工单位：施工单位是建筑工程绿色施工的实施主体，应组织绿色施工的全面实施。总承包单位对绿色施工负总责。总承包单位应对专业承包单位的绿色施工实施管理，专业承包单位应对工程承包范围内的绿色施工负责。施工单位建立以项目经理为第一责任人的绿色施工管理体系，制定绿色施工管理制度，进行绿色施工教育培训，定期开展自检、联检和评价工作。绿色施工组织设计、绿色施工方案编制前，应进行绿色施工影响因素分析，并据此制定实施对策和绿色施工评价方案。参建各方应积极推进建筑信息化施工，结合 BIM 技术做好施工协同，加强施工管理。

2）绿色建筑管理工作措施：

① 工程开始前，牵头做好有关绿色建筑的实施准备工作。

a. 组织培训：包括普及培训及专业实施人员培训；

b. 管理体系：明确各参建单位绿色建筑的管理人员和架构，尤其是施工总包和分包单位，由各单位项目负责人担任绿色建筑的第一责任人和组织者，便于协调工作的开展；

c. 制度明确：落实各种会议制度、沟通协调制度等；

d. 资料表式：根据认证单位要求，设计标准的资料提交表式，需同时满足两家认证单位的要求。

② 根据咨询顾问单位的认证进度计划，积极配合做好现场各项实施工作。

a. 资料提交：工程开工前根据约定的资料提交频次，收集审核各单位提交的资料，并与进场材料的实际情况核对；

b. 文件收集：过程中资料和证明文件收集是认证实施的关键，需要将该项工作作为重点内容之一，尤其是涉及绿色认证要求的本地材、循环材的证明文件、影像资料等，需要及时获取；

c. 阶段节点：工程进展到不同的阶段节点，需要做好与认证单位的沟通，做好阶段总结工作，同时，新进场分包单位及时做好培训交底工作。

③ 采用一定的数学方法和评判模型，定期对绿色施工水平进行动态评价，并将评价结果及时反馈给咨询顾问单位。

a. 材料控制：重点分析现场使用本地材、循环材的比例，根据项目实现双认证的目标值，随时跟踪现场实际值与目标值比对，做好风险控制；

b. 绿色建造措施：重点审核绿色建造施工方案，结合绿色施工示范工地及绿色建造方面的经验，对方案提出针对性的要求，过程严格监控，按方案实施情况，及时纠偏。

④ 根据分析结果，如有存在影响认证目标的因素，须及时协调咨询顾问单位和设计方，对施工方案进行优化或者对施工过程中的措施进行改进。

3）绿色建筑施工管理技术措施，如图 6-12 所示。

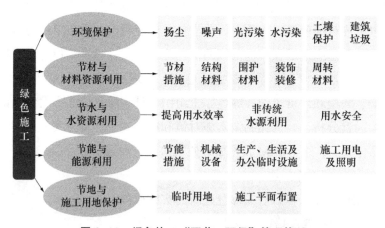

图 6-12 绿色施工"四节一环保"管理体系

针对归纳、总结的绿色施工技术措施进行分析，探讨可在本项目运用的可行性，重点突出"两新三标化，四控一循环，减废再利用，七个百分百"等方面的绿色建造技术，并贯彻实施到本项目工程建设中。同时，结合上海建科大量工程实践，总结目前绿色施工项目不足的地方，组织设计单位、施工单位、绿色顾问等单位共同探讨，最大限度地提升本项目绿色施工的标准。

（2）环境保护措施

现场开展环境保护工作的内容，许多方面与广东省及深圳市有关文明施工和标准化工地的建设标准有相类似之处。有关环境保护的实施应从思想上、管理上真正重视，除了要将实现双认证作为控制目标外，更应将具体措施落实于施工的每个阶段。

（3）噪声污染控制

检查施工企业的噪声污染控制措施，从控制噪声源头、控制传播途径、施工时间控制和加强现场管理等方面达到降噪效果。

检查施工单位机具使用情况，要求使用低噪声、低振动的机具。要求施工单位在施工场内及周边对噪声进行定期实时监测与控制。

（4）扬尘污染控制

检查施工单位在扬尘控制方面的措施是否到位，如渣土的堆放和覆盖、渣土运输是否及时；检查现场的隔挡、洒水、清理及机械清洗措施是否到位等。

要求施工方在土方作业以及装饰装修等易产生扬尘的施工阶段，采用仪器对场内空气污染情况进行监测和控制。

（5）光污染控制

检查施工企业的光污染控制措施，从控制光污染源头、控制时间、控制光源范围和加强现场管理等方面达到减少污染效果。

（6）水污染控制

检查施工废水的排放线路和排放方式是否满足排水要求，特别是排入市政管网方式，应满足规范和规定。检查施工场内的排水沟、沉淀池等设施是否齐全、合理。

（7）建筑废料控制

要求施工单位制订建筑垃圾的回收和处理计划，通过出售、定点填埋等方式，力争使建筑垃圾的再利用和回收率达到绿色施工的重量比例要求。

在进行绿色建筑双认证项目中，废弃物的管理和控制是认证实施的重点和难点之一，需要从管理制度和程序、现场执行和落实方面采取专项保证措施。

1）管理保证：施工现场废弃物种类多，根据双认证要求，处理方式要求高。在管理方面，需要制订不同阶段的现场废弃物管理计划，成立废弃物管理办公室，由该管理办公室对现场产生的各类废弃物的处理、回用、存放、外运等方面进行统一安排。尤其强调的是应注意过程中废弃物处理文件、票据等的收集。

2）过程落实：从技术方面来说，对本项目特点分析后认为，进行废弃物管理重点在于3方面。

① 地下施工阶段：钻孔灌注桩除砂施工产生的废砂可用于现场桩孔回填、废泥浆可外运处置到其他工地回用。

② 装饰装修阶段：装饰装修过程涉及大量加工废料、材料包装等废弃物，且具有工作面分散、外运管理难等特点，因此该阶段需要总包单位提前做好材料进场、现场加工的管理计划，对产生的废弃物统一管理，做好过程记录。

③ 工厂化生产：尽量采用工厂预制加工、现场组装的施工工艺，由此可以减少现场施工废弃物的产生。

（8）节材与材料资源利用

1）混凝土节约：控制梁、柱、剪力墙的截面尺寸，减少因为构件截面尺寸偏大造成的浪费。

2）钢材节约：检查和协助优化施工企业的钢筋下料方案，钢筋下料前应有计划，确保钢筋品种、规格、尺寸、外形准确无误地符合设计图纸要求，合理截断钢筋。

3）模板节约：检查施工单位模板方案，采用传统木模板方案时，应要求模板工程达到整体优化，以最少的材料用量满足所需的强度。结合混凝土浇筑方案和配合比，要求施工单位考虑拆模次序和方法，做到重复定点使用。

4）装饰安装材料节约：检查施工单位现场装饰安装材料节约情况，对于需要现场剪裁的材料，应通过优化设计板材的切割方案和方法减少材料损失。

要求施工单位通过优化设计施工场地、加强管理等手段减少搬运时的损耗。项目实现绿色建筑主要措施见表6-5。

项目实现绿色建筑主要措施　　　　表6-5

措施	措施主要内容
节材措施	1）要求施工单位根据施工进度、库存情况等合理安排材料采购、进场时间和批次，减少库存； 2）对施工过程中使用的绿色建材实施严格进场管理，检验、取样检测，对于不能满足LEED认证要求的，拒绝使用；应就地取材，施工现场周边内生产的建筑材料用量占材料总重量的60%以上
结构材料	1）严格要求使用预拌混凝土和商品砂浆；严格按照设计要求，使用高强钢筋、高性能混凝土以及钢材，减少资源消耗； 2）优化钢筋配料和钢构件下料方案，推广钢筋专业化加工和配送；优化钢结构制作和安装方法，减少方案的措施用材量
围护材料	1）严格按照设计文件要求，审查门窗、屋面、外墙等围护结构的选材是否为耐候性及耐久性良好的材料； 2）检查屋面或墙体等部位的保温隔热系统是否采用专用的配套材料，以加强各层次之间的粘结或连接强度，确保系统的安全性和耐久性；加强对保温隔热系统与围护结构的节点处理的检查，尽量降低热桥效应
装饰装修材料	1）贴面类材料在施工前，应进行总体排版策划，减少非整块板材的数量； 2）采用如非木质的新材料或人造板材代替木质板材；采用的胶粘剂、涂料、面层等必须为低挥发性材料，且符合LEED认证低挥发性建筑材料相关标准

续表

措施	措施主要内容
周转材料	1）应选用耐用、维护与拆卸方便的周转材料和机具； 2）施工前应对模板工程的方案进行优化； 3）现场办公和生活用房采用周转式活动房，应尽可能采用装配式可重复使用围挡封闭。力争工地临房、临时围挡材料的可重复使用率达到70%

5）节水和水资源利用：项目内各项工程、不同分包生活区，凡具备条件的应分别计量用水量。在施工现场应针对不同的污水，设置相应的处理设施。

要求施工单位在施工中采用先进的节水施工工艺，现场建立可再利用水的收集处理系统，对生活用水与工程用水确定用水定额指标，并分别计量管理。

在土方开挖阶段，土方开挖与基坑降水同时进行，可以采用基坑水用于车辆冲洗、场地清洁等工作，大大减少现场用水。

6）节能与能源利用：

① 电能节约：检查施工机械设备管理制度，检查维修保养工作，使机械设备保持低耗、高效状态。要求施工单位合理安排工序，提高各种机械的使用率和满载率。检查现场临时用电设备的节能电线和节能灯具使用情况，优先选用节能电线和声控、光控等节能照明灯具。

② 燃油消耗节约：检查施工企业施工机具使用燃油消耗的节约情况，合理安排施工机械的使用，根据工程情况和进度特点，合理安排各种工程机具进退场时间，减少闲置，提高机械的利用效率。

7）节地与施工用地保护：检查施工阶段现场地表的保护措施，防止土壤侵蚀、流失，如要求设置排水系统、覆盖植被等。检查施工阶段产生的有害废弃物和液体不直接向外排放，不污染土地资源。

8）实施过程中跟踪评估：在项目建设过程中，需要对绿色建筑的实施情况保持跟踪评估，特别是对施工过程中有关要求和标准的实施情况进行分析，确保最终实现绿色建筑目标。我们主要从以下几点采取措施：

① 组织培训：包括普及培训及专业实施人员培训。

② 管理体系：明确各参建单位绿色建筑双认证的管理人员和架构，尤其是施工总包和分包单位，建议由项目经理担任绿色施工的第一责任人和组织者，便于协调工作的开展。

③ 制度明确：落实各种会议制度、沟通协调制度等。

④ 资料表式：根据两家认证单位要求，设计1套标准的资料提交表式，需同时满足两家认证单位的要求。

⑤ 根据认证进度计划，积极配合做好现场各项实施工作。

⑥ 资料提交：工程开工前根据约定的资料提交频次，收集审核施工单位提交的资料，并与进场材料的实际情况核对。

⑦ 文件收集：过程中资料和证明文件收集是认证实施的关键，需要将该项工作作为重点内容之一，尤其是涉及 LEED 要求的本地材、循环材的证明文件、影像资料等，需要及时获取。

⑧ 阶段节点：工程进展到不同的阶段节点，需要做好与认证单位的沟通，做好阶段总结工作，同时，对新进场分包单位及时做好培训交底工作。

6.17.4 经验总结

策划推行绿色建造方式，制定绿色施工技术标准，加大绿色施工应用力度，逐步实现建造活动绿色化。通过工程立项的绿色策划、绿色设计和绿色施工的绿色建造方法，以促进建筑业转型升级，全面贯彻落实"十四五"规划。加大绿色建造技术创新的投入，以工程项目为载体，跟踪绿色建造发展趋势，进行系统的技术研究，服务绿色建造实践。现在应特别重视适应建筑装配化特点的新型结构体系和技术创新，以加速推进建筑装配化的步伐。根据建筑企业绿色建造意识、制度、行为、业绩等要素，对企业遵守绿色建造法律法规、履行环保社会责任和工程建造过程的业绩表现等进行信用等级评价。强化激励，奖优罚劣，创造自觉推动绿色建造的良好氛围。

6.18 履约管理

6.18.1 概述

在建筑工程施工中，履行项目各相关职责、义务对工程能否按时保质完成起到至关重要的作用。而实行履约评价旨在以国家相关法律、法规及政策的贯彻与执行为基础，综合考察建设工程的履约主体履行项目相关职责义务、组织管理以及控制管理等方面的表现情况。

目前我国建设工程施工的履约评价体系尚未完全建立，在没有对承包商形成激励奖罚机制的情况下，履约信用管理停滞于低层次水平，严重影响了工程质量和安全管理。具体问题如下：

（1）工程建设相关单位的信用缺失

在利益的驱使下，有一些工程建设相关单位的做法与相关法律法规背道而驰，没有以公平、公正、公开、诚信的态度按法律法规规定。譬如，监理单位监管不到位或者与施工单位同流合污收受贿赂；招标、采购代理中介机构允许一些不合格的投标单位鱼目混珠，中标者甚至缺乏施工的资质；质量检测单位没有严格按照相关规定、规范进行检测导致不合格材料在施工过程中使用；材料供应商以次充好、提供不合格产品等。

（2）施工单位的信用缺失

目前建设大背景下，施工单位尚未将"履约"当成一回事。主要表现在以下几个方面：

1）在承揽工程的领域，有个别建设施工单位非法挂靠，或将工程非法转包、分包等，如利用贿赂、围标、串标、提供不真实资料、欺诈等手段中标。

2）多数建筑施工单位在投标时所承诺的人员安排、设备质量和资金充足度等，在实际施工时没有完全兑现，前者少于后者，专业素质也低于后者的承诺，如施工安全和质量管理最基本的项目经理、安全控制人员、质量检验人员等没有履约进驻施工现场，造成施工进度缓慢，施工安全和质量难以保证，给工程的安全和质量埋下隐患。

3）在施工中，为了节约施工成本，或者争取项目进度，而不按照约定严格把关工程质量，偷工减料、以次充好等，都是目前工程建设相关单位信用缺失的常见问题。

（3）履约监管力度的薄弱

建设工程施工履约评价的履行尚未形成约定俗成的自觉行为，在施工市场上，还需要相关的监管部门加大监管力度。

1）以政府建设主管部门为监管主力，如果对市场不正当的竞争不进行监管，不仅监管机制执行不了，也无法对政府相关主管部门的不作为行为形成有效惩戒，市场监管也是一纸空文。

2）信用的日益恶化直接导致施工单位与建筑单位、协作单位、信贷机构等之间的信任尽失，拖欠、产品质量问题等情况如果不进行制止，将出现信任危机，对于建设工程的正常施工很有可能产生多方面的影响。

3）我国还没有完善相应的法律法规对市场信用标准进行衡量，也没有惩戒措施对失信行为进行约束，给履行评价的实行造成一定程度的阻碍。

6.18.2 管理目标

（1）提高承包商的履约能力和水平，有效保障工程的质量、安全、进度和投资。

（2）促进施工单位履行社会责任的自觉性，承担一定的社会责任。

（3）促进市场的良性竞争。

6.18.3 工作内容

（1）建立履约评价体系的制度保障

履约评价体系的建立，是建设工程招标投标的改革创新方法。但任何一个体系的存在，都离不开强有力的制度保障。因此，为了使履约评价体系有效运转，应该建立相应的制度保障，制度保障体系旨在加强市场诚信体系建设，提高投标人的诚信意识，履约评价体系的制度保障可以以下几点为依据：

1）投标人的承诺和声明制度化，作为投标前后投标人遵守既定规则的依据，如果投标人违背承诺和声明，将予以规定范围内的相关惩罚，如投标人中标之后，项目的负责人不能够随意更改，否则将作为违约处理。

2）承包商的履约评价主体是业主，为了能够让业主的评价形成有效的工程监督内容，建议对其评价的方法和范围规范化和制度化，如业主所评价的优质工程予以奖励，并且良好的评价可以作为预选承包商录用的依据。

3）招标人根据履约评价表现给予的奖励有据可依，是刺激良好资质投标单位参与竞标的有效方式，如在履约评价达到良好水平的，在其中标价的基础上，给予适当的奖励。

（2）推行建设工程承包商预选制度

承包商预选制度的建立，是招标投标制度改革的重要补充，也是深化工程质量安全管理的重要举措，对建立履约评价体系，具有一定的促进作用。全面推行建设工程承包商预选制度，可以按照以下方法：

1）建设工程的业主角色由政府扮演，因此政府对参加投标的承包商进行资格预审，控制投标质量，提高招标投标效率，为履约评价体系的建立和实施，奠定权威性的基础。

2）对预选的承包进行履约评价。根据履约评价之后的等级划分，给予投标的优惠，并且暂停履约评价不合格的投标单位，这样一来，就能够提高预选承包商的积极性和主动性，同时也是对恶意低价竞争的有效控制方法。据调查，目前国家很多建设工程项目的投入施工，吸引了良莠不齐的大批承包商，一方面给建设工程顺利施工带来新生力量，另一方面也给工程施工带来了一定的风险。而如果能够针对承包商的资质形成预审制度，就能够从大量竞标承包商中进行挑选符合规定条件的单位，并建立起预选承包商的名录，同时可以提高以后其他建设工程的招标投标效率。

（3）履约评价结果的应用

预选承包商录用和评标必须以履约评价结果为依据，也是建设单位给予奖励和取消承包商资格的重要依据。在履约评价结果的应用方面，要符合工程的实际需求，不能够影响工程的正常施工。

1）履约评价结果以评价等级体现出来，评价等级处于合格线以外的，以后就没有资格参加建设单位的其他建设工程招标项目投标。

2）建设工程施工过程中，已经中标的承包商将继续进行履约评价，评价采取随机或者定时的方式进行，评价等级处于合格线以外的，根据合同约定条款给予处罚，甚至禁止参加其他建设工程的投标，或者取消其承包的资格。

3）对所有履约评价的对象进行汇总，并建档备份于各级单位，形成年度履约评价。

6.18.4 管理要点

（1）总体管理能力

1）在工程管理过程中面对的各种问题，全咨单位应以国家及地方性法律法规、招标文件、合同、图纸等项目文件作为管理依据，公正对待。

2）针对项目的平行发包模式，施工单位、服务单位、材料供应商等单位众多，总包单位不再是传统意义的总包，其对非项下单位无合同关系，全咨单位在某种意义上是实质的大总包管理单位。因此，项目所有的施工各承包商、服务单位、材料设备供应商等资源全部纳入全咨单位的领导下统一管理。

（2）总分包管理

在项目现场施工总承包及各平行发包穿插施工的前提下，施工及管理界面复杂，协调工作量繁重。为强化总包单位自身及对平行发包单位的履约管理，充分赋予总承包单位的一定管理职责和管理权限，全咨单位在招标文件中作出设定如下：

1）向指定承包人（包括防水工程、人防工程、外墙涂料工程、防火门工程、木门工程、钢质门工程、精装修工程、智能建筑工程、消防弱电工程、电梯工程、景观绿化工程、室外铺装工程、体育场地工程、体育工艺工程、洁具、电缆及变压器供货商等指定专业承包人或供货商）提供施工场地、材料堆场、临时水电接驳、垂直运输、脚手架等，并对指定承包人进行进度、安全等统一管理。

2）按进度计划向指定承包人移交工作面，按进度计划收回移交的工作面进行下道工序的施工，并对指定承包人的成品或半成品负责保护。

3）与指定承包人签订总分包协议，并协助指定承包人办理施工许可报建手续，根据工程验收需要，收集整理指定承包人的验收资料，并在指定承包人验收资料上加盖承包人公章，承包人不得以任何理由拒绝或提任何附加条件。

4）收取一定金额的安全文明施工押金、总包管理费用、临时设施使用费。

（3）强化施工单位履约能力

1）总体实施策划。

工务署进行的施工单位招标多数为公开招标，施工单位在投标阶段由于掌握的信息资料所限，加之投标文件的编制团队与项目实施团队往往是分离的，投标文件对工程建设的实践指导性往往有待加强，不利于工程的整体推。因此，投标文件作为对招标文件的具体响应，但在现行招标投标制度中未能充分发挥其应有的作用。施工在后续工程实施过程中，除明确的工期节点外（往往带有罚则），对投标文件中各项措施的承诺和响应偏于弱化，招标人亦往往疏于将投标文件作为工程实施依据，投标与现场实施呈现出分离状态。

基于此,在施工单位进场后,全咨单位要求其编制详细可实施的项目《总体实施策划》,考虑的要素应该全面且有较强针对性,向建设单位(含咨询单位)专项汇报,作为项目实施依据,并根据实际将此实施策划的审批完成作为申报预付款的前置条件,并作为履约评价的考量因素之一。

2)专项实施策划。

在具体工程推进过程中,要求针对专项工作进行项目《专项实施策划》要求,如进度计划、劳动力计划、资金计划、临时设施布置计划、专项分包计划、材料品牌申报计划、竣工验收计划等,切实做到计划先行,可做到现场有据可依,方便管理。

3)紧抓关键人员履约和许可:

① 加强主要管理人员履约。近年来工务署项目实践中,包括总包单位在内的参建单位的管理人员越来越多地呈现出年轻化的特点。这一情况与深圳市作为年轻化城市的总体大趋势相符,但建筑行业毕竟还是需要以一定经验作为指导。目前的合同和招标文件中对项目经理、技术负责人、安全总监等各关键岗位都有要求,但对团队其余骨干人员的组成模式并无太多约束。

一方面,全咨单位加强现有招标文件对关键岗位的履约要求,根据项目建设规模,适当扩展关键岗位的覆盖范围、适当提升关键岗位的履约不到位罚则;另一方面,在项目建设过程中,采用一定的机制,要求或鼓励施工单位对管理团队的人员素质和能力不断提升充实。

可以采用持续的、分岗位的培训考试,将培训成效适当纳入到更加细化的履约评价结果中来约束。

② 加强作业人员许可管理。一线工人是工程实施的根本,随着现在社会的发展,建筑市场的工人呈现出数量减少、工作能力下降的趋势,工人劳动力市场竞争不充分,劳动力成本增加,现在市场属于供不应求的状态。

施工单位劳动力计划和工期进度计划的完全落地是关键,要求施工单位在既定总进度计划和劳动力计划安排下,制订每月乃至每周的劳动力计划,并制定例行和飞行工地点人头制度,制定扣分原则,纳入履约考评比例。

4)紧抓施工单位进度WBS。

施工单位履约过程,即是其对履约目标进行工作任务分解(WBS),并对各方面履约目标进行跟踪、执行的过程(尤其以进度目标的WBS尤为关键)。既包含施工单位内部各职责部门之间的任务分解,也涉及其项下各分包单位对各项目标的消化和执行。

针对项目目标的WBS和执行过程,可具体细化设计为"分解准确、激励有效"的目标管理制度,并结合项目具体情况有效推进。

① 准确的目标分解:施工单位的各项履约目标应进行逐项WBS分解,围绕单项

管理目标，须由施工单位周密策划、仔细分解。以进度管理目标为例：单个工期目标节点的实现，要求施工单位充分考虑到各相关单位的搭接作业、牵制关系，以及所涉及的劳动力、物资设备配合目标等，明确每一家分包单位（或是总包每一个相关部门）的子项目标。

② 目标激励：无论采用何种模式，在合同中都应明确工程管理和控制的目标，并将目标管理与经济利益挂钩，采取有效的激励机制，调动各方面的积极性。

5）紧抓安全风险管理制度。

将风险管理要素系统性地分解到施工的各个阶段，明确梳理出各个阶段施工单位的风险履职要求，践行"知风险、明责任、抓落实"的风险管理理念，强化安全方面总包单位的履职能力。

① 风险识别。应将风险管理理念深耕到项目施工的每一个阶段，全咨单位制定格式化的、可操作可控的风险辨识，将"风险管理"与目前的"安全管理"紧密融合到一起。

② 责任梳理。全面提升施工单位的安全履责意识，尤其要明确"一岗双责"的落地执行，即"管生产必须管安全"，梳理出细致严谨的安全责任清单。

③ 严抓落实。安全管控注重成效，在合同和招标文件中约定明确的安全奖惩制度，在工务署层面，可以推行诸如"负面清单""一票否决项"等奖惩内容。

6）紧抓工务署专项要求的落实。

工务署招标文件范本较为全面，所采用的质量标准普遍高于国家标准，部分专业、分部分项工程均有其特定的质量标准要求；安全文明施工要求除达到广东省及深圳市的强制性要求外，还须满足深圳市建筑工务署安全文明标准化手册的相关设定。未曾与工务署长期合作的总包单位和人员不甚清晰工务署质量标准及安全文明施工要求。因此，总包单位对于工务署专项要求的执行非常关键。

全咨单位组织施工单位（包括其余合同履约单位）形成习惯和机制，定期地组织对所有文件进行学习落实。

7）推行第三方管理协议。

全咨单位在项目执行过程中推行签订工务署＋总包单位＋专业工程分包单位（含署战略合作）的第三方管理协议，明确三方的权利和义务，并将其纳入总包及平行发包单位的招标文件附件中，在各单位进场后予以签订，作为主合同文件的附件，将此协议的管理内容纳入履约考评要素。

8）合同履约评价。

工务署发布了一套完善的履约评价管理办法，全咨单位将合同的履约评价管理作为履约管理的重心及核心，履约评价按周期划分为季度履约评价、阶段履约评价、年度履约评价、最终履约评价，按所处阶段分为前期阶段、建设期阶段、保修阶段。履约评价根据各类型合同所处阶段完成对应的履约评价工作；最终评价以各合同全部工作内容履约完成的时间为准；每个合同在全过程有且仅有一次最终评价。其结果应用如下：

单份合同或单位年度履约评价、最终履约评价为优秀的，工务署发文予以通报表扬。对设计、监理、造价咨询、施工类单份合同年度履约评价、最终履约评价为优秀的，经公示后，工务署授予"履约评价优秀团队"称号；对设计、监理、造价咨询、施工类履约单位年度履约评价、最终履约评价为优秀的，经公示后，授予"履约评价优秀单位"称号牌匾。

单份合同季度、年度、最终履约评价为不合格的，经公示后，由直属单位发文予以通报批评，约谈法定代表人，并按照《深圳市建筑工务署不良行为记录处理办法》相关规定执行。单位年度履约评价、最终履约评价为不合格的，经公示后，由署机关发文予以通报批评，约谈法定代表人，并按照《深圳市建筑工务署不良行为记录处理办法》相关规定执行。

因此，在深圳市建筑工务署履约评价管理办法的应用上，较大程度地影响了各参建单位在深圳市场的评价，切实关乎企业的深圳市场经营。全咨单位根据各参建单位的工作表现，客观公正地进行履约评价，并充分运用履约评价结果，提升参建单位的履约水平。

6.18.5 经验总结

保证和提升各参建单位的履责能力，不仅是保证对各个项目实施层面建设目标的实现，也是建设单位乃至建筑市场能够保持长期高品质发展、寻求理念一致的合作伙伴的必要需求。履约评价制度的不断完善，相应奖惩措施的逐步落实，各参加单位也将越来越重视履约评价的结果，增大投入人力物力，推动工程的建设，对践行深圳市政府提出的"深圳标准、深圳质量"理念起到了非常积极、正面的作用，利于规范深圳市建筑市场的秩序，促进建筑市场的健康发展。

6.19 智慧工地

目前，深圳市正加强智慧城市建设顶层设计，与此同时，新时代、新使命对政府工程建设管理提出了新要求，打造一流的政府工程管理机构、创造一流的政府工程精品必须以信息化引领工程建设管理转型升级。根据《关于加强建设工程安全文明施工标准化管理的若干规定》（深建规［2018］5号）和《深圳市建设工程安全文明施工标准》SJG-46-2018等文件、标准的要求，各项目施工现场均应按照《深圳市"智慧工地"施工现场硬件配置技术指引》要求配置视频监控系统、起重机械监测系统、实名制与分账制管理系统、用电监测系统、扬尘监测系统、车辆识别系统、综合网关等系统。项目建设期间，施工人员众多，材料及设备投入量大，动态管理要求高，如何加强施工现场安全管理、降低事故发生频率，杜绝各种违规操作和不文明施工行为，提高建筑工程质量，成为项目建设过程中应关注的重点。

6.19.1 管理目标

有效提高现场工作人员工作效率：

1）通过 BIM 技术实现施工组织模拟，优化施工进度，合理安排工序的流水作业，保证每个施工人员的工作量均衡，避免出现人员限制或超负荷工作等影响整体效率的不良状况，提高施工组织策划的合理性。

2）保证现场材料、设备和场地布置等有序管理、合理调配，合理优化资源配置。

3）提高现场人员的沟通效率，通过移动应用、移动终端和云计算实现随时随地的沟通，现场情况通过语音、图片和视频，以及与 BIM 模型的对比分析与相关干系人共同解决问题。

4）有效增强项目现场生产的综合管控能力。

综合应用定位技术、传感器和识别技术等物联网技术，进行现场数据的采集，保证现场数据的准确性、及时性、有效性；通过集成监管平台，使得一线生产数据一通到顶，实时呈现在管理人员面前，为管理提供可靠依据。

通过现场视频监控、安防报警等技术手段建立安全监督网，来保证安全生产；通过智能设备提高质量检查的准确性和效率，降低质量和安全事故发生率；通过基于 BIM 的 4D 管理，提高进度计划与其他资源计划的协调配套，过程中合理调配施工资源，正确指导生产活动；通过物联网称重、识别、二维码等技术加强对施工材料的管控。

通过管理和技术能力提升等手段对现场生产全过程每个环节进行监督与管理，及时发现或预测问题并协同解决，减少进度延迟、质量安全事故、沟通协同不畅等问题，消除了每个环节的浪费，最终提高项目效率与效益。

6.19.2 工作内容

"智慧工地"信息化应用架构，包括现场应用、集成监管、决策分析、数据中心和行业监管 5 个方面的内容。

（1）现场应用通过小而精的专业化系统，充分利用 BIM 技术、物联网等先进信息化技术手段，适应现场环境的要求，面对施工现场数据采集难、监管不到位等问题，提高数据获取的准确性、及时性、真实性和响应速度，实现施工过程的全面感知、互通互联、智能处理和协同工作。

（2）集成管理通过数据标准和接口的规范，将现场应用的子系统集成到监管平台，创建协同工作环境，搭建立体式管控体系，提高监管效率。

（3）决策分析，基于实时采集并集成的一线生产数据建立决策分析系统，通过大数据分析技术对监管数据进行科学分析、决策和预测，实现智慧型的辅助决策功能，提升企业和项目的科学决策分析能力。

（4）通过数据中心的建设，建立项目知识库，通过移动应用等手段，植入一线工作中，使得知识发挥真正的价值。

（5）行业监管"智慧工地"的建设可延伸至行业监管，通过系统和数据对接，支持"智慧工地"的行业监管。

6.19.3　管理要点

（1）智慧工地阶段管理内容

1）项目策划阶段：明确智慧监管实施工作的职责分工，由全过程工程咨询项目管理部作为牵头责任单位，在项目组的领导下，牵头组织智慧建管系统的整体实施与过程监督；全过程工程咨询工程监理部负责监督施工单位对硬件设备的日常维护、保养工作，确保硬件设备处于完好状态及数据正常上传，对于未按要求落实的应及时书面报告政府监管部门。施工总承包单位是具体实施、日常维护的责任单位，负责实施视频监控系统、实名制与分账制管理系统、用电监测系统、扬尘监测系统、起重机械监测系统、车辆识别系统、综合网关系统。

2）项目招标阶段：明确智慧监管工作的管理要求、实施责任、实施流程、硬件配置要求、技术要求、日常管理与维护要求。将相关要求纳入施工招标文件，合理设置商务条款，保障智慧监管工作在项目的有效实施。

3）项目施工阶段：施工单位项目技术负责人应编制安全文明施工专项方案，安全文明施工专项方案应专设"智慧工地"专篇，经项目经理审核后，报项目总监审批，方案内容应与《深圳市"智慧工地"施工现场硬件配置技术指引》相关要求相符。该方案通过审批后，由全过程工程咨询工程监理部将该方案的实施内容纳入开工条件验收、过程验收、安全文明施工标准评价，并在实施过程中对总承包单位的日常维护保养进行监督。

（2）智慧工地建设措施

1）智慧施工策划措施：

① 基于BIM场地布置：运用BIM软件进行施工现场合理布置临建及施工机具，优化资源配置，提高施工效率，节约成本。

② 基于BIM的进度计划编制与模拟：通过将施工进度计划与BIM模型关联，以及人力、机械、材料、设备、成本等相关资源的信息融合，建立施工进度计划与BIM

模型之间、与相关资源用量之间的复杂逻辑关系,并以三维模型的形式直接呈现出来,在策划阶段完成整个施工建造过程的可视化模拟。

③ 基于 BIM 的资源计划:通过 BIM 模型技术评估资源投入量的合理性,制定合理完善的资源项目、资源工程量以及进场时间等信息,为后期施工过程中减少返工和浪费,保证进度的正常进行提供前期保障。

④ 基于 BIM 的施工方案及工艺模拟:运用基于 BIM 模型技术的施工方案及工艺模拟,不仅可以检查和比较不同的施工方案、优化施工方案,还可以提高作业人员技术交底的效果。同时,施工模拟也为项目各参建方提供沟通协作平台,帮助各方及时、快捷地解决各种问题,大大提高工作效率,节省大量时间。

2)智慧进度管理措施:

① 基于信息化的智慧进度管理:利用 Project、P6 等软件实现进度计划编著,通过进度计划自动生成,将进度计划与项目工作安排产生关联,并结合移动物联网技术,实现工作内容的自动确认,从而实现进度计划的自动确认,进而使计划管理达到实时确认,有效提高其及时性和真实性。

② 基于 BIM 的进度智慧管理:基于 BIM 技术可实现进度计划与工程构建的动态链接,通过甘特图、网络图及三维动画等多种方式直观表达进度计划和施工过程,精确的计划、跟踪和控制每月、每周、每日的施工进度,确保工程项目按期完工。

3)智慧人员管理措施:

① 基于互联网的施工人员培训:通过互联网、多媒体技术,将安全生产法规、施工技术标准、安全隐患等文字课件,融入故事情节编排成情景动画,转换为动画视频课件,甚至是情景虚拟再现,让一线工人在观看、参与、体验的过程中,对不安全行为的危险性和安全事故引发的后果有更深入地了解,减少不安全行为的出现,从根源上降低安全事故的发生。可针对现场安全事故、特殊工种、大型设备、高危作业等工作建立仿真模拟系统。

② 基于互联网的施工人员实名制管理:通过物联网技术建立人员信息管理体系,制定统一人员信息管理规则、劳务人员信息登记、实时动态考勤、安全教育落地、工人工资发放、工人诚信管理、工种配备等信息,实现企业层与项目层数据集成应用,实现数据动态实时管理,实现企业级劳动台账管理,促进各项管理制度落地。

③ 信息化门禁管理:以施工人员实名制为基础,以物联网+智能硬件为手段,通过工人佩戴装载智能芯片的安全帽,以及采用基于虹膜与人脸识别等生物识别技术,实现数据自动收集、上传和语音安全提示,最后在移动端实时数据整理、分析,清楚了解工人现场分布、个人考勤等,给项目管理者提供科学的现场管理和决策依据。当前建筑施工现场管理门禁系统主要有以下三种:刷卡式闸机系统、基于智能芯片非接触式门禁系统和生物识别门禁系统。

4）智慧施工机械设备管理措施：

① 基于物联网的设备租赁：采用 ERP 系统、综合项目管理信息系统进行线上招标投标、合同管理等操作，完成设备租赁的招标及供应商关系管理工作。

② 基于移动终端的设备现场管理：将互联网信息技术、物联网技术、移动终端智能化装备运用于设备管理，实现设备巡检智能化、设备预防维护智能化、设备 OEE 分析智能化以及备品备件管理智能化。建立智慧机械设备单项技术应用工具及软件系统，包括：群塔防碰撞系统、塔机吊钩可视化安全管理系统、指纹识别系统、塔式起重机远程监控系统、钢筋翻样一体化管理系统，为设备资产、设备运行（包括故障管理）、维修管理等相关工作，提供先进、完整、综合、动态的工作体系、信息共享体系、知识管理体系和经济技术分析体系。实现保生产、提效能、控成本、防风险应用效果。

5）智慧物料管理措施：

① 基于互联网采购管理：采购人员利用互联网平台进行供应商选择、产品询价、订货等活动，不需要出差，大大降低采购费用。通过网站信息共享，实现无纸化办公，提高采购效率。基于电子商务的采购模式实现采购业务的标准变化。

② 基于 BIM 的物料管理：基于现场施工的材料管理系统，将模型信息与现场进度计划、流水段划分、分包队伍管理、设计变更相结合，重新按照现场施工需要整合材料信息，并按照现场施工格式输出给相关现场管理人员，辅助施工。

③ 基于物联网的物料现场验收管理：建立物料现场验收管控系统，采用云＋端架构，包括物料网、移动终端、标准数据集成等技术防范风险、控制成本、提升效率。

④ 基于二维码的物料跟踪管理：利用二维码和 RFID 技术，在施工材料上粘贴或挂接电子标签来识别物资属性，在物资进场验收、入库登记、领料使用等环节进行扫码跟踪，实时更新仓储数据库，确保物资的不明流失和损坏时有章可循，提高入库、出库、盘点等管理效率与准确性，确保及时准确地掌握库存的真实数据。

6）智慧成本管理措施：

基于 BIM 的算量建模软件，完成工程估算、概算和预算的编制，应用 BIM5D 技术进行工程量审核、申报、进度款审核和申请等成本动态管理，以及分析投资偏差。

7）智慧质量安全管理措施：

① 基于 BIM 的施工质量管理：建立基于 BIM 的施工质量管理系统，辅助生成施工质量验收任务、辅助现场验收、辅助统计和生成验收结构文档，提高验收工作效率，提升施工质量管理水平，保障施工质量。

② 基于物联网的工程材料质量管理：建立基于物联网的工程材料质量管理系统，实现建设工程材料检测全过程管控，包括工程材料台账、见证取样管理、检测报告核验、不合格材料管理等主要模块。

③ 基于物联网的工程实测实量管理：建立基于物联网的工程实测实量管理系统，

规划测区、数据采集、二维码标识、"爆点"整改、统计分析。采用二维码对测点进行标识，扫描二维码即可查看实测数据。借助大数据分析、云计算等技术，对采集到的测量数据进行统计分析，并智能生成报告。

④ 基于BIM的可视化安全管理：建立基于BIM的可视化安全管理系统，以BIM模型为基础实现不安全设计因素的自动识别，并在系统中呈现直观的可视化表达。通过集成BIM与定位技术，实现在施工过程中对作业人员和不安全环境因数的动态追踪和安全预警。

⑤ 机械设备的安全管理：建立基于物联网的特种设备安全监控系统，通过在机械设备上安装设备运行参数监控客户端，并通过无线网络将监控数据传输至监管系统，系统对数据进行分析处理，实现对机械设备运行情况的实时监控。

⑥ 深基坑的安全管理：建立基于物联网的深基坑工程安全监测管理系统，对在监工地进行按报警类型予以分类统计，以图形化形式显示各类报警工程信息。系统根据监测值的情况标示为绿灯、黄灯、红灯和黑灯，进行亮灯报警。管理者可通过管理系统直接查询、调用在建或已建工地的监测数据，实时掌握监测情况，直观分析监测数据。

⑦ 高支模工程的安全管理：建立高支模变形监测系统，利用物联网技术，通过4G/3G网络将高支模监测仪连接起来，将监测数据实时传输到软件平台中，通过远程控制，进一步排除影响安全的不利因素，保障作业人员的人身安全。

8）智慧项目协同管理措施：

① 基于云平台的图档协同：建立云平台的图档协同系统，为项目团队提供一个集中统一的文档储存空间，便于对项目所有文档集中统一管理与分享。实现项目文档的自动版本管理，实现移动端随时随地查看、批注、评论并回复文件。

② 基于BIM和移动端的综合项目协同管理：建立BIM协同管理平台，将模型导入平台进行集成，模型构件与计划节点、质量检查点等信息进行关联，形成6D管理模型，利用模型的直观性及可计算性等特性，为项目的进度管理、现场协调、成本管理、材料管理等关键过程及时提供准确的数据基础。同时，基于平台的自动分析、预警功能，依据项目各业务管理要求直观显示分析结果，提高决策效率。

9）智慧工地集成管理措施。

根据相关标准，结合工地现场实际情况，依托物联网、云计算、BIM模型等创新型技术手段，建立智慧工地集成管理平台。通过BIM可视化平台，集成多个业务应用子系统，借助多种应用终端，实现施工信息化、管理智能化、监测自动化和决策可视化。

6.19.4 经验总结

"智慧工地"建设的需求要围绕施工现场业务展开，即围绕人、机、料、法、环这5个影响生产和施工质量的关键要素展开管理，其中"人"是根本，"法"是基础，

"机"和"料"是施工的保证,"环"是条件,缺一不可。通过"智慧工地"的信息化手段实现要素的智能监控、预测报警和工作的数据共享、实时协同等,在满足施工现场管理基础上,要能够满足公司法人和项目管理者对项目建造过程的实时监管。"智慧工地"集成应用了物联网、云计算、移动等新技术手段,使得现场管理跨越了时空限制,符合现场走动式办公的特点,这样的信息化模式会改变现场管理和协同的方式,催生新的现场管理工作模式,需要建立相应的岗位和管理制度支撑。

6.20 "党建+"

项目是各参建单位的生产实体,也是企业的窗口,其人员大多为生产人员,对党建工作的重要性认识不足,有些人片面认为党建工作可有可无,对党建工作开展产生抵触情绪,使项目党建工作困难重重。新形势下如何在项目上有效开展党建工作,充分发挥党组织在基层工作中的战斗堡垒作用,为项目生产中心服务,这是摆在各参建单位党务工作者面前的一项新的课题。

6.20.1 管理目标

(1)坚持为人民服务为中心,把初心和使命体现在老百姓对政府工程的满意上,体现在建设者的关爱上,体现在与周边居民和谐关系的构建上。

(2)坚持以项目建设为中心,注重发挥党建引领作用,突出先行示范把党旗插在最需要攻坚克难的工作上。

(3)项目临时党支部在项目建设的质量、安全、疫情防控等方面发挥战斗堡垒的作用,确保工地顺利复工复产,确立以支部党员干部为领导核心的小组,全面统筹、精心部署、认真落实,带领广大党员群众迎难而上,推动安全高效高质量地完成项目建设目标。

(4)坚持以共建、联建、融建为党建工作切入点,在组织建设、组织生活、党员队伍建设、党建特色品牌建设等方面,发挥各方的资源优势。

(5)坚持以项目部为依托,建立党员活动室、阅览室、健身室,丰富党员民主生活,定期召开支部党员大会、支委会、党小组会,积极开展党支部思想、文化、体育活动,树立市技术大学临时党支部品牌形象。

6.20.2 工作内容

(1)提高认识是项目党建工作的出发点。项目部作为工程管理的基本模式,不仅是施工一线的指挥中枢、经济效益的源头、企业形象的窗口,也是党建和思想政治工作的重要阵地。因此,我们应充分认识加强项目党建工作的必要性和紧迫性,努力克服对项目党建工作重要性、地位、作用等方面存在的偏颇认识，克服"说起来重要，做起来次要，忙起来不要"的现象。

（2）健全组织体系是项目党建的根本。项目部党组织在项目部处于政治核心地位，发挥政治核心作用，是企业党组织在现代企业制度中的地位所决定的，也是党章赋予企业党组织的重要职责。因此，抓好项目党建工作，应把组织建设放在重要位置，根据项目建设实际，合理设置和动态调整组建好项目部党组织，及时配齐配强党务干部，真正做到组织健全、活动正常、管理规范。

1）完善制度是项目党建的基础。制度建设是带有长期性、稳定性和根本性的问题。因此，项目党建要结合工程实际，积极探索适应新形势要求的项目党建工作新思路，新方法，按照民主集中制原则，建立健全党工委会议制度、定期向党组织报告工作制度、领导班子民主生活会制度，促进党组织自身建设；建立健全重要问题集体讨论、重要工作情况通报、重要问题请示报告制度，确保项目部重要问题科学民主决策；建立健全民主管理、企务公开制度，完善民主监督机制；建立健全党建和思想政治工作定期检查、分析、考核和评比表彰制度，促进各项工作落实。使项目党建和思想政治工作真正走上制度化、规范化、程序化的轨道。

2）创新工作方法是项目党建工作的抓手。抓好项目党建工作，必须坚持与时俱进，注重活动方式的新颖性，努力在丰富内容、活跃载体、注重实效上下功夫。应紧密围绕施工生产实际，组织开展好丰富多彩的主题活动，以创建"好班子"为载体，促进项目部领导班子整体素质的提高；以党员"创岗建区""创先争优"为载体，充分发挥党员在工程建设中的先锋模范作用；以"安全文明标化工地""职工之家"等建设为载体，促进工程项目建设；通过不断创新活动载体，确立工作抓手，使项目党建和思想政治工作充满生机和活力。

3）充分发挥作用是项目党建工作的成果。围绕经济抓党建，抓好党建促发展，是项目党建和思想政治工作的指导思想，必须始终把确保工期、安全、质量、效益作为全部工作的出发点和落脚点，作为检验项目部党组织建设和思想政治工作成效的主要标准。应紧紧抓住施工管理和生产经营中的难点，有针对性地开展安全质量、成本意识和效益意识的教育，不断增强职工的安全、质量、效益意识；坚持"三贴近"原则，做到贴近实际、贴近生活、贴近群众，为工程项目建设提供强大的精神动力、智力支持和思想保证。

6.20.3 管理要点

（1）"党建+共建联建"

以项目部依托"红色工地"创建活动，积极与业主及兄弟单位搭建党建工作共建联建平台，定期交流学习，创新活动形式。

通过党群联合,积极开展活动,从请进来到走出去,将与项目所在社区党支部联合共建"红色工地",整合各方资源,服务当地居民与工地员工,构建新型党支部,并将建设党支部经验进行分享,做好红色基因的传承。

(2)"党建＋战斗堡垒"

根据临时党支部的实际情况,进行分工组织建设,设书记、副书记、组织委员、宣传委员和纪检委员共5名支部委员,其中副书记兼任项目廉政监督员,并以各施工标段党员为基础,组建5个党小组,设5名党小组长。合理的组织建设,争取在短时间内充分发挥组织力量,为党建引领项目建设奠定了组织基础。

在临时党支部党员管理方面,将动态更新党员花名册,实时掌握党员流入和流出的信息。尤其是对流动党员的管理,坚持"摸查场内现有人员,登记新进人员"的工作方式,由各施工单位劳务专员配合党小组长负责党员的流入和流出统计,做到任何一名在场党员都能够找到组织、加入组织。

(3)"党建＋党员先行"

通过临时党支部会议讨论党员参与质量、安全、进度管理的方案:各党小组党员参与编制质量计划、质量方案、质量检查、专项施工方案及质量问题整改,与技术负责人、质量主任协同工作,在技术交底时带头示范;各党小组党员参与编制安全管理策划、安全管理体系、安全技术方案、危大工程专项方案、应急预案,参与安全检查及应急演练的组织,在安全教育、安全交底时带头示范,在应急突发情况,如防台防汛等抢险工作,以及应急事件处置工作中,发挥先锋带头作用;各党小组党员参与施工进度计划编制、实际施工进度跟进,并落实进度纠偏措施。

安全管理方面,临时党支部建立《临时党支部引领安全生产管理行动方案》,成立安全管理纠察队、明确各岗位党员责任并签订安全管理目标承诺书,在危险源管控方面制定了明确的管理方案并明确考核制度,在安全培训、应急演练等方面也对各岗位党员职责予以明确。

(4)"党建＋党建引领"

根据党中央指示,基层党员思想、工作上高度重视常态化疫情防控工,全咨单位积极配合业主及兄弟单位构建"党建＋单元"作战体系,贯彻"硬在单元、活在巷道、胜在区域、赢在全局"理念,做到工地现场、宿舍、食堂分级管理,明确各级人员职责,细分作战单元,积极推进"1＋N"管理模式,全力做好疫情防控和复工复产工作。

临时党支部作为项目建设的战斗堡垒,是项目建设的组织力量源泉。为进一步发挥临时党支部的党建引领作用,临时党支部在现有工作基础上,将适时召开支部建设工作总结会,就"临时党支部如何促进项目建设"这一主题作为支部建设的永恒主题,围绕"质量、安全、进度"这一初心和使命,继续加强组织建设、制度建设,不断改进工作方式方法，杜绝形式主义，做实实在在的事，在项目上营造起干事创业的积极氛围，让鲜红的党旗高高飘扬在项目上，全面助力项目建设高质量发展。

（5）"党建＋组织宣传"

临时党支部筹建之初，加大了宣传，增强项目现场群众甚至部分流动党员对临时党支部的各项工作深入理解，让流动党员主动亮身份，临时党支部将尽可能地开展慰问现场农民工的活动，在节日（如端午节、中秋节）时各党小组可分别到现场为工人发放节日礼品，让所有在场人员都感受到节日的祥和气氛和临时党支部实实在在为群众服务的理念；临时党支部在各总包项目办公区，分别设置群众接待室，帮助现场工人切实解决如薪资纠纷、劳务工人作息时间等问题，为临时党支部的工作开展奠定较好的群众基础；临时党支部开展党建系列活动，如篮球比赛、台球比赛、拔河比赛、斗地主比赛等，可通过提前宣传的方式，吸引劳务工人包括流动党员的参与，营造同心协力的良好氛围，同时，各党小组可在现场工人食堂安排爱国题材电影节目的播放。

另外，临时党支部应坚持"团结一切可以团结的力量为项目建设服务"的原则，与地方社区开展共建共治共享活动。通过与社区党委联合共建，临时党支部党员与社区党员同志一起参加红色教育，提升党员政治理论水平和政治意识；可联合社区党委组织"义剪"进工地活动，为劳务工人免费理发；组织"义诊"进工地活动，为劳务工人免费体检；联合街道办安监办组织"安全教育进工地"活动，为劳务工人免费讲授安全知识和防诈骗技能。

通过临时党支部的系列宣传以及扎扎实实的具体工作，使流动党员找到组织、参加组织活动，同时，扩大了临时党支部在地方社区的影响力，为项目建设的外部协调工作创造了良好的工作基础。

（6）"党建＋激发活力"

针对项目党员常年在工程建设一线工作，人员分散、业务繁重的实际困难，通过多项举措，加强党员日常教育和管理，加强阵地建设，开设党员活动室，设立主题党日，丰富QQ群、微信群、"学习强国"交流群等学习载体，传递"看得见的正能量"。

（7）"党建＋廉洁从业"

以年度党风廉政建设工作要求为契机，结合党中央八项纪律，项目部积极部署，持续深化廉洁教育，通过张贴警示语、宣传画及廉洁桌签、廉洁桌面等形式，营造清风正气的工作环境，努力打造出一支"干部清廉、党员正气、群众明理"的队伍。

（8）"党建＋群团工作"

"群团事业是党的事业的重要组成部分"。项目部党支部始终坚持党的群众路线，切实贯彻落实"党建带团建"的指导方针，不断加强对群团工作的领导，着力发挥群团组织的职能作用，使群团组织成为与群众挨得最近、感受群众"冷暖"最敏感、群众最贴心的"娘家人"。

（9）"党建＋生产经营"

党建工作做实了就是生产力，做细了就是凝聚力，做强了就是战斗力。咨询单位将常态化推进党建工作与生产经营的深度融合，做好"五个坚持"，突出党建引领作用，围绕生产抓党建，抓好党建促生产，建设好"红色工地"，传承好"红色精神"。

（10）"党建＋安全管理"

安全工作是项目发展的重中之重。咨询单位将充分发挥党建引领作用，党员深入基层，开展"安全生产示范岗"等活动，努力做到"一个党员一面旗，党员身边无事故"，积极探索新时期推进安全工作创新的方式方法，努力实现党建工作和安全生产两手抓、两手硬的双赢格局和良性循环。

（11）"党建＋质量管理"

工程质量百年大计，必须坚持质量第一，全咨单位将通过党支部活动，设立"安全质量月"，以"安全质量月"为推手，深化"党建思维"融入质量管理各个方面，通过宣传教育、专项提升活动、创新活动等方式方法提升质量管理水平和工程实物质量，为项目质量管控提供有力支撑。

（12）"党建＋文化传承"

党支部建设将充分发挥战斗堡垒作用，强化党员队伍思想武装，积极引领工地党员先锋队发挥先锋模范作用，将工地党建与项目建设管理相融合，深入一线，靠前指挥，为项目建设序时推进提供组织保障。全咨单位充分发挥"传帮带"作用，促进青年基层干部成长，建章立制保障"传、帮、带"取得实效，营造浓厚氛围，教育引导年轻干部不断加强道德修养，提升能力水平，正确对待工作成绩，把敢于吃苦、乐于奉献、忠于职守、爱岗敬业、服务人民的工作作风和优良传统传质给年轻干部。工地党员先锋队始终将建设"优质工程、绿色工程、阳光工程、廉洁工程"为目标，凝心聚力，敢打敢拼，勇于创新，始终奋战在工地现场，精心呵护建设工地，谱写工地党建新篇章。

6.20.4 经验总结

"坚持共产党的领导、加强党组织的建设，是国有企业的'根'和'魂'"。全咨单位传承红色基因，通过以往大型项目的建设经验，致力"构筑红色工地，打造项目标杆"；以项目临时党支部为依托创建"红色工地"，遵循《深圳市建筑工务署项目组临时党支部工作指引》，坚持"廉洁自律、以人为本、求真务实"的基本原则，围绕"质量、安全、进度"的初心和使命，将党建工作融入并引领项目建设的各项任务，让党旗高高飘扬在项目建设的各个环节，积极开展各类"党建＋"活动，全面助力项目建设高质量发展。

6.21 全过程工程监理

我国于 1988 年开始工程监理工作的试点，1996 年在建设领域全面推行工程监理制度。自提出推行工程监理制度以来，经历了准备阶段（1988 年）、试点阶段（1989~1992 年）、稳步发展阶段（1993~1995 年）以及全面推广阶段（1996 年至今）四个发展阶段。积累了丰富的经验，也反映出很多问题。

工程监理制度成立之初的一个初衷是取代政府的微观工程管理职能，这个目标没有实现，政府建设工程质量监督部门仍在实行微观工程管理活动；另一个初衷是为建设单位提供专业服务，建设单位不必成立专门的工程管理队伍，这个目标也没有实现，建设单位也仅仅出于对法律的响应，而仅授权工程监理单位进行程序性的工程监理，工程监理单位未获得相应的足够的授权，也无手段完成法律法规赋予的工程监理的宏大任务。

为了促进建筑业持续健康发展，国家陆续发布了许多政策性文件。国务院办公厅发布的《关于促进建筑业持续健康发展的意见》（国办发［2017］19 号）文件，明确要求培训一批具有国际水平的全过程咨询企业，住房和城乡建设部印发了《关于开展全过程工程咨询试点工作的通知》（建市［2017］101 号），选择北京、上海等 8 省、市及 40 家企业开展为期 2 年的全过程咨询试点，还有一些省市也出台了各自的政策。这些指导政策以及制度的相继出台，都预示着全过程化的项目管理服务将成为我国建筑服务业发展的必然方向，我国的建设工程管理模式正在面临一场新的革新。

6.21.1 概述

在《建设工程监理规范》GB/T 50319—2013 的"术语"中，"建设工程监理（Construction Project Management）"被定义为：工程监理单位受建设单位委托，根据法律法规、工程建设标准、勘察设计文件及合同，在施工阶段对建设工程质量、造价、进度进行控制，对合同、信息进行管理，对工程建设相关方的关系进行协调，并履行建设工程安全生产管理法定职责的服务活动。其中，提到了监理工作常说的"三控三管一协调"。

按传统的监理模式，监理的工作目标与任务往往在招标投标文件或监理合同中有明确的要求，监理人员数量，监理设施、质量、安全、进度等管理目标等。对于设计方案及工程变更，监理虽然可以提出自己的意见和建议，但是由于专业性限制，总体方向往往仍由设计和建设单位掌控。在服务范围已限定、设计施工方案已确定、监理标准及验收标准已规定的前提下，监理只能是被动地在限定的服务范围内，在确定的设计及施工方案框架下，在国家标准及规范基础上，开展微观具体的监理工作，不能较好完成高智能的有偿技术服务的监理职业初衷。

随着国家建筑业的发展，材料更新、技术革新、管理创新日新月异，住房和城乡建设部印发了《关于开展全过程工程咨询试点工作的通知》（建市［2017］101号），推行全过程工程咨询管理作为一种新兴的工程项目管理模式，打破现在咨询市场分割、行业保护、业务条块化，大多数咨询企业规模小、业务单一，综合实力不强的行业格局，整合提升咨询企业的整体实力与竞争力。

在全过程工程咨询模式下的工程监理行业，应调整与转型，实现与项目管理、造价咨询、设计管理等板块有效融合、适应与促进工程管理，提升工作效率，实现1+1＞2的效果，高效实现工程建设目标，为项目的建设及使用增值。

监理人员要转变思想，在全过程咨询模式下，监理工作不再是独立的实施主体，而是作为全咨项目部主要组成部分，协同项目报批报建、设计管理、招标采购、项目管理、造价管理等部门以集成模式，效益最大化模式，专业化模式，一同为项目的目标实现，实现项目价值同向发力。因此，监理工作需要扩展服务界面，需前移到项目的前期阶段，以及延后到工程运行管理阶段，从传统的被动式监理转化为主动管理模式。在工程的前期阶段，提前介入工程管理，将管理的思路，安全、质量、进度等管理经验融入设计、相关管理策划等各个环节之中，并在工程实施过程中严格落实管理策划方案，减少过程管理的难度，让施工实施阶段的监理工作流程更为顺畅，效率更高效。在工程的运行阶段，与助于项目维保运行管理，同时验证工程的前期规划及实施的合理性、先进性，并进行及总体提升，为后续工程建设服务提升质量品质。

6.21.2　进度管理

（1）进度管理的总体控制

在项目的前期阶段，全咨单位监理部要提前主动融入进度管理方案的制定，结合工程的规模、特点及工期定额、交付要求等因素，把监理实施阶段的管理措施及要求，融入项目的进度管理策划方案，明确项目进度管理的组织机构，项目进度管理流程、管理制度以及项目的主要的里程碑节点计划。

深圳技术大学建设工程项目（一期）全咨单位通过一系列的讨论与研究，结合工程的特点及规模，制订了分批交付的总控节点计划，各标段、各建筑单体主要里程碑节点。如地下室出±0m，建筑结构封顶，外立面闭水，电梯转换，幕墙验收，消防验收，竣工验收等主要节点，针对机电安装系统制定了公共开关房及室外高压电力管线移交、系统调试、通水通电、消防验收等节点。并在合同中对各个进度节点设置了严格的考核标准及工程款支付条件，在实施中，严格按照合同条款执行考核机制，保证了项目实施过程中精装修、设备采购、园林景观等甲方集中采购专业分包招标工作顺利开展，最终按期完成工程进度目标。

全咨监理部根据进度管理方案编制监理规划，在监理规划及监理进度管理监理细则中详细论述进度管理的要求、程序、工作方法，管理措施等内容。在项目实施过程中，通过组织进度检查、进度专题会、进度预警、进度考核等方式，协调各参建单位，按照既定的节点计划及里程碑目标，共同推进项目施工进展。在深圳技术大学建设工程项目实施阶段进度管理中取得了良好的管理效果，该项目自进场施工，经过13个月艰苦拼搏，在2019年8月份，完成了20多万 m^2 的竣工移交，8个配电房一次送电成功，消防验收一次通过，竣工验收一次性通过。2021年6月份，实现全部高质量交付使用，展示了全过程咨询模式的优越性。

（2）监理进度控制的主要工作

监理单位要提前介入项目进度管理方案的制定，充分掌握项目的进度管控关键与核心，有利于施工阶段进度控制目标的实现，通过审核各专业工程的施工进度计划，在满足项目总工期、总进度计划要求的条件下，在执行过程中加以控制，保证工程总工期目标的实现。

1）要求施工单位建立健全进度管控施工管理体系、检查体系运转有效性。

2）督促施工单位及时编制施工总进度年度、季度、月度计划、周进度计划，并进行报审。

3）充分研究现场工效，对施工单位编制和报审的施工进度计划可行性进行审批。

在施工进度计划开始实施过程中，监督进度计划的实际执行情况，如果出现工期延误及实际进度的其他变化，则应将执行中的进度计划予以部分或全部地修改与调整。调整的工作内容及其调整期限，应依据工程项目实际情况确定。调整进度计划的目的是使其符合变化了的实际情况，以保证施工总进度计划的顺利实现。

4）定期召开进度专题会，督促施工单位均衡施工，避免突击抢工赶工局面，分清轻重缓急，处理进度拖延等。在施工过程中，随时对工程进度进行分析和评估，定期向全咨管理部提交"工程进度分析报告"。

5）鼓励承包商制定合理的进度竞赛活动，如进度立功竞赛活动等。

6）协助建设单位组织项目进度大会，奖优罚劣，调动参建单位公司资源支援项目推进。

（3）影响进度的主要因素

1）设计变更导致设计方案的改变。

2）地质条件变化、异常天气、疫情等不可抗力影响。

3）策划考虑不周全，施工组织不力，导致进度滞后。

4）技术失误，施工方案选择不当的影响。

5）安全事故或意外事件造成的影响。

6）外部单位造成的影响，如材料供应不及时，停电、停水等。

（4）进度控制监理工作程序

深圳技术大学建设项目（一期）监理进度控制程序如图 6-13 所示。

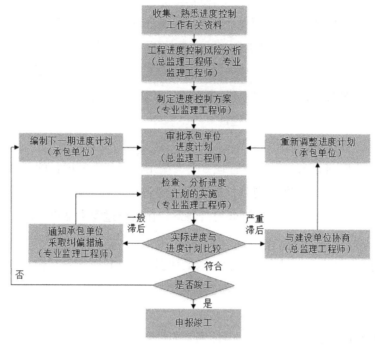

图 6-13　深圳技术大学建设项目（一期）监理进度管控程序

（5）监理工作进度管控的措施

深圳技术大学建设工程项目（一期）施工阶段进度控制，监理部严格按照事前控制、事中控制和事后控制三个阶段实施进度管理。

1）事前控制。

在施工过程中，配合全咨管理部与设计单位、施工单位进行协调与沟通，使设计进度能满足现场施工进度需要。

督促承包商根据全咨管理部确认的深圳技术大学项目（一期）进度节点要求，编制项目实施一级总进度计划及二级实施性进度计划。承包商在编制工程进度计划时应把握以下原则：① 必须贯彻合同条件及技术规范；② 真实、可靠并符合实际；③ 清楚、明了，便于管理；④ 表明施工中的全部活动及其他的相关联系；⑤ 反映施工组织及施工方法；⑥ 充分考虑工程材料设备、资金、人力的保障情况；⑦ 预见可能的施工障碍及变化。

督促承包商根据全咨管理部确认的深圳的技术大学项目建设总进度节点要求，编制单项工程工期及关键节点进度，并反映以下的内容：

① 具体施工方案和施工方法。

② 总体进度计划及各道工序的控制日期。

③ 各施工阶段的人力和设备的配备及运转安排。

④ 施工准备及结束清场的时间安排。

⑤ 对总体进度计划及其他相关工程的控制、依赖关系和说明等。

⑥ 审核承包商提交的施工进度计划。检查承包商所制订的工程进度计划是否合理，有无可能实现，是否适合工程的实际条件和现场情况，体现工期和时间安排的合理性；施工准备的可靠性；计划目标与施工能力的适应性。

⑦ 督促和协助合同各方做好施工前准备工作。

2）事中控制：

监理工程师一方面要进行实际进度检查，做好动态控制和合理调整；另一方面，及时进行工程计量，为保证施工单位及时得到进度款和完成进度创造条件。

① 建立反映工程进度状况的监理日记。

监理人员要随时收集和记录影响工程进度的有关资料和事项，逐日如实记载每日完成的实物工程量。同时，如实记载影响工程进度的内外、人为和自然的各种因素。暴雨、大风、现场停水、现场停电等应注明起止时间（小时、分）。随时掌握承包商工程施工过程中存在的问题，以便及时协调和解决影响进度的各种矛盾和不利因素。

② 工程进度的检查。

审核施工单位提交的月度、周工程进度报告。审核的要点是：计划进度与实际进度的差异；形象进度、实物工程量与工作量指标完成情况的一致性。

按合同要求，及时进行工程计量验收。

③ 工程进度的动态管理：

a. 工程开工后，监理工程师应建立单项工程的月、旬进度报表及进度控制图表，以便对分项施工的工程月、旬进度进行控制。当实际进度与计划进度发生差异时，应分析产生的原因，并提出进度调整的措施和方案，要求承包商采取措施调整施工进度，必要时调整工时目标。

b. 适时组织工程进度协调会、推进会。

c. 协调处理影响工程进度的有关事宜，并编制下发会议纪要，检查落实情况。

d. 现场监理项目部每周每月向全咨管理部报告进度状况，并提供有关资料，供全咨管理部对工程实际进展情况进行综合评价。

3）事后控制。

当实际进度与计划进度发生差异时，在分析原因的基础上可建议承包单位采取以下措施：

a. 制定保证总工期不突破的对策措施。包括深圳市建筑工务署约谈机制、履约评价机制、处罚机制等。

b. 制定目标工期突破后的补救措施。调整相应的施工计划、材料设备、资金供应计划等，在新的条件下组织新的协调和平衡。

6.21.3 安全管理

安全管理工作是项目建设各项工作的前提，如何做好安全管理的全过程管控，进一步形成安全生产管理长效机制，是项目全过程管理工作的重中之重，也是监理工作的核心与关键。安全管理始终要围绕承包商安全管理体系的正常运行为管理中心，强化承包商的安全管理主体责任落实，以危险性较大分部分项工程管控为主线，坚持文明施工 6S 管理，严格施工方案及现场安全措施的审核，严抓安全管理责任制网格化，践行全员安全管理的理念。

安全文明施工监理工作重点：

1）高质量设计招标文件安全专篇，安全工作要下先手棋。监理单位参与招标文件的编制及审核，结合项目所在地安全管理的要求，将安全管理的构想及规划在招标文件中作出明确要求，具体到承包商安全管理体系要求、危险性较大分部分项工程的管理、安全标准及设施、安全教育培训、特殊工种管理、安全文明施工要求（6S）、应急响应、安全违约处罚细则等，让后期施工阶段安全管理更加有依有据，按规范施工，按合同办事。

2）落实各方主体责任，加强组织领导能力。安全生产管理制度层层落实，将各自职责范围内工作抓紧、抓细、抓实。从思想观念、组织体系、制度措施、奖罚执行等方面强化安全管理工作，做到统筹兼顾，重点突出，全咨模式下监理的安全工作权限更大，力度更强，更有利于安全工作组织落实。

3）严格安全检查制度，及时发现消除安全隐患。监理部始终将安全管控工作放在第一位。安全工作是动态的、瞬息变化的，只有通过定期的周检查，月度检查，不定时的专项安全检查、节前检查，节假日检查等方式，切实落实"一线三排"工作，才能保证施工安全。

4）安全生产"清单化"管理，规范安全施工。将安全生产工作职责落实到每个人，安全生产隐患排查落实到每一天，安全生产隐患排查覆盖到每个环节，确保减少一般事故，防止较大事故，杜绝重特大事故，提升安全生产监督检查和隐患排查治理能力，规范促进安全监管方式创新，提高安全监管水平。

5）严抓安全生产培训工作，让安全生产深入人心。要求参建单位进行全员安全培训，编制专门的安全手册和操作规程手册，增强安全生产意识和安全管理水平，提高工人遵章守纪、自我保护、防范事故的能力。

6）做细危险源辨析，坚持风险管控。每个部位、工序在开工前，充分辨析危险源，制定防控措施，并落实到网格化责任人员。监理单位严格审批施工方案里的危险辨识是否到位，保护措施是否完善，过程进行重点检查。

7）强化安全应急演练，做好以练备战。坚持以施工总承包主导的安全应急管理体系，组织消防应急演练、防汛、防台风应急演练，防触电应急演练等多样式的应急演练，通过以练备战的方式提升施工队伍的应急响应能力。

8）加强履约考核，提高监管力度。加强巡查抽查，加强过程考核，配合工务署第三方巡查，发挥杠杆作用，将奖惩制度落地见效。

6.21.4 质量管理

（1）质量管理策划

"百年大计，质量第一"，是我国工程建设的基本方针之一。质量是工程实现建筑功能的基础，优质的质量为企业赢得良好口碑及企业形象，是企业发展的生命线。全过程咨询模式下，监理企业应参与到工程前期的质量管理策划中来，协同全咨项目部进行宏观控制，在工程施工质量管理规划中明确质量目标，管理要求、标准、工料规范等，以及质量管理控制清单、样板样品清单、材料设备品牌要求，专项施工方案、实测实量、BIM 应用、违约处罚等要求。

在项目实施阶段，符合国家法律、法规及现行技术规范标准要求下，监理部重点在材料管理、工序验收、工艺控制三个环节，采用"预控""程控"和"终控"的三阶段控制方法，对"分项工程""分部工程"和"单位工程"三层次开展微观具体的监理工作。

（2）质量控制监理工作程序

深圳技术大学建设项目（一期）监理质量控制工作程序如图 6-14 所示。

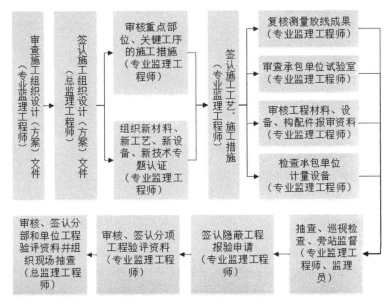

图 6-14 深圳技术大学建设项目（一期）监理质量工作程序

（3）质量控制监理方法

1）从技术方案设计、采购、实施、运营等环节全过程参与质量管理。

2）实施系统的质量控制方法。

3）加强图纸会审，做好控制准备工作。

4）抓施工组织设计审核，提高项目技术水平。

5）审查质量管理体系，确保工程管理质量。

6）坚持"样板引路"，明确质量控制标准。

7）严把进场关，控制材料、设备质量。

8）加强过程控制，做好工序中间验收工作。

9）提前策划，组织各项验收工作。

（4）质量控制监理工作制度

监理部应在全咨项目管理部质量管理规划的基础上，结合工程所在地及建设单位的管理制度，编制质量管理大纲及监理细则，制定与项目相适应的质量管理制度，使监理质量管理工作高效运行。深圳技术大学项目（一期）监理部根据工程特点及规模制定了28项管理制度，并达到了预期的质量目标，获得了中国钢结构金奖、广东省优质结构奖等重要奖项。

1）施工组织设计／施工方案审批制度。

2）样板引路制度。

3）图纸会审制度。

4）测量复核制度。

5）材料样板、施工样板引路制度。

6）验收举牌制度。

7）实测实量制度。

8）重大原材料、设备跟踪制度。

9）设计变更验收制度。

10）关键工序，关键部位平行检查制度。

11）混凝土浇筑审批制度。

12）质量周例会及周报制度。

13）质量周检查、月检制度。

14）质量竞赛（比武）制度。

15）质量活动月制度。

16）原材料、设备、构配件进场验收、取样送检制度。

17）混凝土原材料抽样送检制度。

18）施工工艺交底制度。

19）质量控制点策划制度。

20）质量通病防治专项措施。

21）工序交接验收制度。

22）工程质量三检、多检及联检制度。

23）BIM 管理制度。

24）成品保护制度。

25）质量违约处罚管理办法。

26）质量创优管理办法。

27）建立质量信息统计及反馈机制。

28）质量回访保修制度。

6.22 实验室工艺与咨询

深圳技术大学是一所"定位前瞻、意义重大；科学规划、低碳环保；精益建造、创新管理；集约运营、功能完备；实训＋科研＋国际合作，办学特色鲜明"的高水平、国际化、应用型技术大学。本项目既是典型的高校类项目群，包含各种功能的建筑单体，以及各建筑单体之间的架空层及联系交通平台；又是不同于一般的高校类项目，其办学特色十分鲜明，即"实训＋科研＋国际合作"，因此校园内将设置大量的校企联合实验室和实训中心，企业的车间将进入大学，众多国际合作机构将前来提供教学服务，由此将带来对设计、采购、施工及运营等一系列的相关要求（包括与国际标准的融合），如部分建筑单体内需要有大空间、大跨度、大荷载的结构体系，并需充分考虑设备抗震／减震、管线排布、降噪吸声等方面的要求。

为了达到本项目高定位、高标准、高质量的总体目标，上海建科工程咨询有限公司针对实验室建设作出专项咨询方案，保证实验室建设总体目标的实现。

6.22.1 特点分析及功能需求

（1）特点分析

对本项目特点进行分析，作为典型的高校类项目群包含了各种功能的建筑单体。此外，深圳技术大学项目又不同于一般的高校类项目，其办学特色十分鲜明，即"实训＋科研＋国际合作"，校园内将设置大量的校企联合实验室和实训中心，企业的车间将进入大学，众多国际合作机构将前来提供教学服务，由此将带来对设计、采购、施工及运营等一系列的相关要求（包括与国际标准的融合），如部分建筑单体内需要有大空间、大跨度、大荷载的结构体系，并需充分考虑设备抗震／减震、管线排布、降噪吸声等方面的要求。

本项目工期与一般项目明显不同（即本项目必须满足开学进度），且实验室建设的高标准和专业需求，使得建设管理过程中需要 BIM 技术等前沿技术进行技术支持。

（2）功能需求

本项目不同于一般高校项目的特殊功能需求，即是本工程项目管理应关注的重点。项目涉及大量实验室及实训中心，且各种实验室的工艺要求不一，专业性强，直接影响了建筑结构的形式，如中德智能制造学院基础加工实训车间承重大于1500t；测控实验区为万级洁净空间；城市轨道交通车辆工程实验室净高 15m；健康与环境工程学院实验室需建辐射防护墙；部分实验室还有给水净化、污水处理的要求。这些特殊功能建筑和工艺的建造给项目管理将带来较大挑战。

这些特殊功能需求，要求全咨单位要充分了解项目前期决策阶段的工作情况，并通过对建设单位、使用单位以及行政主管部门的功能需求调研，明晰其各项使用功能需求。

6.22.2 重点分析及应对措施

（1）重点分析

深圳技术大学建有大量特色实验实训室，一期工程中实验室空间的建筑面积共计20多万 m^2。各种实验室的工艺要求不一，专业性强，且对建筑结构的形式产生直接影响，如中德智能制造学院基础加工实训车间承重大于1500t；测控试验区万级洁净空间；城市轨道交通车辆工程实验室净高 15m；健康与环境工程学院实验室需建辐射防护墙；部分实验室还有给水净化、污水处理的要求。这些特殊功能建筑和工艺的建造给工程管理带来了较大挑战。

（2）应对措施

1）邀请校方（尤其是特色科研实训实验室的运营及使用方）参与本工程特色科研实训实验室的设计、施工、验收及试运行。

2）收集特色科研实训实验室的设计需求，并在充分理解这些需求的基础上，形成专门针对特色科研实训实验室的设计任务书（或设计规范），并将其提交给校方（特色科研实训实验室的运营及使用方）进行审核。

3）根据特色科研实训实验室的建设内容和要求做好设计、报批报建及材料设备的供货和安装等的招标采购工作。在设计过程中，应从将来实际使用的角度出发，充分利用 BIM 技术做好工艺设备、管线与建筑物的匹配与结合；在报批报建过程中，应确保相关手续办理的及时性、完整性及合规性；在招标采购过程中，组织建设单位、校方、设计、监理等参建单位共同对相关工艺设备及管线等进行实地考察，确保招标采购工作的及时性和准确性。

4）督促施工单位及材料设备供应商、安装单位等严格按设计图纸进行施工，邀请校方（特色科研实训实验室的运营及使用方）及设计单位在施工过程中对施工质量进行符合性检查及过程验收，发现问题立即整改。同时，充分利用 BIM 技术，对工艺设备、管线的安装进行模拟，确保施工过程中不出现缺、漏、碰等问题。

5）组织建设单位、校方（特色科研实训实验室的运营及使用方）、设计、监理等参建单位及政府监管部门等参与特色科研实训实验室的竣工验收和试运行，同时要求施工单位及供应商等及时提供科研实训实验室的运营维护手册，并对有关人员进行培训。

6.22.3 前期策划阶段项目管理工作

（1）实验室需求调研阶段

1）调研、整理、汇总实验室工艺需求。

实验室建筑设计的最基本条件即是要满足使用单位的需求，因此要充分做好建设前期使用单位需求的调研工作。实验室作为学校学科专业发展的一部分，是为人才培养和科学研究服务的，因此它必须符合学校的办学规模、发展方向、专业设置、学科建设、科研方向以及本学科的现状和发展方向，全咨单位要与学校各级单位明确前期工作调研的情况，并与设计单位做好有针对性的调研问卷，开展有效的调研活动。

调研整理实验室的使用目的、实验室的实验内容、实验流程、功能房间、实验室面积、实验室的设备及仪器种类、型号、功率、重量、配套设施（含实验家具）等。

调研整理各实验室的主要设备使用频率，主要设备的用水、用电、用气、通风及承重要求，实验室的操作人数，实验室"三废"处理内容等。

2）调研整理汇总实验室环境要求：包括人对环境的要求、实验对象对环境的要求、设备对环境的要求、实验内容对环境的要求、实验室的功能实现目标等。

3）实验室定义与评估：定义实验室的类别、实验室使用目的、实验室安全等级、实验流程与建筑空间要求、实验室总体环境要求、实验设备与建筑结构的配套要求、实验室功能与建筑结构关系、实验室"三废"对环境的影响等。

4）用户需求转化：将使用需求转化为设计需求语言，包括但不限于文字材料及必要的设计图纸（注：不超过初步设计深度）、计算书（含电气容量计算书、排风量计算书、空调冷量计算书等），形成实验室需求调研报告，并制作实验室房间参数手册（或房间参数卡片）。

（2）实验室工艺设计阶段

实验室建筑与工艺设计要保证高效原则、集约化原则、适宜性原则、循环利用原则、绿色环保原则等。

1）对实验室工艺设计进度、设计质量进行全过程管理。

2）评估实验室工艺设计输出（注：施工图由主体建筑设计单位完成）与设计需求的匹配性、可行性、设计理念（如安全、舒适、节能、环保等）、实现目标（如前瞻性、灵活性、先进性等）。

3）负责组织对各阶段（方案、初步设计、施工图等）及各专业（包括但不限于建筑、结构、电气、通风与空调、给水排水、智能化，以及其他与本项目密切相关、必不可少的专业）设计图纸及计算书进行实验室工艺专业审查（包括但不限于对平面布局、荷载、层高、防震、防爆、防辐射、消防、气流控制、气体、纯水、实验室自控等相关参数及要求的审查），对其在投资控制的原则下提出优化咨询意见，并提交咨询报告。

4）负责协调主体建筑设计单位根据实验室工艺设计调整建筑设计（如需），并负责协助主体建筑设计单位完成实验室施工图设计。

（3）其他咨询服务

1）协助使用单位根据概算批复，调整实验室工艺需求。

2）协助招标人完成本项目实验室可能涉及的专家评审及各级政府部门要求的专项审查（所涉及的费用由实验室工艺咨询中标人承担）。

3）协助招标人向使用单位提出实验室涉及的各项检测标准，并就检测内容及检测实施提出书面意见和建议。

4）协助招标人拟定实验室涉及的设备及仪器的技术参数等（包括但不限于设备及仪器名称、规格型号、重量、功率、水、电、气、防静电、防震、防爆、防辐射、排风、安装方式等需求参数）。

5）报批报建管理：协助招标人完成服务范围内与实验室工艺相关的各项报批报建手续，组织协调等有关工作。

6）若使用单位对某些实验室有特定的认证要求，则须在需求调研阶段及工艺设计阶段落实相关要求，并对实验室认证提出书面意见和建议。

7）收集、整理、归档项目咨询服务相关成果和工作往来资料。

（4）咨询成果

本项目实验室工艺咨询成果包括但不限于实验室需求调研报告、实验室房间参数手册（或房间参数卡片）、实验室环境评估报告、实验室仪器信息采集表、建筑与工艺配合要求说明（含必要的方案设计图纸）、实验室设备/产品品牌、选型与价格调研表、实验室负荷平衡计算表及各类审图与审核意见等。

6.22.4 过程实施阶段项目管理工作

（1）专业咨询招标

本项目实验室建设难度大，专业性强，因此项目进行专业分包，与专业实验室建设有限公司签订合同，保证重点实验室的顺利建设。

因本项目建设划分为四个标段和区域，故重点实验室工艺咨询也分为四个标段进行发包和签订合同。首先明确招标工作目标：

1）明确权责划分，保证咨询服务单位权责清晰。

2）确保中标单位有为本类型项目提供优质服务的能力。

3）确保服务单位的成果文件符合本项目施工、管理以及验收的要求。

对于本项目有特殊工艺要求的专业分包或设备采购项目，建议采用邀请招标／单一来源采购的方式来进行。

（2）特殊设备采购

项目实验室建设过程中涉及消防、暖通、弱电、强电、装饰装修等专业工程。各专业工程中，部分同一标准化的大宗材料及设备产品建议采用统一采购形式，有利于节约施工工期，便于统一管理，合理安排加工生产，同时方便后期维护和检修。

实验室建设涉及的一些特殊材料、单独制定的设备、装置以及需从国外采购的应给予重点关注。对于上述特殊设备，应在采购之前，明确型号、规格、性能参数，结合主体进度及采购计划，进行一期项目范围内的统一采购，可以节约大量采购成本和谈判成本，选择有实力的供应商，同时便于后期统一维护以及管理。这需要深入考察当地（深圳地区）的市场供应情况，采用公开招标、邀请招标或单一来源方式进行招标。

（3）进度控制管理

1）工作目标。

深圳技术大学建设项目（一期）计划工期约4年，从2016年12月31日起开始施工，以此确定深圳技术大学建设项目进度管理总体目标及节点目标，编制项目进度计划及制定控制措施，分析影响进度的主要因素，对进度计划的实施进行检查和调整。并在总体进度计划目标中，考虑实验室建设的需要和各种因素，对实验室建设进行规划，确立节点目标，保证实验室可以在要求时间内投入正常运营使用。

2）工作思路。

依托建设单位总体进度目标控制要求，对深圳技术大学建设项目（一期）进行结构分解，建立多级项目计划管理层次，针对实验室建设进行项目分解，在总体控制目标要求的项目实施计划中，控制实验室建设计划目标的实现。

3）工作内容：

① 确定进度计划编制原则：进度计划应在所有计划网络的制订和维护中采用"关键路径法"时间表，应以"工作日"或"日历天"为单位分配活动的时间跨度，并应计入所有的公众假期。进度计划应使用 Microsoft Project 或 P6 软件进行编制和维护。

② 确定进度管理目标：项目的进度管理目标可按照项目构成、项目实施过程、专业、阶段或实施周期进行分解。实验室建设进度管理目标依托项目总体进度目标，根据进度计划编制的原则进行确定，通常包括阶段目标、里程碑目标，根据进度控制的

时间间隔而制定的年、月、周目标等。

③ 召开进度专题协调会：在进行项目进度计划推进的过程中，由于实验室建设专业水平高、技术水平高、相应困难多，因此在项目实施过程中，难免要协调各方资源。当任何一方认为现场存在进度滞后风险或已经产生实质滞后，可以召集各参建方召开进度专题协调会。协调会的主要内容应包括进度滞后情况分析以及采取的补救措施等。

4）工作措施：

① 在设计阶段考虑建筑材料及建筑工艺对工期的影响，如桩基选型、基坑围护形式、结构构造形式、外立面围护、屋面建筑艺术、铺装与涂装工艺等。

② 将设计节点与招采节点相关联，以招采倒推施工图设计。

③ 精密衔接，合理穿插，将前期设计工作节点衔接变搭接。

④ 做好招标阶段"双控"，明确关键节点工期目标，明确奖罚措施，并要求将工期目标及奖罚落实到相应分包队伍。

⑤ 合理调整招采计划，统筹规划专业分包单位进场，提前进场预留图纸深化时间。

⑥ 建立项目进度推进协调制度，包括会议定期举行的时间，协调会议的参加人员层级。

⑦ 分基坑、主体、精装、室外工程等多个阶段考虑总平面布置，重点保障立体交通运输的顺畅(出入口、施工环道、加工场、堆场、垂直运输等)，同步谋划永临结合(正式路口、市政管网、场内道路等)和施工阶段充分利用地下室、各楼层平面空间等。

⑧ 全穿插、全并联施工策划，重点推进各工序工作面的交接。

⑨ 结合施工进度，统筹安排劳动力、材料、构配件、工器具、设备的供应计划和配置，满足进度计划的实现和保证均衡连续生产，在施工高峰期能够满足供应需求。

⑩ 结合材料设备供求质量及供应时间，合理安排大宗材料采购计划，避免材料到货周期影响施工，进场材料不合格造成退货等问题。

⑪ 定期对进度实施情况进行检查评估、动态控制和合理调整，分析进度偏差产生的原因，提出调整的措施和方案，做出相应调整，同时将结果与履约评价挂钩。

6.22.5 验收移交阶段项目管理工作

在本项目现场施工工作接近尾声时，工程的项目管理工作以及实验室的建设施工工作也将进入收尾阶段。考虑到本项目为大型高校类项目群，针对其验收和移交，除了需进行项目层面的整体策划外，还需要在此阶段的具体工作进行策划。

（1）验收策划

项目管理团队应提前按片区或标段制订好项目的竣工验收及备案计划，并督促各参建单位按计划执行；与建设单位及使用单位共同组织本项目各个片区或标段的竣工验收（包括实体质量验收及竣工档案验收），并按计划向各行政主管部门办理各项验收及备案手续。

（2）各单体入驻或使用策划

由于本项目是大型高校类项目，不同的学院实验室可能有不同的入驻与使用进度计划，因此项目管理团队要提前与各学院进行充分沟通，提前制订各学院的入驻或使用进度计划，并将该进度计划落实到每个单体。同时，督促每个片区或标段的承包商及供应商提前做好各学院实验室入驻或使用前的各项准备工作，包括但不限于提前准备好场地供各学院的开办设备安装及调试，对各学院进行设施设备的使用等各类必要培训，编制和提交完整的备品备件报表并准备好相关的备品备件以供移交等。

（3）合同关闭及竣工结算策划

在现场施工工作接近尾声时，项目管理团队将协助建设单位核查各专业咨询顾问单位（如重点实验室工艺咨询等）、承包商及供应商合同范围内的工作完成情况，分析参建单位的履约情况是否达到合同关闭的前提条件；对满足合同关闭条件的承包商，按合同规定返还部分质保金（如有），并签订合同补充协议，关闭遗留的变更及索赔，从而逐步完成各专业咨询顾问单位、承包商和供应商等的合同关闭手续；竣工结算方面，项目管理团队将同建设单位一道对安全文明施工等各类奖惩金额进行最终确定，协助造价咨询单位（QS）对各类工程扣款进行结算，最终协助其完成合同的竣工结算。

（4）项目信息整体移交策划

除督促有关参建单位向建设单位、使用单位及当地城建档案馆等移交符合要求的相关档案信息外，项目管理团队还将按片区或标段提供管理信息平台、BIM模型等数字化交付信息，为项目后期的运营维护提供依据。

6.22.6 经验总结

（1）采用基于BIM的全方位风险管理手段

建筑信息模型（BIM）的应用，为风险管理提供了全新的手段。对于本工程进度风险、实验室建设过程风险，通过基于BIM的4D施工模拟，可以将施工过程、施工先后顺序安排，通过BIM模型进行模拟，从而可以预先发现进度安排中的一些不合理之处，从源头上减少一些进度风险。对于施工交叉风险、项目现场的交通组织风险，也可以通过施工方案的模拟，对施工现场进行模拟，从而验证施工方案的可行性，现场交通组织方案的可行性，一定程度上降低了该类风险。因此，在本项目的管理过程中，将风险评估和风险管理工作与BIM技术的应用紧密结合，以BIM工具进行补充风险识别，以BIM工具进行风险损失模拟，以BIM工具演示风险管理的效果，采用BIM技术作为全方位风险管理手段。

（2）贯彻以运营为导向的设计管理，达到项目建设初衷

实验室的建设运营管理等所有的管理行为均围绕着深圳技术大学的开办而进行。因此，为了尽可能地在施工阶段减少变更，必须在整个设计管理全过程，包括前期阶段和深化、专业设计阶段，牢牢树立"坚持以运营为导向的设计管理"理念，以最终院系使用者的功能需求实现为导向开展设计管理工作。

深圳技术大学在建设过程中由深圳市工务署具体负责，项目管理团队进入后，在设计管理方面最需启动的工作就是对校方具体使用院系各实验室的功能需求的全面摸底和调研，充分理解其功能需求和建设标准。并以此为依据逐步推进设计工作，避免出现因需求不明而导致后期的频繁设计变更，杜绝对工程的进度和投资的管理风险。

（3）工作质量要求

1）项目负责人及服务团队在履行其义务时，应本着严格管理、热情服务、秉公执行、一丝不苟的原则，按照现行国家、广东省、深圳市等相关规范规定要求，运用合同和现代信息化的技能谨慎而勤奋地工作，并确保投资、质量、进度等工程建设目标实现。

2）对同类项目调研、使用需求调研、项目现状调研、相关政策调研进行充分的分析，确保项目需求、项目定位需符合国家、省、市及建设单位/使用单位的相关要求。

3）实验室需求调研报告及实验室房间参数手册（或房间参数卡片）内容全面，编制深度必须满足本项目实验室工艺及建筑设计要求。

4）各类审图或审核意见须按专业逐条列出，并细致表达被审核图纸（或其他技术文件）的错漏碰缺之处及相关的修改意见。

5）所提供的实验室工艺方案设计图纸（如需）深度须满足本工程建筑设计单位进行施工图设计的相关要求。

6）如甲方及建设单位/使用单位在开展重点实验室后续工作（含施工图设计、招标采购、施工、调试、验收、检测和认证等）过程中需要使用乙方按本合同要求已提交的咨询成果，则该成果的深度及准确性须满足开展上述工作的前提条件或足以作为上述工作的提资文件。

第 7 章 管 理 成 效

7.1 项目策划成效

深圳技术大学建设项目（一期）是一个典型的特色高校类项目群，在项目策划、设计管理、招标采购、施工管理、验收及移交等方面都有诸多管理或技术难点。我司进场后基于对项目特点、功能需求、项目目标体系及建设条件的分析，以建设单位的视角，运用项目总控（Project Controlling）的思路和方法，从项目整体的高度对本项目的建设实施进行策划，以达到统筹全局的作用。通过总结项目建设过程，并结合我们以往多个大型项目群的建设管理经验，重点从以下 10 个方面对深圳技术大学建设项目（一期）进行项目层面的整体策划。

7.1.1 整体目标分解

本项目参建单位及参建人员众多，涉及的建设管理工作十分繁杂，项目的目标分解工作必须做到层层递进、不留死角，最终让每个参建人员不仅要了解本项目建设的整体"大目标"，更要深刻领会自身职责范围内的"小目标"。基于项目前期工作调研过程中明确的项目目标体系，分析细化并制定各管理模块（如报批报建、招标采购等）的专项目标，并在专项目标的基础上，进一步细化成各个片区或标段、各个参建单位的工作目标。

7.1.2 项目组织策划

本项目是典型的大型项目群，参建单位众多，且建设单位和使用单位相互独立。建立一个高效的组织系统，是本项目能否实现各项建设目标的前提和关键。为此，我们与建设单位、使用单位和相关行政主管部门进行充分沟通，并结合前期工作调研的成果及众多大型项目群的建设管理经验，合理设计本项目的"工作流"及"信息流"，建立一个与本项目建设实施匹配的组织系统，包括项目结构（P-WBS）、组织结构（OBS）、任务分工、管理职能分工、工作流程等。

需要指出的是，我们所做的项目组织策划主要是针对作为本项目建设总体管控角色的建设单位和项目管理单位，同时界定这两家单位或这两家单位共同组成的团队与其他参建单位的工作关系，对于除此之外的其他参建单位内部的组织系统，只提出总体的组织系统策划原则，而不具体参与他们内部的组织策划。

（1）项目结构（P-WBS）分解

项目结构图是一个重要的组织工具，其可通过树状图的方式对本项目的结构进行逐层分解，以反映组成本项目的所有工作任务。我们将基于以下原则对本项目进行项目结构分解：

1）考虑本项目的总体进度计划安排。

2）考虑本项目的功能布局及组成。

3）有利于本项目设计、施工及物资采购的发包及其具体任务的开展。

4）结合本项目的合同结构及项目管理组织结构。

5）有利于本项目各项建设目标的控制。

基于以上原则，我们对本项目的项目结构进行了第一层次和第二层次的初步分解，最终的项目结构分解方案将在项目管理团队进场后，与建设单位、设计单位、使用单位等共同商定。

（2）项目管理组织结构（OBS）

组织结构是业主方项目管理的最核心问题，大型项目尤其如此。目前，国内多数大型项目采用的都是传统的职能组织结构模式，另有部分大型项目采用矩阵式组织结构。这两种组织结构模式各有缺点，职能组织结构模式在实际工作中常出现交叉和矛盾的工作指令关系；而矩阵式组织结构往往决策较慢，且给建设单位高层领导带来较大的协调工作量。根据我们以往众多大型项目群的建设管理经验，结合本项目的特点（如建设规模大、参建单位多、工期紧，建设单位和使用单位相互独立等）和建设单位的实际需求（建设单位内部人力资源有限），本项目的项目管理组织结构总体上应尽可能扁平化，工程咨询单位和建设单位合院融合办公。在工程咨询单位投入充分人力资源的基础上，可考虑由建设单位主导成立针对本项目的总体控制委员会。

（3）任务分工

项目管理团队进场后，需结合本项目的特点，对本项目建设实施各阶段的报批报建、设计管理、招标采购及合同管理、安全文明施工管理、进度管理、质量管理、投资控制及造价咨询管理、BIM咨询管理、档案信息管理等管理任务进行详细分解，形成针对本项目的项目管理任务分解表。然后，在项目管理任务分解的基础上，定义项目经理、项目副经理、技术负责人、各部门负责人及其他工作人员的工作任务，并编制针对本项目的管理任务分工表。该管理任务分工表将明确各项工作任务的负责部门（或个人）、配合或参与部门（或个人），并在项目进展过程中视需要进行调整。

（4）管理职能分工

指的是本项目的项目管理团队（包括建设单位和工程咨询单位）内部的项目经理、项目副经理、技术负责人、各工作部门和工作岗位对本项目各项工作任务的项目管理职能（包括筹划、决策、执行、检查、信息、顾问、了解等）的分工。为了使本项目的管理职能分工更清晰、更严谨，项目管理团队进场后，与建设单位一起共同制定针对本项目的管理职能分工表，并视需要辅以管理职能分工描述书。该管理职能分工表将根据项目的进展情况及其他需要进行逐步深化。

（5）工作流程

本项目参建单位和人员众多，为顺利开展项目管理工作，工作流程的组织策划十分必要。项目管理团队进场后，与建设单位一起共同制定针对本项目的各项主要工作流程。具体包括三个方面的工作流程组织：

1）物质流程组织：如设计准备、设计、招标采购等工作流程。

2）管理工作流程组织：如报批报建、投资控制、进度控制、质量管理、合同管理、付款和设计变更等工作流程。

3）信息处理工作流程组织：如与生成本项目周报、月报、季报等有关的数据处理工作流程。

上述三个方面的工作流程具体包含哪些内容，将由本项目的特点、建设内容、工作任务及管理职能分工等决定。项目管理团队将充分考虑上述因素，以流程图的形式将本项目的主要工作流程清晰地表达出来，并根据需要及项目进展逐层细化和完善这些工作流程图，在提高工作效率的同时，确保本工程项目管理的标准化和规范化。

7.1.3 沟通机制策划

本项目是典型的大型项目群，参建单位和人员众多，沟通、协调不仅工作量大，且信息的收集、传递、加工和分享路径较长，如何及时、准确地进行项目信息沟通，是项目管理咨询服务需要重点关注的事项。因此，建立各个层面的良好沟通和协调机制是保障本工程顺利实施的必要前提。

首先，需要建立项目整体的外部沟通协调机制。在此主要指本项目建设实施过程中所涉及的政府部门、事业机构（如自来水公司、电力公司、燃气公司等）、社会组织（如工程建设相关协会）、周边社区等，如何协调好这些外部关系，确保沟通顺畅，在很大程度上决定了项目建设的成败。因此，需要建立统一的外部沟通渠道及相应的快速沟通机制，确保建设过程中的各种外部问题得到快速解决。

其次，是建立项目内部的沟通协调机制。在此是指各参建单位（如建设单位、项目管理单位、使用单位等）内部的沟通协调机制及各参建单位之间的沟通协调机制。由于本项目的建设将涉及多个片区或标段，各参建单位间的沟通协调将比一般单个项目复杂得多。因此，建立统一的内部沟通协调准则是提高本项目内部沟通效率的关键。内外部沟通协调机制主要包括以下内容：

(1)会议制度

1)总体协调会(指挥部联席会议、项目群设计协调会、项目群总包协调会、项目群监理协调会等)。

2)项目管理例会。

3)工程例会。

4)专题会议。

5)参建单位内部会议。

(2)报告制度

1)日报。

2)周报。

3)月报。

4)季报。

5)专报。

(3)信息发布制度及其他

1)发布人员。

2)发布时间。

3)发布渠道。

4)发布方式(新闻发布会、邮件、书面报告等)。

5)论坛及沙龙。

7.1.4 项目进度策划

本项目于 2016 年开工建设,总建筑面积超过 96 万 m^2,主要建设内容包括满足 19000 名师生教学和生活需求的教室、实验室、宿舍、食堂、院系办公用房、后勤附属用房、师生活动用房、教职工宿舍、留学生及外籍教师生活用房、学术交流中心、室外体育场地等;同时还需建设全部图书馆、室内体育馆、会堂、校行政用房。另外,本项目还涉及深基坑、超高层、架空层、公共交通平台、海绵城市、地下综合管廊、装配式建筑、绿色建筑、人工湖等诸多专业工程或技术难点。如此大规模且较高技术难度的项目群,在有限的时间内,如何在保证质量安全的前提下按期完成是一个非常严峻的挑战。因此,我们在详细分析本项目特点的基础上,结合以往大型项目群(尤其是高校类项目群)的建设管理经验,对本项目的建设进度作以下策划:

(1)分析地下空间、地上建筑物以及各建筑单体之间的架空层及联系交通平台、市政配套、人工湖等工程的建设时序与相互影响,提出针对项目整体的包含勘察、设计、施工等的技术控制要求与关键控制节点。

(2)分析各个片区或标段涉及的工程范围、规模及技术难点,进而分析片区或标段之间的建设时序与相互影响，提出针对片区或标段的包含勘察、设计、施工等的技术控制要求与关键控制节点，同时提出各片区或标段之间施工界面的具体划分。

（3）分析各个片区或标段内部的各个建筑单体或各个专业工程之间的建设时序与相互影响，提出针对片区或标段内部的包含勘察、设计、施工等的技术控制要求与关键控制节点，同时提出施工总承包单位与各专业分包单位、材料设备供应商等协调配合的总体要求。在完成上述分析之后，编制本项目的建设进度总体策划报告，提出建设开发的里程碑节点及关键线路，并在此基础上建立项目群三级进度计划和控制体系。在项目群实施过程中，编制进度执行月报，并根据现场实际情况动态调整开发建设总时序及节点。

（4）为实现本项目的进度目标，响应工程快速建造体系实施要点，要求总承包单位统筹各平行发包单位的施工工序及作业面，进行工期的统一策划，从高效建设、工期合理的角度做到策划先行，针对组织机构、场地整体部署、质量管理、施工措施等方面制定穿插施工方案，指导现场的相关单位有序地进行穿插施工。以17A/B栋学生宿舍施工工序为例，将建筑、结构、机电、装饰细分为14道室内工序，在整个18层的楼面里采取分专业和分部位的全穿插施工。在宿舍楼外立面，自主体结构的爬架施工、到拆模清理、外窗窗框和防水施工、腻子和防水涂料施工、幕墙龙骨施工等多道工序，也进行了立体交叉的工序策划。

（5）为方便土石方及边坡支护工程、桩基和主体工程实施的现场交通组织，提升施工效率和安全文明施工形象。本项目结合基坑布置情况及场地标高等因素，将项目现阶段可实施的部分校园道路（注：仅限于车行道并施工至混凝土层）纳入土石方及边坡支护工程招标范围内进行建设。此举可缩短后续室外总体的施工工期，同时为项目顺利交付创造便利条件；为确保本项目总体进度目标的实现，需在场平工程完工后尽快开展后续施工工作。考虑到设计的实际进度情况，以及雨期施工对基坑工程施工带来的不利影响，将基坑土石方及边坡支护工程单独先行招标和施工，以在雨季来临之前完成大部分基坑工程的施工，从而为后续施工总承包单位创造工作面，为概算批复等行政审批、施工图设计、主体施工总包招标赢得时间，进而实现总体进度目标。

7.1.5 招标采购策划

一般工程项目的采购都包括工程类采购（如施工总承包单位、专业分包单位等的采购）、货物类采购（如大宗材料设备等的采购）、服务类采购（如设计单位、造价咨询单位、项目管理单位、工程检测单位等的采购）。而作为一个典型的高校类项目群，本工程的采购工作数量和繁杂程度都将以几何倍数增长，做好本工程的招标采购工作，是本项目如期开工和交付的又一个关键环节。因此，我们在详细分析本项目特点和建设内容的基础上，结合以往大型项目群（尤其是高校类项目群）的招标采购经验，对本项目的招标采购工作做以下策划：

（1）与建设单位及使用单位一起共同梳理本项目所有可能涉及的采购对象，并将这些采购对象划分为工程类、货物类和服务类。

（2）结合前述项目进度的策划结果，与建设单位、设计单位、造价咨询单位、使用单位等一起合理划分本项目的采购包（即划分片区或标段）及合同界面。首先，片区或标段划分将结合本项目的现场条件、设计图纸、学院/功能分布、项目进度计划等与有关单位等协商确定；其次，根据本项目的建设内容，可大致将采购包划分为基础设施施工总承包（包括整个校区的地下综合管廊、市政配套管线、人工湖等）、桩基工程施工总承包（即桩基先行）、主体结构施工总承包（包括基坑围护、地下室及上部结构建安工程、架空层及联系交通平台、各片区室外总体等）、指定专业分包（包括钢结构、玻璃幕墙、室内装饰、景观绿化、建筑智能化、标识系统等）、材料设备包（包括供整个校园使用的电梯、充电桩、变配电设备、发电机组、电动伸缩门等），其中指定专业分包及材料设备包拟纳入主体结构施工总承包的合同管理范围。

（3）根据国家、广东省及深圳市有关招标采购规定，与建设单位、使用单位、有关行政主管部门等共同确定上述不同采购包的采购方式，如公开招标、邀请招标、竞争性谈判、单一来源采购等。

（4）基于前述建设时序的策划结果及采购包划分情况，拟定各个采购包的采购工作进度计划，确保各项采购进度与设计进度、报批报建进度、施工进度等相匹配。

（5）按照拟定的采购工作进度计划，根据国家、广东省及深圳市有关招标采购的政策规定及建设单位、使用单位的内部制度和流程要求，设计各项采购工作的实施流程，确保各项采购工作都合法合规、推进顺利。

（6）影响大型项目群采购工作的风险因素较多，如可能存在部分材料或设备的供货周期较长，部分产品、服务或工程的交付质量与合同要求不符，合同条件存在瑕疵等。因此，在完成前述策划工作后，我们还将根据本项目的实际特点，制定针对招标采购工作的风险应对策略，为本项目的招标采购工作保驾护航。

（7）在完成上述策划工作之后，编制本项目的招标采购策划报告，并在具体的招标采购工作实施过程中，编制招标采购工作台账和专题报告，在遵守有关保密制度的前提下，让建设单位、使用单位和相关行政主管部门及时了解招标采购进展情况。

7.1.6 场地管理与保障策划

深圳技术大学初步核定的总用地面积约253公顷，其中一期建设用地面积59万m^2，届时将有众多参建单位和人员在此场地同时开展建设或管理工作。根据以往大型项目群的建设管理经验，要使本项目的建设工作顺利且高效地推进，场地管理（包括整体测量、土方平衡、交通组织、大临设施、安保及场地监控等）及后勤保障（包括食宿、医疗、通勤、零售等）工作的细致和完善程度至关重要。因此，结合本项目的特点，我们拟对本项目的场地管理及后勤保障工作做以下策划：

（1）场地整体规划

根据设计图纸、现场踏勘、地质情况等资料，综合规划场地，包括但不限于场内交通走向、土方平衡、场地出入门开设、临电路由走向。上述场地规划的内容不同均会影响项目建设及投资控制的合理与否，以场地土方平衡为例，在招标阶段仔细分析场地地形地貌测量数据、设计标高数据、合同包施工范围、场地建筑物分布等相关技术资料，将开挖的土方合理用于回填（前提是土质满足回填要求），或者先行空地堆置后期开挖回填。

（2）场地整体测量

在建立整个场地平面及高程控制网的基础上，考虑设置第三方工程测量顾问，做好各片区或标段之间测量工作的统一复核及协调工作，确保各个片区或标段测量数据的准确性和一致性，避免诸如不同片区或标段的管线标高差异较大而无法按设计要求顺利连接的问题出现。

（3）场地土方平衡

由于深圳市总体属于富土区域，且本项目地形较为特殊（局部高差达25m），土方开挖量较大（其中还包括一个人工湖）。因此，本项目的土方平衡是一项影响工期和造价的重要因素。我们建议设计单位在进行设计时充分结合现有的场地条件（地形、地貌等），并在充分测量的基础上，运用BIM技术更准确地计算土方的开挖和回填量，同时结合项目的建设时序，策划好土方的"内部消化"，尽可能减少土方的外运。

（4）施工期交通组织

根据以往大型项目群的交通组织经验，结合本项目的实际情况（包括片区或标段划分、场地出入口、周边交通网络、车辆类型及运输需求、消防及急救要求等），科学预测每个片区或标段的交通流量（包括车流量、物流量和人流量等），然后根据项目建设的总体进度计划，分阶段设计本项目的交通组织方案，具体内容将包括：路网设计、交通流线设计、交通组织实施（含交通引导方式、交通标志及临时交通设施的设置等）、交通组织管理（含管理机构、管理人员、车辆优先等级、交通安全管理等）、应急处理（含突发事故及灾难性天气的应急处理）。

（5）现场大临布局及管理

因本项目有多个片区或标段，涉及的参建单位和人员众多，现场的临时设施必须统一规划、统一管理。我们根据片区及标段的划分情况和前述的交通组织策划方案（尤其是其中的路网设计和交通流线设计）。

1）规划建设单位和项目管理团队的临时办公区域（包括临时办公室、食堂、停车场等）。

2）统一规划各片区的临时设施搭建区域（各片区内部的详细临设方案由将来的施工总承包单位负责深化），然后统一测算本项目的临水、临电、临排等的需求。

3）安排专人负责施工期间的现场临设管理，包括但不限于临水、临电的使用及缴费管理。需要特别提出的是，关于项目管理单位及监理单位的住宿问题，将和建设单位协商确定，如需在现场安排住宿，则在设计大型临时设施布局时一并考虑。

（6）安保及施工场地监控

由于本项目建设场地大，参建单位及人员众多，建设周期长，整个建设场地的安保问题需要统一策划。

1）结合项目现场实际情况及周边区域环境建立针对性的安保政策（包括但不限于人员和车辆通行证、访客管理、材料进出场管理、工人行为管理、巡更等），在建设单位或项目管理单位设置专职岗位，负责整个项目建设期的安保管理，并可考虑聘请专业的保安公司协助整个项目的安保管理。

2）为实时了解本项目的施工现场动态（如人员分布情况、建设进程、现场交通情况、设施情况等）及安全、质量情况，可考虑为施工现场设置视频监控（包括近程及远程监控），或利用无人机遥感技术进行实时监控。

（7）后勤保障

因本项目参建单位及人员众多，建设周期长，管理人员和工人的后勤保障问题也需要统筹考虑。包括管理人员和工人的食宿（如食堂的设置、餐饮的安排、宿舍的环境等）、通勤（如上下班班车、短驳车等）、医疗（如现场临时诊所、医生、急救人员和设备、急救车辆等）、现场零售（如工人日常生活用品的购买等）等。针对上述后勤保障事宜，我们和建设单位一起共同确定解决方案，主要思路是购买社会服务，同时争取政府支持。

7.1.7 安全文明施工管理策划

由于本项目建设规模大，建设周期长，参建单位及人员众多，技术难点及安全风险因素较多，而不同参建单位（尤其是施工单位）的安全文明施工管理能力和水平又参差不齐，这给本项目的平稳推进增加了不确定性。因此，为了在确保安全的前提下使本项目能如期竣工和交付，拟对本项目的安全文明施工管理进行统一策划。

（1）以风险理念贯穿整个项目的安全文明施工管理，提升整体安全文明施工管理水平。项目管理团队采用全过程全方位的安全风险管理模式，提升安全文明施工管理水平：

1）对工程建设的一般风险、重大危险源、施工界面风险等事先进行全面分析与识别，制定相应的预控措施。

2）对各参建单位（尤其是施工总承包单位）的管理风险进行分析，通过制度保证各单位的合同履行情况，以达到制约管理风险、降低工程风险的目的。

（2）制定整个项目统一的安全文明施工管理标准化体系，落实安全文明施工管理措施。项目管理团队结合本项目的实际情况制定《深圳技术大学建设项目（一期）安全生产管理办法》《深圳技术大学建设项目（一期）安全文明施工管理手册》等多项安全文明施工管理制度，通过建章立制，落实各项安全文明施工管理工作。

（3）在安全文明施工管理的组织机构设置及管理职责划分方面，实行总体部署、分区落实的网格化管理方式。

1）针对本项目建设范围广、参建单位多的特点，施工现场实施网格化的安全文明施工管理。将项目区域按照一定的标准划分为单元网络，通过加强单元网络的控制，进而实现各部门间的有效管理。其优势是能够明晰不同单位/部门对各单元的职责和权限，将被动、分散的管理转变为主动、系统的管理。

2）安全文明施工管理的网格化，把施工作业区划分成几个区域，然后分派专职人员进行针对性的安全文明施工管理。指派在该施工区域的分包及总包单位的专职安全员协助监理单位及项目管理单位的安全员做好该区域的安全文明施工管理工作，这样就自下而上地形成了整个施工区域的网络化安全文明施工管理。

（4）制定高风险事件的应急预案，并定期组织演练。为有效地降低风险事件发生而产生的影响，在施工前期，根据施工中可能出现的风险编制相应的安全应急预案，并成立相应的应急小组，定期组织应急预案的演练，以保障本工程建设的顺利进行。拟编制的主要应急预案有：

1）高空坠落事故应急处理与救援预案。

2）触电事故应急处理与救援预案。

3）中毒事故应急处理与救援预案。

4）重大环境污染事故应急处理与救援预案。

5）地质灾害事故应急处理与救援预案。

6）台风、汛潮事故应急处理与救援预案等。

（5）定期检查，提高安全防范意识和安全文明施工管理水平。组织各参建单位学习现有的安全文明施工规章制度，并加强教育与培训。同时，会同有关政府部门和参建单位定期组织开展有针对性的安全生产大检查活动，通过安全大检查，有针对性地制定更为详细的安全文明施工管理规范，不断改进安全文明施工管理工作。

（6）加强安全文明施工教育培训与考核，提高安全文明施工能力水平。安全文明施工教育和培训的重点是管理人员的安全生产意识和安全文明施工管理水平及施工操作人员的遵章守纪、自我保护和事故防范能力。在施工过程中，坚持未经过安全生产培训的人员不得上岗作业。根据本项目的特点，重点从施工管理人员的安全专业技能、岗位安全技术操作规程、施工现场安全文明施工规章制度、特种作业人员的安全技术操作规程等方面加强教育和培训工作。

（7）建立安全风险金抵押制度等安全奖惩制度，以经济手段保障施工安全。将相关的安全文明施工奖惩制度列入施工单位的招标文件及合同内，并根据每个月的安全文明施工情况确定奖罚金额，与施工单位的进度款支付直接挂钩；针对施工管理人员及工人的安全风险抵押金，制定专门的管理办法。

（8）吸收先进管理理念，引入施工场地"6S"管理。6S管理强调全员参与，调动施工现场每位员工的积极性，通过宣传教育，提高对6S管理的认识，并付诸实践；采用目视化管理，对于6S各类清单中所述具体内容，在现场各处采取目视化、不同颜色等级的区分化管理。尤其是在材料、机械、场地等方面推行。施工现场推行6S管理样板先行，采用好的示范，进行推广，样板做法不断收集、提升。全过程工程咨询单位的项目管理部做好施工现场6S管理手段的宏观策划，监理部监督施工现场执行，全面提升本项目施工形象，从根源上做好施工现场的安全文明管理。

7.1.8 质量管理策划

由于本项目是典型的大型项目群，每幢建筑单体的结构形式和使用功能也各不相同，而且由于参建单位和施工人员众多且水平参差不齐，很容易因为某个环节的管理不善而造成质量缺陷甚至事故的发生。因此，加强质量管理是保证校园建设品质的重中之重。我们在详细分析本项目特点、建设目标、建设内容和使用功能的基础上，结合以往大型项目群（尤其是高校类项目群）的建设管理经验，拟对本项目的质量管理做以下策划：

（1）在确立基础质量目标的前提下，根据各建筑物的使用功能要求制定质量分目标。质量目标的确立为各参建单位提供了其在质量方面关注的焦点和工作的重点，同时，质量目标对提高产品质量、改进作业效果有重要的作用。由于本项目建筑类型和使用功能不尽相同，因此，可以先依据法律法规、工程惯例等制定通用的基础质量目标，如工程质量一次验收合格率100%；再根据各建筑物的功能要求、结构形式等，有针对性地制定质量分目标，如中德智能制造学院基础加工实训车间等承重大的建筑，可要求施工单位必须获得深圳市优质结构工程奖。

（2）建设单位和项目管理公司制定全过程质量管理制度和流程，以指导各参建单位建立完整的质量管理体系。建筑产品质量的形成始终伴随着项目建设的全过程，而且由于本项目建筑单体多、总建筑面积大、结构形式多样、参建单位多，如果没有统一的、严谨的质量管理制度和流程去管控各参建单位全过程的建设质量，将很有可能造成建设过程中质量管理的混乱。

1)全过程质量管理制度及流程:在项目管理团队进场后,将根据本项目各阶段的特点和重点,与建设单位共同制定针对不同阶段的质量管理制度。

① 培训及考试制度:对参建单位管理人员进行技能和管理制度等的培训和考试。

② 材料品牌报审制度:控制材料品牌的使用范围,以督促施工单位使用质量可靠的优质品牌材料。

③ 材料封样制度:将材料样品封存,如对现场材料有争议时可取出对比。

④ 样板引路及联合验收制度:对较为复杂或重要的工序/工艺实行样板引路,并通过对样板的联合验收让参建各方一目了然地理解现场施工质量标准。

⑤ 质量审计制度:通过内部质量审计,查明各参建单位质量管理的不足之处,并督促其及时改进。

⑥ 缺陷整改销项制度:对质量缺陷进行持续跟踪,督促施工单位及时整改销项。

⑦ 质量事故报告制度:针对质量事故的处理制度等。

在整个项目的质量管理制度和流程制定完毕后,要求各参建单位都按照此制度和流程、相关法律法规及管理要求等,针对本项目建立其自身的质量管理体系,以形成多层级的质量管控系统(图7-1)。处于第1~4层级的各参建单位,都应确保各自质量管理体系的有效运行,以实现既定的质量管理目标,第5层级的单位主要负责其他各参建单位质量管控情况的监督与检查。

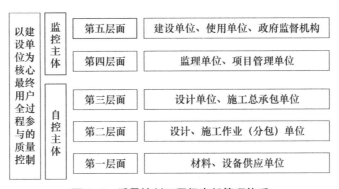

图7-1 质量控制五层级责任管理体系

(3)指导并督促各参建单位建立多道设防的质量管理组织机构。指导并要求各参建单位安排专职质量管理人员成立专门的质量管理机构,并要求各参建单位质量管理部门同样指导并督促下属的专业分包单位或工作班组建立专门的质量检查小组,以形成多道设防的质量管理组织机构,达到人人管质量、人人保质量的目标。

(4)运用质量管理工具及相关信息化软件提高质量管理水平。本工程为园区类建设项目,区域多、面积大,工作内容相对较复杂,常常会由于信息量很大或质量问题较分散等原因,造成质量问题记录凌乱且处理不及时,从而无法让建设单位及时获得准确的质量信息。为此,在本项目建设期间,我们将运用质量管理的常用工具(如直方图、排列图、检查表等），对现场质量状况进行记录、分析和反馈。同时，我们还会使用自行开发的施工现场管理 APP 等先进工具辅助日常质量管理工作。我们还将建议建设单位使用其他专业管理软件（如 BIM360 等）辅助质量管理，以达到事半功倍的效果。

（5）开展质量管理执行效果的交叉检查，并依据检查反馈改进质量管理制度。对于建设过程中质量管理制度、程序、体系运行等的执行效果，制定专门的检查表格，定期或不定期组织各片区或标段进行交叉检查，并将检查记录汇总，编制质量管理执行效果运行检查报告。同时，定期对各片区或标段的现场质量管理情况进行考核评比，对表现较好的参建单位进行表彰，对表现较差的单位进行处罚，并要求其提交改善方案，经审批后实施现场整改，然后再进行核查。

7.1.9 项目验收及移交策划

本项目是典型的高校类项目群，不仅要根据项目整体的竣工、移交及试运行时间来安排每个片区或标段的验收和移交，而且由于涉及的使用单位有多个学院，每个学院的验收和移交要求可能不尽相同（部分包含实验室或实训中心的学院可能需要预留工艺设备的安装及调试时间），基于以上实际需要，我们安排有关专业团队提前介入每个片区或标段的专项验收，并着眼于片区／标段及项目整体的移交及试运行，故有必要针对本项目的验收和移交问题做统一的策划。

（1）按片区或标段制定本项目验收及移交的组织架构，组织专业团队提前介入，确定验收及移交工作的职责分工及沟通协调（会议、报告等）机制，从组织和制度上保证验收及移交工作的顺利开展。其中，组织架构及专业团队方面，因项目专项验收涉及的政府部门与前期报批报建基本相同，故首先应将前期报批报建团队的相关专业人员纳入到项目验收及移交团队，再将每个片区或标段的各参建单位（包括建设单位、项目管理单位、监理单位、施工总包单位等）的项目负责人组成相应片区或标段的验收及移交领导小组，并由建设单位或项目管理单位的项目负责人担任各小组的组长，全面负责该片区或标段的验收及移交工作。

（2）梳理本项目各个片区或标段可能涉及的所有验收及移交工作内容及相关政府部门和使用单位的要求，并将这些内容进行分类，总体上分为政府部门要求的工作和非政府部门要求的工作，其中政府部门要求的工作主要由负责前期报批报建的专业团队来实际完成，如质监验收、防雷验收、档案验收、规划验收等专项验收；而非政府部门要求的工作则主要是项目移交方面的工作要求，包括但不限于实体移交、使用功能培训、备品备件、合同关闭及结算、项目信息移交、参建单位综合评价等，这部分工作将在与各片区或标段的最终用户（即不同的学院）充分沟通的基础上，理解他们的移交需求，并由本项目的验收及移交领导小组共同制定针对性的移交工作方案。

（3）基于上述完整且已分类的验收及移交工作内容，根据相关政府规定及建设单位、使用单位的内部要求，将所有的验收及移交工作按片区或标段绘制成逻辑关系准确的工作流程图，确保每个片区或标段都有内容完整且流程清晰的验收及移交工作。

（4）根据各个片区或标段的总进度计划及上述验收和移交工作流程图，拟定各片区或标段验收及移交的进度计划。由于本项目是大型高校类项目，不同的学院可能有不同的入驻与使用进度计划，因此项目管理团队将与各学院进行充分沟通，并将该进度计划落实到每个单体，最后用专业的项目管理软件（MS Project 或 P6）将每个片区或标段的验收及移交工作编制成专项进度计划。

（5）分析每个片区或标段验收及移交的关键线路（或关键工作）、可能存在的难点或风险，并建立相应的反馈及预警机制，为实现既定的验收及移交进度计划保驾护航。

（6）将上述组织架构及人员、职责分工、沟通协调机制、工作内容及相关要求、工作流程、进度计划、难点或风险、反馈及预警机制等内容汇编成本项目的验收及移交工作手册，作为本项目该项工作的系统指南。

7.1.10　风险管理策划

本项目建设规模大，建设周期长，风险源较多，包括自然风险、社会风险、技术风险和管理风险等诸多方面。因此，根据本项目的实际特点，结合以往大型项目群风险管控的丰富经验，对本项目的风险管理进行统一策划。

（1）确定本项目的风险管理总体思路，即以降低项目总体风险、确保工程平稳推进为目标，通过科学合理的风险分析和评估技术，进行实时风险监控与管理，构建风险管理标准体系，根据差异化管理原则，利用先进的信息化手段，实现项目风险评估与管理的标准化、差异化和信息化。

（2）建议建设单位采用现有的多种先进风险管理工具（如风险评估及管理信息系统、基于 BIM 技术的风险评估及管理软件）进行本项目的风险管理。

1）社会稳定风险：项目管理团队进场后，将根据本项目的实际情况及建设单位需求，对可能影响社会稳定的风险因素开展系统的调查（如：本项目目前已完成征地拆迁并正在进行场地平整，社会稳定风险将主要集中在施工阶段，包括但不限于可能出现的施工噪声扰民、对周边环境及交通的影响、拖欠工人工资等），科学的预测、分析和评估，制定风险应对策略和预案，有效规避、预防、控制项目建设过程中可能产生的社会稳定风险，"安全重于泰山，稳定压倒一切"。因此，在本项目实施过程中，应杜绝群体性事件及重大突发性事件，坚决维护好与周边居民或企业的关系，协调好不同专业单位之间的关系，共同合作维护好项目实施过程中的社会稳定，确保本项目的顺利实施。

2）进度风险：高校类项目的进度控制要求较一般项目更为严格，因此我们项目管理团队进场后，将在建设时序策划及总进度计划编制的基础上，全面分析本项目各个片区及标段的进度风险因素，包括前期报批报建进度风险因素、设计进度风险因素、招标采购进度风险因素、施工进度风险因素、验收及移交进度风险因素等，并对每一项进度风险因素制定针对性的应对措施，并通过挣值法、BIM进度模拟等技术对施工进度进行全方位管控，确保本项目能如期竣工和交付使用。

3）新技术风险：分析本项目建设时序的基础上，依托我们的专家资源，全面梳理项目建设过程中可能存在于项目群内部及项目群与外部之间的技术性风险，并在设计阶段即组织有关单位进行协调，化风险于前期，以减少不必要的投入。

（5）做好建设过程中的风险动态控制，包括风险跟踪、检查、反馈和应对（转移、消除、接收等）。

（6）与建设单位共同商定本项目的工程保险方案。因本项目建设规模大、周期长、参建单位和人员多，且存在一定的技术难度，各类风险因素较多，故我们项目管理团队将与建设单位共同商定本项目的工程保险投保方案，以避免或减少因某些风险因素失控而造成的经济损失。

7.2 设计管理成效

深圳技术大学建设项目（一期）全过程工程咨询团队进场时处于方案设计阶段。

7.2.1 设计背景

深圳技术大学建设项目（一期）选址坪山新区，项目一期建设用地59万m^2，建筑面积96万m^2，可研批复投资约80.8亿元，办学规模19000人。拟建立先进制造、互联网与大数据、交通、新能源与新材料、健康与环境工程、创意设计六大学院。

本项目原计划于2017年3月完成方案确认。筹备办（使用单位成立的工程实施对接部门）实际确认时间为2017年5月中旬。此后，筹备办提出增加地下室面积，并对局部方案提出调整，导致设计方案设计仍未最终确定，后续工作无法正常开展，影响项目进展。当时阶段完成设计工作如下：

（1）2016年7月，完成了概念性方案设计。

（2）2016年11月，场平施工图设计已完成。

（3）2017年2月，技术大学方案设计已报市政府。

（4）2017年5月，方案经校方确认，目前设计院正在进行深化设计，并于5月底就方案报建与规划部门进行了第一次沟通。

（5）2017年6月19日，向市常委进行了方案汇报。

(6) 2017年6月28日，完成各学院使用功能确认工作。

7.2.2 设计管理目标

设计方案充分考虑院系及师生的使用需要，满足"空中大学"的建设理念，围绕"两轴一心"的规划结构，配合"海绵城市"的建设进程，建立可持续发展校园、低碳校园和绿色校园。为了在有限的工期内优质完成项目的建设工作，制定以下管理目标。

（1）设计进度管理目标

为了在紧张的工期内优质完成深圳技术大学的一期项目建设工作，根据总工期计划倒排各个关键线路及环节，当时阶段设计进度关键时间节点见表7-1。

设计进度关键时间节点　　　　表7-1

设计阶段	工作内容	计划起止时间
方案阶段	方案报建	计划7.15取得批文
	方案确认	7.5~8.5
初步设计阶段	设计条件确认	6.28
	人防意见征询	7.17
	初步设计	6.29~8.31
	编制概算	8.21~10.21
	基坑支护工程	9.1
施工图设计阶段	施工图设计	10.31~12.31

（2）设计质量管理目标

成立专门的设计管理小组，配备相应的专业技术管理人员，对工程设计进行管理，从经济性、适用性、合理性、可靠性、安全性等多方面进行控制，对设计单位的图纸进行审查和指导，以确保图纸在既能够满足学校的使用需求又不违反国家及地方的相关规范、规定的情况下，顺利进行报批、报建等流程，同时减少图纸上的错漏碰缺，为施工过程减少不必要的麻烦。

（3）限额设计管理目标

通过对初设图纸设计深度、质量的控制，确保初步设计概算的准确性；施工图预算不超过初步设计概算，且由设计变更引起的费用增加不超过总投资。

7.2.3 设计管理工作内容

（1）制定设计管理工作大纲，明确设计管理的工作目标、管理模式、管理方法等编制设计总控策划，充分研读可研报告、环评、概念设计文件等前期资料，总结本项目的自身特点，制定后续设计总控策划，明确各项目标及进度计划，指导后续工作开展。

（2）制订后续总体进度计划和分阶段进度计划，对各参建单位设计及相关配合工作统筹安排。跟踪过程中的实施情况，及时反馈，对计划延迟现象进行分析，并采取相关措施。

（3）需求研究及管理。对同类项目调研、使用需求调研、项目现状调研、相关政策调研的基础上，组织研究项目总体建设需求、边界条件、建设规模及投资规模。

（4）为规划、方案设计提供技术咨询服务，组织和开展规划条件研究、设计需求研究和全过程设计需求管理。

（5）协助委托人与项目使用单位进行沟通，提出符合各阶段设计深度要求的用户需求，准确表达委托人对工程质量、进度、投资的要求；在设计全阶段（方案、初设、施工图、室内装饰、机电、技术用房设计等专业工程设计）协调沟通用户需求；负责协调项目使用单位对各阶段设计成果进行确认。

（6）跟踪使用方动态的需求变化，根据使用功能需求条件，形成设计需求参数条件。要求设计单位按时提交合格的设计成果，设计过程中及时检查、控制设计单位的设计进度。

（7）完成设计管理各类咨询报告，书面形式向委托人提交设计管理报告和专题报告。

7.2.4 设计管理工作流程

明确设计管理总流程主要目的是使参建各方明晰各设计阶段设计管理工作的工作界面，避免因不同单位间沟通不畅或对设计目标的理解不同而出现的任何"设计真空"。通过定期组织项目管理会议，对设计工作的进展进行审查，并协调解决相关设计问题。会议后出具会议纪要并发送各参建单位，监管设计单位完成相应的设计修改工作。

本项目设计管理总流程包括方案设计、初步设计、施工图设计、施工交底、施工服务和竣工图编制六个环节（阶段）。

（1）方案阶段：设计方案经使用单位确认和方案报建取得用地规划许可证之后进入初步设计。此阶段，项目管理部对方案进行技术审查及进度控制，组织设计单位定期向工务署领导汇报。

（2）初步设计阶段：项目管理部在此阶段的工作主要是对图纸进行进度控制及技术校审，并组织相关技术评审。设计单位完成初步设计图纸及概算编制工作，概算经由造价咨询公司审核后报发改委审批，同时进行人防及其他相关报建工作。待取得概算批复和人防批复意见后进入施工图设计。

（3）施工图阶段：设计单位根据概算批复进行限额设计，图纸完成后进行第三方审查,取得三审合格证之后进行规划报建,取得工程规划许可证之后进行消防报建,同时由造价咨询公司编制预算及清单。项目管理部在此阶段对图纸进行进度控制及校审工作,并组织施工图审查工作。

(4)施工交底:施工总包进场后,由项目管理部组织设计单位向施工单位进行设计交底,同时组织参建各方进行图纸会审工作,之后督促设计单位按相关程序出具设计变更文件。

(5)施工服务阶段:项目管理部在此阶段监督设计单位履职情况。设计单位参加设计例会并派驻现场代表,解决施工过程中出现的设计问题,并对深化图纸进行审核确认。

(6)竣工图编制阶段:项目管理部组织设计单位收集现场签证、联系单及变更单等文件,编制竣工图并准备竣工备案所需文件。

7.2.5 设计变更管理制度

(1)在工程招标完成后,所有涉及设计调整的事项,包括图纸会审、施工联系单、设计洽商单等形式确定的设计调整内容,均应以设计变更的形式来体现,并按工程变更的程序进行审批。

(2)在工程招标完成后,不得以出新版图形式来规避工程变更审批程序;对于确实因前期设计不充分导致变更内容过多,必须出新版图纸的,仍需按工程变更申报程序和权限完成审批,同时将有关情况以书面形式报主管署领导批准。

(3)由于使用需求变化等原因,要求改变工程建设的建设标准、使用功能、增减工程等内容,导致发生设计变更或其他变更事项,由建设方确认后直接发起。

(4)由施工单位提出的优化设计、施工工艺、施工顺序等需要设计配合变更的事项;由施工总包方发起联系单,项目管理部判断是否进行设计变更。

现场发生紧急情况须对原设计进行变更,可通过四方会签的形式进行紧急修改原设计,事后按设计变更流程完成变更报批手续:

(1)通过专题会议确定设计变更事项,经施工、设计、监理和项目管理部会签。

(2)报建设单位权限部门批准同意后,即可作为变更执行依据。

(3)各单位必须遵守会签意见,立即执行设计变更事项。

(4)会签表中申请费用不作为结算依据,造价咨询单位审核后的变更费用作为结算限价。

7.2.6 工作措施

(1)组建专业设计管理团队

结合资源优势,在进场后组建专业设计管理团队,并针对各专业配备相应管理工程师，包括但不限于建筑、总图、结构、安装等专业。对项目设计单位、设计成果、设计程序等进行全过程管理，并指导施工阶段相应专业的施工工作。通过全过程工程咨询整体团队，尤其是工程管理部的技术参与，借鉴既有学校类项目的实践经验，在设计的不同阶段对设计成果开展可建造性分析、专项施工技术专题分析，进行风险评估并提供专业咨询意见，以便设计单位对设计成果进行优化，促进设计成果质量提升。

（2）通过WBS任务分解，对设计实行清单化管理

以可研报告、概念方案设计文件等前期资料为依据，对本项目的分部分项建设内容进行WBS工作分解，推导出所涉及专业及报审事项，进而延伸出各项设计管理任务。综合上述分解工作，编制设计管理总控表，将所有的设计管理任务、相关责任分工及进度要求纳入设计总控表。督促和帮助总承包单位对后续设计任务实行清单化管理，通过清单矩阵可以清晰地反映项目涉及的所有设计管理任务，从而杜绝以往同类项目常常出现的设计工作缺漏的情况。

（3）制定设计统一化标准

在设计全过程阶段，结合设计进度计划，对图纸设计参数、阶段图纸深度、技术软件使用数据标准、专业图纸目录等图纸要求制定统一标准，并分阶段组织相关设计单位及配套深化单位进行交底，同时结合项目信息平台及各方数据互通模式的要求，规范设计信息传输标准，以便于设计成果的规范管理，保证人与人、人与平台、平台与平台的高效对接，保证设计的统一。

（4）采取有力的设计过程管控手段

项目设计要经历概念方案、方案、初步设计、施工图设计等阶段，设计管理不能仅仅关注阶段性的设计成果，而要对各阶段设计的过程加强管理，才能得到满意的阶段成果。

对后续设计进度计划和设计任务进行细化，要求设计单位对应各细化阶段提供相应的设计文件并汇报沟通，并加强过程中的协调沟通，及时处理过程中的设计问题。分层级、分重要性级别逐步解决各类矛盾，稳步有效推动设计前行。

（5）以可建造性分析促进设计质量提升

借鉴既有同类项目实践经验及丰富的科研成果，在后续设计的不同阶段对设计成果开展可建造性分析，针对其中的结构形式、节点构造、专项施工技术等进行专题分析，结合BIM模型进行模拟，从施工工艺、材料、工期、造价等方面进行可行性论证，对可能出现的问题进行风险评估并提供专业咨询意见，以便设计方对设计成果进行优化，促进设计成果质量提升。

（6）制定有针对性地设计管理制度、流程

根据项目情况，结合建科资料库使用格式表格对图纸进行审查，包括但不限于

《设计成果审查制度》《设计进度审查制度》《设计例会制度》《设计图纸发放及回收管理制度》《设计审核流转单》。设计管理制度及流程主要目的为督促总承包协调不同单位在不同界面间的设计工作，避免因不同单位间沟通不畅或对设计目标的理解不同而出现的任何"设计真空"。将定期组织设计专题会议，对设计工作的进展进行审查，并协调解决相关设计问题。设计会议后，出具会议纪要并告知各参建单位，监管设计单位完成相应的设计修改。

7.2.7 工作成效

（1）制定设计管理工作大纲，明确设计管理的工作目标、管理模式、管理方法等。对项目设计全过程的进度、质量、投资进行管理。

（2）负责组织对各阶段（方案、初步设计、施工图）及各专业的设计图纸设计深度及设计质量进行审查。

（3）组织专项审查，包括但不限于：交通评估的审查、环境影响评价的审查、结构超限审查论证、消防性能化论证、深基坑审查、建筑节能审查等。对评估单位提出意见的修改、送审，直到通过各种专业评估。

（4）对项目全过程进行投资控制管理。

（5）参与编制《深圳技术大学建设项目（一期）工程咨询规划》，形成《图纸审查意见表》《专家评审意见表》《材料样板签字确认表》《施工单位邮件往来台账》《预变更管理台账》等近60项全过程工程咨询管理标准模板。

（6）根据项目实际情况及业主既有工作系统，建立设计管理制度。

（7）参与前期报建报批管理工作，协助组织技术沟通事宜，参与协调参建单位31个，政府行政主管部门31个，参与协调事项29项。

（8）已完成深基坑、所有施工总承包标段防水、施工总承包 I 标装配式建筑、幕墙安全性专家评审等专家评审会。另组织电梯层间门防火问题、新型硬质硅防火玻璃等专家论证会。

（9）已组织300余次设计管理专题会、约100次设计专题汇报会，并形成完整的会议管理和记录体系。

（10）组织院内、外专家团队，对设计图纸进行阶段性技术审核。同时审核施工图的经济合理性、施工可行性。

（11）确保由设计变更引起的费用增加不超过总投资。截至2021年5月30日为止，已完成2000余项变更。

（12）根据招标采购工作的需要，目前已组织12次材料设备考察，考察设备材料共21种，考察生产厂家共51家，涉及全国16个城市，形成了24份专业考察报告，后续将根据项目需求不断进行类似考察工作。

7.3 招标与采购精细化管控成效

本项目建设单位内部招标采购一般采用施工总承包＋平行发包（含战略合作）的发包模式，在此情况下，管理界面、施工界面、投标报价规定、项目技术及管理要求等影响项目重要推进的要素，需要在招标采购阶段界定清晰，须充分结合项目实际和丰富的工程管理经验。而市场上大多数的招标代理机构无法胜任此类工作，因此在一般情况下深圳市建筑工务署不进行招标代理的委托，由其成立的项目组自行负责项目招标采购工作。

其中，招标采购属于全过程工程咨询服务的一个重要模块，由上海建科工程咨询有限公司提供了从项目前期到项目竣工验收的全过程、全类别（服务类、货物类、施工类）招标工作。全咨单位可充分发挥其企业优势，整合项目资源，解决工程行业碎片式的管理现状，从管理、技术和经济等方面在招标采购阶段全面界定，实现了招标采购的增值。

7.3.1 工作措施

（1）招标策划先行

在服务类、货物类及施工类合同招标之前，通过合同工作范围分解表分析、划定所有合同之间的工作界面、责任范围、实施先后顺序、阶段性成果形式，结合实际实施条件，分析识别可能存在的变更、索赔风险。

（2）根据各类合同特点，合理设定风险包干条款，降低费用及责任风险

在施工总承包招标阶段，应考虑后期施工期间涉及的工作内容（如室外管线迁改、设施拆除等），将可能影响到建筑结构设计的范围及风险防范因素在合同条款中予以体现；另外，对于货物采购类战略合作单位（如有），应基于已经签订协议的工作范围，划分招标合同界面，明确双方责任及范围，设置合同条款，由供货方及接收方对自己范围内的内容及费用进行包干。

（3）加强合同履约及进度支付管理，及时处理各类设计、施工变更及索赔

现场条件变化及设计变更，是造成工期延期、投资超支及合同争议的主要原因，在合同履约过程中，需要根据中标人的实际履约情况，结合合同对关键节点的要求，要求中标人提供阶段性成果或检测试验结果，作为支付及建设单位履约评价的必要前提；并根据设计变更图纸的要求，及时处理设计变更及索赔，签订补充协议，减少合同风险。

（4）组织建立招标文件（含合同标准格式）审核流程，合理确定合同类型及条款

招标文件（含合同标准格式）是招标投标过程中的法律文件，其编写质量关系到投资控制目标的实现及后期变更、索赔的风险。提高招标文件的编制质量需要配备专

业的招标管理组，并需要造价咨询单位、项目管理、设计单位及建设单位的协同努力，同时加强对招标文件的审核把关。招标文件的审核是合同管理的重要环节。

（5）建立合同风险评价制度，防范工期延误

工程合同既是项目管理的法律文件，也是项目全面风险管理的主要依据。全过程工程咨询单位、施工监理及建设单位相关部门人员必须具有强烈的风险意识，在起草合同文件时学会从风险分析与风险管理的角度研究合同的每一个条款，对项目可能遇到的风险因素有全面深刻地了解。否则，风险将给项目带来巨大的损失。

全过程工程咨询单位或建设单位应组织项目风险会议，讨论内容涉及技术规范、图纸、合同类型的选择、合同条件（通用条件、专用条件）及发包模式等风险分析。风险会议的参加单位包括建设单位、全过程工程咨询单位、造价咨询单位、施工监理等，目的是选择符合项目特点及适用的招标合同的类型，便于工程施工管理及控制。

7.3.2 严控招标流程

在招标采购阶段，全过程咨询单位基于在项目前期阶段形成的主要咨询成果文件，进行招标策划，编制招标文件，开展招标投标活动，明确中标人（承包人）和投资人的责权利。建立项目采购的组织机构，制定招标工作流程，根据项目实施进度制订招标采购工作计划。

（1）招标策划

全过程咨询单位在招标策划阶段主要负责研究分析各重点工作的组织安排，制定预防改善措施，保证招标投标工作的顺利进行。招标策划工作的主要内容是对招标方式、标段划分、合同策划、招标时间的确定。

1）招标方式：全过程工程咨询单位应根据项目所在地的法律法规、投资人需求、项目情况及招标范围，分析建设项目本身的复杂程度、周边条件、潜在承包商等情况，确定采用公开招标或是邀请招标。

2）标段划分：全过程工程咨询单位对标段划分所提出的建议报告，应根据投资人内部管控能力、建设项目特点、工期造价等投资人要求、潜在承包人专长的发挥、工地管理、建设资金供应等因素，遵循合法合规、责任明确、经济高效、客观务实、便于操作等基本原则。

3）合同策划：合同策划是全过程工程咨询单位组织招标策划和开展招标文件编制的一项重点工作，根据建设项目的具体情况及标准招标文件中的合同条款，确定合同种类与合同条件的选择。

4）招标时间：制订招标工作计划时需与设计、投资、征地拆迁、工期等建设项目各阶段计划相呼应，考虑招标时间间隔及法律法规的相关规定，合理安排招标时间。

（2）招标文件的编制

投资人可委托全过程工程咨询单位完成招标文件的编制及审核。作为投标单位编制投标文件的依据，以及投资人与将来中标人签订工程合同的基础，对双方都有约束力。全过程工程造价咨询单位可由投资人委托负责工程量清单与招标控制价的编制及审核。

1）工程量清单：工程量清单是招标文件的重要组成部分之一，是作为招标投标控制报价编制、工程款支付、合同款调整、竣工结算及工程索赔的关键性依据。工程造价咨询单位应在遵守相关规范规定的情况下，向委托人提交招标控制价成果文件。

2）招标控制价：招标控制价作为拟建工程的最高投标限价，是投资人用来限制不平衡报价，进行投资控制的一种方式。工程造价咨询单位应对招标控制价进行全面的技术性审核。

（3）招标过程管理

全过程工程咨询单位对项目进行招标策划并编制完成招标文件后，需要通过一系列招标活动完成对承包人的招标。全过程工程咨询单位须严格执行有关法律法规和政策规定的程序和内容，规范、严谨组织项目招标采购过程管理。

1）招标公告：全过程工程咨询单位在指定招标媒介上发布招标公告，规定时间地点发售招标文件，组织投标人现场踏勘，对投标文件内容进行答疑和澄清。

2）投标：全过程工程咨询单位在投标过程中的主要工作内容是负责接收承包人提交的投标文件和投标保证金等，同时审核投标文件和投标保证金是否符合招标文件和相关法律法规的规定。

3）资格预审：协助投资人完成对资格预审文件完整性、有效性及正确性的资格预审，并给予投资人决策性建议。

4）清标：针对项目的需要，全过程工程咨询单位在开标后、评标前，对投标报价进行分析，编制清标报告成果文件。清标报告应包括清标报告封面。清标报告的签署页、清标报告编制说明、清标报告正文及相关附件。及时检查评标报告内容是否完整和符合有关规定。然后提交总咨询师和投资人复核确认。

5）评标：全过程工程咨询单位可受投资人委托依法组建评标委员会。评标委员会可以要求投标人对投标文件中含义不明确的内容作出必要的澄清说明。按照招标文件确定的评标标准和方法，对投标文件进行评审，向投资人提出书面评标报告。

6）公示：全过程咨询机构相关行政监督部门将定标结果进行备案（或按项目所在地规定）并公示中标候选人。

7）签约：全过程工程咨询单位应协助投资人进行合同澄清，签订合同等工作，同时根据投资人的需求和项目需要。可协助投资人进行合同谈判，细化合同条款等内容。

（4）案例

以深圳技术大学建设项目（一期）建筑幕墙工程（施工）Ⅰ标为例。该幕墙工程总面积约 133000m^2，是为了配合施工总承包Ⅲ标的建设内容。

1）招标阶段的工作内容：

① 招标策划的编制：在本项目上采用施工总承包加专业平行分包（含工务署战略合作单位）的发包模式，其中专业平行发包单位主要为建筑装修装饰、幕墙、交通标志标线等专业性或重要性相对较强的专业工程，故以建筑幕墙（施工）专业平行发包举例。

② 招标方案的编制：在该工程招标实施之初（招标文件编制之前），须对本工程招标文件中主要涉及事项（如工程概况、招标范围及内容、开竣工日期、质量标准及目标、计价方式、合同特殊条款、主要材料设备、投标人资格、评定标准原则等）进行预先构思，经建设单位项目组及项目管理团队多次讨论后形成标准化招标方案。

③ 招标文件的编制：在招标方案通过审定后，一个月内需将招标文件编制完成并挂网公示。

④ 招标文件挂网：招标文件编制完成须在建设单位内部网页进行呈批，经建设单位项目相关部门及分管领导审阅后，方可将招标文件（含招标文件文本、工程量清单、招标图纸）在深圳市住房和建设局工程交易服务网公示，并在法规规定的期限内对招标文件进行答疑、补遗。

2）评定标阶段的工作内容：

① 资格后审：应深圳市地方招采法规要求，本工程须采用资格后审方式进行资格审查。招标人在截标后对符合要求的投标单位进行资格审查。

② 淘汰入围：如资格审查合格的投标人数量超过 20 家，在评标之前须对部分投标单位进行入围淘汰（由建设单位临时组建定标委员会投票），入围 15～20 家投标单位进入下一环节。

③ 定性评审，评定分离：由招标人在深圳市评标专家库中抽取符合要求的人数（技术标 5 人，商务标 3 人）对资审合格的投标人的技术标及商务标进行定性评审（即仅按照招标文件废标条款要求进行废标，并写明各投标文件优缺点，不对各投标文件进行排名）。

④ 清标评审：由建设单位和项目管理团队联合组建清标评审委员会，对投标人的技术标和商务标进行清标，清标要求及清标项在招标文件中予以明确公示。

⑤ 定标汇总：对投标单位的各项重要信息项进行汇总。

⑥ 定标：通过招标方案中规定的定标方式（票选权重抽签法）在深圳市交易服务中心工作人员的见证下进行公开定标。

3）合同签署的工作内容：

① 招标完成报告：在中标通知书发放之前，招标人须函至深圳市住房城乡建设局

备案,该函件须对此次公开招标进行全过程简述,以表明招标全过程的合法、合规。

②中标通知书:在招标完成报告备案通过后,方可进行中标通知书的发放。

③招标文件澄清及投标文件承诺:招标人将组织中标单位法人及投标文件中主要班子成员召开会议,会议中招标人将对招标文件中重要条款进行澄清并要求投标人当场作出履行承诺,该文件将作为合同附件产生法律效力。

④廉政约谈:召集中标单位召开廉政约谈会,招标人将宣贯本项目廉政要求,并要求各参建单位及人员诚实守信,严格遵守。

⑤合同签署:在国家规范规定的期限内完成合同签署工作。

7.3.3 与传统招标服务内容及要求的区分

全过程工程咨询模式下的招标工作内容与以往的招标工作内容区别不大,但全过程工程咨询模式下对招标工作要求更高,考虑到该阶段设计管理、监理、BIM管理等诸多模块均提前介入项目管理工作并对招标工作提供有力的技术和资源支撑,使得招标工作可以得到充分策划和细致实施。以往招标代理所提供招标服务工作不够深入,编制的招标文件和现场工况、图纸不符情况时有发生,边界条件不清晰、技术要求不精确导致项目实施阶段变更和签证量较多,容易引起投资失控或工期延误。但全过程工程咨询模式下可充分协调设计、造价、监理等一切资源为招标工作提供支撑,确保招标和合同文件成为指导现场施工开展的核心依据,该模式下的招标工作真正做到资源整合与集成,达成通过管理创造价值的目标。

7.3.4 增值服务

招标采购作为本项目全过程工程咨询前期工作的重要一环,其成败将直接影响项目报批报建、设计管理、现场施工管理、成本控制、结算管理等全过程工程咨询多方面模块的管理难易度及效果。因此,招标采购是整个全过程工程咨询服务成败的基石。本项目招标采购工作在以下几个方面实现了增值。

(1)招标采购计划先行

本项目的招标采购计划对每一项工程的招标内容(合同包、招标范围等)进行了细致划分,对采购时间节点进行确定,该计划将作为本项目招标采购实施依据。

(2)全工况模拟

招标采购人员组织项目设计管理、现场施工管理团队等相关责任团队召开会议,会议对该工程的基本概况、承包范围、设计形式、现场条件等因素进行全实景工况模拟讨论,以便在招标文件中对该工程须重点注意事项予以提醒。

(3)工程界面细致划分

本项目采用施工总承包加平行发包(含建设单位战略合作采购)的发包模式,对各承包单位之间的工程界面进行全过程模拟，对相关工程界面进行细致划分，规定各方的承包范围，避免出现施工及管理界面真空。

（4）投标报价细致规定

本项目作为深圳市重点项目，其关注度较高，建设标准及要求（特别是现场安全文明施工要求）较高，如要求采用装配式建筑、BIM 建模、成品风管和成品支架，现场文明施工标准化等，全过程工程咨询团队在综合上述要求及特别规定后，均会对其涉及的相关费用在招标文件中予以明确，极大地为后续现场管理及竣工结算提供便利。

（5）招标清单及控制价全方位审核

本项目工程量清单及控制价编制由建设单位委托造价咨询单位实施，全过程工程咨询单位负责进行质量审核。在工程量清单及控制价编制之初，全过程工程咨询团队均会向造价咨询单位就现场工况、工程界面划分、报价规定等进行细致交底。在工程量清单及控制价编制过程中及编制完成后，全过程工程咨询团队均会进行全面细致的审核，同时还对工程量较大的清单项进行工程量核算。

（6）招标工作全员参与，招标文件全面交底

本项目的全过程工程咨询团队分为设计管理、报批报建管理、现场管理、招标采购等多个不同的管理条线，各条线既分开管理，又紧密联系，招标文件中的工程界面、投标报价规定、技术要求、合同条款等均与各条线的管理息息相关。在本项目的全过程工程咨询服务中，招标文件是各条线管理的基石，所有参与管理的人员均须知悉所负责板块的招标文件要求。一方面，招标采购实施过程中，招采条线会组织其他条线的主要管理人员参与招标文件中重点内容的讨论，以使各条线的管理人员知晓各主要招标工作的来龙去脉；另一方面，招采团队在完成招标后，均会向所有涉及的管理条线进行全面细致交底，以方便各自的后续管理工作。

7.4 进度管理成效

7.4.1 进度现状

深圳技术大学建设项目（一期）总建筑面积 96 万 m^2，经前期策划，共分为三个地块，三个标段，其中 I 标段约 28.5 万 m^2，II 标段约 18 万 m^2，III 标段 23 万 m^2，IV 标段约 27 万 m^2；于 2016 年 7 月，完成了概念性方案设计，2016 年 11 月，场平施工图设计已完成；2017 年 5 月完成方案确认。现阶段完成进度工作如下：

（1）2017 年 11 月，基础工程中标通知书发放。

（2）2019 年 1 月，基础工程竣工验收。

（3）2019 年 9 月至 2020 年 6 月，施工总承包 I 标分批竣工验收。

(4) 2021 年 7 月，施工总承包Ⅱ标竣工验收。

(5) 2021 年 7 月，施工总承包Ⅲ标竣工验收。

(6) 2021 年 7 月，施工总承包Ⅳ标竣工验收。

深圳技术大学项目Ⅰ标段，总建筑面积约 28.5 万 m^2，桩基开工时间为 2018 年 6 月，至 2019 年 9 月移交 11，15，16，17B 栋，累计 12 万 m^2，工期 15 个月；17A 栋交付时间为 2020 年 4 月，历时 22 个月，累计交付 20 万 m^2；18 栋交付时间为 2020 年 6 月，历时 24 个月，累计交付 28.5 万 m^2。

深圳技术大学项目Ⅱ～Ⅳ标段，总建筑面积约 68 万 m^2，施工总承包Ⅱ标、Ⅲ标桩基开工为 2019 年 12 月，竣工验收时间为 2021 年 7 月，历时工期 2 年 7 个月，即 31 个月。期间影响交付的因素有 2020 年及 2021 年的疫情，初步预计影响 4 个月及业主方对使用功能的变更影响至少 1 个月。

7.4.2 目标管理

(1) 确定进度管理的目标

项目的进度管理目标可按照项目构成、项目实施过程、专业、阶段或实施周期进行分解。通常包括项目总进度目标、分阶段目标、里程碑目标，根据进度控制的时间间隔而制定年、月、周目标等。

(2) 确定项目基本数据及开竣工时间

项目开竣工时间计划表见表 7-2。

项目开竣工时间计划表　　　　表 7-2

项目	包含区域	层数（地上/地下）	建筑面积	开工日期（计划）	竣工日期（计划）
楼栋	综合楼	16F/1F	总建筑面积 27130m^2	2019 年 12 月	2021 年 7 月
	公共教学与信息中心	5F/1F	总建筑面积 13240m^2	2019 年 12 月	2021 年 9 月
	互联网与大数据学院	18F/1F	总建筑面积 46000m^2	2019 年 12 月	2021 年 7 月
	图书馆	6F/1F	总建筑面积 59600m^2	2019 年 12 月	2021 年 7 月
	新材料与新能源学院	17F/1F	总建筑面积 46654.96m^2	2019 年 12 月	2021 年 7 月
	创意设计学院	7F/1F	总建筑面积 38092m^2	2019 年 12 月	2021 年 7 月
	学术交流中心	12F/1F	总建筑面积 13240m^2	2019 年 12 月	2021 年 7 月
	会堂	3F/1F	总建筑面积 7700m^2	2019 年 12 月	2021 年 7 月
	校医院	2F/0F	总建筑面积 3880m^2	2018 年 6 月	2019 年 9 月
	中德智能制造学院	18F/1F	总建筑面积 58156m^2	2019 年 12 月	2021 年 7 月

续表

项目	包含区域	层数（地上/地下）	建筑面积	开工日期（计划）	竣工日期（计划）
楼栋	城市交通与物流学院	9F/1F	总建筑面积 56300m²	2019年12月	2021年7月
	体育馆	2F/1F	总建筑面积 45310m²	2019年12月	2021年7月
	北区宿舍、食堂	18F/1F	总建筑面积 132205m²	2018年6月	2019年9月
	留学生楼	15F/0F	总建筑面积 70524m²	2018年6月	2019年9月
	健康与环境工程学院	7F/1F	总建筑面积 55977m²	2019年12月	2021年7月
架空层	地块一	1F	总建筑面积 34680m²	2019年12月	2021年7月
	地块二			2019年12月	2021年7月
	地块三			2018年6月	2021年7月
区域总体	地块一	—	—	2019年12月	2022年4月
	地块二			2019年12月	2021年7月
	地块三			2019年12月	2021年7月

根据建设单位提出的项目交付使用的时间要求，项目管理单位与建设单位进行协调，共同确定项目的计划开工及竣工的里程碑节点。

7.4.3 目标实现

（1）建立进度管理组织体系

建设单位应直接或委托管理单位建立并领导涵盖设计、施工、监理、供货商的进度管理组织体系，各单位应专人负责进度的控制管理。管理方确认和批准承包商的计划工程师。承包商指定一名的专职授权人员作为其"计划工程师"，负责计划编制，"承包商"须按规定向"项目管理方"提交关于计划工程师的任命，进行正式确认和批准。

（2）采用统一的进度编制软件和方法

管理方确认或审核承包商计划工程师使用 Project、P6 等专用软件、使用"CPM"方法编制包含所有工程，满足关键日期的施工计划。

（3）建立一期项目里程碑和主要项目里程碑

根据学校进度计划纲要的目标要求，项目管理和建设单位进行协调，共同确定好一期项目里程碑。

根据项目区域划分，标段划分，建设时序要求，建设项目的规模和特点，项目的管理界面和影响区域，项目管理单位与建设单位进行协调，共同确定好各标段、各项目的计划开工及竣工时间，以及主要项目里程碑节点，纳入合同条款。

（4）建立分级、分层的结构化项目进度计划体系

项目的进度计划体系包括总控计划纲要、项目的控制性进度计划和项目的实施性（作业性）进度计划。

1）项目总控计划纲要：是所有计划的总纲文件，内容包括项目的进度目标、里程碑节点及相互关联的逻辑关系等。

2）控制性进度计划：是对进度目标进行论证、分解，确定里程碑事件进度的计划。包括总进度计划、分阶段进度计划，若项目是由若干个子项目或单体项目组成，还需编制子项目进度计划和单体进度计划。

3）作业性进度计划：是作业实施的依据，是确定具体的作业安排和相应对象或时段资源需求的依据。

7.4.4　组织编制项目的进度计划

根据项目的进度目标，项目管理单位与项目各参建单位充分沟通，在开工、竣工的里程碑节点的基础上，根据项目的实际情况制订项目的总进度计划，并上报建设单位审核批准。总进度计划的内容应包括所有活动的甘特图和"节点日"及"移交"日期（按开始时间先后排列）、关于人力计划的表格形式的报告、"物料曲线"、长前置时间项目和关键项目的提交内容、"计划补充图"、相关假设以及为确定活动的时间跨度和前置与后续活动内容所选取的方法的文字表述、行业／技术人员配备或数量、设备要求和生产率。"施工计划"应包括一个文字叙述部分，指出任何可能产生问题的方面或需要协调的具体方面。

项目管理单位组织编制项目的控制性进度计划并与设计单位、工程监理、施工总承包等单位进行进度计划交底，落实责任。设计单位和施工总包负责编制项目的实施性（作业性）进度计划，以确保控制性进度计划的实现。

7.4.5　项目进度计划的实施、检查和调整

各参建单位实施进度计划，工程监理单位和项目管理单位跟踪检查，对存在的问题分析原因并纠正偏差，必要时对进度计划进行调整，涉及影响项目重要里程碑目标的进度调整应获得建设单位批准。

工程监理单位和项目管理单位对进度计划的定期检查，包括周、月、年检查，不定期的检查根据实际控制目标进行。

"月度审阅"，要求各参建单位应配合项目管理公司和建设单位为每次"月度审阅"准备一份"月度工作计划更新"。"月度工作计划更新"应包括当前项目状态、此前一月完成的"工作"、所有进行中的"工作"，并说明该等进度与"节点时间表"对照的情况，以及拟采取的进度弥补措施。

"每周审阅",将实际进度与基准施工计划进行对照,一旦计划有所更新,则应准备一份"三周滚动计划"(即之前一周、本周和之后一周)用于在"每周审阅"中讨论。"三周滚动计划"应准确反映各方工作的总体进度,包括此前一周完成的"工作"、所有进行中的"工作"、劳动力的分配、未来一周计划的"工作",以及拟采取的进度弥补措施。

7.4.6 召开进度专题协调会

任何一方认为现场存在进度滞后风险或已经产生实质滞后,可以召集各参建方召开进度专题协调会。协调会的主要内容应包括进度滞后情况分析,以及采取的补救措施等。

7.4.7 奖惩措施

为了激励各参建单位按照时间节点完成项目,在相关合同中宜明确规定提前完成时间节点的奖励措施以及非发包人原因造成的时间节点拖延的惩罚措施。

7.4.8 总结

为合理编制进度控制方案,需依据建设单位需求妥善确立进度目标,并妥善完成编制计划的各个部分。制订计划时,既要考虑建设单位的需求,也要参考过往项目的经验对进度控制手段进行优化。此外,还应考虑到项目的实际情况,根据项目的复杂程度,增加或减少管理人员的组织结构规模和文件办理程序的复杂程度,使进度控制的过程更加严谨,更加简洁。

7.5 投资控制成效

本项目采用全过程工程咨询模式进行投资管理和控制,该模式下进行投资控制的优势在于加强过程监控,实施动态管理。与传统模式下投资控制不同,全过程工程咨询投资控制变事后控制为事前、事中控制,全过程工程咨询团队在项目决策阶段介入管理,确定合理的投资控制目标,加强方案设计、初步设计及施工图设计的审核,实施限额设计,方案优化及必选,妥善编制招标文件,合理设置合同条款,加强对施工阶段工程变更与签证的管理,在事前和事中全程控制造价,动态调整控制投资目标,主动控制造价,做到不超概算,不超付工程款。事后做好工程项目结算及竣工决算的审计工作,最终实现对建设项目全过程投资的控制。

本项目全过程工程咨询团队于 2017 年 6 月份驻场为建设方提供咨询服务,项目可行性研究和估算已完成批复,方案设计正在进行之中。截至 2021 年 7 月,本项目 I 标段（累计四个标段）已竣工移交，Ⅱ、Ⅲ标段（除6栋）和Ⅳ标段（除1栋）已进入装饰装修、机电安装施工阶段。在此期间，全过程工程咨询团队投资控制团队完成了大量实质性工作。

（1）合理设定投资控制目标

本项目估算于2016年11月批复，批复金额约为58亿元。全过程工程咨询团队进场后，发现可行性研究阶段没有真正挖掘使用单位需求，在方案设计阶段，地下室建筑规模与整个建设体量均发生变化，设计功能调整较大，导致在估算批复的金额内无法达成投资控制目标。全过程工程咨询团队积极、充分地与建设单位及使用单位沟通，分析刚性需求、半刚性需求和柔性需求，并加以分类和梳理，加强对设计方案的审核，最终确定方案指导初步设计，并完成准确概算，上报发改委，顺利完成批复，批复金额约为80.8亿元，为后续投资控制工作顺利开展奠定了最坚实的基础。

（2）加强设计管理创效

全过程项目管理中的设计管理团队在设计阶段配合造价合约部开展限额设计，并加强对方案设计、初步设计以及施工图设计成果文件的审查与优化。整个设计阶段，设计管理团队累计审查出图纸问题约1000余项，并要求设计予以完善和优化。经过分析和整理，上述1000项问题大部分属于图纸的错漏碰缺，经过图纸完善和优化，此类设计问题被消灭在项目前期，减少了施工阶段的工程变更，使项目投资得到有效的控制。此外，设计管理团队配合造价团队开展幕墙和精装修图纸的设计优化，积极与建设单位及使用单位沟通，明确功能需求，控制设计标准，以工程概算为上限，通过对设计的控制，达到节约投资，控制造价的目的。经统计，本项目幕墙工程和精装修工程累计为建设单位节约造价约5亿元，为项目实现建设项目投资目标奠定了基础。

（3）精细化招标管理

全过程工程咨询造价合约部招标管理团队充分理解外部政策及建设单位内部要求，做好招标策划、招标方案并编制招标文件，造价管理组审核造价咨询单位提供的工程量清单，确保分部分项工程量清单描述准确、工程量无缺漏项、措施费列项准确等。招标管理团队在招标阶段突破传统招标代理专业咨询的工作方式，将全过程工程咨询项下的工程监理服务工作前置，组织现场经验丰富的专业人员对施工现场进行"模拟施工"，共同编制招标文件，合理设置技术条款和经济条款，确保招标文件质量。现场管理团队根据招标文件进行管理，因为招标文件考虑极其周全和细致，条款漏洞极少，因此现场签证很少发生，避免投资失控。

（4）规范工程变更管理

建设单位有一套完整的变更管理制度，全过程项目管理的现场管理团队严格按照现有制度落实变更管理，组织设计管理对设计变更进行审查，造价合约部组织造价咨询单位对设计变更费用进行审核，同时，造价合约部对造价咨询的审核结果进行再审查，确保设计变更技术可行，经济合理。截至目前，本项目四个标段累计变更约 4000 项，经审定的造价约 3000 万元，设计变更引起的费用增加占比约 0.4%，这是理想的结果。

（5）全面组织管理工程结算

确立以招标图＋工程变更（签证）进行结算要求。全过程工程咨询造价合约部做好全面统筹工作，组织监理审核结算资料，组织造价咨询复审并再审造价咨询的复审结果，确保整体结算资料真实、准确、无疏漏，确保竣工图＝招标图＋工程变更，截至目前已累计完成结算工作 18 项，多数为咨询服务类合同和管线迁改类施工合同，完成基础工程结算工作，经确认，上述所有合同均不超合同额，造价可控。

7.5.1 案例一：深圳技术大学建设项目（一期）基础工程结算审核案例分析

（1）背景

深圳技术大学建设项目（一期）项目位于坪山新区石井、田头片区，坪山环境园以西，绿梓大道以东，南坪快速（三期）以北，金牛路以南。办学规模为全日制在校生 19000 人，总建筑面积 95.5 万 m^2，其中地上建筑面积 80 万 m^2（含连廊平台、门卫、垃圾房等），地下建筑面积 15.5 万 m^2（含人防面积），用地面积约 59 万 m^2。主要建设内容包括 19 栋单体建筑、平台连廊、室外工程等。概算批复 808467 万元，整个建设项目计划于 2020 年 12 月 31 日竣工。

该基础工程于 2017 年 11 月 18 日在深圳住房城乡建设局网站对外公开招标，经过招标、招标补遗答疑、投标、评标、定标、澄清等过程，确定由中国一冶集团有限公司承包，合同价是 23016.0449 万元，其中暂列金额 1450 万元。建设时间为 2018 年 3 月～2019 年 1 月 4 日，工期 300d。本工程竣工后，施工单位上报结算价是 17992.18595 万元，结算审核结果为：15042.668314 万元。其中 14 个变更单审核造价 −485.42768 万元，12 个签证单审核造价是 160.122337 万元。合同内的工作内容是：

1）1～9 号基坑：1 号基坑，场地拟新建 1 幢健康与环境工程学院。基坑周长约 640.71m，基坑支护面积约 20207.82m^2。土方开挖面积约 23041.7m^2，基坑深度 5.9～6.9m，采用 1:1 放坡＋土钉墙支护形式；2 号、3 号基坑，场地拟新建 1 幢学术交流中心、新材料与新能源学院、创意学院、先进材料测试中心。2 号基坑周长约 903.00m，基坑支护面积约 39951.28m^2；3 号基坑周长约 355.03m，基坑支护面积约 7695.72m^2。2 号、3 号土方开挖面积约 55527.45m^2，2 号基坑深度 5.9～7.4m，采用 1:1 放坡＋土钉墙支护形式。3 号基坑深度 8～19.5m，采用桩锚和复合土钉墙支护形式；4 号基坑，场地拟新建 1 幢校行政与公共服务中心综合楼、会堂。基坑周长约 836.86m，基坑支护面积约 40354.65m^2。土方开挖面积约 44028.24m^2，基坑深度 5.9～7.4m，采用 1:1 放坡＋土钉墙支护形式；5 号基坑，场地拟新建 1 幢图书馆、互联网与大数据学院。基坑周长约844.57m，基坑支护面积约27155.04m^2。土方开挖面积约30323.59m^2，基坑深度2.9～3.4m，采用1∶1放坡＋土钉墙支护形式；6号基坑，场地拟新建1幢中德智能制造学院。基坑周长约487m，基坑支护面积约10783m^2。土方开挖面积约14697.67m^2，基坑深度3.0～5.9m，采用桩锚和土钉墙支护形式；7号基坑，场地拟新建1幢教学楼，为城市交通及物流学院。周长约728m，基坑支护面积26163m^2。土方开挖面积约36788.18m^2，基坑开挖深度3.9～7.4m，采用1∶1放坡＋土钉墙支护形式；8号基坑，场地拟新建1幢体育馆和1个体育场，周长约645m，面积16529m^2。土方开挖面积约23852.43m^2。基坑开挖深度2.9～5.4m，采用1∶1放坡＋土钉墙支护形式；9号基坑，建公交车首末站。基坑周长约382m，基坑支护面积约4514m^2。土方开挖面积约7318.63m^2，基坑深度2.5～4.7m，采用1∶1放坡＋土钉支护。

2）1～6号挡土墙工程及边坡治理、校园主要道路、场区排水、绿化覆盖、施工围挡等。

（2）投资控制过程

1）由全过程工程咨询单位安排监理造价人员，对施工单位送审的结算资料进行整理和甄别。本工程收集整理了以下结算资料：招标文件、招标文件答疑及补遗资料、投标文件、施工合同、设计变更单、现场签证单、工作联系函、结算书、施工图及竣工图、开竣工报告、会议纪要、施工记录、隐蔽工程验收记录、标底、打桩记录及与造价有关的其他资料。

2）由全过程工程咨询单位组织建设单位、施工单位、勘察和设计单位、监理单位、造价咨询公司召开结算会议，会上由现场管理负责人明确施工单位合同内没完成的工作内容，并形成会议纪要，参加会议各单位在会议纪要上盖章签字确认，作为结算的重要依据，将在结算中扣减；全过程工程咨询单位在会议上也安排相关单位和人员审核竣工图、变更单、签证单等结算资料的真实性，为结算工作提供实事求是的基础资料。

3）由全过程工程咨询单位按施工合同明确的结算原则，组织工程结算的审核，先由监理造价人员按确认过的结算资料开始结算审核。监理造价人员审核完成后，将全套结算资料转交造价咨询公司，造价咨询公司接着进行该结算审核。造价咨询公司审核完成后，将审核结果提交给全过程咨询单位，全过程工程咨询单位组织内部造价人员对造价咨询公司的审核结果进行全面复核。在工程结算审核的全过程中，全过程工程咨询单位不定期组织结算会议，及时解决结算过程中出现的各种争议和问题，有序地推进了该工程的结算工作。

（3）总结

全过程工程咨询单位在结算审核阶段，对建设项目投资进行了有效的控制，让相关各方清楚知道施工单位实际工作内容，在结算过程中按实际工作内容进行结算，避免了虚报结算。由于有了全过程工程咨询单位的管理,该工程的结算得以顺利完成,扣减了施工单位约 3000 万元。

7.5.2 案例二:深圳技术大学建设项目(一期)施工总承包Ⅰ标措施费报价规定

(1)背景

全过程工程咨询单位自 2017 年年中进驻现场后,积极了解项目建设任务,根据学校先期教学的需求,全过程工程咨询单位充分研究项目总平面图并进行了大量的招标策划,经过多方汇总后,确定将满足师生基本教学和生活功能的建筑单体划分为一个总包标段单独招标,包含北区宿舍、北区食堂、留学生和外籍教师综合楼、校医院以及公共教学与网络中心(B、C、E、F 栋)建筑单体、二层连廊、校园道路及室外总体等相关配套,全部单体及配套均需在 2019 年 9 月作为一个整体正式投入使用,故应针对这些单体设计独立的机电及消防系统,以具备完整、全面、独立的建筑使用功能。

本标段招标面积约 285000m^2,其中:地上建筑面积约 275000m^2,地下建筑面积约 10000m^2,工作内容主要包括(但不限于):土石方及基坑支护工程、地基基础工程建筑工程(含普通装修)、主体结构、屋面工程(不含屋面防水工程)、幕墙工程、外立面装饰工程、给水排水工程、电气工程消防工程(不含消防电工程)、通风空调工程(不含洁净空调)、智能化工程(仅含埋管、桥架等)、室外工程(含挡墙,不含园林绿化、景观小品等,详见施工图)发电机组、气体灭火、白蚁防治、污水处理工程、门窗工程(不含防火门)、BIM 建设工程(含 BIM 展示中心、BIM 建模及展示,包括承包范围内的专业分包及指定专业承包商的 BIM 工作)。防水工程、外墙涂料工程、智能化工程、精装修工程、消防弱电工程、电梯工程、景观绿化工程等相对专业性较强的工程由建设单位单独招标。

(2)投资控制过程

全过程工程咨询单位在确定招标内容后,为保证招标文件的编制与现场相符,组织现场管理部、监理等部门多次踏勘现场,并根据设计图纸、探勘资料、地质情况等资料综合规划场地,结合全过程工程咨询团队的工程经验,对分部分项工程量清单中无法列项且可能产生费用的内容均在招标文件中进行报价规定,由投标人根据自身经验合理报价,既保证了招标的公平公共性,方便后期现场管理,又避免了在施工单位进场后由于部分内容未在招标文件中界定而产生推诿扯皮的现象。具体设定条款如下(仅部分列举):

1)施工过程中如部分方案须进行专家评审,相关论证评审等任何费用均由中标人承担。

2)工程施工期间,发包人确定的其他参建单位(如基坑及边坡监测单位、桩基检测单位等）进场工作，中标人应做好相关管理服务工作，由此产生的费用在总包管理服务费中考虑。

3）投标人应充分考虑将市政给水接入本项目（完成通水手续）、雨水、污水管道、燃气与市政管网接通（完成排水手续），包括但不限于：市政路破除及恢复，植被移除及恢复，以及与相关部门协调所需的所有必要费用，该费用可能不只是现场施工所需的直接成本支出。发包人可以配合提供必要的资料或予以盖章，但发包人不再支出费用。

4）本项目竣工验收后交付使用前，应进行全面细致的卫生清洁，在措施费中综合考虑，投标人在报价时应综合考虑各种成本风险，综合报价，结算不作任何调整。

5）本工程涉及约 3930m^2 的二层连廊平台，为整个校园二层连廊平台的一部分，承包人须特别注意连廊平台竖向标高的控制及施工缝的留置，并对预留钢筋（如有）做好防护措施，确保与其他标段内二层连廊平台的顺利衔接。相关费用在措施费中一并考虑，结算不予调整。

6）已施工完成的工作面与正在安装的设备或元器件所产生的成品保护与施工配合等，投标人必须充分考虑到节点完善后引起的费用增加，此措施费包干，不再调整。

7）临时设施使用费：招标人指定承包人使用总承包单位现场设施所需支付的费用（包括脚手架、垂直运输设备等使用费），以及总承包单位和招标人指定承包人约定的其他费用，总分包配合费结算时，按各指定专业承包人的合同价（扣除暂列金及设备费，包括扣减红线外 10kV 高压电缆主材价）乘以各专业总分包配合费率最终进入结算价（注：合同中有总分包配合费率执行合同费率，无总分包配合费的乘以推荐费率 1.5% 按实计取），结算时从各分包合同结算价中扣除总分包配合费；由于非承包人原因增加的招标人指定承包工程，总分包配合费按指定承包的专业工程合同价（仅为本标段范围内部分，不含设备），乘以推荐费率 1.5% 按实计取。施工过程中总承包人不得向各指定专业承包人另行收取总分包配合费，以各种理由向各专业承包人收取总分包配合费，记不良行为记录。

（3）总结

经过全过程工程咨询团队对招标文件措施费用的界定，对于投标人的投标水平提出了较高要求，能帮助建设单位选择更加优秀的承包商。1）全过程工程咨询团队在招标过程中对本工况进行了充分模拟，对于在施工过程中可能涉及的相关费用进行限定，减少了施工过程中的大量变更及签证费用，很好地控制了投资。2）通过此界定，使建设单位及全过程工程咨询单位对于现场的管理更加科学、合理，做到有据可依，避免现场出现建设单位的"强压"等粗暴管理，使得建设方、全过程工程咨询团队及施工单位之间的管理关系更加良性及和谐。本项目全过程工程咨询团队经过招标文件有关措施费的详细界定后，施工单位完全知悉己方的权利和义务，除去突发状况外，基本未出现现场的管理及施工界面真空，既凸显了建设单位及全过程工程咨询团队的管理水平，又保证了工期，使得 I 标段在 15 个月如此紧张工期的情况下完成了 28.5 万 m^2 的艰巨建设任务，满足学校先期教学需求，在社会上取得了良好的口碑。

7.5.3 案例三：深圳技术大学建设项目（一期）施工总承包 II 标编制招标控制价阶段的投资控制

（1）背景

深圳技术大学建设项目（一期）施工总承包 II 标由 07 栋图书馆、建筑面积约 68000m^2；08 栋互联网与大数据、建筑面积约 50000m^2；14 栋体育馆、建筑面积约 45000m^2；19 栋公交首末站、建筑面积约 5000m^2；连廊平台工程、建筑面积约 12000m^2 组成。施工总承包 II 标建筑面积一共约 18 万 m^2，07 栋、08 栋、14 栋主体均采用钢结构，三栋楼的钢结构重量约 3.1 万 t。

（2）投资控制过程

深圳国众联造价咨询公司和栋森造价咨询公司，负责编制深圳技术大学建设项目（一期）施工总承包 II 标招标控制价，招标控制价初稿造价约 16.87 亿元，而概算中涉及施工总承包 II 标工程批复金额约 15.4 亿元，招标控制价超出了发改委批复的金额。为了解决这个问题，2018 年 10 月 17 日，全过程工程咨询单位组织建设单位、两家造价咨询公司、设计单位、监理单位召开招标控制价分析讨论会，会上发现两家造价咨询公司编制的招标控制价中，涉及钢结构用的防火涂料价格异常。会后，全过程工程咨询单位组织内部人员进行了认真的市场询价，按耐火时间分别询价并组织专业人员进行分析，2018 年 10 月 23 日，全过程工程咨询单位再次组织各单位开会，会上决定用全过程工程咨询单位市场询价得到的防火涂料单价替换进入招标控制价中，经过重新计算造价，防火涂料这一项总的价格比原来下降了近 7600 万元。

（3）总结

全过程工程咨询单位在招标决定控制价阶段的管理过程中，能够发现问题，及时用专业的态度去解决问题，为深圳技术大学（一期）建设项目在保证质量和进度的同时，做到预算不超概算，控制了建设项目投资，全过程工程咨询单位在项目建设过程中发挥了重要的管理作用。经过调整后的深圳技术大学建设项目（一期）施工总承包 II 标招标控制价上限价是 14.39 亿元，公开招标后，由中国建筑第五工程局中标，中标价是 13.056 亿元。

7.6 质量管理成效

深圳技术大学建设项目（一期）工程建设体量巨大，功能需求众多，系统复杂，建设难度大，建设标准要求高。在项目的建设前期阶段，全咨单位根据深圳技术大学项目的定位及要求，制定了项目质量管理方案，确定了项目的总体质量目标、质量管理体系、各种质量管理制度及流程管理。通过全咨单位及参加单位的努力，质量成效亮点纷呈，达到了工程建设质量目标。

在项目的前期阶段，全咨单位按照校方需求，制定分批交付校方的实施思路，结合工程特点、难点、重点，合理划分标段，进而对质量管理目标分解与设定。在工程招标阶段，对不同的标段及专业平行发包采购，在招标文件及合同中，对质量创优要求载以详细的奖罚条款，并在施工过程中，严格合同履约考核。以总承包Ⅱ标段及某精装修平行发包工程为例，质量目标的奖罚条款如下。

7.6.1 质量目标奖罚约定

（1）工务署季度质量及安全文明工地评比两项排名均在前5名，奖励10万元，其中任意一项（或两项均）排名在后10名且评分低于85分，处罚10万元。上述奖罚每季度实施一次。

（2）工务署年度质量及安全文明工地评比两项排名均在前5名，奖励50万元，其中任意一项（或两项均）排名在后10名且评分低于85分，处罚50万元。上述奖罚每年度实施一次。

（3）必须获得"广东省房屋市政工程安全生产文明施工示范工地"（简称"省示范工地"），获得不奖励，反之，处罚50万元。

（4）必须获得"广东省建筑业绿色施工示范工程"（简称"省绿色施工示范工程"），获得不奖励，反之，处罚50万元。

（5）获得"全国建筑业绿色施工示范工程"，奖励100万元，未获得不处罚。

（6）必须获得"深圳市优质工程奖"（5000m^2以上的建筑单体），获得不奖励，反之，任一满足申报条件的单体如未获得此奖励，则每栋未获奖的单体均处罚50万元。

（7）至少一栋单体必须获得"广东省建设工程优质奖"（5000m^2以上的建筑单体），获得不奖励，反之，处罚100万元；整个工程获得"广东省建设工程优质奖"，奖励100万元，未获得不处罚。

（8）若已获得"广东省房屋市政工程安全生产文明施工示范工地"（简称"省示范工地"）及"广东省建设工程优质奖"，则中标单位必须申报"广东省建设工程金匠奖"，获得不奖励，反之，处罚100万元。

（9）获得"中国钢结构金奖"，奖励200万元，未获得不处罚。获得"中国钢结构金奖"而未获得广东省建设工程金匠奖及（或）广东省建设工程优质奖的不予处罚。此奖励不按建筑单体累计。

（10）获得"中国建设工程鲁班奖"（以下简称"鲁班奖"），奖励 500 万元并将本工程的项目主要班子成员列入工务署优秀管理团队，未获得不处罚。获得鲁班奖而未获得广东省建设工程金奖的不予处罚。此奖励不按建筑单体累计。

（11）精装修标段质量目标奖罚约定：

1）必须获得"广东省优秀建筑装饰工程奖"，获得不奖励，反之，处罚 50 万元。

2）获得"中国建筑工程装饰奖"，奖励 100 万元，未获得不处罚。注：承包人须全力配合主体结构施工单位申报有关质量及安全文明施工奖项。

3）在工务署季度质量及安全文明工地评比中，其中任意一项（或两项均）排名在后三名的，给予停标三个月的处罚。

合理可行的质量创优目标，奖罚分明的合同经济措施，是深圳技术大学项目（一期）质量目标实现的合同管理措施，是全过程咨询团队的质量策划管理成效之一。

7.6.2 BIM 辅助管理成效

借用先进的 BIM 工程管理工具，大大提高工作效率，可以预防建筑项目在规划及设计阶段可能发生的潜在冲突作用，高效、准确地提升设计质量及施工质量控制。

（1）基于 BIM 的质量管理

基于平板、手机的施工现场 BIM 协同管理平台，集成 BIM 模型、施工图纸、规范标准等，方便随时调阅；现场发现质量问题，可以当场记录并上传平台，同时通知相关责任人，还可对质量问题进行全程跟踪及统计，支持质量管理落地。同时，也可以通过对重点区域和重要设备预先设置安全检查点，在工程建设过程中利用二维码技术辅助安全巡查，支持安全管理落地。

（2）BIM 辅助项目土方平衡

本项目占地面积 59 万 m^2，横跨几条市政道路，地块内有丘陵山体、河道及农田，土石方工程任务量大，调配难度高。在项目实施阶段，全咨单位利用 Civil 3D、Revit、Contextcapture 等软件，配以倾斜摄影生成实景模型技术，集合了项目的地形、建筑、结构、景观等模型，通过计算机手段得出的分析结果，统一协调不同标段，不同施工阶段土方的挖、填及临时堆放，施工场地的布置，工程量的计量等工作，为项目土石方平衡提供了强有力的数据支撑，指导土方总体施工部署及方案实施，实现较少土石方的外运及二次挖运，大大节省了建设费用。

（3）BIM 深化设计出图指导施工

项目以总承包 BIM 深化为中心，各专业 BIM 深化团队协同深化，结构建筑模型重难点部位审查，移交机电进行管综深化，同时钢结构 Tekla 软件深化移交 IFC 模型，幕墙 Rhino 深化移交 .rvt 模型。

机电 BIM 深化着重解决管线密集走道，车库车道净高，机房综合布线，室内外管线一次结构预留，市政接驳，复核钢构斜撑／偶撑碰撞，净高不足钢梁开孔，幕墙装饰机电末端等问题。最终完成一次结构套管预留洞出图，机电综合管线深化出图，净高出图，给水排水／电气／暖通专业出图，复杂节点剖面出图，同时对BIM优化设计部位云线标记。

钢结构、幕墙构件深化分别采用Tekla、Rhino软件，完成模型创建／构件系统拆分／构件节点深化／构件下料／出图报审。

（4）BIM辅助技术交底

首先进行模型的创建，制作成三维节点图将工艺各层展示出来，或者将完成的模型进行动画编辑，形成动态视频，最后将原始模型以施工逻辑串联成完整的视频。通过视频展示，预先演示施工现场的现有条件、施工顺序、复杂工艺以及重点难点解决方案。

（5）BIM管理质量成果

本项目BIM技术运用多次获得各项大奖：

1）2018第二届深圳建设工程建筑信息模型（BIM）应用大赛三等奖。

2）第九届全国BIM大赛施工组三等奖。

3）2020第九届"龙图杯"全国BIM大赛一等奖。

4）第十届"创新杯"BIM大赛施工总承包BIM应用第二名。

5）2020年第十一届"创新杯"全国BIM大赛工程建设综合BIM应用三等奖。

6）2020年广东省第三届BIM应用大赛二等奖等。

7.6.3 质量管理实施成效

（1）融合建设单位等既有管理体系，形成可推广的全过程工程咨询管理体系。深圳技术大学建设项目（一期）由上海建科和深圳建科组成的联合体共同为本项目提供全过程工程咨询服务，两家企业均有自己的项目管理体系，而本项目的建设单位深圳市建筑工务署亦有成熟的管理体系。因此，全咨单位在开展本项目的管理工作过程中，必然会涉及上述三项管理体系，如何将这些体系进行融合，并使之在适用于本项目的同时，也能为其他项目所借鉴，是项目部实施本项目的一项重要任务。全咨单位一方面认真学习和掌握工务署的既有管理体系，另一方面，将其与联合体的管理体系进行比较研究，最终形成以建设单位管理体系为基础，完善且相对普适的全过程工程咨询管理体系，以期为其他类似项目提供有益的参考。

（2）检验检阅全咨管理模式下的制度，健全科学合理的全咨质量管理制度。全过程咨询作为一种新的工程管理模式，是建设工程管理模式一场革新。发挥全过程咨询管理模式的优势，必须打破传统的管理思维及流程，充分利用全过程咨询管理的优势，结合工程项目的详细概况，制定项目各项管理制度，从招标采购、设计管理、工程管理、工程监理、造价咨询等模块，实现各咨询服务板块的有效融合，形成相互促进，相互提升的制度及流程。并通过项目实践，检验检阅制度的可行性、合理性、先进性。深圳技术大学项目全过程咨询团队在项目的实践过程中，建立健全了项目质量管理制度及流程，包括质量策划、管理方案、材料品牌及技术参数管理制度、工序管理制度、样板样品制度等，为后续全过程咨询项目实施提供了质量制度建设案例。

（3）组织全过程工程咨询培训，打造全过程工程咨询质量人才队伍。全过程工程咨询是一种新型的项目管理模式，各参建人员均未真正参与过类似的项目。因此，为了项目管理工作的顺利开展，对全咨单位人员的选择及能力培训显得尤为重要。全咨单位在日常工作的同时，组织开展各类管理知识和技能培训，不仅有利于日常工作的开展，亦能培养更多的全过程工程咨询储备人才，为后续的项目承接和实施打下一定的基础。通过深圳技术大学项目的历练，已成功打造一支全咨管理模式精锐管理团队。

（4）通过项目实践对全过程工程咨询进行深入研究，形成经验对外进行输出。深圳技术大学建设项目（一期）是国内率先推行全过程工程咨询的项目之一，在自身不断总结建设经验的基础上，为公司在其他战略区域类似项目提供技术和经验，通过在深圳技术大学项目上的高品质咨询管理，打造精品项目，树立公司品牌，为企业承接更多类似项目提供坚实保障。

（5）工艺工法敢于创新，引领质量品质，斩获多项专利成果。在项目施工建设过程中，全咨单位充分调动各参加单位的技术管理力量，开展多种形式的技术创新工作，从设计管理、项目管理、过程监理等环节及部门支持各参建单位开展专利，工法及QC质量工作，本项目先后获得的专利及工法如下（部分）：

1)《一种剪力墙阴角单侧支模加固装置》专利。

2)《一种体育看台吊模支模》专利。

3)《一种工具式半封闭钢柱焊接操作平台》专利。

4)《一种便捷式可移动钢梁防倾覆支架》专利。

5)《一种管线盘放架》专利。

6)《一种旋挖灌注桩防护笼》专利。

7)《简易线缆架空支架》专利。

8) 2020年广东省科学技术成果鉴定（国内先进）《成品支吊架施工技术》。

7.6.4 质量创优成果

深圳技术大学项目（一期）通过全过程咨询团队的高质量咨询服务，以及各参建单位的共同努力下，实现了高精尖建设百年精品校园的预期质量目标，2019年9月份首批交付，2021年6月，实现全部高质量交付使用，获得了深圳技术大学校方的高度肯定。项目在实施过程中，先后4次荣登深圳市"亮剑行动"红榜工地，荣获了各项优质工程大奖。目前获奖清单如下：

（1）Ⅰ标：广东省优秀建筑装饰工程奖、深圳市优质结构工程奖、广东省建设工程优质结构奖。

（2）Ⅱ～Ⅳ标：广东省建筑业绿色施工示范工程、深圳市优质结构工程奖、广东省建设工程优质结构奖、中国建筑工程装饰奖、中国钢结构金奖。

第8章 经验提炼与推广

8.1 全过程工程咨询模式下组织架构设计

政府工程推行全过程工程咨询，可以整合专业咨询管理碎片，打破行业壁垒，提升管理效率并可有效控制投资成本，同时也是契合国务院办公厅关于促进建筑业持续健康发展的精神。本书以深圳技术大学建设项目（一期）（全国首批全过程工程咨询项目之一）为模型，重点阐述政府工程在全过程工程咨询模式下，建设单位的管理职能定位，明确组织架构模式，充分探讨建设单位和全过程工程咨询单位组织架构如何充分融合并形成合力，高效管理，为后续政府工程推行全过程工程咨询提供一定的借鉴。

8.1.1 全过程工程咨询依托模型

深圳技术大学建设项目（一期）位于深圳市，项目用地面积约59万m^2，总建筑面积约96万m^2，概算批复投资约80.8亿元，计划于2021年中完工。

本项目建设内容包括六大学院（健康与环境工程学院、创意设计学院、新材料与新能源学院、大数据与互联网学院、城市交通与物流学院、中德智能制造学院）、先进材料测试中心、学术交流中心、图书馆、会堂、公共教学楼、校行政与公共服务中心综合楼、体育馆、南北区宿舍、食堂、留学生与外籍教师综合楼、校医院、地下公交首末站以及连廊平台等室外配套工程，共19个建筑单体，划分为四个总承包标段组织建设。

项目建设单位为市政府行政管理类事业单位的直属机构，即市建筑工务署，负责市政府投资建设工程的全过程项目管理工作。

8.1.2 全过程工程咨询背景及定义

国务院办公厅《关于促进建筑业持续健康发展的意见》（国办发〔2017〕19号）提出培育全过程工程咨询，鼓励投资咨询、勘察、设计、监理、招标代理、造价等企业采取联合经营、并购重组等方式发展全过程工程咨询，培育一批具有国际水平的全过程工程咨询企业。制定全过程工程咨询服务技术标准和合同范本。

全过程工程咨询是对工程建设项目前期研究和决策，以及项目实施和运行的全生命周期提供包含设计和规划在内的涉及组织、管理、经济和技术等各有关方面的工程咨询服务，既包括工程管理类的活动，也包括设计等生产（咨询）类活动，涉及建设工程全生命周期内的策划咨询、前期可研、工程勘察、工程设计、招标代理、造价咨询、工程监理、施工前期准备、施工过程管理、竣工验收及运营保修等各个阶段的管理服务。我国传统的工程咨询体系"五脏俱全"却"各成一派"，各管理职能泾渭分明，普遍呈现出割裂状态。引入全过程工程咨询则可以有效打破行业间的壁垒，实施高效管理，对建筑业健康持续发展有着重要意义。

根据广东省《建设项目全过程工程咨询服务指引（咨询企业版）（征求意见稿）》，全过程工程咨询单位可根据投资人的委托，独立承担项目全过程全部专业咨询服务，全面整合项目建设过程中所需的投资咨询、勘察、设计、造价咨询、招标代理、监理、运营维护咨询以及全过程工程项目管理等咨询服务业务；也可提供菜单式服务，即"1＋N"模式，"1"是指全过程工程项目管理（必选项），"N"是指专业咨询（可选项）。

8.1.3 管理职能的定位

根据全过程工程咨询的定义，本项目所实施的全过程工程咨询包括了全过程工程项目管理，招标代理，工程监理及实验室工艺咨询，其中后三项服务内容为专业咨询（即"N"）。在非全过程工程咨询模式下，本项目建设方将组建专业齐全的管理团队完成全过程工程项目管理及招标采购工作，造价咨询，工程监理及其他专业咨询等工作则委托具备专业资质的单位完成。引入全过程工程咨询单位后，建设方的项目管理组织模式为更好地发生改变，为更好地梳理全过程工程咨询模式下建设方管理模式、管理职能和任务分工，应重新对建设方及全过程工程咨询单位的管理职能予以重新定位，以便更加高效地推进项目建设。

全过程工程咨询单位进场后，深入总结建设方既有工程项目管理方式下的经验和不足，充分把握行业发展趋势和地方特征，精简工作界面、明晰管理层级，充分发挥建设方"总控督导"的定位，明晰工程咨询单位"自主实施"的定位，并形成"金字塔"管理职能定位的模型。

8.1.4 组织架构的融合与任务分工

（1）组织架构的融合

根据上述对建设方和全过程工程咨询方的管理职能的定位，建设方的管理模式将发生变化，非全过程工程咨询模式下，由建设方的管理团队实施全过程项目管理及招标采购工作，但问题在于建设方负责市政府投资建设工程，建设项目规模大、标准高、数量众多，建设方管理人员资源有限，此时，建设方充分利用市场化组织的专业技术和管理力量，对切实提高政府投资项目的建设管理水平和投资效益有重大意义。因此，全过程工程咨询模式下，建设项目管理组织架构将发生转变，建设方的管理团队与全过程工程咨询团队融合，共同对建设项目进行管理。

（2）对工作界面的理解

组织结构的融合可以充分释放建设方的管理资源和管理压力，优化资源配置，因此建设方的管理团队资源可以对多个项目进行有效管理。为更有效地发挥组织融合后的管理效率，对建设方管理团队和全过程工程咨询团队的工作界面进行合理切分意义重大。传统模式下，建设方项目组成立后，对该项目从项目决策阶段至运营维护阶段实施全方面和全过程的管理，即直接对所有专业咨询服务单位、施工单位、材料供应单位等进行管理，既是管理组织实施层，也是管理决策层。全过程工程咨询模式下，全过程工程咨询中全过程工程项目管理代替建设方项目组"组织实施"功能，对其项下、非项下专业咨询单位、施工单位、材料供应单位等进行管理，决策则仍由建设方项目组完成。此时，建设方项目组功能由原来的组织实施和决策功能转变为"决策、监督、保障和技术支撑"；全过程工程咨询单位界面则为管理和咨询工作的实施。全过程工程咨询内部分为全过程工程项目管理和监理两大主要模块，全过程工程项目管理具体内容包括但不限于项目策划、报建报批、招标采购工作、设计管理和施工现场管理，同时包括各类汇报材料的准备，建设方体制内各类管理文件的编制（如工程变更在建设方内部审批时上会资料的准备），全过程工程监理则是施工阶段质量、安全、进度和投资管控的组织与实施主体，负责施工单位按照国家规范、标准及建设要求的执行和落地，在建设方管控体制下，组织施工单位做好由建设方发起的第三方质量安全迎检工作，服从全过程工程项目管理的指令，并在项目策划、报批报建和招标采购等项目前期阶段，组织有经验的监理专业人员做好技术配合工作。

（3）任务分工

通过对全过程工程咨询模式下建设方和全过程工程咨询方、全过程工程咨询单位内部项目管理和工程监理工作界面的划分，可以将上述各方工作任务予以进一步明确和细化。

1）建设方的工作任务。

建设方项目组行使决策、监督、保障、协调、支撑职能，承担并协调对项目使用单位和政府部门的对接，从项目外围保障全过程工程咨询单位充分发挥自主实施管理的职能和优势。同时，建设方项目组应参加由全过程工程咨询单位组织的重要会议，支持全过程工程咨询单位对所有参建单位进行有效的管理。

2）全过程工程项目管理的工作任务。

与建设方项目组形成合力，全面控制施工质量、进度和投资，做好安全文明施工。在建设方管理体系下，建立管理制度，做好项目策划，履行管理程序，通过精细化管理，实现项目建设目标。具体任务：

① 项目计划统筹及总体管理。制定管理具体目标，编制总体进度计划，协调项目内外部关系。

② 报建报批。完成项目建设前期及工程建设期间各项报批报建手续，包含但不限于办理土地、规划、建设、环保、消防、气象、水土保持等内容。

③ 设计管理。负责对项目建设各阶段和各专业的设计图纸深度和质量的审查，施工阶段设计问题处理及设计变更的管理。

④ 招标采购与合同管理。做好招标采购策划，招标方案的确定，招标文件的编制及建设项目涉及的土建项目和各专业系统合同履约，后评价的管理。

⑤ 进度管理。明确进度管理目标，编制进度计划，提出控制措施，对进度计划的实施进行动态管理。

⑥ 投资控制。确定投资目标，制定管理制度。做好造价咨询单位的管理，全面控制建设项目投资。

⑦ 工程技术管理。对工程建设过程中的特殊结构、复杂技术、关键工序等技术措施和技术方案审核，分析与评价，解决施工现场出现的各类技术问题，优化设计方案，从专业技术角度提出合理化建议，处理项目建设过程中各类重大技术质量问题。

⑧ 档案信息的管理。借助先进的信息管理团建及先进的信息技术平台，高效地管理项目建设全阶段的工程资料。

⑨ BIM 管理。组织落实基于 BIM 工具的技术管理。

⑩ 现场管理。对建设项目实施过程中的质量、进度及安全文明施工管理进行宏观的统筹管理。

⑪ 实验室工艺咨询及管理。对建设项目范围内各类实验室内容，环境，需求进行调查并转换为设计语言，制作试验房间参数手册，并对实验室工艺设计进度、设计质量进行全过程管理。

⑫ 竣工验收及移交管理。组织项目参建各方办理专业验收和总体验收申报手续，及时解决工程竣工验收中发现的工程质量问题，负责项目移交工作的管理。

3）全过程工程监理工作任务。

按国家及当地有关法律、法规、规范及全过程工程咨询合同履行监理职责，包括本项目各施工准备阶段、施工阶段、保修及后续服务阶段的监理工作，以及与工程监理相关的其他工作。全过程工程监理与全过程工程项目管理应划分管理界面，在项目实施中，互相支撑，主要任务为施工过程中的质量、进度控制和安全生产监督和管理，进行投资控制及工程信息的管理。全过程工程咨询的监理应拓宽服务范围，工作任务应包含施工准备阶段的监理服务，包含但不限于理解项目建设内容，配合全过程工程项目管理对项目进行的整体策划，参与本项目的招标工作，对材料设备的技术参数或品牌档次提出意见或建议，配合对初步设计、施工图招标图纸的审查等内容。

8.1.5 工作重点

本项目为全国首批实施全过程工程咨询的项目之一，此模式下，建设方的管理职能定位和工作任务内容均发生变化。由于项目建设周期短，交付任务繁重，在建设方和全过程工程咨询单位融合过程中矛盾点和冲突点也比较多。在项目推进的过程中，以下重点应予以关注：

（1）全过程工程咨询无统一的收费标准，政府工程因此无法合理取费，如果项目给予咨询企业的费用偏低，那么咨询企业难以保证充裕的人员配置，会出现一人多岗的情况，进而降低服务质量和标准，建设方被迫增加管理人员予以补位，难以达到优化资源配置的目的。

（2）建设方的流程和制度应尽快配套完善，全过程工程咨询单位的全过程项目管理团队代替建设方实施管理行为，应制定相应的线上和线下流程来适应新的管理体系，如材料品牌报审、变更与签证管理、进度款审批等，建设方应开通信息化 OA 权限并增设全过程工程项目管理的审批节点。

（3）建设方应给予全过程工程咨询单位一定的决策授权，以提升管理效率。以设计变更管理为例，经统计，本项目绝对值小于等于 10 万元的变更数量占比 76%，而该部分引起的变更费用的变化仅占总的变更费用的 16%，那么授予全过程工程咨询单位绝对值 10 万元及以下变更的决策权，风险可控，同时可以大幅提升决策效率。

（4）对于重大事项的决策，全过程工程项目管理应主动呈报咨询成果，同时，建设方项目组应全程参与并决策。建设方项目组如不紧密跟进重大事项工作进展，会出现信息传递断层，对事项决策不利，影响管理效率。

（5）建设方和全过程工程咨询方应在招标阶段管理人员应委派具备现场管理经验的人员参与，此部门的人员在施工阶段转入现场管理部，有利于前期与实施阶段管理工作的延续性，有利于建设目标的顺利实现。

8.1.6 结语

政府工程推行全过程工程咨询，可以整合专业咨询管理碎片，打破行业壁垒，提升管理效率并可有效控制投资成本。国家从宏观层面倡导此种管理模式旨在促进建筑业持续健康发展，但建设项目在引入全过程工程咨询后，如何高效解决新型管理模式下管理组织结构问题，是建设项目管理成败的关键因素之一。以本建设项目为模型，对管理职能的定位、工作界面的理解和任务分工进行研究并给出初步解决思路，可以为后续建设项目实施全过程工程咨询提供参考。

8.2 全过程工程咨询清单式管理思路

8.2.1 清单式管理的意义

清单式管理是指针对某项职能范围内的管理活动，优化流程，建立台账，对工作内容进行细化、量化，形成清晰明确的清单，严格按照清单执行、考核、督查的管理制度。通俗地讲，就是把应要做的事情或不准做的事情一一罗列出来，系统筹划，列示工作目标、任务节点、时间节点、责任人员，并监督考核。深圳技术大学建设项目（一期）关键节点责任清单见表8-1。

关键节点责任清单　　　　　　　　　　表8-1

序号	事项	时间节点	责任人	考核人	备注
1	基础工程完工	2018.2.30	土建工程师	项目经理	
2	主体工程完工	2019.9.30	土建工程师		
3	装饰工程完工	2020.6.30	装饰工程师		
4	幕墙工程完工	2020.9.30	幕墙工程师		
5	机电工程完工	2020.11.30	机电工程师		
6	项目竣工移交	2020.12.30	项目经理	公司副总	

清单式管理的主要表现形式有台账式、检查表式、总结式和可追溯式。它具有以下特点：

（1）实现可追溯，可以从中分析出管理过程的蛛丝马迹，为工作持续改进提供信息和线索。

（2）可以使管理井井有条，按照标准化进行，保障工作持续有效。

（3）项目完成后，管理者可根据清单进行总结。

8.2.2 清单管理的特点

（1）具体明确

项目、程序、指令、要求或说明都必须非常具体，十分明确，任何抽象、模糊、笼统、大而化之、似是而非的说明或要求都是与清单式管理不相容的。由于这一特点，清单式管理是将工作抓深抓实抓出成效的"牛鼻子"，抽象化和模糊化是以原则应对具体，大呼笼抓，事实上什么问题也解决不了。清单式管理还能有效防止抽象化和模糊化带来的人际理解偏差和解释偏差，增强组织内不同部门、不同个体行为的协调性和组织的整体有机性。

（2）简明扼要

清单必须直接切中核心问题和问题要害，以最易于理解的方式把关键点呈现出来。管理工作千头万绪，能不能把各种问题、各个关键环节理清楚，让人一目了然、心中有数，是将管理工作做得井井有条的前提，也是衡量管理者对相关事务熟悉程度和管理水平的重要标志。清单式管理的这一特点，体现的是经济、精准的理念，能有效提高行为的准确性和工作效益。当前每个组织都时刻面临着海量复杂问题和挑战，能否精准高效地解决各种问题，将是组织必须面对的生死决战。

（3）便于操作

由于清单具体明确、简明扼要，因此它非常便于操作，实用性强，某种程度上清单式管理的生命力也正在于此。尤其是对复杂系统或事务，清单式管理具有无可替代的独特优势。例如，手术中的物品清点查对制度，航天工程领域的销项作业法，都是典型的清单式管理方法，它们对确保手术圆满和发射成功具有不可或缺的作用。

（4）可检验性强

监管是管理活动的一项基本职能，也是管理目标实现的必要保障手段。但是监管活动对任务的可检验性依赖程度非常大，抽象化、模糊化的管理目标和工作任务很难监管，因此管理效果很差。清单式管理因其具体明确，具有很强的可检验性，对改善组织监管和管理效果起到重要的支撑作用，对标管理就是一种典型的清单式管理。例如，深圳市建筑工务署督导处、材料处等多个部门，常态化对工务署各个项目进行质量、安全、进度的巡查，为此我们的清单应该体现可检验性，让业主通过清单的检查，可得知管理者是否尽职尽责。

（5）标准流程

清单式管理是依据管理清单，而管理清单的最佳方式就是在实际工作中进行实践，通过实践进行总结和固化；利用清单指导、规范和统一员工的思想、行为、习惯方式，有利于管理者管理下属员工，实现各工作岗位的标准化。例如，在深圳技术大学建设项目（一期）综合管理团队的清单中，有每日工作流程化，如工作会务、编辑会议通知、会议纪要、处理项目内部事宜等，详见表8-2。

工作清单流程化表单 表8-2

序号	事项	时间节点	责任人	考核人	备注
1	进度推进会	2021.6.27	综合管理工程师	综合管理负责人	会议纪要
2	标段内部会	2021.6.27	综合管理工程师		会务工作
3	全咨单位内部会	2021.6.27	综合管理工程师		会务工作
4	消防验收会议	2021.6.27	综合管理工程师		会务工作
5	竣工初验会议	2021.6.27	综合管理工程师		美篇编写
6	安全宣贯会议	2021.6.27	综合管理工程师		会议纪要

8.2.3 清单编制的要求

（1）定位：根据岗位的工作属性不同，设置岗位专属清单。

（2）整洁：清单编制者，应该把清单编制完整，不漏项，同时保障其整洁、简易性，能够通俗易懂。

（3）逻辑：清单应该能够指导各工作岗位之间的相互协作，保障员工能知道自身的工作内容、工作要求，以及与其他工作岗位之间项目协作的关系。

（4）监督：清单应该能够满足项目内部自查、项目外部来自公司、工务署对项目工作的检查、跟踪以及考核的需要。

8.2.4 清单管理的应用情况

深圳技术大学是深圳市"十三五"期间重点打造的一所本科及以上层次的高水平应用技术大学，是深圳市第三所本土本科高校，承载着深圳新时代高等教育事业的新希望、新高度，是举全市之力建设的创新型应用技术大学，在深圳市高等教育史上具有重要的历史意义。

办学规模为在校生2.8万人，其中全日制本科生2.2万人，专业硕士3000人，留学生3000人。深圳技术大学以工学为主，涉及十多个专业领域，并逐步发展理学、管理学、艺术学等学科。目前设立中德智能制造学院、大数据与互联网学院、新材料与新能源学院、城市交通与物流学院、健康与环境工程学院、创意设计学院、商学院、质量与标准学院、国际交流学院及工程物理学院10个学院，总共有18栋单体，总用地面积达59万 m^2，管理体量大、协调难度大。为此，项目管理者根据实际情况，将清单运用地如火如荼。

（1）清单开发原则

深圳技术大学项目管理部，利用清单管控全方面管理项目疑难杂症，清单开发原则如下：

1）权力下放：项目负责人权力下放至基层管理者，让各层级管理人员有权力作正确的决定。深圳技术大学建设（一期）管理部建立两套清单制度，一套清单来确保重要的步骤不被人们忽略，保障每一项工作有序地进行；另一套清单确保项目管理者充分沟通，互相协调，承担责任。因为工务署项目参建单位繁多，施工界面复杂，所以另一套清单可以通过工作任务分解WBS清单来解决，确保各参建单位之间高效协作。

2）抓关键环节与薄弱环节：深圳技术大学建设（一期）项目在进度推进时，所涉及的标段多、单体多、界面多，面对复杂的局面，管理者通过大量的资料梳理，识别关键环节与薄弱环节，制定进度跟进重点清单，从重点区域推进项目进度，保持关键线路优先进行，做到不推迟、不滞后。

3）进度清单动态调整：建设工程进度管理清单与其他领域清单最大的区别是需要随着建设实际进展动态调整清单，如果一成不变，势必僵硬教条，不能发挥有效作用。动态调整前提是关门节点不变，通过不同阶段施工工艺或工序调整实现进度节点目标，保障项目循序渐进的有效进行，才是制作清单的初衷。

4）清单开发的群策群力：清单开发不能靠单枪匹马，需要靠集体的智慧。在深圳技术大学建设项目（一期）在清单开发时，项目经理、总监、各专业负责人集中头脑风暴，充分探讨，通过合理协同与分工，确保清单条目设置合理，保障不错漏关键环节。

5）清单的终点是简单：清单不是大而全，而是抓"关键"。如进度管理清单制作时抓关键路线和薄弱环节，连廊开通跟进清单更是通过一张航拍图，描述各区段关键工序，图文并茂，让经验不甚丰富的工程师都可以精准跟踪督办进度。

6）清单的核心是"人"：虽然深圳技术大学建设项目（一期）不断开发清单跟进推进项目的进度，但是解决问题的主角永远是人。在项目上，进行有效团队合作的阻力，主要是来自有些员工"事不关己，高高挂起"的消极态度，越细致的分工，只会让团队员工关心自己手上的事情，而对其他同事碰到的问题不闻不问。所以，作为清单的执行者不能割裂看待各项任务，认为只要把自己分内的事情做好就行了，而是应该为了更好实现团队的目标而贡献自己的力量。

（2）清单开发初探

1）进度推进管控清单：清单节点设置上并非追求大而全，而是以量化的关键任务作为清单项，帮助管理者明确管理目标与任务，督促施工单位实现管理进度目标。

深圳技术大学建设项目（一期）对于进度管控的方式，采用红黄牌机制，利用进度推进管控清单，通过识别关键线路与薄弱环节，以半个月度为周期，不断动态调整节点目标。红黄牌以节点完成情况，作为奖罚处置的依据，对于施工单位在关键线路严重滞后的单位发送红牌，并给予一定的合同处罚；对于非关键线路多项知乎的单位发送黄牌，并给予书面警告的处罚，详见表8-3。

深圳技术大学建设项目（一期）单体进度策划接单要求　　表8-3

单体	考核项		责任单位	考核人	备注
	关键线路（2020.8.30）	非关键线路（2020.8.30）			
3号创意设计学院	1.所有屋面附属机构全部完成，达到闭水条件	1.完成楼栋内开关房配套、10kV外电路由	上海建工晶宫装饰	项目经理	至今关键线路完成至80%
	2.楼栋内所有二次结构砌筑完成，并移交至下一步工序单位	2.完成楼栋内卫生间装饰工程			至今关键线路完成至60%
	3.完成连廊平台桩基施工（工程桩及连廊桩）	3.完成楼栋内消防管道安装工程			至今关键线路完成至40%

2）"6S"管理：深圳市建筑工务署"6S管理"是指对生产现场和办公场所各要素所处状态不断进行管理和改善的基础性活动，具体包括整理、整顿、清扫、清洁、素养、安全，"6S管理"所蕴含的真意是培训全员养成整洁的好习惯，借此改善工作环境及安全健康水平。

深圳技术大学建设项目（一期）"6S"管控以"周"为周期，形成清单机制，项目管理者滚动跟进。将深圳技术大学建设项目（一期）形成网格化管控清单，根据建设项目分为室内、屋面、连廊平台、室外四个区域，按清理、整顿、清扫、清洁、素养、安全六个维度，图文并茂逐一销项，落实高质量发展管理要求，详见表8-4。

6S管理责任清单   表8-4

序号	项目	具体标准	清理完成时间	责任人
1	清理	全面清扫室内堆放的建筑材料、垃圾	2021.6.28	项目副经理
2	整顿	将留下的物品按规划好的位置进行摆放，并加以标识	2021.6.28	项目副经理
3	清扫	对工作场所进行全面清扫，清除灰尘，保持场所干净、亮丽	2021.6.28	项目副经理
4	清洁	将临时道路、卫生间进行到底，并且制度化，经常性保持美观	2021.6.28	项目副经理
5	素养	对员工进行培训，在现场进行宣传，培养管理人员及工人的6S习惯	2021.6.28	项目副经理
6	安全	全面消除现场安全隐患，培养员工安全作业习惯	2021.6.28	项目副经理

3）50万元的变更管理清单：根据深圳市建筑工务署关于印发《深圳市建筑工务署工程变更管理办法》（2020年修订版）的内容，深圳市建筑工务署项下所有项目的变更金额绝对值大于或者等于50万元的变更，需要分级上工务署领导小组会。为此，深圳技术大学建设项目（一期）项目管理部，设立以大于50万元变更的专项清单，明确责任人，分标段、分专业理清每份变更实时进展，通过清单明细掌控变更进展与当前责任单位，保证清单能够及时上会，现场进度不被变更耽误，详见表8-5。

大额变更进度跟进表   表8-5

序号	变更单号	变更金额（万元）	所属单位	是否洽商	变更签字	是否上会	通过情况	责任人
1	结修—20-013	55	中建五局	是	是	是	已通过	商务经理
2	暖修—04-001	62	上海建工	是	是	是	已通过	商务经理
3	建修—14-001	83	中建五局	是	是	是	已通过	商务经理

4）消防验收专项跟进清单。

深圳技术大学建设项目（一期）建设体量大，涉及的参加单位多，消防验收时间迫切在即。为此，项目管理部以消防验收为目标制定的销项清单，明确专属责任跟踪人，该清单区分现场技术问题与剩余关键工作量的问题，清单简易且明确责任，便于管理人员积极跟进，专项督促现场进度，详见表8-6。

消防验收专项跟进清单 表8-6

序号	内容	责任单位	要求完成时间	状态	督促人	备注
1	中建五局8号楼栋出入口的消防通道铺设完成	中建五局	2021年6月20日	已完成	项目经理	
2	上海建工4号楼栋内消防实体工程安装完成	上海建工	2021年6月20日	已完成	项目经理	
3	上海宝冶2号楼栋屋面消防水箱调试完成	上海宝冶	2021年6月20日	已完成	项目经理	

8.2.5 清单管理的实践体会

从深圳技术大学建设项目（一期）清单管理的实践来看，清单是作为项目进度、质量、安全的一种管理方式或工具，其中关键在于项目管理者以及清单执行者，通过清单有效的方式把项目管理内容工作从负责变成简单化，并且能够有效地把项目管理团队成员积极性调动起来，团结一心，增强协作能力。清单管理在深圳技术大学建设项目（一期）成功实践，对于项目管理部的成员成长以及团结具有积极的意义，同时有利于公司项目管理的知识积累，以及推进项目标准化管理的建设，提高公司项目管理整体水平以及市场核心竞争力，具有重要的意义。

8.3 全过程工程咨询模式下工程变更管理

8.3.1 引言

工程变更的管理作为施工阶段投资控制的重点内容之一，其管理成效同样对施工现场的质量控制和进度控制有重要影响，决定了项目建设目标是否可以顺利实现。在全过程工程咨询模式下，通过管理方式的重新组织，确定合适的变更流程和制度，配置相应的资源，可高效地实施工程变更管理。本书以深圳技术大学（一期）超大规模政府项目为模型，阐述全过程工程咨询模式下，工程变更管理实施内容和方法，通过该案例，指出工程变更管理实施要点，为后续全过程工程咨询的工程变更管理提供思路。

8.3.2 组织模式

（1）全过程工程咨询的内容与组织结构

全过程工程咨询单位可根据投资人的委托，独立承担项目全过程全部专业咨询服务，全面整合项目建设过程中所需的投资咨询、勘察、设计、造价咨询、招标代理、监理、运营维护咨询以及全过程工程项目管理等咨询服务业务；也可提供菜单式服务，即"1＋N"模式，"1"是指全过程工程项目管理（必选项），"N"是指专业咨询（可选项）。全过程项目管理（即"1"）主要包括项目策划管理、报建报批、勘察管理、设计管理、合同管理、投资管理、招标采购管理、施工组织管理、参建单位管理、验收管理以及质量、计划、安全、信息、沟通、风险、人力资源等管理与协调工作，专业咨询（即"N"）则是建设项目各个阶段的专业咨询服务，包括但不限于：投资咨询、勘察、设计、造价咨询、招标代理、监理、运营维护咨询等。

以本项目为例，全过程工程咨询包括全过程工程项目管理（"1"）和专业咨询（"N"），专业咨询含招标代理、实验室工艺咨询和工程监理等。全过程工程咨询服务内容包括统筹及总体管理、报批报建、设计管理、招标采购及合同管理、投资管理、工程技术咨询、施工管理、BIM管理、实验室工艺咨询、工程监理十大服务模块。为高效地实施管理和咨询工作，充分发挥全过程工程咨询的自主服务与专业优势，全过程工程咨询单位与建设单位共同明确组织管理体系，建立以建设单位为总控督导和决策，全过程工程咨询单位为组织管理和实施的职能架构，共同对所有参建单位进行管理。

（2）工程变更管理的组织

在传统的管理模式下，工程变更管理多由监理组织实施。由于监理单位并未深入参与建设项目的设计管理，同时，传统的监理单位造价管理部门力量薄弱，难以有效审核工程变更的费用，使得施工阶段工程变更管理处于失控状态，增加了项目的建设成本。全过程工程咨询模式下，工程变更管理则可以充分发挥全过程项目管理设计管理部门与造价管理部门的资源优势，对工程变更的技术可行性与经济合理性予以审查，确保工程变更质量。同时，由于设计管理部门集中了大量有设计经验且专业齐全的工程师，可对部分技术可行但工程造价过高的工程变更组织设计方案优化，从价值工程理论的角度出发寻求最优方案。以本项目为例，针对工程变更，全过程工程咨询管理组织架构如图8-1所示。

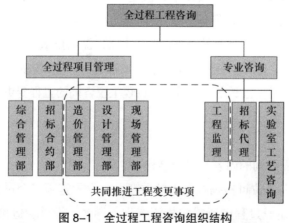

图8-1　全过程工程咨询组织结构

8.3.3 工程变更管理的实施

为规范全过程工程咨询模式下工程变更行为，明确相关责任，有效控制工程投资，保证工程质量和进度，应对工程变更原因进行全面细致有效的分类，制定合理可行且无漏洞的管理流程和方法。

（1）工程变更的分类

通过大量工程案例分析，政府工程建设项目工程变更原因可分为以下 8 类：

1）政策、规范或规划调整。因政策、工程技术规范或规划调整等导致的工程变更。

2）建设单位需求变化。因项目实施过程中建设单位（或应上级部门、使用单位要求等）提高或降低建设标准，增加或减少建设内容，改变功能等导致的工程变更。

3）现场条件变化。现场条件较勘察设计阶段发生变化导致的工程变更。

4）勘察原因。因勘察工作缺陷导致的工程变更。

5）设计完善。因设计缺陷或施工专业分包要求补充深化设计导致的工程变更。

6）施工不当。因施工单位自身原因导致的工程变更。

7）不可预见因素。自然现象、社会现象、不可抗力或事先无法预计的因素导致的工程变更。

8）其他。上述以外的其他原因导致的工程变更。

（2）工程变更管理流程和方法

工程变更管理应遵循"高效透明、合理合规、严格审核、先批后建、责任明确、分级批准"的原则开展。以本项目为例，工程变更应按以下程序开展。

1）工程变更需求和预变更的发起。发起方可为建设项目使用单位、建设单位、全过程工程咨询单位、设计单位、施工单位或勘察单位等。使用单位提出的工程变更需书面提出（联系函、会议纪要等），提交建设单位并经同意后，由全过程工程咨询单位向设计院下发工作指令函。建设单位或全过程工程咨询单位发起的工程变更由全过程工程咨询单位统一出口（但须建设单位签字确认），形式为工作指令函或工作联系函。其余单位发起的变更须根据变更事项的特征由建设单位确认，形式为工作联系函。工程变更需求明确后，由设计院开始工程变更设计并将预变更图纸（即电子版图纸）发送各相关实施单位。

2）洽商会。施工单位在收到预变更图纸之后，完成工程变更估算（要求该估算金额为工程变更的上限价，全过程工程咨询单位以此估算价格作为分级管理的依据），由全过程工程咨询单位组织建设单位、设计院、造价咨询单位及施工单位等进行技术性和经济性洽商，并对工程变更图纸提出修改意见（如工程变更估算超过一定金额，审批层级上升）。

3）变更事项的确定。工程变更洽商会后，工程变更各参与单位根据洽商会议定的要求，重新修改设计或梳理资料，修改或梳理完毕后，全过程工程咨询单位将修改后的整套工程变更资料再次发起审批流程并征求各方确认或批准。

4）工程变更令。变更事项批准后，设计院提供工程变更蓝图，全过程工程咨询单位下发工程变更令。

5）工程变更费用的确定。工程变更令下发后，由施工单位发起工程变更费用审批的申请程序，由全过程工程咨询单位和建设单位对工程变更的费用进行深入审核，以作为工程变更的最终结算费用，该费用不得突破施工单位上报工程变更估算。

通过以上程序，可以从技术和经济的角度全方位和多维度地管理工程变更，规避未批先建和廉政风险。全过程工程咨询单位参与了上述的所有程序的工作，通过设定合适的节点审核设计变更方案和工程造价，推动设计变更的落地，配合现场施工的组织。

（3）工程变更管理的组织分工

施工过程中工程变更管理涉及使用单位、建设单位、全过程工程咨询单位、造价咨询单位、勘察单位、设计单位、施工单位等众多参与主体，为确保施工阶段每一份变更妥善管理，全过程工程咨询单位不但要制定适合项目特征的工程变更管理流程和方法，还要将管理内容予以明确分工，划分界面，以便在事项推进的过程中不推诿、不扯皮。

1）上述各单位都可以发起工程变更需求，变更需求必须经过建设单位确认后方可进行工程变更的下一步程序（即设计院提供预变更图纸）。

2）设计院提供预变更图纸，施工单位提供工程变更造价估算作为分级洽商的依据，全过程工程咨询单位监理部初步审核估算并提出意见。

3）全过程工程咨询项目管理部（设计管理部）组织召开洽商会，并收集各方意见，督促相应单位修改工程变更资料并审核。

4）修改后的全套工程变更资料由全过程工程咨询监理收集并发起变更事项审批流程。

5）工程变更令由全过程工程咨询监理发出。

6）变更费用的确定则由施工单位发起申请，全过程工程咨询及建设单位最终审核确定。

8.3.4 工程变更管理要点

通过项目实践，建设项目采用全过程工程咨询模式的可整合管理碎片、打破管理界面，有效提升工程变更管理效率。工程变更在管理的过程中，以下管理要点应关注。

（1）全过程工程咨询应整合更多的专业咨询，以尽可能地减少管理界面。如本项目全过程工程咨询的实施未纳入造价咨询，在项目推进过程中，也明显发现造价咨询单位的资源难以调配，影响工程变更事项的推进。

（2）以招标图作为现场施工的蓝图，工程变更原则上禁止设计单位以新版图纸替换的形式，对招标图纸进行调整。如此操作以便于工程变更费用核算，同时利于工程竣工结算，优化工程变更的管理。

（3）设计变更原因应清晰准确描述，以明确工程变更责任主体。全过程工程咨询单位应做好设计变更技术审核，确保工程变更的必要性与合理性。特别是对部分设计图纸查错改漏的工程变更，设计院因担心背负责任，往往避重就轻，不愿意承认自身失误，将变更原因淡化或移花接木，这是不妥的。

（4）建立履约评价机制，对工程变更管理中的失职单位予以处罚。

（5）做好使用单位需求管理，因使用功能需求变化，全过程工程咨询单位应明确需求转换成设计成果的渠道和流程，综合考虑技术能否实现，是否会引起超概。

（6）加强全过程工程咨询内部部门的融合，工程变更虽是由全过程工程咨询项目管理部（设计管理）推动，但监理应全程参与并配合审核。

（7）避免设计变更造成施工现场返工，进而引起签证。

（8）工程变更应严格按照招标文件和合同要求办理，办理过程高效透明、合理合规，避免廉政风险。

（9）工程变更应"一事一议"，严禁拆分变更规避，也不应将不同原因的变更视为同一个变更事项发起洽商。

（10）充分发挥全过程工程咨询设计管理的优势，鼓励优化设计、优化施工方案，以提高工程质量，缩短工期，节约政府投资。

8.3.5 结语

本文以深圳技术大学的政府工程项目全过程工程咨询为背景，对项目施工阶段工程变更管理的组织模式和管理方法做概要阐述。在该模式下，全过程工程咨询项目管理团队可以通过专业分工多维度进行管理，实现管理精细化，促进项目增值。以本项目为例，已发出预变更约1000份，完成工程变更事项推进约700份，剩余的300份变更也在稳步推进。其中，已完成的约700份变更中，每一项变更的技术可行性和经济的合理性均妥善审核，对变更费用超过一定层级的，全过程工程咨询单位设计管理组织设计方案优化和比选。通过严格的审核，每一份已通过洽商的工程变更均不存在争议，有利于现场组织施工，有效地控制了施工阶段的投资。

8.4 全过程工程咨询投资控制方法

全过程工程咨询投资控制的基本思想，是在生命周期原理以及集成化管理理论的基础上建立投资控制方法论。建设工程项目从立项论证到竣工验收、交付使用的整个周期，工程投资控制贯穿于项目建设全过程，与传统模式下的投资控制相比，全过工程咨询的投资控制管理能深入项目本质，效率高，操作面广，协调更为便捷。能变传统模式下的被动投资控制为主动投资控制，在项目实施的各个阶段进行动态管控，最终实现项目的投资目标。

8.4.1 决策阶段

项目策划阶段的工作，对项目造价的影响程度大于75%，是投资控制的最主要的阶段。项目采用全过程工程咨询模式的，全过程工程咨询团队应加强对投资决策阶段专业咨询单位的管理，对咨询成果进行审核，利用价值工程理论对建设需求与总投资进行分析，确保经济效益。

（1）完善市场竞争机制，提高投资者对于项目中各个环节的重视，加强政府对工程项目的干预力度。投资者根据工程项目开发的需要，自行组织专家或者委托具有相应专业资格的咨询机构，分别从技术、经济和环境保护等方面，对拟建项目的必要性和可行性进行全面系统的论证，真实客观地对项目建设规模、资源条件、市场预测、工程技术和财务经济进行全面可靠的评价。

（2）政府和行业部门应学习国外工程项目管理的先进经验，结合我国的实际情况建立健全有关规章制度，使得可行性研究有法可依，有章可循，与国际工程管理咨询行业的要求接轨。

（3）建立审批机关审批责任制。审批机关应对所批准建设项目的技术、经济及投资方面负责，对于不符合条件、手续不全项目一律不予审批。

（4）科学地进行工程项目的效益分析，编制工程投资估算。投资估算的编制要有依据，应尽量细致、全面，从实际情况出发，充分考虑施工过程中可能出现的各种情况以及不利因素对工程造价的影响，充分考虑市场情况及建设期间材料价格的浮动，使工程项目投资基本上符合实际并留有一定空间，使投资估算真正起到控制项目投资的作用。

（5）做好人力资源工作和建立健全信息网络共享系统。

（6）全过程工程咨询单位的设计管理团队加大对项目建议书、可行性研究技术方案的审核（考虑使用单位的使用需求及运营维护成本），造价合约部组织造价咨询，对咨询成果经济指标进行审核。同时，对造价咨询单位审核结果予以复核，以多维度的管理，确保决策阶段咨询成果技术和经济均准确合理。

8.4.2 设计阶段

据统计分析，设计费一般只相当于建设工程全寿命费用的1%以下，但它对工程造价的影响程度却高达75%以上，因此设计阶段是全过程工程咨询中投资控制关键的阶段。该阶段需充分考虑设计的经济合理性（该合理性为包含建设与运营阶段的全寿命周期成本），使设计需求模型与项目投入运营时保持一致，从而有效降低项目建设阶段投资费用。全过程工程咨询应遵循事前控制原则，来进行工程投资的控制，主要体现在以下几个方面：

（1）建立履约评价机制，加强对勘察、设计单位的考核和制约。

（2）针对设计图纸质量问题，制定合同相关惩罚条款，约束、规范、标准设计图纸质量，减少由于过多的、不必要的设计变更造成投资的增加或失控。

（3）在项目设计过程中，全过程工程咨询单位应做好设计管理工作，动态跟进，制定设计质量和进度管理措施，保证设计成果能满足项目招标投标和施工管理的要求，以高质量的设计成果来实现工程建设及投资控制的主要目标。

（4）遵循限额设计原则，针对不同的专业应设定不同的限额设计标准。限额设计以批复的工程估算为基础，拟按相应费用的 0.9 作为控制标准。加以合同为约束条件，设计单位的总设计师作为初步设计质量及概算控制的第一责任人，须按全过程工程咨询单位的要求，管控初步设计质量及投资控制，定期组织各专业负责人制订各个设计阶段的投资控制计划，以及复审既有限额设计指标。设计负责人应将设计任务书规定的设计原则、建设方针和投资限额向设计人员交底，将投资限额分专业下达到设计人员，切实进行多方案比选，从中选出既能达到工程要求，又不超过投资限额的初步设计方案。在此基础上编制的设计概算是施工图阶段限额目标的主要依据。

本项目全过程工程咨询团队在管控过程中建立履约评价机制，加强对勘察、设计单位的管控。在方案设计阶段，完成技术、经济多方案比选。考虑到本项目为政府投资，概算调整难度大，所以在概算编制阶段，结合市场价格做好材料设备的调查与选型，提高概算编制质量。同时，加强 BIM 设计管理，发挥 BIM 技术在设计阶段投资控制中的作用。全过程咨询团队内部也要求团队成员加强对设计阶段的投资控制管理意识，抓住设计这个关键阶段，以取得事半功倍的效果。

8.4.3 招标阶段

全过程工程咨询单位应研究招标策略，充分做好招标采购管理，分析可能影响到投资的各方面因素，充分考虑项目所在地的建筑市场供需状况，建设方的价值取向，项目特点，标段划分，发包方式，评标办法，合同条件，工期条件等是否合理，以达到有效地控制投资。

（1）合理确定标段划分及施工界面，遵守招标投标法的有关规定，不得利用划分标段限制或者排斥潜在投标人。也应避免标段之间出现界面交叉，在施工过程中出现界面模糊，影响施工进度，造成不必要的投资增加。

因本项目力争 2016 年底开工，前期工作时间紧、任务重，为有效解决施工单位尽快进场施工，分阶段控制投资，结合设计图纸进度，原则上采用"整体上去筹先行、平面上市政兼行、空间上基坑土石方先行"，策略上采用"基础与主体结构合并招标、主体施工总承包＋专业工程平行发包相结合、主体工程施工总承包划分成若干个标段"。

将施工总承包基于以下原则拟划分成4个标段：校园先行交付工程（Ⅰ标）优先；利用既有市政道路划分标段，利于施工组织；合理划分合同及施工界面，便于现场管理；部分单体采用全钢装配式结构，质量目标保证总体深圳市优，若干单体金匠奖，力争一个单体鲁班奖；各总承包标段系统之间有关联的平行招标项目（如弱电等），按一个标考虑；反之，在空间和物理上无关联的平行招标项目（含战略合作），和总包标段划分一致（即划分4个标段）；各标段施工规模均衡原则。

（2）合理编制招标控制价，招标控制价的准确与否与签订合同、控制工程造价、投资乃至规范建筑招标领域有着非常重要的作用。招标控制价编制人员应严格按规范规定设置分部分项清单项目，编写项目编码、计量单位、准确描述各分部分项工程项目特征，确保内容完整；编制的工程量清单必须完整并与招标文件工作范围保持一致；对工程子项目中的定额子目进行全面地了解掌握，综合工程实际情况，参考以往工程经验，对清单下定额子项目的组价进行合理确定，从而合理确定综合单价；编制的工程量清单说明与招标文件不出现矛盾，编制说明尽可能详尽、周密，避免工程实施过程中不必要的索赔；严格按施工图设计和工程量计算规则计算工程量，以此保障工程造价的准确性，工程量计算底稿必须清晰、整洁，以便于和各承包商进行核对；清单结果要有利于维护建设单位合法利益，合理分配造价风险，保证工程施工顺利进行；清单编制要有利于充分发挥专业承包商的专业优势，提高工程质量，加快工程进度，降低建设成本。

（3）合理编制招标文件，编制招标文件人员需要具备较强专业知识和一定的实践经验。编制人员需要认真研究项目设计与技术文件，并与招标人充分沟通，详细了解招标项目特点和需求（包括：项目概况、投资性质、审批或核准情况、项目总体实施计划等），并在招标方案基础上细化形成招标文件。如本项目地块一位于溶洞高发地区，全过程工程咨询团队在施工总承包招标时根据地质特点在招标文件中明确了关于溶洞处理的相关条款，避免引起争议。

针对本项目的招标采购工作，全过程工程咨询团队制定合理的招标策略，确定合同类型与技术经济条款、变更与调价条款，保证工程量清单编制质量（清单编制完整，"项""量""价"准确合理）并加强审核，注重BIM技术的应用，关注材料和设备选型，确定品牌，积极进行市场询价等。同时，在该阶段充分研究施工可行性，对工艺复杂的部分进行论证，最终实现投资控制目标。

8.4.4 施工阶段

合同履行过程中，通过有关的合同条件，将合同各方的投资工作密切联系起来，促进投资工作的开展和投资控制目标的实现。

（1）全过程工程咨询单位应综合考虑质量、工期、合同、人为和社会经济因素，严格审核工程进度款支付，对工程变更及现场签证进行严格审查与控制，做好合同管理及索赔管理，进而达到投资控制的目的。施工阶段的投资控制的核心是动态管理，做到变事后被动控制为事前主动控制投资，要全面权衡项目的安全、工期、质量和造价，才能实现投资控制目标。本项目的全过程工程咨询融合了监理服务，应充分发挥监理的优势，统一协调质量、进度与投资的管控。同时，明确全过程工程咨询的经济管理权限，建立管理流程与标准，为施工阶段的投资目标实现奠定坚实的基础。

（2）施工阶段，施工单位往往通过各种手段提高结算价格，导致投资增加，全过程工程咨询单位应重视变更及签证工作，加强变更与签证管理，针对变更事项，做好对变更的合理性、必要性、技术可行性、经济性进行判断，并作出决策，由其对于非必要性的为达美观效果而产生的变更，应谨慎对待，认真做好审核工作。同时，加强对施工单位的交底，针对需要变更部位，设计院应及时出具变更。同时全过程工程咨询团队应及时告知施工单位人员现场某某部位存在预变更，现场施工时需注意，避免因变更而产生不必要的拆改等，导致投资浪费。

（3）材料设备询价：建设工程材料费一般占整个建安费的60%以上，对于工程投资起着龙头作用，为了有效地控制工程投资，合理及规范化询价流程，深圳市住宅工程管理站根据《中华人民共和国政府采购法》《深圳市人民政府印发关于建设工程招标投标改革若干规定的通知》（深府［2015］73号）《深圳市建设工程材料设备询价采购办法》（深建规［2015］5号）以及相关法律法规的规定，制定了《深圳市住宅工程管理站建设工程材料设备询价采购工作指引》，指引中对政府投资的依法招标的建设工程，对于满足询价采购条件的需进行招标采购的材料设备，遵循公开透明、公平公正、诚实信用、实事求是、竞争和择优原则，通过市场调查掌握真实的行情，采取比价的方式，确保询价结果的真实性、合理性，严格把控材料设备费用，最大限度地提高政府工程投资效益。

8.4.5 结算阶段

结算阶段是确定总造价的重要环节，全过程工程咨询团队应客观、公正地按照有关规定审核竣工结算，核对工程内容是否符合合同条款和设计图纸的要求，工程是否都验收合格，并分析原因。

（1）按规定的计算方法、计价定额、取费标准、主材价格和优惠条款等对工程结算进行审核，重点加强工程变更管理和材料价格的控制。

（2）核查施工记录和隐蔽工程验收记录，按图核实工程量，并按统一的计算规则计算工程量，保证竣工结算的准确。

（3）注重阶段结算，在招标文件中约定阶段结算的条件、时限、方式等要求，如：可按桩基工程、基础工程（±0.00以下结构）、主体结构工程等办理阶段结算。已签合同的施工类项目，可与承包人协商一致实行分阶段结算。对已完成投资做好确认，做到动态控制投资。

（4）在招标文件中，约定承包人未在合同约定的期限内提交竣工结算书以及结算资料的，承包人应向发包人支付违约金。

（5）重视变更推进、完善变更手续。深圳市建筑工务署对于变更及签证管理有一套完善及精细化管理体系，但也存在一定的缺陷，流程长，涉及单位多，使得协调推进难度加大，再加之施工过程中普遍存在管理人员往往只重视现场质量、安全以及进度的推进，忽略变更签证的管理，导致竣工验收以后，仍有大量变更签证手续未完善，此时协调推进工作将面临着人员更换，更加困难。

（6）制定结算相关体系。所谓无规矩不成方圆，建设工程从竣工验收到施工单位提交竣工结算资料及结算资料送达深圳市财政投资评审中心进行评审，应制定结算管理体系，严格按照体系指引完成相关事项，全过程咨询团队全程跟进、督办、协调，确保结算工作的顺利进行及建设工程投资的确认。

全过程工程咨询投资控制是一项全方位、全要素和全过程的动态管理过程，全过程工程咨询单位应在工程项目建设过程中充分发挥自身主导作用，并合理利用投资控制工具，从项目前期策划阶段到竣工结算阶段提供全过程动态的投资控制举措且可充分发挥主观能动性，尤其要特别重视投资决策阶段及设计阶段的投资控制，建设项目投资决策阶段和设计阶段是工程造价和定位的源头，这一阶段对建设项目工程造价有着决定性的影响。全过程咨询团队对投资目标进行规划制定、数据收集、监控对比、分析及修正等一系列过程严格把控，作为控制和实现投资目标的手段，指引建设方（含各相关方）进行数据收集或向建设方提供需要的数据，满足建设方决策目标的调整和修正需求，使得项目投资科学、可控，投资过程不偏离规划的路径，最终实现投资目标。

8.5　全过程工程咨询进度管理办法

8.5.1　前言

工程项目能否在预定的时间内交付使用，直接关系到项目经济效益的发挥。因此，通过对工程项目进度的有效控制，以达到预期的目标，是全过程咨询进度管理的中心任务，也是工程项目管理的三大目标之一。

工程项目进度管理包括为确保项目按期完成所必需的所有工作过程，全面了解项目情况、项目结构分解（WBS）、编制进度计划和项目进度控制。

8.5.2 全面了解项目情况

接手一个新项目后，第一件事就是全方位了解、熟悉它，包括工程名称、项目地理位置、工程建设规模、项目建设背景、项目类型、工程特征（结构类型）、项目目标、项目难点、立项批文、招标投标文件、发（承）包合同、建筑场地状态、交通运输情况、自然地理条件、环境保护以及项目行政主管部门、使用单位、资金来源、目前进展到何地步、介入阶段等，做到胸有成竹。

8.5.3 项目结构分解（WBS）

编制进度计划前要进行详细的项目结构分析，系统地剖析整个项目结构构成，包括实施过程和细节，系统规则地分解项目。

项目结构分解的工具是工作分解结构 WBS 原理，它通常是一种面向"成果"的"树"，其最底层是细化后的"可交付成果"，是将项目按照其内在结构和实施过程的顺序进行逐层分解而形成的结构示意图或表，该"树"形组织结构确定了项目结构的整个范围。项目结构分解时应注意：

（1）分解后的任务应该是可管理的、可定量检查的、可分配任务的、独立的。
（2）复杂工作至少应分解成两项任务。
（3）表示出任务简单的联系，不表示顺序关系。
（4）最底层的工作应具有可比性。
（5）包括管理活动。
（6）包括所有承包商的活动。

8.5.4 编制进度计划

进度计划编制的主要依据是：项目目标范围、工期的要求、项目特点、项目的内外部条件、项目结构分解单元、项目对各项工作的时间估计、项目的资源供应状况等。进度计划编制要与费用、质量、安全等目标相协调，充分考虑客观条件和风险预计，确保项目目标的实现。

进度计划应分层次，由项目建设总进度计划、年度进度计划、季度进度计划、月进度计划及周进度计划组成，上一层进度计划是下一层进度计划编制的依据，下一层计划是上一层计划的保障。

8.5.5 编制进度计划基本步骤

（1）工作时长预估

对项目结构分解表中所罗列的工作或任务的工作时长,根据类比、历史数据、专家判断进行预估,并填入表中相应位置。

(2)工作顺序安排

即确定各工作之间的依赖关系或逻辑关系,包括工艺关系和组织关系。

(3)确定工作时间

理顺上列两条后,即确定项目结构分解表中所罗列的工作或任务的工作时间,填入表中相应位置。

(4)编制项目建设总进度计划

根据以上三点,初步编制项目建设总进度计划,只是初步方案。

(5)优化

根据项目特点、项目储备资源、工作日历、制约因素(工期、关键事件、里程碑、假定前提)等,按照既定目标进行调整和优化,以达到最佳方案。编制项目进度计划时应注意:

1)应用系统原理、弹性原理,应考虑到各种风险的存在,使进度留有余地,具有一定的弹性。

2)应客观地预估工作时长,尽量排除主客观干扰因素。

(6)编制下一步进度计划

以《项目建设总进度计划》为基准计划,编制项目第一个年度、月度进度计划,为了更清晰、更好地掌控项目进度计划的落实情况,可以编制周进度计划,将每项工作责任到人;还应该编制项目采购计划、设计管理计划、专项资金使用计划等,其中采购计划和专项资金使用计划必须报公司有关部门审批;也可以细化项目建设总进度计划,编制某阶段的总进度计划,可根据项目情况选择性编制。至此为止,项目开始阶段的计划大致编制完成,以后应随项目进展适时编制各层次进度计划,及根据项目实施状况及时调整进度计划。

项目进度管理最重要的是进度计划执行过程中的进度控制。项目进度控制是一种过程控制管理,典型的过程是启动—计划—实施—检查—处理—收尾,一般简写为计划—实施—检查—处理,即 PDCA 循环,它运用动态、系统、封闭、信息、弹性等原理对进度计划执行实施全过程、全方位的控制,重点是检查、处理,主要方法是计划、控制、协调。

8.5.6 项目进度控制

由于进度计划实施过程中目标明确,而资源有限,不确定因素及干扰因素多,这些因素有些是客观的,有些是主观的,主客观不断变化,计划也随着改变。为此,在项目进度计划的执行过程中,必须采取系统的控制措施,经常进行实际进度与计划进度的比较，发现偏差及时分析原因，采取有针对性的纠偏措施。项目进度控制基本方法如下。

（1）动态监测

采用日常观测、定期观测方式监控项目整个实施过程，掌握项目最新进展动态。日常观测法是指随着项目的进展，不断观测记录每一项工作的实际开始时间、实际完成时间、实际进展时间、实际消耗的资源、目前状况等内容，以此作为进度控制的依据。定期观测是指每隔一定时间对项目进度计划执行情况进行一次较为全面的观测、检查；检查各工作之间逻辑关系的变化，检查各工作的进度和关键线路的变化情况，以便更好地发掘潜力，调整或优化资源。

（2）比较、分析、更新

在项目进度监测过程中，一旦发现实际进度偏离进度计划，必须认真分析产生偏差的原因及其对后续工作及总工期的影响，并采取合理的调整措施，以保证工期不变、保证质量安全和所耗费用最少为目标，制定对策，指定专人负责落实，并对项目进度计划进行适时调整更新，确保进度目标的实现。项目进度控制的核心就是将项目的实际进度与计划进度进行不断分析、比较，不断进行进度计划的更新。

进度调整方法主要有调整工作顺序，改变某些工作间的逻辑关系，缩短某些工作的持续时间，重新编制计划，资源调整等。

进度调整采用措施主要有组织措施、技术措施、经济措施、管理措施。1）组织措施，包括落实各层次的控制人员、具体任务和工作责任；2）经济措施，包括实现项目进度计划的资金保证措施、资源供应及时、实施激励机制等；3）技术措施，包括采取加快项目进度的技术方法；4）管理措施，包括加强合同管理、信息管理、沟通管理、资料管理等综合管理，协调参与项目的各有关单位、部门和人员之间的利益关系，使之有利于项目进展。

进度分析比较方法主要有横道图比较法、S曲线比较法、香蕉曲线比较法、前锋线比较法、列表比较法，其中横道图比较法较常用，比较直观明了。项目经理可自由选择一种或几种进度分析比较方法进行进度的适时分析，但须注意的是，计划的调整更新应及时反映在上一层次计划中，要有全局观念，不能脱节。

（3）进度管理报告

将上列所做的工作，形成《进度管理报告》文档，每月上交公司及使用单位。对于《周进度管理报告》，形式可简单，应留存项目管理部备抽查。

《进度管理报告》主要由图表和文字说明两部分组成，要求文字简洁、图表清晰，尽量用图表清晰表达所要讲述的事情。上述所说"图表"包括必要的进度计划网络图、进度分析图表，文字说明主要包含：

1）项目进度检查结果。

2）分析产生偏差的主要原因（如协调配合、工程变更、计划编制失误、管理不到位等）。

3）分析是否影响到后续工作和总工期。

4）提出处理措施，采取追赶进度的方法，要具体到人或单位。

5）存在的难点，需要公司层面、建设单位协调事宜。

8.5.7 设计阶段的进度管理

建设工程设计阶段是工程项目建设程序中的一个重要阶段，同时也是影响工程项目建设投资、工期的关键阶段之一。

设计阶段进度控制应分阶段实施目标管理。在设计准备阶段，主要制定确定规划设计条件、提供设计基础资料以及选定设计单位、商签设计合同的时间目标；在设计阶段，主要制定初步设计、施工图设计的时间目标，注意该时间目标中，除了要考虑设计单位提供设计图纸所需合理时间外，还应考虑设计文件的审查、报批时间，在此阶段还可以分专业进行目标管理，如可以将初步设计分解为方案设计和初步设计两个时间目标，将施工图设计分解为基础、结构、装饰、安装设计的时间目标，这样设计进度控制目标便构成了一个从总目标到分目标的完整目标管理体系。

设计阶段的进度管理同样遵循 PDCA 循环，具体的进度控制方法可根据项目实际情况，按照本书上面所述选择性采用。

影响设计进度因素主要有以下几条：

（1）建设意图及要求的改变。

（2）设计审批时间的影响。

（3）设计各专业之间协调配合的影响。

（4）材料代用、设备选用失误的影响。

设计基础资料一般包括：经批准的可行性研究报告，城市规划管理部门"规划设计条件"和地形图，建筑总平面布置图，原有的上下水管道图、道路图、动力和照明线路图，建设单位与有关部门签订的供电、供气、供热、供水、雨污水排放方案或协议，环保部门批准的建设工程环境影响审批表，水文地质和工程地质勘察报告，对建筑物的采光、照明、供电、供气、供热、给水排水、空调机电梯的要求，建筑构配件的适用要求，各类设备的选型、生产厂家及设备构造安装图纸，建筑物的装饰标准及要求，对"三废"处理的要求，建设项目所在地区其他方面的要求和限制如机场、港口、文物保护等。

8.5.8 施工阶段进度控制

整个项目建设程序中，只有施工阶段代建单位可不必编制进度计划，只需审查施工单位编制的监理单位审批的施工进度计划，但要严密监督施工进度计划的落实，督促监理单位监控到位，确保总目标的完成。施工阶段的进度管理同样遵循 PDCA 循环。

（1）施工阶段进度管理主要内容

1）审查施工进度总计划和阶段性计划。

开工之前，审查施工单位编制的、监理单位审核通过的施工进度总计划；施工过程中，审查施工单位编制的监理单位审核通过的施工阶段性计划（包含年计划、月计划、周计划）。施工总进度计划应满足建设项目总进度控制目标的要求，阶段性施工进度计划应满足施工总进度计划的要求，各级计划应环环相扣，相互呼应。

2）根据施工现场准备情况，选择合适的时机，签署工程开工报审表，督促监理单位发布工程开工令。

3）协助承包单位实施进度计划。

在施工过程中，项目管理部应动态了解施工进度计划执行情况及其执行过程中遇到或存在的问题，并协助承包单位予以解决，特别是承包单位无力解决的内外关系协调问题。

4）监督施工进度计划的实施。

这是经常性的工作，项目管理部不仅要及时审查承包单位报送的各级施工进度计划和分析资料，同时还要进行必要的现场实地检查，杜绝虚报。在此基础上，项目管理部核查承包单位或监理单位提出的更新的施工进度计划的必要性和可行性，判断对工程造价、工期的影响。

5）组织现场协调会。

一般现场协调会，可由监督监理单位组织召开及落实。但在平行、交叉施工单位多，工序交接频繁且工期紧迫的情况下，项目管理部有必要组织召开现场协调会，可定期（如每周甚至每日）召开，也可视情况随时组织召开。在会上通报和检查工程进度、存在的问题，解决施工中相互配合协调问题，确定薄弱环节，部署下一步任务。

对于某些未曾预料的突发事故（件）或问题，还可以通过发布紧急协调指令，督促有关单位采取应急措施维护施工的正常秩序。

6）尽量减少建设单位原因对施工进度计划的影响。

主要表现为频繁变更、拖欠工程进度款、甲供材料或设备不能按期运抵施工现场或其质量不符合有关标准的要求、不能按时提供合格的施工图、建筑场地未三通一平、需要建设单位认可的承包单位迟迟不能确定、需要建设单位认可的材料迟迟不能确定等。

经过上一轮 PDCA 循环后，调整了施工进度计划，那么项目管理部的施工进度管理也必须从上列第1）条至第6）条有次序地或有选择地再来一遍，循环往复，直至项目完工。

（2）审查施工进度计划基本内容

1）从程序上审查施工进度计划的合规性、可行性。

2）是否经过三级审批及监理单位审核，是否根据监理单位意见进行完善，是否签章齐全。

3）施工进度计划应由相应图表及文字说明组成，相互对应，简要明了。

4）进度计划是否符合工程项目建设总进度计划中总目标和分目标的要求，是否符合施工合同中工期的约定。

5）施工总进度计划中的项目有无遗漏，分期施工是否满足分批动用或配套动用的需要。

6）施工顺序的安排是否符合施工工艺要求，是否满足工程质量、安全的需要。

7）施工人员、工程材料、施工机械等资源供应计划是否满足施工进度计划的需求，供应是否均衡，需求高峰期是否有足够的能力实现计划。

8）对于建设单位提供的施工条件（包括资金、施工图纸、施工场地、物资等），在施工进度中安排是否明确、合理，是否有造成因建设单位违约而导致工程延期和费用索赔的可能存在。

9）总包、分包单位分别编制的各项工程施工进度计划之间是否相互协调，专业分工与计划衔接是否明确合理，有无干扰及主要矛盾点等。

10）工程施工过程中的重难点是否突出，对风险因素的影响是否有防范措施和应急预案。

11）对于那些无法进行协调控制的影响进度的关系，在施工进度计划中是否留有足够的机动时间。

（3）施工阶段进度管理注意事项

1）不能通过调整各级施工进度计划而随意改变总工期、投资目标，质量、安全目标是不能更改的。

2）通过计划—检查—分析—处理，及时更新进度计划，下一层次进度计划的更新要及时反映在其上、下层次进度计划中。

3）要求施工单位分别编制周、月、年及施工总进度计划，月、周计划要具体落实到班组或人，监督监理单位督查是否到位。

4）要重视信息流通，监督施工单位、监理单位的层层计划检查机制是否正常运转。

5）做好事前预控、事中督查、事后总结工作。

6）及时组织协调会，掌控先机。

8.6　全咨监理项目部 6S 管理探索

6S 管理是现场文明施工管控的重要管理工具，良好的 6S 管控不仅提供现场整洁有序的施工面貌，而且能很大程度上消除安全隐患，提高施工效率。

深圳技术大学建设项目（一期）用地面积约 59 万 m^2，建筑面积约 96 万 m^2，共有 4 个总包单位与超过 40 家平行分包单位。项目建设过程中的 6S 管控是一个巨大的挑战。

本书是对深圳技术大学建设项目（一期）施工过程中 6S 管理策划、实践与改进过程的介绍。

8.6.1 认识 6S

6S 管理起源于日本企业 5S 管理，对生产现场材料、设备、人员等要素开展整理（SEIRI）、整顿（SEITON）、清扫（SEISO）、清洁（SEIKETSU）、素养（SHITSUKE）等活动，因日语中罗马拼音均以"S"开头，故简称为 5S。从 20 世纪 50 年代开始，日本企业将 5S 运动作为管理基础，使得生产品质迅速提升。由于 5S 管理卓有成效，迅速在全世界得以推广。1995 年，5S 管理被海尔公司引入，并增加"安全"（SAFETY）活动，变成了 6S，现已拓展应用到服务行业。6S 的释义及关键要点如下：

（1）整理（SEIRI）

将工作场所的任何物品区分为有必要和没有必要的，除了有必要的留下来，其他的都消除掉。目的：腾出空间，空间活用，防止误用，塑造清爽的工作场所。

关键要点：

1）将现场施工过程中产生的废料、余料以及不用闲置的设备工具等与现阶段需用的部分区分开来，并将其妥善处理并及时清除出现场。

2）现场专门设置废弃物品/材料堆放场所，明确清理频次、清理责任人。

3）增加现场使用空间，提高使用效率，避免资源浪费。

（2）整顿（SEITON）

把留下来的必要用的物品依规定位置摆放，并放置整齐加以标识。目的：工作场所一目了然，消除寻找物品的时间，整整齐齐的工作环境，消除过多的积压物品。

关键要点：

1）根据施工不同阶段规划安顿好每一样物品，将现场材料、设备、工具等物品按规划布置固定场所堆放，并进行分类、标识（如名称、数量、状态、产地等信息），按照给定顺序、位置堆放。

2）在整理的基础上合理规划空间和场所。

3）做好必要的标识，让所有人都清楚明白。

4）同时也包括施工现场生活区、办公区的整顿内容。

（3）清扫（SEISO）

将工作场所内看得见与看不见的地方清扫干净，保持工作场所干净、亮丽的环境。

目的：稳定品质，减少工业伤害。

关键要点：

1）根据项目划分的保洁区域，责任到班组，确保各责任区的清扫责任。

2）确定清扫值日制度，定期执行例行扫除，清理脏污。

3）各作业队及班组当天、当时区域清扫干净，即工完、料净、场地清，注重死角的整治活动。

4）清扫过程坚持三扫原则：扫黑（灰尘、垃圾、纸屑等）、扫漏（漏水、漏油、漏气、漏处理等）、扫怪（异常声音、温度、振动等不对劲的地方）。

（4）清洁（SEIKETSU）

将整理、整顿、清扫进行到底，并且制度化，经常保持环境处在美观的状态。目的：创造明朗现场，维持上面3S成果。

重点将以上3S的做法制度化、规范化，包括项目6S实施办法、责任区图、目视巡查标准，以及奖惩制度的制定及推行等管理人员在日常巡查中同步对6S推进工作开展落实检查。

关键要点：

保持现场的干净、整洁状态，并成标准化、制度化，人人都要遵守的操作准则，形成一系列的执行、考核标准制度。

（5）素养（SHITSUKE）

每位成员养成良好的习惯，并遵守规则做事，培养积极主动的精神（也称习惯性）。目的：培养具有良好习惯、遵守规则的员工，营造团队精神。

关键要点：

1）制定服装、仪容、识别证标准。

2）教育培训（尤其新人强化6S教育实践）。

3）组织各类精神提升活动（展会、文明礼活动等）。

4）实施三守原则：守时间、守规定、守标准。

5）通过教育培训励等手段，将外在的管理要求转化为员工自身的习惯、意识，使上述各项活动成自觉行动，最终达到提高建筑产品品质的目的。

（6）安全（SAFETY）

总体要求是通过教育消除不安全因素，人的不安全行为和物的不安全状态，以及管理缺陷；重视成员安全教育，每时每刻都有安全第一观念，防患于未然。目的：建立起安全生产的环境，所有的工作应建立在安全的前提下。

关键要点：

1）严格遵守法律法规及各级安全生产规定，建立健全本项目安全制度，固化安全作业及应急处理程序。

2）认真做好安全文明排查整改，依托台账、风险清单等工具，实行闭环管理，及时发现、纠正和排除安全隐患，确保现场安全可控。

3）强化安全教育培训，提高从业人员专业知识技能和安全意识，证照手续不齐备、考核不合格坚决不能上岗。

4）确保一切进场的材料设备满足安全生产要求，正确配备、使用合格、齐备的劳动防护用品。

5）做好前面5S内容，减少乃至杜绝现场存在的隐患。

综上所述，6个"S"并不是各自独立、互不相关的，它们之间是一种相辅相成，缺一不可的关系。"整理、整顿、清扫"以空间、时间、物品等"硬环境"为对象，是6S中关于现场状况改进提升的三个基本行动，"清洁、素养、安全"主要以制度、习惯行为等"软环境"为对象，促进6S向"形式化—行事化—习惯化"演变。

8.6.2 本项目6S管理的难点分析

（1）6S实施过程中遭遇的难点

本项目实施6S管理的中前期，遭遇到下列难点与困局：

1）对6S管理的理解深度不足。

6S管理的初期的优势体现在"整理—整顿—清扫"这套组合拳的高效性，但几乎所有工人和管理人员从字面上无法理解其对应含义，只将其理解成"搞卫生"。也有部分人员将6S等同于文明施工。由于理解不到位，反映在执行过程中，就是现场的6S管控流程发挥不出高效清理和低成本保持现场面貌的优势。没有"整理—整顿—清扫"作为基础，"清洁""素养""安全"就无从谈起。因此可以说，绝大多数施工单位从未真正开始过6S。

2）对6S管理的执行缺乏持续性。

绝大多数施工单位在执行6S的过程中，只能在起始阶段维持较短时间的有效执行，而随着工程进展和进度压力增大，6S工作往往被忽视。

3）6S管理的硬件强，软件弱。

目前实力较强的施工单位强于现场"基础设施"的建设，如现场大门、道路、六图一牌、安全通道、定制化管理牌、区域隔离等，确实对于改善现场面貌有极大的提升。但同时大多数施工单位弱在人员教育、现场"整理—整顿—清扫"的自觉执行、人员6S素质的养成、6S文化的培养。

（2）6S实施困难的成因

全咨监理项目部对于造成上述6S实施的困难进行了梳理和分析，定位了下列原因：

1）工程施工的行业特点。

目前的工程施工行业有如下特点，给 6S 工作的开展带来困难：

① 从业人员素质普遍偏低。作业人员一般学历较低，接触 6S 管理很少，很难对 6S 建立起正确的理解，也没有良好的作业习惯。

② 人员流动性极大。由于房建项目涉及的工种较多，每个工种在场内的作业时间仅为数周到数月，人员流动性较强，这使得通过宣传、培训培养从业人员的 6S 能力、6S 习惯非常困难。

③ 现场的面貌变化快。工程项目不同于工厂，对现场进行场地布置、规划后往往不能持续很长时间就要进入下一道工序，因此进行"整顿"的收益往往不高。而且一个内置性矛盾是：垃圾和废弃物产生量大的区域更需要布置与规划，但这样的区域往往是变化最快的区域，布置和规划的难度也更大。

2）6S 工作尚不是参建各方的核心需求。

工程施工行业的特点是 6S 工作推进困难的客观原因，但并非不可克服，但本项目在 6S 管控过程中，还体会到更深层次的内因，即各方参建单位实际上缺乏主动推进 6S 的内在动力。对参建各方而言，管控过程中首要关心的是施工安全，而 6S 工作虽然对安全有极大助力，但毕竟不完全重合。在各施工单位尚不能完全控制安全风险的情况下，6S 的工作略显"奢侈"。更进一步地，6S 工作与进度、成本的矛盾要更加突出，当 6S 与进度、成本相矛盾时，施工单位只要有机会便会选择忽视 6S。

3）6S 工作的正面效益难以发挥。

良好的 6S 管理是可以加快进度、节约成本、提高质量、确保安全的，但是如果对 6S 的理解方式有偏差，很难发挥这一正面效益。不少施工单位所理解的 6S 就是"搞卫生"。"搞卫生"就是耽误时间、消耗人工，因此难以发挥正面效益。

8.6.3 本项目 6S 的执行原则

基于以上分析，全咨监理项目部在重新策划 6S 工作时，充分考虑现场所面临的人员素质较低、场地条件变化快、安全风险因素多等不利条件，在执行时选取正确的发力点，以取得最佳的 6S 管控效果。为此，本全咨监理项目部确定了本项目 6S 管控的下列原则。

（1）安全第一原则

现场 6S 工作的开展应在最大程度上与安全管控同向发力，通过 6S 工作的开展，提高工人安全作业意识，提升作业环境的安全性。

通过 6S 工作的开展，必须确保现场达到下列条件：

1）现场交通顺畅、人车分流。

2）所有临边洞口防护完善。

3）室内外无积水，不影响用电安全。

4）可燃材料、可燃废弃物得到有效管控。

5）消除朝天钢筋、朝天钉、绊倒物、地面打滑等风险。

6）作业场所照明充足。

7）所有区域通风有保障，消除有害气体富集风险。

8）现场有足够的安全标志牌。

9）所有室内外应急通道畅通。

（2）动态可控原则

对现场 6S 工作的目标，应确定在动态可控，而非静态美观，这是 6S 管控的本质要求。考虑到施工现场有其特殊性，动态可控的标准一般达不到工厂、办公室的同等水准，但基本的管控标准必须建立，并且灌输到所有管理人员和工人的观念中。

在施工现场 6S 的开展过程中，应避免静态美观的误区，现场通过"运动式"的清理、整改和基础设施建设，可以拍出标准化的照片，但是只要施工开始，就不可避免地恶化，直到下一次"运动式"的清理。要避免静态美观的误区，需要在管控标准、工人培训方面下真工夫，也需要对 6S 工作的日常化坚持。

（3）持续执行原则

6S 工作能否成功开展，关键在于是否能长期坚持执行。由于 6S 工作的收益体现在现场安全性的提高、工人工作环境的舒适，这些都不是施工单位的直接经济收益，因此施工单位缺乏长期坚持的驱动力。要解决这一问题，关键在于采取合适手段让 6S 工作的收益可视化，而让忽视和懈怠 6S 工作的负面后果显性化，从而推动项目参与各方持续执行 6S 管控工作。

同时，采取措施促使市工务署、全咨监理项目部长期持续关注 6S 工作情况，在整个项目形成重视 6S 工作的氛围，确保 6S 工作的持续执行。

8.6.4 本项目 6S 工作实施要点

基于以上分析及已确定的 6S 实施原则，本全咨监理项目部确定的 6S 工作清单，从人员管理、场地建设、场地管控、6S 管控活动四个方面对 6S 工作的要点进行了分解与细化，详见表 8-7～表 8-10。

人员管理清单　　　　　表 8-7

项目		实施要点	责任岗位	实施周期
1	人员配备	配备足够安全管理人员	项目经理	每月
2	6S 宣传教育	将 6S 相关知识与 6S 管控要求融入到工人三级安全教育中	安全部	每月
		在每天在班前交底中强调 6S 相关管控要求	工程部	每天
		每月举行 6S 专项培训或宣讲活动	安全部	每月

续表

项目		实施要点	责任岗位	实施周期
3	观念培养	在6S专项培训或宣讲活动中灌输正确的6S观念： ① 6S工作与安全管理相互促进； ② 6S工作受益人是工人群体； ③ 6S工作是施工的一部分，而是施工之外的独立工作量	安全部	每月

场地建设清单　　　　　　　　　　　　　　　表8-8

项目		实施要点	责任岗位	实施周期
1	现场基础设施（包括大门、围挡、道路、办公室、宿舍、食堂、厕所、休息区、吸烟点、成品展示区、安全体验区等）	合理规划现场，布置各类基础设施。布置原则：① 安全间距原则；② 减少干扰原则；③ 方便快捷原则	工程部	开工阶段一次性规划与建设；后期伴随施工需要进行调整
		建设各类基础设施，为管理人员和工人提供安全卫生舒适的通行、工作和生活条件		
		建立各类基础硬件所对应的管理措施		
2	道路交通规划	规划和设置现场交通，确定办公车辆、各类材料车、垃圾车的进出线路	工程部	开工阶段一次性规划与建设；后期伴随施工需要进行调整
		规划设置人员行走线路，确保人车分流（实体隔离）		
		现场交通标线、标牌、提示语、指示灯等设施		
3	材料存放区	规划和设置材料存放区，充分考虑防火、防雨、交通等因素	材料部	开工阶段一次性规划与建设；后期伴随施工需要进行调整
		做好材料存放区定制化标牌标志		
		在安全区域设置氧气、乙炔及其他易燃材料存放区		
		制定材料存放管理规定，指定和培训管理人员		
4	垃圾收集与资源回收	现场设置建筑垃圾堆放场和足够数量的生活垃圾桶，严禁建筑垃圾与生活垃圾混合	工程部 安全部	开工阶段一次性规划与建设；后期伴随施工需要进行调整
		现场在必要地点设置金属材料回收容器或回收区		
		建立建筑垃圾、生活垃圾、可回收资源的定期清运和处理程序，实现垃圾的有序管理		
5	消防系统	设置现场微型消防站	工程部 安全部	开工阶段一次性规划与建设；后期伴随施工需要进行调整
		规划和设置现场消防给水系统，包括消防泵站、管道、室外消火栓、室内消火栓（随施工进度跟进）		
		规划和设置现场灭火器		
		制定现场消防管理规定，培训现场应急消防小组		
6	给水排水设施	规划和设置场内给水系统，包括市政水接入、管道、阀门、取水点等	工程部	开工阶段一次性规划与建设；后期伴随施工需要进行调整
		规划和设置场内排水系统，包括给雨水排水沟、集水井、排水泵、市政污水排放口、雨水排放口等		
		指定暴雨应急专人，在暴雨情况下时刻监控水情、启泵排水、防止场内洪涝灾害		

续表

项目		实施要点	责任岗位	实施周期
7	安全防护设施	设置现场各类安全防护设施，包括但不限于： ① 各类临边防护； ② 各类竖直洞口及水平洞口防护； ③ 各类安全立网及水平安全兜网； ④ 安全通道； ⑤ 加工区防护棚； ⑥ 塔式起重机、施工升降机防护设施； ⑦ 其他必要安全防护设施	工程部 安全部	在施工过程中根据现场需要及时设置
		建立各类安全防护设施的验收及定期巡查机制	工程部 安全部	每周
8	标识标牌	现场大门六牌一图；（工程概况牌、消防保卫牌、安全生产牌、文明施工牌、管理人员名单及监督电话牌、环保公示牌、施工现场总平面图）	工程部 安全部	开工阶段一次性规划与建设；每周根据现场进展更新
		安全及6S宣传牌		
		现场风险源公示牌		
		网格化责任公示牌		
		常规性安全标志牌		
		特殊风险区域的安全标志牌与指标语	工程部 安全部	根据现场需要

场地管理清单　　　　　　　　　　　　　　表8-9

项目		实施要点	责任岗位	实施周期
1	基本6S管控	现场不再使用的材料从作业面清走，放置回材料存放区；现场不用的设备，收回设备库房妥善存放	工程部	每日执行与检查
		施工中产生的废料和垃圾及时清除，不得晚于当天收工时间		
		施工中产生的可回收物应在指定容器中		
		现场材料有序放、设备整齐停放		
		使用中使用的工具、移动脚手架、剪刀升降车等应在不影响通行的区域排放或停放		
		现场所有道路、走道、作业面每天至少进行一次清扫		
2	安全防护设施	现场所有临边、洞口都有完善的防护	工程部 安全部	每日检查
		所有脚手架、操作平台安全可靠，防护完善		
		受坠物影响的区域都有标准的防护棚		
3	照明管理	作业区域照明强度≥100lx	工程部 安全部	每周检查
		楼梯、走道照明强度≥50lx		
		所有照明使用冷光源，严禁使用卤素灯或热源灯；推荐使用灯带等低压供电照明		

续表

项目		实施要点	责任岗位	实施周期
4	通风管理	对自然通风不畅的区域，必须设置机械通风	工程部 安全部	每周检查
		对密闭、半密闭空间内作业，必须申请密闭空间作业令，并按流程执行管控		
		严禁在密闭、半密闭空间内使用燃油的车辆、设备		
5	消防管理	所有动火作业严格履行《动火证》申请和签发程序，签发动火证前确认安全动火条件	工程部 安全部	每天检查
		现场消防系统正常运转，所有消防设施到位	工程部 安全部	每天检查
		所有可燃材料存放在远离火源与热源的区域，有可靠的消防设施	材料部 安全部	每天检查
		地下室或通风不佳的区域严禁存放可燃、有毒气体容器	材料部 安全部	每天检查
		严禁在地下室或有火灾风险的区域为车辆、设备充电	安全部	每天检查
		施工区域严禁吸烟，吸烟只能在指定吸烟区	安全部	每天检查
6	用电管理	严格按照三级配电，两级保护，TN-S体系设置现场施工用电体系	工程部 安全部	每天检查
		所有用电系统的设置、改接、拆除必须由专业电工进行		
		所有电缆有序布置，明显标识，避免电线混乱难分		
		所有电线离地，整洁有序		
		严禁在现场使用民用插排、民用电缆及插头，严禁现场使用生活电器		
		严禁电缆泡水或放在潮湿地面上		
7	给排水管理	现场内所有积水必须及时排除，重点关注地下室、屋面、室外走廊等区域	工程部 安全部	每天检查
		严禁施工污水随意排放		
		严禁直接在地面上拌和砂浆		
8	应急通道管理	现场消防通道必须畅通	工程部 安全部	每天检查
		所有室内、室外的应急逃生通道必须畅通，通道上不得存在阻挡、绊倒、滑倒等风险		
		所有应急通道必须有应急照明灯，确保停电条件下有紧急照明		
9	扬尘管控	裸露地面应进行覆盖，预期裸露时间超过2个月的地面应植草	工程部	每天检查
		场内道路应每天清扫洒水，防止扬尘产生		
		进出场车辆应做好土方覆盖与轮胎清洗		

第 8 章 经验提炼与推广

6S 管控活动清单 表 8-10

项目		实施要点	责任岗位	实施周期
1	每周 6S 专报	施工单位每周对现场 6S 工作的开展情况进行统计，包括培训、宣传、现场清扫、主要工作面貌、待解决的问题等，相关信息及照片形成《6S 工作专报》	工程部	每周
		监理部、工务署对《6S 工作专报》进行审核与点评，对 6S 工作提出相应要求	监理部 工务署	每周
2	每月 6S 评估	监理部每月对现场 6S 工作进行一次全面评估，并将评估结果报工务署	安全部	每月

8.6.5 小结

本项目对 6S 工作的探索系基于本项目的现有条件，虽然整体的 6S 面貌并不能自始至终都保持在非常良好的水平，但执行过程中始终坚持同样的标准，整体场面未出现失控，对于工程施工行业，属于可以接受的结果。基于现场条件、时代条件与行业背景的实事求是，也是本项目管控过程中的重要经验。

8.7 全咨监理项目部对高处作业安全的管控探索

深圳技术大学建设项目（一期）全咨监理项目部安全管控的过程中，针对项目面临的最为突出的高处作业安全风险，根据"问题导向法"，按识别风险、分析原因、制定和落实防控措施的基本步骤，对高处作业安全管控工作进行系统化改进。

本书针对高处作业中的高处坠落风险管控进行编制，高处作业中的其他安全风险（如物体打击风险等）不在本书描述范围之内。

8.7.1 识别风险

（1）认识高处作业安全风险

1）高处作业定义。

按照现行国家标准《高处作业分级》GB/T 3608—2008 规定：凡在坠落高度基准面 2m 以上（含 2m）的可能坠落的高处所进行的作业，都称为高处作业。

2）高处坠落定义。

在施工现场高空作业中，如果未防护、防护不好或作业不当都可能发生人或物的坠落，人从高处坠落的事故，称为高处坠落事故。

3）高处坠落风险的特点。

高处坠落事故历来是建筑施工行业五大伤害之首，根据住房和城乡建设官网公布的数据，2017~2019 年，高处坠落事故占房屋市政工程安全事故总数的 50% 以上，且仍呈上升趋势。

施工现场的高处坠落安全风险具有分布广泛、隐蔽性强、伤害性高的特点，但同时高处坠落安全风险也具有可防范性强的特点，只要采取正确的硬件防范措施，都可以取得良好的防范效果。

（2）高处作业安全隐患的分类

根据隐患的性质与发生部位，将本项目高处作业安全隐患分为六类。深圳技术大学全咨项目部通过分析2020年第三方安全检查报告，将本项目高处作业安全隐患的六个子类进行了分析与统计：

1）临边防护安全隐患。

临边防护缺失的主要表现形式，包括临边洞口防护缺失、临边防护强度不足、洞口防护不规范、临边防护高度不足等安全隐患。

此类隐患占比：43.2%。

2）脚手架相关安全隐患。

主要包括脚手架缺少临边防护、缺少脚手板、脚手架与楼层间隙过大不防护、搭拆脚手架过程中安全防护不到位等安全隐患。

此类隐患占比：23.2%。

3）安全带、生命线、安全网安全隐患。

主要包括高处作业人员不使用安全带、使用安全带方式不正确、安全带质量不合格、不设置可靠的生命线、不设置安全网、安全网破损等安全隐患。

此类隐患占比：14.4%。

4）私搭操作平台。

主要包括作业人员私自搭设简易操作平台、移动式作业平台搭设不规范、站立平台或盖板支撑力不足等安全隐患。

此类隐患占比：9.4%。

5）违章登高行为。

包括各种缺少高坠防护措施的登高作业行为，如登上设备的作业、临窗作业、违规使用人字梯的作业等，此类违章出于作业人员的主观行为，反映出作业人员所接受的安全教育不足，现场监管不严等因素。

此类隐患占比：6.7%。

6）其他。

所有未能归于以上五种类型的高处作业安全隐患，如恶劣天气情况下的登高作业、登高作业受其他施工交叉影响等情况。

此类隐患占比：2.1%。

8.7.2 分析原因

(1) 高处作业安全隐患成因分析

本项目全咨监理项目部通过使用流程图法,从"施工策划—施工组织—施工实施—验收及收尾"的全流程中,梳理出高处作业安全隐患所产生的环节,直观地定位出管理的缺失与薄弱之所在,见表 8-11。

高空作业安全隐患分析表　　　　表 8-11

施工单位	施工策划	施工组织				施工实施	验收及收尾
监理单位	审核	审核/验收				旁站/巡视/指令	验收/巡视/指令
		人员	材料	作业环境	作业许可/施工条件验收		
临边防护安全隐患	不明确提出安装硬质防护栏杆的要求;不考虑安装防护栏杆可能存在的困难,不设计前置工作	不对人员进行特别交底;交底形式化	不提前准备临边防护材料	不检查临边防护是否到位	不将临边防护作为必要的验收条件	不及时发现、指出和整改临边防护隐患	不考虑临边防护拆除过程可能存在的安全隐患
脚手架相关安全隐患	不对脚手架的搭设要求做详细说明	人员无架子工资质;作业前不做交底;交底形式化	脚手架材料短缺或不合格		不将脚手架临边防护、脚手板等作为验收条件	不及时发现、指出和整改防护缺失、冒险作业等隐患及违章	脚手架拆除过程不考虑高处坠落防护
安全带、生命线、安全网安全隐患	不设计生命线、安全网;不明确指出需要安全带	不对人员进行安全教育及特别交底;交底形式化	使用无安全认证的产品	不检查生命线、安全网是否到位	不将生命线、安全网、安全带作为必要的验收条件	不及时发现、指出和整改生命线、安全网缺失、安全带等隐患及违章	不考虑生命线、安全网拆除过程中的高坠风险
私搭操作平台	不对高处作业的需求提出解决方案;设计出安全性不足的操作平台	不对人员进行安全教育及特别交底;交底形式化	不采购符合安全要求的移动式脚手架		不将私搭简易操作平台作为验收禁止项	不及时发现、指出和整改私搭操作平台行为	不考虑收尾阶段可能出现的私设操作平台
违章登高行为	不辨识出有违章登高的风险;不对工人可能的冒险行为有主动防范措施	不对人员进行安全教育及特别交底;交底形式化		不安装防护栏杆或生命线系挂点	不考虑施工中可能出现的违章登高需求	不及时发现和制止违章登高行为	不考虑收尾阶段可能发生的违章登高行为

(2) 高处作业安全隐患原因小结

通过以上原因的分析,全咨监理项目部得出下列结论:

1) 所有高处作业相关的安全隐患,不存在技术上的困难。之所以高处作业相关安全隐患高发,是因为项目参与各方在思想上缺乏重视,在程序上缺失管控。

2) 从人员意识方面,由于工人三级安全教育与每日班前交底偏于形式化,对于高处坠落风险没有着重强调,致使所有人员在防高坠方面意识不足。

3）从管控程序方面，施工单位和全咨监理项目部都将安全管理的主要精力集中于施工作业过程，而忽视了对于施工组织环节中的安全要素把关，致使安全管控始终处于被动局面。

8.7.3 防范与管控措施

本项目全咨监理部通过系统总结高处作业安全隐患高发的原因，整理出下列防范高处作业安全隐患的管理及技术措施。

（1）施工组织设计与施工方案

1）施工组织设计。监理工程师及项目总监审核施工单位报审的《施工组织设计》，应重点审查：

① 安全风险辨识部分，是否将高处坠落作为主要安全风险之一，是否结合项目的具体情况，对高处坠落风险进行全面辨识。

② 安全管控措施部分，是否明确了高处作业设备的选型标准、操作平台的搭设标准、坠落防护措施的做法。

2）专项施工方案。监理工程师及项目总监审核施工单位报审的《专项施工方案》，应重点审查：

① 安全风险辨识部分，是否结合具体的作业环境，对高处坠落风险进行全面辨识；是否考虑了其他施工行为或偶然性因素对高处作业的影响。

② 是否对人员高处作业操作资质、高处作业安全风险交底提出了具体要求。

③ 是否对人员高处作业的需求进行了全面辨识，并以此为线索，对高处作业设备的选型、操作平台的搭设提出具体要求。

④ 存在钢结构、独立梁等悬空作业的情况下，是否对生命线、安全网的设置提出具体要求。

（2）高处作业人员

1）人员资质。全咨监理项目部应要求施工单位报审下列人员的资质，监理工程师与项目总监对资质进行审核，并保存资质证书的复印件。

① 从事登高架设作业或高处安装、维护、拆除作业的人员必须取得应急管理部门颁发的登高作业特种操作证。

② 从事脚手架搭设、拆除的人员必须持有省住房和城乡建设厅颁发的架子工证。

③ 塔式起重机安装、升（降）节、拆除时，作业人员必须持有省住房和城乡建设厅颁发的《建筑施工特种作业操作资格证》。操作类别：塔式起重机安装拆卸工。

④ 施工升降机安装、升降机、拆除作业人员必须持有省住房和城乡建设厅颁发的《建筑施工特种作业操作资格证》。操作类别：施工升降机安装拆卸工。

⑤ 安装、拆除吊篮必须持有省住房和城乡建设厅颁发的《建筑施工特种作业操作

资格证》。操作类别：高处作业吊篮安装拆卸工。

⑥操作高空作业设备（剪刀升降车、长臂车、吊篮）的人员必须有相应的培训证书。

⑦其他从事高处作业的人员也应当持有相关的证书。

2）人员身体健康状况。全咨监理项目部应要求施工单位对从事高处作业人员的健康状况及身体状态进行把关，同时在现场巡视检查中做好监督：

①患有高血压病、心脏病、贫血、癫痫病等疾病的人员不得从事高处作业。

②对疲劳过度、精神不振和思想情绪低落人员不适合进行高处作业。

③任何人员饮酒后严禁进行高处作业。

④超过60岁的人员不得从事登高作业。

3）人员培训。全咨监理项目部应监督施工单位定期组织高处作业安全培训，安全管理人员参与或旁听培训内容。安全培训应符合以下要求：

①所有从事高处作业的人员应参加培训。

②培训内容应对现场作业有较强的针对性和指导性。

③培训过程必须规范完整，严禁培训走过场，搞形式化。

此外，在进行任何专项方案的交底时，除了针对性的风险外，还需对存在的高处坠落风险及其防范措施进行强调。

（3）高处作业平台

1）钢管扣件脚手架：

①钢管扣件脚手架搭设、拆除过程中必须做好搭拆人员的高处坠落防护工作，在没有防护栏杆的情况下，必须拉设可靠的生命线，供搭拆人员悬挂安全带。

②搭设完成的钢管扣件脚手架应有完善的临边防护栏杆，走道板端头必须封闭，顶层走道板铺设过程中同步安装防护栏杆。

③脚手架与建筑物的间隙超过150mm时，要对间隙进行封闭，应在每个楼层处设置一道隔离。

2）移动操作平台：

①移动操作平台属于危险性较大的分部分项工程，搭设前应由施工单位报审专项方案，监理部审批通过后，施工单位应报审其材料的相关证明文件，监理部审批通过后，材料方可进场。

②移动操作平台材质、选型应符合当地相关管理规定的要求，禁止使用无质量合格证明的移动式脚手架材料。

③移动操作平台应按方案进行搭设，面积不应超过$10m^2$，高度不应超过5m，高宽比不应大于3:1，施工荷载不应超过$1.5kN/m^2$。

④移动操作平台需设置可靠的外抛撑，脚手板应完整，临边防护栏杆应完整且高度不小于1.2m，并应布置登高爬梯。

⑤ 移动操作平台轮子与平台的接合处应牢固可靠，立柱底端离地面不得超过80mm，严禁垫高使用。

⑥ 移动操作平台搭设完成后，施工单位应通知监理人员进行验收，验收合格并挂牌后方可使用。

⑦ 移动操作平台使用过程中，作业人员应全程正确使用安全带。

⑧ 移动操作平台移动时，平台上不得站人，行走轮的制动器除在移动情况外，均应保持制动状态。

3）非标准操作平台：

① 非标准操作平台是指依托现场具体工况搭设的临时作业平台，属于危险性较大的分部分项工程，搭设前应由施工单位报审专项方案，监理部审批。

② 非标准操作平台搭拆过程中要求搭拆人员全程有生命线——安全带保护。

③ 非标准操作平台应按方案进行搭设，确保平台有足够的支撑力，设置防护栏杆，并确保操作人员有安全带的可靠系挂点。

④ 非标准操作平台搭设完成后，施工单位应通知监理人员进行验收，验收合格并挂牌后允许使用。

⑤ 非标准操作平台使用过程中，严禁使用人员翻出平台作业，且严禁使用人员擅自改装。

4）登高梯：

① 各项目使用登高梯的材质、选型应符合当地相关管理规定的要求；禁止作业人员使用自制的木质楼梯或钢筋梯；其他自加工金属梯应经过监理工程师验收才能使用。

② 使用登高梯进行超过2m的作业时，必须正确使用安全带，佩戴安全帽并系好帽带。

③ 直爬梯使用时必须进行固定或由专人扶持，以防止使用过程中发生滑移或倒塌。

④ 使用人字梯时严禁踩踏人字梯顶端或骑梯作业。

5）高处作业设备：

① 常用高处作业设备包括吊篮、剪刀升降车、直臂车、曲臂车等；吊篮属于危险性较大的分部分项工程，吊篮安装前应由施工单位报审专项方案，监理部审批。

② 高处作业设备进场前应由施工单位报审设备资料，监理部审批，审批通过方可进场，经过进场验收合格方可使用。

③ 高处作业设备操作人员使用前应当接受操作培训并取得操作证书。

④ 使用高处作业设备必须遵守其安全操作规程。

⑤ 使用高处作业设备的全程中必须正确使用安全带。

⑥ 遇4级及以上大风时，应立即停止使用高处作业设备，将其降至地面并撤离使用人员。

（4）高处作业环境

1）临边防护栏杆：

① 临边防护栏杆是工程项目防止高坠事故最为直接、最为有效的措施。

② 在临边风险出现之前或临边风险出现的同时，临边防护栏杆必须就位。

③ 临边防护栏杆必须为硬质材料，并有足够的强度，能承受不低于1kN的水平荷载。

④ 临边防护高度不应小于1.2m。

⑤ 临边防护栏杆上应设置"严禁翻越""严禁拆除"标志牌。

⑥ 外来车辆卸货、人工挖孔桩洞口、基坑边缘、楼梯边缘、模板安装阶段、边墙砌筑阶段、施工升降机装拆阶段等区域或时间段易发生临边防护缺失现象，监理部应提前对施工单位做好交底，并在现场密切监督。

2）站立点的支撑力与稳定性：

① 现场所有通道、操作平台、脚手架、高处作业设备、盖板等必须有足够的支撑力和稳定性。

② 模板安装过程中，易出现探头板现象，应提前对施工单位做好交底，并在现场密切监督。

③ 现场所有水平洞口的覆盖必须使用有足够支撑力的盖板，严禁随意使用木板进行遮盖。

（5）高处坠落防护用品

1）安全带：

① 安全带是高处作业最为基础的防护用品，施工单位应当给所有高处作业人员配发符合标准的安全带，不得由工人或劳务班组自行采购安全带。

② 施工单位必须向工人进行安全带的使用培训。

③ 安全带不得有破损、烧损现象。

④ 安全带必须正确穿戴和系挂，系挂点必须有足够的承载力。

⑤ 安全带系挂应遵循高挂低用原则，但在暂不具备高挂低用条件的情况下，可先挂在低处。

⑥ 从事钢结构施工、屋面作业或其他悬空作业，必须使用五点式双钩安全带，作业过程中在任何一个时刻必须至少有一钩处于系挂状态。

2）安全帽：

① 安全帽是高处作业重要的个人防护用品，在高处坠落或人员摔倒时，正确佩戴的安全帽会对当事人有重要的保护作用。

② 佩戴安全帽前先检查外壳是否破损，有无合格帽衬，帽带是否齐全，如果不符合要求立即更换，佩戴时帽带必须正常系好。

3）生命线：

① 当工人作业地点没有可靠的安全带系挂点，或工人需要走动作业时，必须在作业区域设置生命线。

② 生命线立杆必须有足够的承载力。

③ 生命线端头用绳扣进行固定时绳扣数量不得少于3个，且开口方向对着活绳（主要受力的钢丝绳），绳头露出长度为钢丝绳3倍直径。

④ 生命线必须连续设置，不得使作业人员无防护通过过渡盲区。

⑤ 生命线宜连成整体，并与钢结构、建筑连接。

⑥ 生命线设置完成后，应使用100kg荷载对生命线进行测试，生命线立柱不得出现塑性变形，更不得出现断裂。

⑦ 生命线需在其他替代性防护手段投用后再拆除，严禁提前拆除。

4）水平安全兜网：

① 当从事钢结构安装、网架施工、屋面安装、满堂架搭设等作业过程中，应及时设置水平安全兜网，水平安全兜网的规格型号、质量标准、系挂方式、设置时间等应当在专项方案中详细说明。

② 水平安全兜网不得作为悬空作业唯一的防护手段，必须配合生命线、安全带使用。

③ 当需要采用水平安全兜网进行防护时，严禁使用密目式安全立网代替水平安全兜网。

④ 水平安全兜网必须在结构上有足够多的可靠系挂点，且系挂点要沿边分布均匀、绑牢。

⑤ 水平安全兜网上的任何破损都必须立即修复。

（6）高处作业安全管理要求

1）人员专项培训：

① 监理部应组织对全体监理人员进行高处作业安全管控培训，确保监理人员能全面认识高处作业相关安全隐患的危害后果、形成原因、防范措施，并初步具备预判高处作业相关安全隐患的能力。

② 监理部可视需要组织或要求施工单位组织面向一线作业人员的高处作业安全培训，提高作业人员对高处作业风险的认识，提升作业人员高处作业安全施工的能力。

2）高处作业安全隐患排查与整改：

① 监理部人员在日常巡查检查、每周安全检查、专项安全检查过程中，应将高处作业安全隐患作为重点排查内容。

② 监理部人员在危大工程旁站过程中，应将高处作业情况作为旁站的必要监督对象。

③ 监理部人员在危大工程验收等过程中，应将临边防护栏杆、生命线、安全网等作为验收的必要内容之一。

④ 对于现场发现的高处作业安全隐患，应立即采取必要的措施督促施工单位进行整改。根据隐患严重程度、紧急程度、整改难度、施工单位响应情况等因素的不同，可采取不同的措施。

8.7.4 高处作业安全管控的氛围营造

（1）坚持安全底线原则

日常监理工作中，全咨监理项目部应坚持安全第一原则，严守底线思维。具体到高处作业安全管控方面，可以参照下列标准执行：

1）对临边防护缺失的安全隐患必须及时发现和整改，若施工单位不采取主动管控，监理部应进行处罚。

2）对作业人员私自搭设和使用操作平台的行为，监理部应严格按照合同要求进行处罚。

3）对人员违章冒险登高的行为，监理部应严格按照合同要求进行处罚。

4）对登高作业人员不正确使用安全带，监理部应及时指出并要求整改；违章行为可能直接导致人员伤亡时，监理部应严格按照合同要求进行处罚。

5）当现场安全隐患可能直接导致人员伤亡事故时，应当及时下发停工令，同时对相关责任单位进行处罚。

（2）坚持强势管控原则

1）全咨监理项目部成员应主动加强法律法规、工程规范的学习，确保日常管控工作的专业性与严谨性。

2）全咨监理项目部应坚持主动管控原则进行高处作业安全管控，预判可能发生的安全隐患与违章行为，提前对施工单位做好交底，避免隐患与违章的发生。

3）全咨监理项目部应加强与建设单位的沟通，与建设单位形成严格安全管控的共识，共同监督施工单位做严安全管理工作。

（3）坚持持续管控原则

对高处作业安全风险的管控必须是日常性、持续性的工作，需要通过劝阻、发文、会议、约谈、警示、处罚、停工等方式，塑造施工单位作业人员的行为习惯与管理人员的管控常识。

8.7.5 小结

高处作业风险是建筑工程行业最大的安全风险之一，本书所总结的隐患类型、隐患成因、管控措施对于其他工程项目具备较强的参考价值。

同时，通过以上分析论证过程，我们也可以看出全咨监理项目部在项目安全管控的过程中，既要具备全局视角，也要能在关键问题上深入研究，通过了解每一个安全隐患的发生部位、形成原因，又要站在作业基本流程的高度寻找合适的管控关键点，制定系统性的防范措施。

8.8 基于 BIM 的现场管理

8.8.1 BIM 现场管理的技术路线

为全面达成 BIM 管理目标要求，以深圳市建筑工务署颁布的《BIM 实施大纲》和《BIM 实施管理标准》为管理大纲，针对项目特点和 BIM 管理重点，面向项目层级，建立科学的工作机制，保证本项目 BIM 实施的水平。在全面综合运用 BIM 技术的思想指导下，确定了如下 BIM 技术路线，便于落实设计、施工、运维的 BIM 应用。

（1）精益建造：通过运用 BIM 技术的信息化工具，利用现状建模、3D 建模、工程分析、3D 协调、虚拟建造、场地规划、记录模型、成本估算、空间管理、协同平台、运维平台等技术应用点，结合无线视频传输、实时监控等其他相关技术，将各类建设信息数字化，在虚拟的建筑空间内，优化设计、施工、运营过程中的各类技术方案，通过预先控制，有效提升项目建设和运营的精益建设水平。

（2）提高管理效率：运用 BIM 技术三维可视化、所见即所得的特性，进行单专业三维设计，以及多专业综合协调，实现高效地多专业整合协调，减少各专业之间的冲突及其带来的设计变更，节约设计工期和成本；同样应用在施工阶段，通过施工方案的模拟，工艺节点的研究减少施工变更，加快施工进度。

（3）数据协同：通过基于 BIM 数据库的协同管理平台，以 BIM 数据为纽带，有效支持工程管理的设计、施工、运维全生命周期的应用，作为业主单位、顾问单位、设计单位、施工单位、运维单位协同工作的管理平台，支持各阶段的沟通与协调。

基于本项目 BIM 技术应用路线的关键点有以下几个方面：

（1）加强进度管理

通过 BIM 技术，把进度计划细化到月，增强计划的执行力，加强考核激励，以达到项目管理者"快速谋划，施工队伍快速跟进，形象进度快速向前"的施工进度管理目标，做到一步领先，步步领先。

本工程规模大，施工节点复杂，施工管理较为困难。为了降低返工率、节约成本、保证工程质量，将 BIM 模型与施工进度相链接，增强施工进展的预见性和可视性，同时形成动态的集成管理模型，以便于统筹安排进度。

1）在解决关键节点施工方案的基础上，初步拟定相应可行的施工进度。

2）将拟定的施工进度计划、施工组织方案与BIM模型相结合，并与时间进行链接，形成4D模型。

3）利用BIM技术实行与现场实际进度相结合，并以月为单位，和施工进度计划进行比较，发现施工进度计划中可优化部分。

（2）施工模拟，增强施工管理预见性

通过工程筹划，合理安排多工种、多系统、多专业交叉施工，通过虚拟建造、虚拟验收，验证施工可行性，增强管理预见性，减少施工期间的返工和缺漏修补时间，确保建设工期与质量。

对于建设工程来说，空间是一种有限资源，在工程建设过程中，空间冲突是造成的生产效率损失主要的原因之一。

每一工序在进行时都需要足够的活动空间，如机械臂长旋转半径，以及人员活动半径，构件的存放空间、运输路径等，如果各分系统在空间上发生冲突，则易造成生产效率下降、财产损失甚至人员伤害。因此，在各系统项目开工前根据施工方案进行动态施工模拟，找出可能存在的问题，以便优化施工方案，减少伤害及可能造成的损失。

工程实施过程中，根据项目实际开展情况，确定具体应用区域与应用流程，局部做到施工模拟，用于指导施工和技术交底等工作，利用BIM软件系统构造一个虚拟施工环境，在虚拟环境中建立周围场景、建筑结构构件及机械设备等三维模型，形成基于计算机的具有一定功能的仿真系统。让系统中的三维信息模型具有动态性能，并对系统中的三维信息模型进行虚拟施工，直观反映出在现有施工方案下可能存在的路径等的碰撞问题。

（3）为运营维护管理提供数据支持

基于BIM的管理平台可以给后续的运营维护提供海量数据，通过关键字模糊搜索，可以实现在整个建筑物及其附属工程中，迅速查找到含有搜索"关键词"的某一类设备，并迅速生成列表，点击表单中的设备，实现设备搜索定位并聚焦放大，点击设备，可查询设备建造信息、产品信息、操作手册等信息。同时，将资产编码信息赋予模型，并移交给资产管理方，做到资产清单一手掌握，可实时查询并定位相关资产设备，实现所有资产的信息化、可视化管理。

（4）优化设计，减少设计变更

利用BIM模型进行单专业三维设计和多专业综合协调，实现高效的多专业整合协调，减少各专业之间的冲突及其带来的设计变更，通过设计图纸完成前、施工开始前的综合协调，可以减少二维图纸不能发现的功能布局、建筑空间碰撞等引起的变更，进而节约项目工期和成本。通过BIM技术应用，努力实现本项目设计零变更的目标。根据项目的实际要求，定制符合设计规范的设施信息模型库。

8.8.2 项目 BIM 技术选择的功能定位

为实现 BIM 技术的应用价值,根据业主单位的需求,对本工程 BIM 技术选择进行功能定位,详见表 8-12。

项目 BIM 管理需求定位表　　　　　　　　表 8-12

序号	业主单位的管理需求	BIM 的功能定位
1	减少工程变更,提升效率;使设计和施工完全满足业主方的需要	利用现状建模、设计建模、3D 协调、施工模拟减少冲突和变更,在可视化环境中,不断优化建筑设计和施工,真正实现业主需求
2	(1)实现设计方案和设计变更的多方案比较和优化; (2)提高项目投资策划和控制水平,目标更准确	利用 3D、4D 模型进行方案比较和优化,通过 BIM 模型与进度相结合,进行工程量动态估算等关键成本控制指标
3	优化设计方案的可建造性,改进施工方案和技术方案,加快工程进度	(1)利用虚拟建造优化施工方案,提高工程交付的效率,并利用 3D 模型设计评审可以对设计方案进行高效审核; (2)利用 4D 模拟优化施工进度方案和强化进度管控能力
4	有效的工程多专业、多单位工作界面协调管理	利用现状建模,建立与后续作业 BIM 模型有关的实体模型比较分析,改进施工控制
5	(1)建立统一的固定资产、工程采购和运营维修的编码体系,实现全过程信息在设计、建设、运营业务模块中有效联动; (2)在后期运维阶段实现高效的空间定位,及空间管理	(1)建立附着记载构件属性和行为、满足运营需求信息的记录模型,进行数字化验收; (2)以记录模型为基础,利用空间管理来保证对空间资源的充分利用,以及协助规划设施未来的空间需求

以上 3D 建模、3D 协调、虚拟建造、场地规划、记录模型都进行了全面应用,效果较好,主要解决了系统碰撞问题 132862 个、进度模拟加快工程进度、各楼栋楼层净高控制、3D 协调有效对多个单位进行协调管理,改进施工控制;成本估算进行了钢构工程量统计尝试,对于平台进行了应用调研与研讨。

8.8.3 项目 BIM 技术的现场管理

(1)基于 BIM 的平台管理

为完成本次 BIM 应用工作,通过采用硬件、配置软件,培训人员,现场指挥部建立了 BIM 中心,引入了 BIM 平台,利用平台对项目 BIM 工作成果进行分享及存档,利用平台进行工作协同,大大提升了文件流转、审批、实施的效率。

(2)基于 BIM 的例会制度

项目 BIM 管理工作以指导现场施工、服务现场管理为原则,每周定期召开 BIM 周例会。逐步将 BIM 技术应用与现场管理相结合。以技术部为纽带,协调工程部、商务部、安全部等参与 BIM 技术实施。

（3）基于 BIM 的施工方案模拟

对关键过程进行模拟，以验证施工方案的可行性，亦对施工方案进行优化，提高工程质量、可控性管理和施工安全，以此开展的 BIM 施工模拟，重点针对钢结构施工吊装、PC 构件、幕墙吊装、大型机电设备运输、装配式机房、土方开挖、高支模方案、拆换撑等施工方案进行模拟。为实际项目施工提供经验和最优的可行性方案，有效地提升管理效能，提高工作效率，加快施工进度。

（4）安全检查

本项目开展 BIM 辅助安全管理。建立项目安全模型，分析确定项目安全隐患区域，可以帮助我们更直观地提前发现问题。利用二维码技术及平台可以更加方便项目日常的安全管理工作，后续项目可考虑将 BIM 辅助安全管理规划在内。安全检查人员在现场利用移动端设备进行安全检查项目内容录入，将相关安全检查内容通过链接形式反映到 BIM 模型中，通过模型进行安全管理信息的记录，反映检查工作的实施情况及现场安全管理工作，每月进行安全检查数据分析。

（5）进度管理

BIM 技术应用已融入监理例会中，采用 BIM 可视化手段汇报上周实体工程进度，模拟下周计划工作内容，取得了较大的成功，不仅清晰地反映了问题，更提高了会议效率。特别值得一提的是，通过现场已完成的部分工程桩施工数据，分析桩基施工工效，将分析数据与 BIM 模型进行关联，进行 4D 施工进度模拟，施工管理人员可以指定任意时间节点，查看进度计划的模拟状况；通过计划进度与实际进度的对比与分析，对现场施工进度进行相应调整，提高工程进度管理效率。

（6）质量管理

本项目利用 BIM 技术进行多专业协调分析，有效发挥 BIM 技术的三维可视化特性，为各单位、各专业间的有效沟通搭建了桥梁，为解决本项目涉及的专业、工艺繁多带来的设计协调问题提供了有效的技术支持，提高了设计质量。最终形成的 BIM 成果也使得施工阶段各单位可以更准确高效地理解设计意图、发现图纸问题、进一步优化图纸质量，也为施工阶段的质量控制提供参考依据。后续 BIM 咨询单位组织施工阶段各单位进一步利用 BIM 技术进行深化设计，基于 BIM 模型开展可视化施工方案交底，将基于 BIM 的质量控制贯彻到底，为精准传达并落实业主需求提供了技术保障。

（7）基于 BIM 的造价管理

为配合工程量校核工作，通过 BIM 的自动化工程量提取及计算方法，提高了算量工作的效率，累计提升商务提取数据效率 40%；采用 Civil 3D 技术与无人机倾斜摄影相结合的思路，巧妙地利用两者的优势，对现场的土方算量进行更为精确的计算，为现场后期的土方调配、土方管控及土方费用估算都带来了极大的便利。同时，可以及时将设计方案的成本反馈给设计师，便于在设计的前期阶段对成本进行控制。

（8）基于 BIM 的信息平台管理

项目对 BIM 协同平台进行了初步探索，在项目工作开展过程中体会到了平台为各单位信息交互带来的便利。BIM 协同平台支撑着 BIM 技术进一步前进，基于平台的项目 BIM 应用将更好地与项目实际工作融合起来。

BIM 技术在本项目施工阶段一路走来，项目各单位积极努力、共同配合建立项目 BIM 基础模型，进行 BIM 信息录入及后续的更新维护，利用基础模型开展一系列 BIM 应用，为项目建设提供技术支持。最终汇总整合形成了项目 BIM 最终成果。我们将以深圳技术大学项目（一期）BIM 成果为基础，在我国的建筑信息化进程中引领潮流，为我国城市级 BIM 体系建设增砖添瓦。

8.8.4 基于项目 BIM 技术实施的思考

（1）施工方案模拟大多难于实现，BIM 模型着重于三维可视化漫游、专业协同深化设计，大多施工方案动画层面、动画模拟都需要借助 3D Max 技术或者相关动画软件实现，BIM 不擅长动画模拟。

（2）BIM 技术全面施工实施比较难于实现，BIM 模型实施方案着重以 BIM 为中心，全局把控项目实施，对施工单位项目班子 BIM 意识和 BIM 重视很重要，需要项目各条线人员，尤其是一线管理人员、施工管理人员、技术人员、商务人员等与 BIM 人员沟通协作要求高，对 BIM 人员及人才要求高，数量多，实施更多 BIM 应用。

（3）施工阶段各专业 BIM 施工落地重点：强制要求施工阶段各施工单位配备具备施工管理、施工技术的 BIMer，BIM 人员需要有专业施工技术，有现场管理经验，重点实施施工 BIM 深化设计落地，BIM 施工方案模拟，切切实实能够实现几个重点的 BIM 应用，大多 BIM 应用没有本质上的作用，就觉得高端。

（4）运维阶段 BIM 实施重点：提前插入运维平台：① 对竣工模型标准及要求提建议，结合施工过程 BIM 应用，提前反馈至 BIM 模型中；② 提前对接智能化相关专业，预留运维平台接线端口，达到模型集成运维相关信息。

8.9 基于无人机航拍技术的现场管理

世界科技的发展与进步，使人们对未知世界探索的求知欲愈加强烈，人们研究越来越高端的技术，推动人类社会走向繁荣。云计算、高端人工智能已经实现，智能化、自动化与信息化的时代已经全面来临，无人机这一领域已被突破，现在已跳脱出过去的单纯军用用途，逐步向民用、警用与家用多方向延伸。随着中国经济高速的发展，综合实力不断提高，人们进入了信息时代，当前以无人飞机为航拍平台的技术逐步发展起来，其能够较好地满足建设工程的设计、施工、竣工各阶段指挥协调工作，以及项目建设档案收集的需求。通过无人机航拍能够准确地反映出项目建设情况的综合信息，可以为项目管理者及时反馈项目施工进展以及安全情况。

8.9.1 无人机的选型要素

经过市场调查发现，可以进行航拍的无人机分为固定翼无人机、多旋翼无人机、直升无人机三大类。

（1）固定机翼无人机技术比较成熟，具有速度快、巡航时间长等特点，但是其造价高、起降限制多、操作技术难度高，因此常用作军事、测绘等。

（2）直升机无人机的优势是起降方便，航速适中，可以做到随时悬停，载荷续航都能令人满意，但安全可靠性较高的直升机都需要进口，后期维修困难。

（3）多旋翼无人机是一种新型的主流飞行器，其应用场景多样，具有起飞简单、造价低、操作技术难度低、飞行振动非常小等特点，操作人员通过遥控器控制飞行器起降、前后左右以及飞机云台等动作，经过多次培训后即可上岗飞行。

在无人机选型过程中，需考虑续航能力、飞行高度、品牌知名度以及后期维护等要素。目前市面消费级无人机主要品牌有大疆、华科尔、哈博森等，它们都是以电力驱动为主，飞机续航时间均不如燃油的飞机长，只能飞 20~30min，但是飞机维护成本较低，因其构造主要是由各种电子元件组成，后期炸机便于维修更换。

8.9.2 无人机的使用要求

《深圳市民用微轻型无人机管理暂行办法》（以下简称《暂行办法》）于 2019 年 3 月 1 日起施行。根据《暂行办法》划定了民用微轻型无人机禁飞区域，违反者由公安机关处以 1000 元罚款。

（1）改装、破解无人机最高罚 50000 元

禁止销售不符合国家强制性标准或者明示的执行标准或者无产品标准标识的无人机，禁止改装无人机或者破解无人机系统，禁止篡改无人机产品标识。任何单位和个人违反该办法规定，改装无人机、破解无人机系统或者篡改无人机产品标识的，由市场监督管理部门对单位处 20000 元罚款，对个人处 500 元罚款；情节严重的，对单位处 50000 元罚款，对个人处 1000 元罚款。

（2）首次飞行需进行信息登记

轻型无人机首次飞行前，应当在民用航空管理部门无人机实名登记系统上完成信息登记，包括所有人的姓名和移动电话号码等。无人机转让、损毁、报废、丢失或者被盗的，无人机所有人应当及时变更或者注销登记信息。

未在民用航空管理部门无人机实名登记系统上完成实名登记的，由民用航空管理部门责令改正，处 1000 元罚款。

（3）民用微轻型无人机禁飞区域

微型无人机禁飞区域：

1）真高 50m 以上范围。

2）机场、临时起降点围界内以及周边 3000m 范围。

3）香港边境线到深圳一侧 100m 范围。

4）军事禁区以及周边 500m 范围，军事管理区、市级（含）以上党政机关、监管场所、口岸、海关监管区以及周边 200m 范围。

5）卫星地面站（含测控、测距、接收）、导航站等需要电磁环境特殊保护的设施以及周边 1000m 范围，气象雷达站以及周边 500m 范围。

6）军工重要科研、生产、试验、存储设施保护区以及周边 500m 范围，实施一、二级实物保护的核设施控制区和生产、储存易燃易爆危险品的大型企业、储备可燃重要物资的大型仓库、基地以及周边 100m 范围，发电厂、变电站、加油站和大型车站、码头、港口、大型活动现场以及周边 50m 范围，高速铁路以及两侧 100m 范围，普通铁路和国道、省道以及两侧 50m 范围。

7）法律、法规禁止微型无人机飞行的其他区域。

轻型无人机禁飞区域：

1）真高 120m 以上范围。

2）军用机场净空保护区，民用机场障碍物限制面水平投影范围。

3）有人驾驶航空器和大型无人机临时起降点以及周边 3000m 范围。

4）香港边境线到深圳一侧 500m 范围。

5）军事禁区以及周边 2000m 范围，军事管理区、市级（含）以上党政机关、监管场所、口岸、海关监管区以及周边 500m 范围。

6）卫星地面站（含测控、测距、接收）、导航站等需要电磁环境特殊保护的设施以及周边 2000m 范围，气象雷达站以及周边 1000m 范围。

7）军工重要科研、生产、试验、存储设施保护区以及周边 1000m 范围，实施一、二级实物保护的核设施控制区及周边 200m 范围，生产、储存易燃易爆危险品的大型企业和储备可燃重要物资的大型仓库、基地以及周边 150m 范围，发电厂、变电站、加油站和中大型车站、码头、港口、大型活动现场以及周边 100m 范围，高速铁路以及两侧 200m 范围，普通铁路以及两侧 100m 范围，高速公路以及两侧 50m 范围。

8）法律、法规禁止轻型无人机飞行的其他区域。

（4）处罚规定

无人机操控者若在禁飞区域飞行无人机的，由公安机关处 1000 元罚款；违反《中华人民共和国治安管理处罚法》有关规定的，按照《中华人民共和国治安管理处罚法》予以治安处理。

8.9.3 无人机使用的优势

传统的施工现场管理方式，需要大量的人员参与且耗时耗力，无法兼顾多种岗位职责，现在利用无人机可以实现远程操控传输实时画面，现场管理人员无须踏入现场，即可管控项目的进度、质量与安全，体现无人机省时、省力、高效、便捷的优点，实现了无人机全面、立体、多维、客观的拍摄，对推进现场的进度以及安全质量的把控具有重要的意义。

（1）建设前期拍摄复杂的现场地形

前期项目地质勘察是一项任务艰巨、勘察过程复杂的工作，受地形、环境等干扰因素较多的系统实践过程。在传统的勘察过程中，需要消耗较大的人力和费用，同时不仅需要花费较长的时间，甚至还会影响施工进度计划，总体造成勘察效率低下。无人机设备结构相对简单，造价相对较低，对现场拍摄的精准度、拍摄效率、应用成本等方面具有较好的优势，而且在现场的全方位拍摄。利用无人机能够有效地减轻人员负担，降低拍摄次数，减少拍摄角度。

（2）施工过程中全方位和多角度的真实记录

传统手段拍摄现场的方法，一般需要摄影师携带相机去现场拍照；在拍照的构图中，往往需要考虑拍摄的角度、景深关系、光照方向等各种要素，更要讲究中心现场和周围环境的相互关系，后期再导入专业的软件中进行照片的拼接。这样的方法不仅步骤繁琐，而且增加管理人员的工作量。但通过使用无人机技术，无人机遥感移动无人机，进行多方面的拍摄，解决了角度、景深、光照等问题。

（3）施工过程中预防现场拍摄过程中的各种安全隐患

对于超大型项目，建设面积之广，单体数量之多，技术复杂程度之高，根据以往项目经验，作为超大型项目，一般施工人数可达上千人。如何管理现场施工人员的安全，往往需要现场管理人员付出较大的精力。利用无人机，机身小、可操作性高、可视范围广的特点，可对项目施工人员进行全方位的监督，通过无人机实时传输的影像，告知监理以及施工单位，以便及时解决现场安全隐患，例如高空特种工人未挂安全带、大型设备吊装时未设置警戒线、井口或者基坑临边防护缺失等。

8.9.4 无人机在项目建设中的应用实例

（1）无人机的应用

通过市场调研，从满足项目特点的拍摄需求出发，最终选择大疆无人机进行航拍。该机型为四轴飞行器，飞行高度为200m，续航时间为20～30min，抗风等级为6级、三轴云台，相机为4K高清、电子防抖、多种拍摄模式的运动相机。飞控系统包括GPS模式、手动模式、姿态模式、返航模式、巡航模式等。该机型特性是低电压和失控自动返航，使飞行更加安全。大疆四轴机型能够实现精准的 GPS 定位和长时间悬停功能，配合云台的功能，保证了航拍画面的清晰度和稳定度。

该无人机操控简单，将无人机体、遥控器、智能手机或平板电脑通过 WiFi 连接，以相机为眼睛，根据实时图传画面进行姿态调整，可以通过调节拍摄角度、调整飞行高度、变化飞行速度来满足拍摄工作的需求。

（2）对项目地块进行航拍，划分标段

在深圳技术大学项目前期阶段，针对学校所处位置，进行首次航拍，利用航拍图进行划分标段。标段内障碍物情况复杂、线路较长，利用传统的方法耗时很长，将耗费大量人力物力，并且很难满足项目的进度需求。通过无人机航拍技术的应用，一次性获得了征地红线范围内的地况、地形及沿线障碍物的复杂情况等所有信息，直观的视觉效果呈现出的结果显而易见，并且用时短、效率高。

（3）对项目建筑节能性进行航测

无人机航测技术具有灵活可控、效率高、定位精准等综合优势，能充分发挥无人机的多方面优势，解决了建筑规划工作中的日照控制线定线问题。深圳技术大学结合无人机航测技术，在项目设计阶段进行了实际应用。

1）无人机定位精准，可以配合多种技术软件建立三维模型，真实反映规划区域的建筑实景，将复杂抽象的规划概念转变为可视化、生动形象的建筑实景模型，为深圳技术大学后续工作的展开奠定了基础。

2）无人机航测技术现已十分成熟，无人机飞行过程可控程度较高，可以通过定高、定向、平行移动、环绕反转等多种航行技巧实现任意角度、任意位置的观测，在这种情况下，配合红外激光设备可以准确地模拟任意节气、任意时刻的太阳照射效果，生成日照投影模拟效果，省去大量的计算机人工建模与数值模拟计真边程，不但节约了时间成本，而且大大降低了人力成本。

3）运用无人机航拍技术不仅可以针对建筑占地需要划定待建区域，而且可以根据现有建筑的基本情况，完成整个规划区域的日照控制线划定工作，为后续土地开发与利用提供极大的便利，同时并没有增大工作量和工作时长，建筑日照控制线划定工作的效率有明显的提高。

（4）对设计难点进行航拍，优化设计方案

将无人机航拍技术应用到优化设计、图纸变更中。设计团队现场考察时会有视野的局限性，通过全面的影像资料，透过鸟瞰角度，可以统揽设计方案与周边环境，便于设计方案的调整和深化，及时提出修改意见或建议。例如，深圳技术大学校行政与公共服务中心综合楼屋面设计变更就是通过无人机在空中全方位的拍摄，设计人员利用无人机所传输的影像资料，发现屋面设备机房与周边建筑物的设计存在较大的视觉差异，所以设计人员针对屋面的设备机房进行重新修改设计方案，增加了幕墙铝板，保证了建筑之间的整体性。

（5）对施工现场进行航拍，把控项目进度

在施工现场的普通穿行拍摄可以对施工过程细节进行了解。无人机航拍则是对施工现场大局的把控。通过航拍影像资料，管理者能够很清晰地了解各施工面和各阶段的施工概况，给项目工程管理带来极大的便利，便于做出及时的调整。在每周施工方向监理和业主的汇报中，将航拍影像加入到汇报材料中，得到了业主的认可和好评。

（6）对重点部位进行航拍，记录施工进展情况

无人机可以全面应用在施工重要工序和项目安全管理中，如脚手架、高模板、塔式起重机拆除、钢结构的吊装等。深圳技术大学体育馆属于刚架结构，在施工阶段，其钢结构重量大、跨度长，存在较大的吊装安全隐患。因此，项目管理人员利用无人机视角，全方位的管控现场安全，同时保障吊装质量。

无人机具有超远距离、任意角度拍摄高质量照片和视频的功能，全面记录各个重要节点作业过程和不同施工阶段的施工景象。同时，还可借助无人机拍摄的影像资料，及时发现施工现场的隐患死角，使安全隐患无处藏身。

（7）对无人机现场勘查员业务能力的培养

现场勘查工作在实践中的顺利开展需要较长的时间，无人机因机器原因不能飞行过长的时间，其运行也容易受地形、天气、电磁波、通信等各种因素的影响。为了应对这些复杂的外界情形，管理人员要注重培养无人机驾驶员敏锐的分析能力，培养其应对各种复杂状况的能力，这样才能更好地为项目建设提供现代化的技术支撑。

8.9.5 结论

无人机航拍技术对于深圳技术大学建设项目（一期）的质量控制、进度管理与施工安全保障都具有重大影响。在项目实践的过程中，现场管理人员可在明确无人机航拍技术应用原理及优势的基础上，熟练地掌握其系统的构件组成与飞行技术操作，利用无人机技术的优势，不断地完善现场管理方案，提高传统行业从业人员的现场管理水平与创新意识，进一步推动建筑行业的发展。

8.10　基于进度提升的钢结构施工技术

8.10.1　引言

随着国内经济的快速发展，传统建筑相对较容易产生环境污染的问题越来越被人们所重视，钢结构建筑具有资源可回收、更加生态环保、施工周期短、抗震性能良好等优势，在国家不断推进"碳达峰""碳中和"的政策指引下，装配式钢结构建筑所释

放的绿色产能将会得到越来越多的应用。钢结构形式多样，节点复杂，对不同的结构、节点采用适当的施工工艺技术是钢结构施工的重点、难点，钢结构施工技术的完善可实现钢结构施工管理的清单化、可视化、协同化，全面提升现场管理管控水平。下面以某大型钢结构项目施工为例，介绍钢结构施工过程中的进度提升技术。

8.10.2 工程概况

本项目总建筑面积约179500m^2，包括图书馆、体育馆、大数据与互联网学院、二层连廊等工程。项目钢结构包括劲性结构、钢框架结构、钢桁架结构、钢网架结构、钢拉杆结构五个部分，其中图书馆结构形式为钢框架＋局部钢斜撑＋钢筋桁架组合楼盖体系。结构高度为43.68m，地下1层，地上6层，单层建筑面积为1.5万m^2。大数据与互联网学院采用钢框架—混凝土核心筒结构体系。塔楼结构高度为94.70m。体育馆为钢框架＋正交正向双层平板网架结构体系，结构高度为22.55m，项目钢结构总量约为3.8万t。

8.10.3 工程管理目标

（1）工期：各栋单体跟随整体进度要求，整体符合合同要求工期，优质履约。

（2）科技：确保发布工法1篇；申请实用型专利2~3个；争取省部级科技示范工程，开展相应QC活动，确保省部级以上QC奖项。

（3）安全：确保广东省"双优"工地，建设过程中无重大安全事故，零伤亡。

（4）质量：施工过程中，无重大质量事故，确保创"中国钢结构金奖"。

（5）总体：综合标化示范项目，锻炼培养场馆类项目施工管理团队。

8.10.4 管理要点

（1）重难点识别

对于钢结构工程，基本构件均比较大，单重比较重，且常用于结构复杂、节点繁多、悬挑要求大的部位。因此，钢结构施工前，需在蓝图下发时，及时组织图纸会审，对施工重点、难点进行识别。识别的重点有：厚板情况、焊接要求、节点类型、制作工艺难以解决的部位、特殊或难以采购的材料、特殊要求的安装顺序等，针对重难点及时商讨相应解决措施，或给出合理化建议。

（2）施工阶段总平面布置及塔式起重机选型

钢结构现场施工平面布置主要是构件堆场场地及构件运输车辆场内道路的设置，其原则要求如下：

1）满足施工需要，考虑各专业需求，结合钢结构自身特点，符合区域管理协调原则。

2）经济实用、合理方便，与"国内一流、国际先进"的项目建设指导思想一致。

3）施工平面布置分阶段布置，现场内实行动态调整；分阶段进行构件堆放场地的规划，以满足各阶段的施工要求。

4）合理规划场内施工道路，确定汽车式起重机站点位置，优化成品和半成品材料地点，避免场内二次搬运，减少运输费用。

5）生活区、办公区、施工区分别设置原则，保证符合现场卫生、防火和环境保护等要求。

6）钢结构堆场设置一般需要靠近塔式起重机的起吊区域，以满足构件的起吊性能要求；原则上，每栋塔楼至少需要设置一块钢结构堆场，以保证塔式起重机的正常使用。

7）场内施工道路的设置应满足钢构件的卸车要求及运输车辆的出场需要。

8）平面施工时，依据工程结构特点，将平面划分不同的施工区域，进行合理流水。安装时采用对称安装方式。

9）在塔式起重机选型时，需结合构件截面、构件形式、承重情况，选择布置在容易安拆、整体盲区小、使用率高，便于吊装的位置。

（3）深化设计及与其他各专业间的施工协调配合

钢结构项目在会审图纸后，根据合同及施工图规定的设计工作内容、范围、工期、质量标准、服务要求，并结合实际生产设备及工艺技术方案，做好深化工作的交底。领会结构设计意图，熟悉各种类型构件、各种类型连接节点的工作原理及方式，将设计精神融入深化设计中。在充分考虑材料采购尺寸的限制、构件运输通行限制、现场吊装设备起吊能力、加工工艺可行性与合理性、现场安装、焊接的可行性与便利性等条件的基础上对钢柱等构件进行分段设计。在充分考虑钢结构安装单位现场卸货、高空吊装、高空定位、高空临时连接、安装变形调整、安装偏差调整、安装预起拱方案配合需要的基础上进行详图深化设计。同时，在充分考虑总承包人及其他参建方钢筋绑扎、钢筋连接、模板连接固定、混凝土浇筑以及幕墙专业、机电专业等专业工程预留、预埋、开孔等配合需要的基础上进行详图深化设计，满足提前预判和策划与其他各专业间的施工协调配合。

（4）工程质量、安全保证体系的建立

1）质量方面。

工程质量管控以质量最优的综合标化项目管理为目标，建立由项目经理领导，项目生产经理、技术总工、质量总监过程控制，各工段专职质检员检查的三级管理系统，形成由项目经理到工段、班组的质量管理网络，将质量责任目标分解，根据子分部工程、分项工程制定相应质量管理制度，把责任落实到对应的部门和个人。同时，认真自觉地接受业主、监理、政府质量监督机构和社会各界对工程质量实施的监督检查，严格按设计、业主、监理要求及施工规范进行施工，确保施工质量达到中国钢结构金奖要求。

建立完善的质量管理体系，成立以项目经理为组长的质量监督小组。强化项目部、工区、施工班组三级质量自控，制定明确的质量指标，加强质量监督力度，明确管理人员与质检人员的质检权限，落实质检职责，严格执行质检程序，对质量进行层层把关。根据工程实际情况编制主要工序的作业指导书，进行严格的过程技术交底和指导，并建立由项目经理直接负责，质量员中间控制，专职检验员作业检查，三检检验员全程监督抽检，班组自检、互检的质量保证组织系统，以明确具体内容的方式，对施工中的各环节开展质量控制检查，并成立开展QC活动小组，进行全员全过程质量控制。

2）安全方面。

工程安全管控建立由项目经理领导，项目安全总监、生产经理、技术总工过程控制，各工段专职安全员、施工员检查的安全管理系统，制定安全生产责任制，签定安全生产责任书并每半年进行一次落实考核。对所有进场施工人员进行安全培训，经公司、项目、班组岗位三级教育，考核合格后方可上岗。项目部针对现场安全管理特点，分阶段组织管理人员进行安全学习。各分包队伍在专职安全员的组织下每周一次安全学习。施工班组针对当天工作内容进行班前教育，通过安全学习，提高全员的安全意识，树立"安全第一，预防为主"的思想。每周由项目经理组织一次安全大检查；各专业工长和专职安全员每天对所管辖区域的安全防护进行检查，督促施工班组对安全防护进行完善，消除安全隐患；每月进行一次安全专项检查，主要针对大型设备、吊索具及施工用电设备；对检查出的安全隐患落实责任人，督促进行整改，组织复查，并设定相应的安全生产奖罚制度。每天进行班前教育，交接班前教育。

（5）安全

施工措施有效落实根据安全施工作业指导书要求，将操作平台、安全兜网、生命线、安全带、灭火器、焊机机房、爬梯、防坠器等安全措施，从每个环节进行落实，安排专人、专业班组进行管理和维护。

8.10.5 管理工作内容

（1）场地规划

对于大型钢结构工程，首要的就是场平布置，因为这涉及钢结构的工程进度及人力、物力资源的投入，现场的吊装技术也影响着钢结构的施工质量及工程施工工期。场平布置的内容主要是：合理安排塔式起重机的吊装管辖范围、钢结构构件堆场的设置、构件卸车点的设置、构件运输车或汽车式起重机行驶路线的设置等。

在本工程施工过程中，经综合工况考虑，最终选定并设置了两台ZSC800、四台ZSC1000塔式起重机，最大程度上满足结构施工阶段现场吊装的需要，减少汽车式起重机的使用，确保施工道路的长时畅通。本项目钢结构构件主要是钢柱、钢梁、钢斜撑、钢筋桁架楼承板及其他小部件。钢柱由于构件体积大、占地面积大，为避免占用堆场，钢柱尽量采取即到即吊的方式。本工程占用堆场面积较大的钢构件主要是钢梁及钢筋桁架楼承板，需根据施工进度计划对钢构件进场顺序及堆放进行管理，对需占用堆场的构件进行分区、分层堆叠，对施工道路、施工场地的使用建立申报和公示制度，明确各单位的对现场有限的施工场地的占用时间和部位，设立动态管理台账上传云平台，进行实时、统一管理管控，确保场地的充分利用和各专业间施工有序的穿插。

（2）建筑信息化管理

对于空间复杂结构的钢结构项目，按传统的二维规划已不能够满足项目的需要，二维信息在不同专业、不同施工阶段间传递时会产生信息失真。通过三维的建筑信息化管理，能够将不同专业、不同施工阶段的信息紧密连接起来。传统的钢结构项目，只会根据专业自身的需要建立钢结构模型，最后再将模型导出为专门的格式，和其他专业（土建、机电、幕墙等）模型进行合模，再通过漫游寻找碰撞等问题，各专业间的建模相互独立，一旦不同专业的施工图表达有偏差时，将会造成较大的修改和增加时间进度成本。

本项目通过引入BIM模型协作工具，在各专业建模软件Tekla、Revit、Sketchup上安装插件，将各专业建筑模型实时并联起来，上传至项目服务器，由总包单位实时监控并管理，监理和建设单位进行过程监督检查。通过该协作工具，各专业之间可实时观看其他专业的进度及与本专业产生的衔接和碰撞，通过任务发布选项，可直接将任务内容和部位直接发给相关责任人，当接收到任务后，点击任务即实现跳转和修改，大大提升建模效率和质量。项目管理单位可实时访问到项目各专业的建模进度、碰撞、图纸、文档、任务及完成情况等信息，能有效地帮助项目管理单位进行项目决策，协调各专业间的穿插变更等。

（3）施工计算及应用

一般情况下，针对复杂空间结构和小型集中构件的安装，施工单位因为技术难度等因素，往往会采用高空散拼、多分段的方式进行吊装。同时，在项目进行结构设计时，设计单位往往只会对整体钢结构进行一次性加载计算，不会对钢结构的施工阶段进行计算，由于钢结构的特性，不同的施工工序、工艺下，结构的应力、应变与设计状态会发生变化，由此将给项目造成较大的质量安全隐患和降低项目施工进度。针对上述的问题，项目引入了基于BIM技术的midas Gen、Trimble Connect软件对钢结构的施工阶段、钢构件的吊装进行动态仿真模拟。在结构施工前，利用有限元计算的方式，对钢结构施工阶段进行分步分析，得出各个施工阶段、工况和最后结果成品状态下结构、临时措施的应力应变情况，在原有结构设计不满足的情况下，制定结构临时加固措施，或加强原有结构的设计强度，以应对钢结构施工阶段的需要，从而制定出钢结构施工方案。经本项目实践，通过事前规划、计算、调整的方式，大大减少了钢结构安装时下部结构的临时支撑数量、减少了构件吊装的吊次，有效地提升项目整体的施工进度。

（4）钢构件吊装工艺

钢构件的吊装是钢结构施工的核心工序，钢构件的吊装质量和速度对钢结构工程的施工进度起到了决定性的作用。在本工程图书馆施工过程中，楼层四周为钢悬挑结构，为了保证悬挑部位安装的精确度以及整体标高的准确度，同时为了较少钢构件吊装的吊次，提升钢结构安装进度，项目根据塔式起重机的性能，采用地面预拼装整体吊装的方法对该结构进行安装。施工前，精确计算悬挑结构钢构件重量，并综合吊装需求、安装效率等多方面因素进行优化分段；使用有限元软件模拟钢构件吊装时、安装后的应力及应变情况，确保施工的安全及质量；安装时，在地面将角部悬挑钢梁进行组装，待双向搭接的悬挑钢梁均组成整体后再行吊装。通过采用以上"预拼装，整体吊装"的钢结构施工技术，有效地解决了本工程钢结构施工工期紧与钢结构工程量大之间的矛盾，提升了塔式起重机的利用效率，达到了缩短工期的目的。

（5）同步施工及半逆施工的创新应用

建筑结构采用钢框架－混凝土核心筒结构或地下室为钢框柱—混凝土梁板、地上为钢框架形式较为常见。此类结构的施工多采用核心筒结构先行、外框钢结构落后几层、同步不等高施工的方法，或采用钢框架与混凝土梁板同步施工的方法。本工程大数据与互联网中心为钢框架—混凝土核心筒结构，由于工程工期紧，为缩短大数据与互联网中心的施工时间，结合工程结构设计特点，项目团队提出了在地下室施工阶段的地下室底板浇筑完成后，采用半逆施工工法，先行施工首层以上钢框架结构，首层梁板结构甩后施工，有效地避免了地下室结构施工对主体结构施工进度的影响。对于地上施工阶段，采用钢框架与混凝土核心筒同步等高攀升施工的方法。通过对原需混凝土结构作为支点的钢梁设立临时支撑措施的方式，在混凝土未达到强度前，对钢梁进行临时加固，待混凝土结构凝固后，拆除临时支撑进行周转使用，完成支点的转移。在国内外缺少类似工程做法作为施工参考的情况下，项目团体从施工组织、技术攻关、施工控制、过程监测等多方面进行攻关，实现了高层钢框架—混凝土核心筒结构半逆施工、同步等高攀升施工，减少施工冷缝的设置，确保施工质量，消除施工不便性，同时消除垂直交叉作业产生的施工安全隐患，提升安全文明形象。采用该创新施工方法，大数据与互联网中心工期节约了至少32d。实现了基于平行施工的高效、高精度建造技术，为类似工程设计与施工提供了先进的思路和方法，具有很好的借鉴作用。采用外框钢结构和内钢筋混凝土核心筒结构的半逆施工、同步施工技术，达到缩短工期、提升质量、安全可靠、节约成本的项目管理目的。

（6）下挂式大直径钢拉杆施工技术应用

本项目的图书馆地下一层，地上6层，建筑高度约39m，结构为钢框架＋局部钢斜撑＋钢筋混凝土组合楼盖结构体系，从第4层至屋面层均设置有钢拉杆，悬挂于屋面架构层桁架下方,所使用的钢拉杆直径均为ϕ210mm,单根最长达11m长,钢拉杆整体抗拉屈服荷载达到15925kN。按照传统的悬挑结构钢拉杆施工一般采用"钢拉杆张拉法"进行施工,而本工程钢拉杆体量、截面较大,使用张拉法进行施工过程管控难度高,施工安装顺序及施工过程变形对拉杆应力和整体结构内力分布存在影响。因此,必须采取合理的安装顺序及控制变形的施工措施。技术人员充分利用建筑信息模型技术,建立拉杆结构施工、吊装的信息模型,通过有限元模拟和分析,项目最终采用"预上扬—逐级卸载"的方式进行施工。使用midas软件计算出每个悬挑部位上扬值大小,保证每一根悬挑的安装精度。同时将钢拉杆设计为可微调的节点,根据现场标高复核情况,调节拉杆长度再进行安装。待屋面混凝土强度达到100%后临时支撑卸载,卸载采用对称、分级、同步卸载的方式,使主体结构变形协调、荷载平稳转移。实现由支撑受力向结构自主受力的平稳转化。通过使用该技术,有效指导现场作业,确保钢结构整体提升施工质量和进度,攻克了下挂式大直径钢拉杆截面大,长度长,构件重,安装精度要求高吊装难度大的技术难题。

(7)装配式半包围式操作平台设计与应用

房屋建筑钢结构施工现场涉及高空临边作业,目前大多采用四周包围式操作平台,平台结构体积大,会影响楼承板的施工,平台的安拆也较为困难。大数据与互联网中心外围钢柱焊接与楼承板施工存在交叉,原来四周包围式的操作平台会影响楼承板的施工,因此针对塔楼外围钢柱,设计了一种半包围式的操作平台。

操作平台尺寸定为1.8m(长)×0.6m(宽)×1.5m(高)。平台采用方通□50mm×5mm作为底部受力构件;侧面立杠、横杆均为□30mm×3mm方通;底部采用∟40×4角钢斜撑加强,铺设3mm厚花纹钢板,外围一圈0.8mm厚的彩钢板。操作平台所有组成构件按项目CI标准进行喷涂油漆,并做好外围CI形象。为了更好地装配及转换使用,在靠近钢柱一侧焊接两块L形插板,平台插入插板内固定,插板厚度16mm。

根据现场施工情况,操作平台需使用多次,使用时间长,周转次数多,避免了交叉作业带来的影响,并促进钢结构施工总工期的顺利开展。

(8)装配式钢结构胎架支撑体系设计与应用

体育馆地上4层,建筑高度约24m,地上建筑面积约35000m^2,地下1层,层高约6.5m。结构为钢框架+正交正向双层平板网架结构体系,结构复杂,单榀跨度达68.5m,屋架单榀高度3m,屋盖整体安装为大跨度超重管桁架构件安装。本工程桁架跨度、圆管截面尺和整体重量都较大,无法采用网架整体吊装或双机抬吊的方式等进行安装,以往的类似结构,通常会采用满堂架的施工工艺,但本工程网架高度高,跨度大,采用超高的满堂架支撑体系进行施工,质量、安全、进度均无法达到保证,且桁架为两向正交正向结构,上下翼缘无直腹杆连接,安装和起吊过程中容易发生变形,在制作上需要搭设拼装胎架和吊装保护装置，施工精度要求高。管桁架的跨度较大，桁架水平刚度小，下挠难以控制，安装过程中易发生变形，需要设置合理的起拱值和临时支撑体系。通过对比分析，项目最终采用了装配式钢结构胎架支撑体系，对体育馆大跨度网架进行施工。

临时支撑体系主要包括预埋件、格构式支撑柱、顶部分配梁、支撑点和转换梁。

1）预埋件为格构式支撑柱提供良好的约束作用。由于锚筋抗压能力弱，影响上方胎架的安装时间，因此锚筋用短H型钢替代，埋件板凸出混凝土面，以确保转换梁搁置在埋件板上时与混凝土板间留有间隙，避免转换梁与混凝土楼板接触。

2）格构式支撑柱是临时支撑体系的主要竖向受力构件，类似于建筑结构中的框架柱。格构柱采用标准化格构式支撑柱，方便安装和拆卸，同时也能回收利用，避免浪费。

3）顶部分配梁将格构柱顶部连系起来，主要承受上部钢结构安装过程中的荷载，并将荷载传递至格构柱，为提高分配梁整体稳定性，分配梁采用双肢梁。

4）支撑点主要为支撑胎架顶部分配梁与被支撑结构构件连接部位的工艺装置。此工装需满足以下条件：

① 具有足够的支撑能力，能够有效地将上部荷载传递到支撑上，自身稳定性好，起到"承上启下"的效果。

② 具有调节的功能，在大跨度梁或网架安装时起到调节标高，控制安装精度的作用。

③ 在分段大跨度梁或网架尚未合拢阶段，支撑点措施应能锁定钢梁或网架单元，防止构件错位移动。

结合以上条件，本工程采用H型钢短柱作为支撑顶部工装，将上部荷载传递到胎架上。通过测量并考虑网架起拱后确定H型钢短柱的长度进行下料，在H型钢短柱腹板内留设与下弦杆圆管直径大小一致的U形凹槽，形成自锁式支撑件，用于卡紧网架下弦杆，限制网架单元错位移动。

5）网球场屋盖网架临时支撑体系坐落在下方泳池大跨度楼盖之上，格构柱设置点大部分位于楼板上。为了避免将临时支撑体系荷载直接传递到楼板上造成结构安全隐患，在泳池大跨度楼板上设置了转换梁。转换梁在下方结构梁位置与埋件连接。格构柱落在转换梁上，通过转换梁将支撑体系的荷载传递到结构钢梁上。网球场屋盖网架安装过程中荷载的传递路径为：

网架→支撑体系顶部支撑点→分配梁→格构柱→转换梁→结构梁→结构柱→基础。

通过使用midas Gen软件进行有限元模拟分析，对结构在施工过程中进行计算分析，验算网架安装过程中临时支撑体系的安全性和稳定性，同时验算网架结构在临时支撑作用下网架的挠度变化；验算临时支撑体系对已施工完成结构的影响。通过设计以胎架为主的钢结构临时支撑体系和十项新技术中的钢结构虚拟预拼装技术相结合，实现了大跨度桁架的片状单元整体吊装，达到绿色施工，快速建造的目的。

8.10.6 总结

（1）项目实施前，需事先对施工场平进行布置，综合考虑、优化塔式起重机的吊装、构件堆场、构件卸车等因素，有利于钢结构整体施工的流畅度。

（2）使用建筑信息化管理工具，能够联系各专业间的建筑模型信息，打通各单位、各专业间的协同渠道，减少专业穿插的时间成本，并实现项目建设管理单位后台统一监控和管理，为项目的协同实施提供了保障。

（3）利用基于BIM软件的动态仿真技术，实现了对钢结构施工结构的计算和模拟，有助于结构设计的合理性，为钢结构的施工工序、施工工艺提出了最优解。

（4）通过采用以上"预拼装，整体吊装"的钢结构施工技术，有效解决了本工程钢结构施工工期紧与钢结构工程量大之间的矛盾，提升塔式起重机的利用效率，达到了缩短工期的目的。

（5）采用同步施工或半逆法施工，通过设立临时支撑等措施，实现钢结构与衔接的混凝土结构同步施工或先行施工，减少了钢结构施工工序外的工作对主体结构施工关键线路的占用，达到工期缩短的目的。

（6）对下挂式大直径钢拉杆施工采用新技术施工，有效指导现场作业，确保钢结构整体提升施工质量和进度，攻克了下挂式大直径钢拉杆截面大、长度长、构件重、安装精度要求高、吊装难度大的技术难题。

（7）半包围式的操作平台可周转次数多，同时避免了交叉作业带来的影响，能促进钢结构施工总工期的顺利开展。

（8）本工程大跨度超重管桁架结合运输、吊装设备、操作难度等情况，对管桁架设置合理的临时支撑体系，结合钢结构施工有限元模拟技术，在保证质量、施工简便的情况下解决了大跨度超重管桁架的施工难题，有较高的推广价值。

8.11 以履约评价促参建单位提升水平

8.11.1 履约评价制度介绍

1. 发展历程

深圳市建筑工务署自2006年起实行履约评价制度，深圳市住房和建设局于2012年正式发布《深圳市建设工程承包商履约评价实施办法的通知》（深建字［2012］259

号），各区工务局陆续跟进履约评价制度建设，形成了以履约评价促进参建单位守合同、重信用、创优秀，为深圳市建设市场管理起到了积极的作用。

其中，龙岗区建筑工务署自 2008 年开始实施履约评价，2013 年完善相关制度文件；盐田区建筑工程事务署于 2013 年制定印发履约评价管理办法，开始实施履约评价工作；坪山区建筑工务署 2013 年开始实施履约评价，2018 年完善相关制度文件并正式印发；南山区建筑工务署 2015 年开始试行履约评价制度，并于 2016 年修订完善后正式实施；2018 年，宝安区建筑工务署、光明区建筑工务署、大鹏新区建筑工务署先后制定并印发了本单位的履约评价制度文件；龙华区建筑工务署于 2020 年修订并印发了管理办法，福田区建筑工务署于 2021 年 4 月根据福田区住房和城乡建设局的履约评价表制定了履约评价实施细则（暂行）。

深圳市建筑工务署于 2006 年发布了第一版《深圳市建筑工务署合同履约评价管理办法》，确定了工务署项目的实行履约评价制度，用于规范署内项目的履约评价工作，后于 2013、2016、2017 年分别补充修订《深圳市建筑工务署合同履约评价管理办法》及配套的评价细则，并在工务署工程管理平台系统上初步实现了过程无纸化。

2. 制度内容

深圳市建筑工务署履约评价制度包括评价的适用范围及评价对象、评价人员、评价要素及评价指标权重、评价等级划分、项目阶段划分与评价周期、第三方质量安全评价、评价类型与结果构成、负面清单/特殊情形设置情况、评分方式、结果应用 10 个方面内容。

（1）适用范围及评价对象

适用于工务署主导签订的建设工程各类型合同，对施工、监理、设计、造价采购、全咨、代建等类型的合同乙方单位全面覆盖。

（2）评价人员

评价人员以项目组及相关业务部门（合同管理、工程管理、档案管理等）为主体，分别对不同类型的合同进行评价，如：季度评价由项目组、质量安全第三方、直属单位及各业务处室参与，在评价过程中有各自不同职责分工。

（3）评价要素及评价指标权重

对于不同合同类型设置不同的评价要素，并按重要性赋予相应的指标权重或分值。以施工合同为例，评价要素包含"人员配备、经济实力、质量、安全与文明、进度、投资、配合"等方面。

（4）评价等级划分

按评价结果分值划分评价等级，将履约评价等级分为优秀、良好、中等、合格、不合格五个等级，且各等级分值一致。

（5）项目阶段划分与评价周期

对评价阶段按工程建设阶段划分，前期阶段的起止点为接收项目起至签订施工合同前；建设期阶段的起止点为项目前期阶段结束起至（含）竣工验收节点；保修阶段的起止点为项目移交后起至项目竣工验收备案完成后三个月内。

对照合同类型分别设置不同的评价周期。以施工合同为例，按季度为周期形成评价结果，并根据季度评价结果形成年度评价或合同最终评价结果。

（6）第三方质量安全评价

引入了质量安全第三方巡查机构，将第三方质量安全巡查结果纳入施工、监理合同的评价体系，在施工、监理合同的评价结果中，第三方质量、安全评价结果各占25%的权重。

（7）评价类型与结果构成

1）季度评价。

按照项目组、相关业务部门的评价得分作为季度评价结果的全部或重要组成部分，加入了第三方质量安全巡查、档案管理、EIM平台使用情况得分等，共同构成了季度评价结果。在综合了项目组评分和第三方质量安全巡查评分后，还加入了材料抽检扣分项在季度评价中作倒扣分，同时在季度评价中设置了负面清单以及激励情形，对季度评价结果进行扣分或加分。

2）年度评价。

年度评价主要分为合同年度评价和单位年度评价两种类型。合同年度评价结果由该份合同年度内所有季度/阶段评价得分构成，取算术平均值；单位年度评价结果由履约单位年度内所有（或同类型）合同的季度/阶段评价得分构成，取算术平均值（或取权重）。

3）合同最终评价。

合同最终评价是指在合同约定内容完成后，对整体履约情况进行的整个履约过程的最终综合评价。对评估类合同及监测、检测等合同在前期或建设阶段完成合同内容后即可进行最终评价，设计、造价咨询合同在保修阶段进行，监理、施工、采购合同在竣工验收备案三个月后，完成竣工验收备案六个月内完成最终评价；在合同完成后单独进行一次最终评价。

（8）负面清单（特殊情形）设置

针对履约不良行为设定"否决"特殊情形，在触发相关情形时，该合同在季度或年度履约评价结果不得评为优秀、良好等级，甚至被直接判定为不合格等级。

例如，针对"因自身原因造成工程发生一般事故""受到建设行政主管部门行政处罚""因劳资纠纷上访严重""使用假冒伪劣材料偷工减料"等几种行为设定了"否决"特殊情形；"当季度发生一般质量、安全事故"情形则被判定为不合格。

（9）评分方式

评分方式主要有定性定量评分和扣分制两种方式。定性定量评分为将每个评价项设置了不同评价等级对应不同分数，根据情形打分的方式；扣分制为在每个评价项内制定负面清单并设置扣分分值，根据所触发的负面行为对设定分值进行倒扣的方式。

市工务署对设计合同则采用扣分制方式，对其他合同均采用定性定量评分方式。

（10）结果应用

将评价结果在招标定标、不良行为记录或黑名单、红黑榜公示、合同绩效等方面应用。根据评价结果排名靠前和靠后的情况对评价结果的红、黑榜进行公示；将评价结果与合同绩效挂钩；在招标方面，将评价结果纳入了定标参考。

8.11.2 建科实践

上海建科于2017年8月与工务署签订深圳技术大学项目（一期）全过程工程咨询合同，按照工务署履约评价管理办法，协助工务署开展项目各参建方的合同履约评价工作，执行工务署于2017年10月11日发布的最新版《深圳市建筑工务署合同履约评价管理办法》（深建工字[2017]79号）。

全咨单位协助工务署对履约评价制度的有效执行，为实现项目组及全咨团队的工程管理目标，推进工程项目建设，促进参建单位积极履约，提升履约质量起到了积极作用，并取得了良好的效果。

深圳技术大学项目全咨管理范围内合同共计139份，其中施工类合同34份、服务类合同66份、采购类合同39份。自2017年6月全咨服务开展起，截至2021年5月，项目建设共经历了15个季度评价周期，4个年度履约评价周期，累积了共计574份履约评价，其中不合格次数为11次。在市工务署项目组的适当授权下，全咨项目管理团队根据评价细则对需进行评价的合同作出项目组初步评价意见并提交评价依据，有力地支撑了项目组的管理行为。

（1）以履约评价促积极履约

典型案例：

2020年第四季度深圳技术大学建设项目（一期）施工总承包Ⅱ标合同履约单位由于存在人员配备不足，变更工作进展缓慢，机电安装工程工作面向精装单位移交较为缓慢等问题，季度履约评价仅得到56分，评价结果为不合格。该不合格结果经工务署工程综合管理平台公示确认后，又在外网公示，且由后台直接将结果发送到公司法定代表人的手机。

对于此次消极履约的不良影响引起了履约单位管理层重视，立即加大了人员投入及加快了进度推进，在2021年第一季度其履约评价得分回升至75分。

（2）以履约评价促优质工程

典型案例：

深圳技术大学建设项目（一期）设计合同在 2018 年第一季度，因部分专业负责人和工程师工作协调不到位，发现问题后未按要求及时处理；部分专业图纸在规定时间内未达图纸深度要求，设计图纸进度管理存在一定问题，季度履约评价得分为 77 分，评价结果为中等。

该评价对设计单位的履约创优目标提出了警示，设计单位为项目开展尽快补足了资源，工作质量持续提升，在后续两个季度的评价中分别取得 85 分良好、90 分优秀的好成绩。

8.11.3　关于履约评价的思考

（1）在项目管理中实施履约评价的必要性

合同的履行是法治社会的契约精神体现，而对于合同履约的评价，是评判合同单位是否履行了应尽义务的一种方式。特别是对于建设工程合同，合同单位履约过程中可能发生的违约行为繁多且大多需要专业判断。项目建设管控的基础均来自契约关系，对于复杂的专业问题，往往不能采用终止合同，违约赔偿等较为激烈的方式解决，而履约评价则为项目管理提供了有力的抓手，且能在一定情况下适时作出调整，是非常必要的管理手段。

（2）履约评价实施的前置条件

1）完善的评价制度。

建立完善的履约评价制度，是履约评价实施的前提。建设单位应结合自身的管理实际，在不违反法律法规及主管部门规定的前提下，编制履约评价管理办法及各类合同履约评价细则，围绕履约评价工作的时效性、准确性、完整性和可追溯性要求，制定评价的实施指引。在设计否定性条件时，需谨慎制定不合格评价条款，给出不合格评价的依据应充分且合理。

2）完整的合约管理。

合约是履约评价的实施基础。完整的合约管理要求项目建设在项目策划、招标投标、合同签订、合同实施、结（决）算等各个环节均应做有效的管理动作。如在项目策划时，清晰划分合同界面，做好招标合约策划，制定合适的合同评价细则；招标投标阶段提前做好合同格式准备，不遗漏对履约评价实施的约定及结果的应用，注意合约中履约评价条款与违约条款的关联，与支付条款挂钩的必要性；在合同签订阶段，对项目组及合同单位均做好履约评价交底，建立完整的履约管理合同台账。合同实施阶段，专人跟进履约评价的实施情况，杜绝评价工作中出现漏评价、错评价、重复评价等情况，以保证对评价数据的正确计算和分类统计的有效应用。

3）精细化的项目管理。

以履约评价促参建单位水平，同时也是对建设单位精细化管理水平的考验。体现在具体工作中，就是对相关工程资料的掌握情况，对客观证据的留存情况。但在政府投资项目建设单位中普遍存在着工程管理人员不足的情况，对于实现全过程资料的把控存在难度，在引入全过程工程咨询单位后，对管理人员的缺乏起到了补充作用，也为精细化管理提供了人力资源基础。同时，在实施全过程咨询模式的项目中，建设单位对全过程工程咨单位在履约评价上的管理授权，也是实现精细化管理的重要步骤。

4）严格的廉政制度。

履约评价结果的应用范围广泛，特别是与被评价参建单位的其他项目投标资格的挂钩。履约评价结果对企业商誉及承接业务资格的影响，使得企业对于得到超出自身水平评价的动机明确，也给建设单位及项目管理单位带来较大的廉政风险。建设单位及项目管理单位是否建立了严格的廉政制度，制度是否完善，都决定了履约评价工作是否能够公平公正地开展。

（3）其他

在建设管理中，促进参建相关方积极履约，履约评价作为一种行之有效的方式，对于困扰建设单位的参建单位团队配备不力，项目推进困难等问题的解决，提供了一个有力的管理工具，但在其实施过程中，也存在各种各样的问题。履约评价地有效开展，离不开项目的精细化管理，否则将流于形式，无法取得真正的效果。在履约评价结果的应用方面，单一单位的履约评价如果只能应用在小范围内，也无法形成大规模的警示效果，特别是对于政府项目发包的应用，如能在建设主管部门平台上形成正面或负面情况的通用应用，履约评价的实施效果将更为显著，对于参建单位的警示及促优效果会更强。

8.12 安全管理合力的打造与维护

安全管理始终是深圳技术大学建设项目（一期）建设过程中的核心议题，全咨监理项目部在项目安全管控过程中随时面临来自政府部门、深圳市工务署、市工务署委托的第三方安全巡查单位的安全管理或安全监督。

上述部门或单位对项目现场的安全管理或安全监督既是全咨监理项目部要面对的监管环境，也是全咨监理项目部可以借为所用的强劲助力。而上述部门或单位中，以深圳市工务署对项目的参与程度最深、管控最直接，是全咨监理项目部必须争取的管理助力。本书重点介绍本全咨监理项目部与深圳市工务署、施工单位建立和维护安全合力的实践经验。

8.12.1 安全管理合力的释义

安全管理合力，是指将项目建设单位、全咨监理单位、施工单位的安全管理积极力量进行统一整合,形成项目安全管理的"统一战线",实现共同监管、指令统一、信息畅通、协同改进的过程。

8.12.2 参建单位及其特征

(1)建设单位

本项目建设单位为深圳市建筑工务署(以下简称"市工务署")。市工务署是市政府直属正局级行政管理类事业单位,负责市政府投资建设工程项目(水务和交通工程项目除外)的资金管理、前期审批事项报批、招标投标管理、预(决)算和投资控制管理,政府公共房屋本体结构性维修工程的监督管理,对部分适合的建设项目组织实施代建制。

市工务署对施工项目安全管理极为重视,确立了所有项目必须遵守的质量安全管理三条底线:

1)"零死亡"的安全目标和"杜绝结构隐患"的质量目标。

2)消除现场可能导致死亡事故和结构隐患的质量安全重大风险隐患。

3)任何一次随机检查评估活动中,质量安全评分均达到85分以上。

市工务署驻本项目的代表是项目安全管理统一战线的重要组成部分,其重要性突出体现在:

1)市工务署项目代表是项目管理层的核心,拥有项目最高话语权,其价值取向、日常言行都会成为施工单位行动的风向标。

2)市工务署可通过支付、合同履约评价,直接影响施工单位行为,其安全管控行为的及时性、有效性极强。

3)市工务署与全咨监理项目部的管控行为存在着相互补充和相互塑造。

(2)施工单位

1)施工单位分类。本项目施工单位分为两类:

① 总承包单位:中建一局(Ⅰ标)、中建五局(Ⅱ标)、上海建工(Ⅲ标)、上海宝冶(Ⅳ标)。

② 平行分包单位:总数超过40家的各类平行分包单位,施工范围包括幕墙、精装修、涂料、防水、人防、智能化机电等专业工程。

2)施工单位在安全管理中的位置。施工单位是项目安全管理力量的基本组成,其基本属性包括:

① 施工单位是安全管理工作的直接策划与实施者。

② 施工单位是安全事故损失的直接承受者。

③ 施工单位是所有安全生产成本的直接承担者。

施工单位的上述属性,使得施工单位天然地在安全生产方面有两面性:

① 施工单位自身有做好做严安全管理工作的强烈需求。

② 施工单位在面临安全风险与安全投入时，会面临是要"节约成本"还是"控制风险"的两难选择。

3）施工单位安全管理能力和特点。

虽然深圳市建筑市场安全管理水平在全国居于领先的水平，市工务署项目安全管理在行业内更是以严厉著称，但是目前施工单位的安全管理同样存在以下行业通病：

① 绝大多数施工单位的安全管理体系不健全，或者虽然书面的体系健全，但是未能实际应用到企业管理之中。

② 农民工流动性大，安全意识普遍较为薄弱，安全权益意识不强，不认为安全工作是自己权益，而认为安全管控是强加于自己的负担。

③ 大部分施工单位在安全管理的投入上不足，这种不足既有管理者的节约成本的原因，也有管理人员不知道如何执行安全管控的原因。即使施工单位愿意付出成本用于安全工作，也没有合适的人来执行这些工作。

④ 安全管理人员的能力、资质、经验、主动性不足，造成安全管理的执行力无法保障。

⑤ 安全管理的"配套市场"尚不发达，即使是在深圳的市场上，也很少能找到为施工单位项目部提供安全策划、安全培训、安全管理指导、安全人才输送的供应商。

⑥ 绝大多数施工单位对项目部的安全支撑不足，施工单位的安全管理只能依靠本项目安全人员的策划和实施。一旦本项目安全人员能力不强，则会表现为整个项目的安全管控能力薄弱。

8.12.3 安全管理合力的建立与维护

建立安全管理合力的目的，是充分激发和整合项目安全管理的积极力量，挖掘各个责任主体在安全管理上的共同利益，扫除不利于安全管理的错误观念，缩小不同责任主体的利益分歧，从而建立起一个高效严格的安全管理"统一战线"。

（1）建立"项目安委会"

"项目安委会"是一个跨责任主体的安全机构设置，以市工务署派驻本项目的负责人为主任，以全咨监理项目部安全负责人为秘书，以市工务署、全咨监理项目部、施工单位项目负责人和安全负责人为成员。

在"项目安委会"的运行过程中，安委会秘书负责日常工作，包括信息收集汇总、项目安全形势分析、会议组织及材料准备、对施工单位提出安全管理要求等。安委会主任负责作出决策、签发文件、发布指令。

"项目安委会"是项目各责任主体落实安全生产责任制的有效形式，实践证明，它比各单位分别建立的安委会能更好发挥安全管理职能，也是各单位之间就安全事宜进行沟通协调的良好机制。

（2）凝聚安全管理共识

1）凝聚安全管理共识。

本项目全咨监理项目部充分意识到，建设单位、全咨监理单位、施工单位在安全管理上的利益有着高度一致性，通过各单位之间充分地沟通与交流。本项目各参建单位形成下列安全管理共识：

本项目所面临的最大不确定性，即施工过程中的安全生产事故。通过各方同向发力，建立起一套有效的安全管理机制，防止安全事故发生，符合所有参建单位的利益。

市工务署将工程项目发包给施工单位，合同总价中已经包含施工行为的安全生产费用，施工单位安全管控不到位，就是在偷工减料，提供劣质商品，侵害市工务署合法权益。

① 对施工人员而言，安全劳动是自己的权益，而不是负担。

② 对施工单位而言，安全监管是一种服务，而不是负担。

③ 安全管控能力是工程类企业的核心竞争力。

④ 纵容隐患、违章冒险不是省钱，而是在积攒能量蓄谋一次达到无法承受的损失。

2）与建设单位形成安全管控合力。

市工务署与全咨监理项目部本来就是项目管控中的天然同盟，在利益上没有直接冲突，为了使全咨监理项目部能更好地履行安全管理职能，全咨监理项目部获得市工务署对全咨监理项目部在下列三个方面的充分授权：

① 就安全问题，对现场直接停工的权力。

② 就安全问题，对施工单位直接进行处罚的权力。

③ 全咨监理单位对施工单位发出的安全指令类文件，市工务署应当认可并提供背书。

市工务署作出以上授权，是出于对全咨监理项目部的能力认可与专业信赖，因此全咨监理项目部在使用上述职权的过程中，必须秉持严谨审慎、客观公正的态度，绝不允许滥用。同时，充分授权意味着全咨监理项目部更大的责任，因此，当涉及关系市工务署经济利益、法律责任的关键问题时，全咨监理项目部必须提前与市工务署做好沟通。

3）与施工单位形成安全管控合力。

施工单位与全咨监理项目部在安全管理的立场上既有一致性也有矛盾性，但总体而言利益一致为主体，利益"矛盾"部分源于施工单位不能正确认知成本与收益，部分源于施工单位自身安全管理能力的限制。

为实现与施工单位在安全管理上的密切合作、同向发力，全咨监理项目部应当坚持下列原则：

①本着提供服务的定位开展管控。

全咨监理项目部在工作过程中如果有把权弄事的官本位思想，必然会引起施工单位与全咨监理项目部的关系对立。因此，全咨监理项目部应本着提供服务的心态开展安全管理工作，做出任何决策必须是出于对工人的安全与建设单位的权益负责，同时不得损害施工单位的合法权益。

②秉持客观公正的原则进行安全管控。

全咨监理项目部在面对多家不同的施工单位时，管理的尺度必须保持一致，以避免引起不必要的怀疑与猜测。

③坚持管理必有依据的原则。

法律法规、标准规范、合同要求、客观存在的风险，不可以凭主观臆测，个人好恶进行管控。

④为施工单位提供建设性意见。

全咨监理项目部在工作过程中，也需要站在施工单位的角度出发，理解施工单位存在的切实困难，提出施工单位能力范围内可以执行的安全解决方案。

⑤坚持廉洁从业。

任何歪风邪气的引入，都可以让所有安全管控的工作瞬间变质，因此坚持廉洁从业是全咨监理单位工作最起码的底线，绝不允许逾越。

8.12.4 获得建设单位与施工单位的认可与信赖

（1）主动管控，积极作为

全咨监理项目部必须积极主动地进行项目安全管控，从项目安全管理体系的搭建、安全风险辨识、日常安全隐患巡查、危大工程安全管控等各个方面主动作为，走在政府相关管理部门、市工务署、第三方巡查机构的前面，才能获得市工务署与施工单位的认可。

反之，如果全咨监理项目部安全管理松懈，项目可能陷入被动应付的恶性循环，不仅安全管理长期被动，而且全咨监理项目部也得不到市工务署、施工单位信任。

（2）全局把控，数据说话

全咨监理项目部必须要全面把控项目安全现状，将项目的基本概况以数据化的形式，明确地表达。如果整个项目是一台疾驰的汽车，这些数据就构成汽车的仪表盘，当某些指标超标时，就意味着发生"故障"的风险大大增加。通常，项目安全比较重要的数据包括：项目工人数量、施工单位管理人员数量、安全管理人员数量、各种类型危大工程的数量、各类特种作业人员的数量、各类特种设备或高风险设备的数量、各类安全隐患的数量、各类事故/意外事件的数量等。

（3）风险隐患，重点突出

在一定的时期内，项目安全风险会集中在某些类型施工阶段或固定区域，或者有某些固定特征，例如：

1）桩基施工阶段，安全风险集中在机械设备操作和运输车辆。

2）钢结构施工中，安全风险集中体现在高处作业和吊装作业。

3）装修施工阶段，安全风险集中体现在移动式脚手架的使用。

4）临近春节阶段，安全风险往往与工人归心似箭的心态相关。

作为项目的全咨监理项目部，必须敏锐地认识到每一个阶段项目所面临的突出安全风险，向市工务署和施工单位作出最为针对性的安全管理提示。没有针对性的安全提示，只能作为安全管理中的噪声，没有任何正面意义。

（4）提供成熟可行的安全管控方案

当面临较为复杂的安全管控问题时，全咨监理项目部应当进行充分研究与策划，拿出可行方案，让市工务署做选择题而不是问答题。这是作为咨询监理单位的责任所在，也体现全咨监理项目部的技术实力与专业水平。

8.12.5 小结

综合以上观点，全咨监理项目部获得市工务署、施工单位安全管理支持的关键在于自身过硬的安全专业管控能力，积极主动的安全管控作为，以及同市工务署、施工单位充分沟通。通过以上因素，形成良性循环，获得市工务署、施工单位的高度信任与充分授权，营造项目浓厚的安全氛围。

8.13 工务署管理模式下总包单位履责现状与需求

8.13.1 工务署项目中总包单位履责现状

目前，深圳市建筑工务署（以下简称"工务署"）建设项目施工总承包模式主要为"施工总承包＋专业工程平行发包"。此外，还有部分项目尝试采用同时包含设计、施工任务的EPC总承包模式。本课题主要讨论的是前一种模式。

在工务署项目实践中，根据专业工程平行发包范围的不同程度，施工总承包模式又有两种典型的模式。

（1）除主体工程外的其余工程均平行发包的模式

此种模式以香港中文大学项目为例，将主体建筑和结构工程发包给一家施工单位，将各专业工程，如场地平整工程、基坑和土石方工程、基础工程、防水工程、智能化工程、装饰装修工程、幕墙工程、暖通空调工程、室外总体工程、园林景观工程、太阳能热水、外墙涂料、人防工程、燃气工程、门窗供货等采取公开招标或工务署战略合作委托的模式，发包给有资质的专业工程承包单位。

特点分析：此种模式能为设计预留一定的时间，有利于提高施工图设计质量、降低施工期间工程变更的发生概率、控制工程进度和投资，有利于为部分重要专业工程选择更优秀或更适合的承包商，从而有利于专业工程的质量控制及现场的施工管理。但因分包单位数量多，招标及合同管理工作任务也多，管理界面相对复杂，现场施工过程中碰撞多，建设单位协调工作量大，因施工组织安排不当而引发的变更和签证工作量大。

（2）将尽可能多的施工内容纳入施工总包的模式

此种模式以深圳技术大学建设项目（一期）Ⅰ标段为例，将校园基坑和土石方工程、基础工程、建筑工程、结构工程（含钢结构）、给水排水工程、电气工程、暖通空调工程、室外总体工程、燃气工程、幕墙工程、部分装饰装修工程等尽可能多的建设内容纳入施工总包范围内，其余少量专业工程（如防水工程、人防工程、部分装饰装修工程、智能化工程、消防电工程、园林景观工程等）采取专业工程发包或工务署战略合作委托的模式发包给有资质的专业工程承包单位。

特点分析：此种模式是将后续可能发生的专业工程发包项目尽可能地纳入施工总包管理范围，招标及合同管理工作量将会减少，管理界面清晰，现场施工过程中碰撞少，建设单位协调工作量较小。

无论采用上述哪种模式，施工总包单位的履责能力主要体现在：自身及项下分包单位的总控管理能力＋对专业平行发包单位的协调管理能力。

8.13.2 当前背景下对总包履责能力的需求

（1）项目建设规模的需求

深圳市建筑工务署自2002年成立以来，一直主要负责政府投资建设工程项目的具体实施工作。截至目前，初步统计共计负责政府工程项目479个、已完工项目256个、完成累计总投资额1021.3亿元。且随着深圳市作为我国建设中国特色社会主义先行示范区的推进，工务署承担的项目建设工作任务将持续增加，因此需要采取有效甄别和管控手段，选择有能力的总包单位承担工程建设任务。

（2）项目建设品质的需求

"打造精品、创造一流、高质量发展"一直是工务署的工作宗旨。在最近几年的项目建设中，工务署一直在推进各种先进的管理方式和技术手段用以推进工程品质。包括：BIM技术应用、智慧工地建设、管理信息平台、高标准的现场6S管理等内容。这些方面都需要总包单位能够充分认识，并从企业和项目层面加大投入和落地。

综上所述，保证和提升施工总承包单位的履责能力，不仅是保证对各个项目实施层面建设目标的实现,也是工务署能够保持长期高品质发展、寻求理念一致的合作伙伴的必要需求。

8.13.3 总包单位履责能力体系和具体内容

(1) 总包单位履责能力体系

基于计划、组织、指挥、协调、实施、监督六项基本职能,施工总包管理体系可分为总包管理层和分包管理层两个层次。

1) 总包管理层。反映项目层面施工总包单位自身体系的有效性。围绕项目经理为核心建立起自身管理架构和体系,结合项目情况,明确项目内部的各部门职责和工作流程等。

2) 分包管理层。反映项目层面总包单位对分包单位(含建设单位项下的平行发包单位)的管理体系的有效性,反映了总包单位如何有效分解各分包单位的工作目标、工作任务、督导和确保目标任务的实现。

(2) 总包单位履责的具体内容

1) 总体管理能力:

① 总承包管理过程中,无论在材料审核,选择分包商,还是在施工管理过程中面对的各种问题,都应以业主的利益、工程的利益为重,公平公正对待。

② 所有进入现场的施工各分承包商和资源全部纳入总包单位的领导下统一管理,各分包商必须执行。

③ 总包单位需采用有效手段控制各分包商的施工进度、质量、安全等能保质保量按时完成,对分包、独立承包工程进行有效监督控制,以确保总包管理的落实和执行。

④ 在施工总承包管理工程中,协调能力的强弱是总包单位管理水平、管理能力和经验的具体表现,通过协调将影响管理目标实现的不利因素及各分包单位之间交叉影响减至最小。从施工中各要素的协调到外部环境的协调都是在总包单位的职责范围之内。

2) 质量管理:

① 总包单位项目部项目经理是质量第一责任人并主管质量工作;施工副经理分管执行承包土建工程的施工计划、施工过程控制;总工程师主要负责过程控制中施工技术管理、图纸会审、方案审定、重大问题把关处理、协助项目经理对全过程质量控制实施管理。工程管理部作为总包单位工程质量管理的实施机构,在总包单位质量管理部配备足够的并满足工程质量控制需要的人员前提下,各分包商项目部专职质量检查员也参与整个项目质量管理的工作,组成总承包质量检查站。

② 总包单位须认真贯彻执行质量管理规定,对各分包单位和班组层面建立起良好的奖罚体系。对质量好的分包单位或班组给予奖励,对违反质量管理规定,质量产生

问题的予以处罚。

③ 根据工程进展的不同阶段和工程进展中暴露出的问题，开展有针对性的质量活动和专项整治，如召开质量现场会、开展"质量竞赛"、质量月等活动。

④ 总包单位建立以项目技术负责人为首、设计技术部及质量管理部牵头、各承建商技术负责人及质量专检员组成的质量事故处理体系，制定一整套事故处理的程序和相关制度，调查和鉴定事故原因及责任，提出事故处理的方案。

3）安全管理：

① 履行全面安全管理职责，制定规章制度。明确安全目标、安全管理体系、安全生产责任制、安全教育、安全管理程序、安全设施、安全技术、安全防护、防暑降温、环境保护、事故处理、安全管理资料等制度。在总包单位与各分包签订施工合同时，同步签订安全管理协议，明确各自安全方面的责任。

② 以总包单位项目经理为首、各分包项目经理参加的安全领导小组将定期召开领导小组会议，确定工程施工中的安全方针、商议重大安全活动、组织安全大检查、实施安全管理工作的综合考评、确定奖罚，建立一个全工程项目的安全领导网络。

③ 制定防控安全隐患问题的技术措施、开工前的技术交底、全面的安全教育、定期的安全检查及报告等制度。

④ 保证施工现场安全通道及应急疏散措施，洞口临边、出入口、高处作业及防高空坠物安全防护措施，施工电器及机械安全使用措施。

4）进度管理：

① 工程开工前，必须严格根据施工招标书的工期要求，提出工程总进度计划，对本工程施工进度、资金、物资、设备进行总调度和平衡，科学合理地组织施工，解决施工过程中的主要矛盾和关键问题。

② 坚持会议协调制度。积极参加建设单位、监理组织的各种协调会，项目部定期召开工程进度例会、生产调度会和检查会，及时解决施工中的问题及影响进度的有关问题。

③ 制定项目保障工期的特别措施规划，加强现场调度施工组织、协调、检查、反馈与快速反应的作用，协调与各参建单位及有关社会主管部门的关系。

④ 实行合理的工期目标奖罚制度，对进度目标的实现情况进行奖惩。把奖罚措施落实、分解到每个节点上，保证奖罚对等兑现。

⑤ 采取目标管理、网络技术等现代化管理方法。总包单位在总进度计划基础上进一步细化、分解成为阶层目标，分层次、分项目编制计划，在施工中对实施性施工组织中的有关工序衔接、劳动组织、工期安排适时调整，不断完善。

⑥ 明确指定专业承包人的工期节点和进场作业时间，综合协调制订专业承包人的施工进度计划，组织好各专业各单位之间的流水施工和穿插作业。制定项目领导和技

术人员现场值班制度，及时协调、处理、解决施工中出现的问题。

5）费用（资金）管理：

① 根据工程进度计划、工程特点、工程的施工技术方案及质量要求、资源的需求计划等编制工程费用（资金）需求计划表，总包单位明确工程各分部分项工程在工程各个阶段的费用（资金）需求计划，并报监理和业主审批。

② 总包单位在收到设计图纸后立即组织施工图预算的编制，并将其作为费用（资金）需求计划的基础和动态调整的依据。各分包商也必须在一定的时限内完成上述工作并上报审批，确保预算费用控制在设计概算之内。

③ 总包单位严格审核现场签证单。分包商在施工现场提出签证要求时，必须由总包单位项目部和监理有关人员在现场踏勘确认，有必要时还应有业主的人员在场，既保证签证的准确可靠，又保证签证的有效及时。

④ 在施工过程中，收到特殊及重大设计变更（对投资有直接影响的）时应向监理和业主报告，在取得同意并对超出投资来源明确后方可实施。

⑤ 在竣工结算时，总包单位应本着资料齐全、手续齐备、数据真实、事实充分、量价相符的指导思想，上报结算资料和开展结算工作，确保结算费用控制在施工图预算费用总额之内。

6）信息管理：

① 总包单位需采用专业软件和模块，以计划为基础，在实施过程中，预测干扰因素，进行跟踪监测，一旦发现偏差，及时调整控制，使实际结果始终达到进度计划要求。主要控制总工期目标、总进度计划，以及控制各阶段进度计划。

② 总包单位需采用计算机网络化项目管理信息系统，实现面向工程全过程中的数据、图档管理，做到信息资源共享，对施工过程中的数据、设计到施工图纸与文档的管理，施工流程中的控制和管理。

③ 施工单位质量管理人员依据工程进度和各工程子项目数据库对质量进行过程监控，提供详尽的质量统计资料。

7）分包管理：

① 根据总平面布置、进度计划、进场计划，负责做好场地规划、机械布置以及现场管理，并划分责任区域。各专业分包队伍的材料设备，必须按照总平面布置图划定的范围按要求进行码放。

② 施工现场内已有的脚手架、平面交通、上下通道、垂直运输机械，特别是幕墙工程及大型机电设备的垂直运输、临时建筑等各种施工设施，总承包方根据施工进度计划和各专业分包队伍所承担工程施工的具体情况，统一调配使用。

③ 根据施工现场平面布置情况，总包单位负责统一布置现场临水临电，并统一提供和管理分包单位安全用电、节约用水和现场内的污水排放等。

④ 总包单位需建立每周生产协调例会制度和每天生产调度会制度（即联络会议）。根据施工进度计划调度、协调各专业分包队伍的施工工序安排。

8.13.4　强化总包单位履责能力的措施和路径

（1）抓紧管理关键环节

1）总体实施策划。

工务署进行的总包单位招标多数为公开招标，总包单位在投标阶段由于掌握的信息资料所限，加之投标文件的编制团队与项目实施团队往往是分离的，因此投标文件对工程建设的实践指导性往往有待加强，不利于工程的整体推进。

因此，投标文件作为对招标文件的具体响应，但在现行招标投标制度中并未能充分发挥其应有的作用。总包单位在后续工程实施过程中，除明确的工期节点外（往往带有罚则），对投标文件中各项措施的承诺和响应偏于弱化，招标人亦往往疏于将投标文件作为工程实施依据，投标与现场实施呈现出分离状态。

针对性建议：在总包单位进场后，编制详细可实施的项目《总体实施策划》，考虑的要素应该全面且有较强针对性，向建设单位（含咨询单位）专项汇报，作为项目实施依据。必要时，可将此实施策划的审批完成作为申报预付款的前置条件，并作为履约评价的考量因素之一。

2）专项实施策划。

在具体工程推进过程中，针对专项工作，制定项目《专项实施策划》，如进度计划、劳动力计划、资金计划、临时设施布置计划、专项分包计划、材料品牌申报计划、竣工验收计划等，切实做到计划先行，现场工作有据可依，方便管理。此《专项实施策划》可纳入《总体实施策划》中，并作为履约评价因素之一。

（2）抓紧关键人员履约和许可

1）加强主要管理人员履约。

近年来，在工务署项目实践中，包括总包单位在内的参建单位的管理人员越来越多地呈现出年轻化的特点。虽说这一情况与深圳市作为年轻化城市的总体大趋势相符，但建筑行业毕竟还是需要以一定经验作为指导。目前，合同和招标文件中对项目经理、技术负责人、安全总监等各关键岗位都有相应资质和工作经历要求，但对团队其余骨干人员的组成模式并无太多约束。

针对性建议：一方面，加强现有招标文件对关键岗位的履约要求，根据项目建设规模，适当扩展关键岗位的覆盖范围，适当提升关键岗位的履约不到位罚则；另一方面，在项目建设过程中采用一定的机制，要求或鼓励总包单位对管理团队的人员素质和能力不断提升充实。

可以采用持续的、分岗位的培训考试，将培训成效纳入到更加细化的履约评价结果中来约束。

2）加强作业人员许可管理。

一线工人是工程实施的根本，随着现代社会的发展，建筑市场的工人呈现出数量减少、工作能力下降的趋势，工人劳动力市场竞争不充分，劳动力成本增加，现在劳务市场属于供不应求的状态。工务署作为国内领先的政府工程代建单位，其使用单位一般对工期要求较为紧迫，如何保质保量如期交付使用单位作为项目组的一个大难题，因此，工人数量、专业水平的保证就显得尤为重要。

针对性建议：总包单位劳动力计划和工期进度计划的完全落地是关键，可要求总包单位在既定总进度计划和劳动力计划安排下，制订每月乃至每周的劳动力计划，并制定例行和飞行工地点人头制度，制定扣分原则，纳入履约考评比例。

同时，为保证劳务人员的工作水平，工务署可以深化和推行"专业人士认可"的管理方式，对于工务署长期合作的单位和关键岗位人员以及作业人员进行认可的机制。

3）抓紧总包单位进度 WBS。

总包单位履约过程，即是其对履约目标进行工作任务分解（WBS），并对各方面履约目标进行跟踪、执行的过程（尤其以进度目标的 WBS 尤为关键）。既包含总包单位内部各职责部门之间的任务分解，也涉及总包项下各分包单位对各项目标的消化和执行。

针对性建议：项目目标的 WBS 和执行过程，可具体细化设计为"分解准确、激励有效"的目标管理制度，并结合项目具体情况有效推进。

4）准确的目标分解。

总包单位的各项履约目标应进行逐项 WBS 分解，围绕单项管理目标，须由总包单位周密策划、仔细分解。以进度管理目标为例，单个工期目标节点的实现，要求总包单位充分考虑到各相关单位的搭接作业、牵制关系，以及所涉及的劳动力、物资设备配合目标等，明确每一家分包单位（或是总包每一个相关部门）的子项目标。

5）有效的激励机制。

无论采用何种模式，在合同中都应明确工程管理和控制的目标，并将目标管理与经济利益挂钩，采取有效的激励机制，调动各方面的积极性。可采取的办法有：

① 可直接得到物质奖励，包括工程合同内的奖励项目和建设单位额外的奖励（可制定专门的相关机制）。

② 对总包单位工作绩效的评价反馈机制，工务署通过渠道反馈到总包单位以及其上级单位。

（3）抓紧安全风险管理制度

安全问题是伴随着施工活动的进行而产生的，其存在于施工的每一个环节，涉及人、料、机、法、环等各方面，因此抓好安全不仅要遵循管理的普遍规律，而且要引入风险管理理念,做好全方位、全过程的安全管理。

针对性建议:可将风险管理要素系统性地分解到施工的各个阶段,明确梳理出各个阶段总包单位的风险履职要求,践行"知风险、明责任、抓落实"的风险管理理念,强化安全方面总包单位的履职能力。

1)风险识别。应将风险管理理念深耕到项目施工的每一个阶段,工务署制定格式化的、可操作可控的风险辨识,将"风险管理"与目前的"安全管理"紧密融合到一起。

2)责任梳理。全面提升总包单位的安全履责意识,尤其是要明确"一岗双责"的落地执行,即"管生产必须管安全",梳理出细致、严谨的安全责任清单。

3)严抓落实。安全管控注重成效,在项目层面,在合同和招标文件中可以约定明确的安全奖惩制度;在工务署层面,可以推行诸如"负面清单""一票否决项"等奖惩内容。

(4)紧抓工务署专项要求的落实

工务署招标文件范本较为全面、清晰地规定了工程前期及实施过程的方方面面,其内容较多。所采用的质量标准普遍高于国家标准,部分专业、分部分项工程均有其特定的质量标准要求。本项目安全文明施工要求除达到广东省及深圳市的强制性要求外,还须满足深圳市建筑工务署安全文明标准化手册的相关设定。未曾与工务署长期合作的总包单位和人员,不甚清晰工务署质量标准及安全文明施工要求。再加上工务署自身也在不断推出现场管理新的工作方式、工作重点要求等。因此总包单位对于工务署专项要求的执行非常关键。

针对性建议:建议首先由工务署相关部门对建设项目的管理标准和制度等文件的更新情况进行汇编成册。总包单位(包括其余合同履约单位)形成习惯和机制,定期地组织对所有文件进行学习落实。工务署相关部门可以在项目巡查时,对各项目的学习情况进行了解或抽查。

1)推行第三方管理协议。

在现行模式下,专业工程分包单位均纳入总包单位的管理,但专业工程分包单位与施工总包单位无合同关系,在法律层面上无明显的管理责任;再者,工务署招标文件范本中对双方的管理层面仅是笼统规定,并无清晰的双方权利及义务划分,这将造成现场存在许多的施工及管理责任不明确,极易造成推诿、扯皮现象,加大项目组的协调难度。

另外,总包单位对于专业工程分包单位的管理费用是纳入措施费中一并包干,因未规定明确管理条目,费用无明显取付标准,容易滋生总包单位的"不作为"管理和浪费政府投资。

针对性建议:建议在工务署项目推行签订工务署+总包单位+专业工程分包单位(含署战略合作)的第三方管理协议,明确三方的权利和义务,并将其纳入总包及平行发包单位的招标文件附件中,在各单位进场后予以签订,作为主合同文件的附件,将此协议的管理内容纳入履约考评要素。

2)不断优化履约评价制度。

工务署现行的履约评价制度从施工总包单位的人员配置、资源投入、现场质量、进度的控制和安全文明施工、履约配合等维度进行。在现场施工管理过程中,能体现施工总包单位履责能力的指标还很多,在深圳技术大学项目上,全过程工程咨询单位从项目管理实际出发,将第三方质量和安全检查结果、变更与签证的管理(包括施工总包单位设计变更造价估算的准确性)、BIM 的管理,两制的建设、管理人员出勤情况、标段内的评比结果、工务署 EIM 平台资料上传的结果予以量化,纳入施工总包单位的履约评价,以此提升其履责能力。

针对性建议:建议工务署可以在近年履约评价体系执行的基础上,利用好这一抓手,对其进行修订完善。例如,可以增加调整一些能够反映总包单位履约能力的子项;适当增加一些总包单位履约的动态指标;适当考虑对现有的履约奖罚条款进行更新等。能够将履约评价作为反映总包单位履约状态的标尺、也能够用一定机制保证奖优罚劣。

3)动态提升安全质量管理标准。

工务署各项管理标准和规定正在逐渐完善,尤其以现场质量安全管控为例,其严格管理程度可谓全国领先。与此同时,各参与的总包单位也大多为央企、国企大型集团,自身也有比较成熟的质量安全管理体系。这类企业往往能够较好地执行工务署标准。

针对性建议:建议工务署可以总结目前各项目执行相关标准的情况,采用"树典型、补短板"的思路,对相关管理标准进行动态完善。也鼓励优质的总包单位能够积极地将其企业自身的体系更好地用于工务署项目中,促进工务署总体项目水平的提升。

(5)推行创新管理服务模式

工务署目前建设工程项目一般采用"施工总承包+专业工程分包+战略合作"的发包模式,在此背景下,作为建设单位及施工单位,均存在些许弊端。

1)作为建设单位,工务署项目组需要管理的单位较多,各施工单位及服务单位之间存在许多施工及管理界面,这就要求项目组人员需要非常高的协调能力及专业经验,在招标阶段需要将各个单位之间的施工、管理界面及相关的费用考虑全面。在项目实施阶段,需付诸大部分精力去协调各单位之间的关系,合理统筹各单位的作业时间及作业面,在此种情形下,很难做到尽善尽美;且根据工务署目前项目组的人员配置,如不借助于外部专业力量,可能无法很好地解决上述问题。

2)因许多专业工程均由工务署单独发包,总包单位一般仅负责土建结构的建造,现在建筑市场土建专业(如钢筋、混凝土、人工等)价格较为透明,加之工务署的质量及安全文明施工标准较高,故总包单位的利润空间较为狭小,且总包单位须为平行发包提供必要的便利（如水电接口、运输机械等），极易造成总包单位的抵触心理，甚至造成刁难平行发包单位的情况发生。

3）为此，可推行"大总包"模式，即工务署针对一个标段仅需发包一个总包单位，所有的专业工程均由总包单位自行实施，在减少建设单位管理协调难度的同时，加大了总包单位的利润空间，清晰明确总包单位的责任，使得其更好地合同履约。

4）工务署作为国内领先的政府工程代建单位，其负责项目类型广、数量多，因此须投入的项目组管理人员较为庞大，而工务署内员工数量不能兼顾此种规模的建筑工程发展。建议建立署内工程咨询单位战略合作入库，与署内其他工程战略合作单位相同管理，在兼顾全署项目的同时，亦可依据专业咨询单位的专业技术水平更好地为项目服务。

8.14 高品质交付的质量管控专篇

深圳技术大学项目，是民生工程、重点工程，社会关注度高、社会影响大。工程的建设质量，不仅关系到教学工作的顺利开展，也影响师生的学习和生活状况。全咨单位在设计、招标、施工质量等方面，提前策划、精细化管理，全面、系统、有序推进项目建设，确保深圳技术大学项目高品质交付。

8.14.1 质量管理策划

在确立基础质量目标的前提下，根据各建筑物的使用功能要求，制定质量分目标。深圳技术大学项目（一期）实施过程中，通过确立质量分目标，使得各标段的参建单位明确质量方面的要求及重点工作，对提高工程质量、改进作业效果有重要作用。

指导并督促各参建单位建立多道设防的质量管理组织机构。深圳技术大学项目实施过程中，全咨单位要求各参建单位安排专职质量管理人员成立专门的质量管理机构，达到人人管质量、人人保质量的目标。

（1）质量管理制度

结合工程结构特点，要求施工单位有针对性地制定和实施质量管理制度。通过一系列的质量管理制度，规范施工单位的质量行为，达到质量管理的目标。深圳技术大学项目实施过程中，推行以下质量管理制度：

1）质量管理目标分解制度。

2）施工图纸会审制度。

3）设计交底制度。

4）重大原材料、设备跟踪制度。

5）原材料、设备、构配件进场验收制度。

6）取样送检制度。

7）施工工艺交底制度。

8）质量控制点策划制度。

9）施工组织设计／施工方案审批制度。

10）施工机械设备状态检查制度。

11）测量及计量器具性能精度检查制度。

12）质量通病防治专项措施。

13）施工环境保障制度。

14）样板引路制度。

15）实测实量制度。

16）工序交接验收制度。

17）工程质量三检、多检及联检制度。

18）成品保护制度。

19）建立质量信息统计及反馈机制。

20）质量回访保修制度。

21）质量阶段性目标及整体目标奖罚制度。

（2）强化工程质量全过程管控

完善质量的监督检查制度，加强考核标准建设，加强抽查评估，强化履约评价结果的应用，促使施工单位切实履行工程质量主体责任，实现对项目现场的全过程质量动态管理。

（3）开展质量管理执行效果评比

深圳技术大学项目全咨单位定期对各施工标段的现场质量管理情况进行考核评比，表彰表现较好的参建单位，处罚表现较差的参建单位，并要求其实施现场整改，然后再进行核查，并将现场质量管理情况与项目履约评价挂钩。

（4）推行数字化建造

加大数字化设计和智能化施工应用力度，加大 BIM 技术在项目规划、勘察、设计、施工、运维全生命周期的应用。

8.14.2 设计质量管理

工程的设计质量直接影响工程项目设备材料采购、施工，也影响工程项目投产后的连续、稳定和安全生产。因此，设计质量是工程项目质量管理中最根本的因素。

（1）确认材料样板

深圳技术大学项目（一期）实施过程中，全咨单位充分利用建设单位的资源优势，在设计阶段就组织建设单位材料设备品牌库和预选招标供应商前置配合，与使用单位、设计单位沟通协调，根据品牌库和预选招标供应商的产品情况进行设计样板的确认工作。尤其是电梯、防水、人防等影响设计参数、构造做法和使用效果的材料设备，多次组织会议进行专题讨论，并要求各供应商提前进行图纸审核确认工作，充分保障设计图纸与供应商产品的一致性。

对于设计单位采用的品牌库及预选招标协议外的重要材料设备，深圳技术大学项目全咨单位积极发挥主观能动性，利用业内的资源优势，根据建设单位的要求，广泛调研相关材料供应商，并组织优秀供应商配合设计样板的确认工作，确保后续建设能充分体现设计意图，并为后续招标采购工作及施工落地提供保障。

（2）制定统一标准

深圳技术大学项目（一期）的设计全过程中，全咨单位结合设计进度计划，对图纸设计参数、阶段图纸深度、技术软件使用数据标准、专业图纸目录等制定统一标准，并分阶段组织相关设计单位及配套深化单位进行交底，以便于设计成果的规范管理，保证设计的统一。

（3）可建造性分析

深圳技术大学项目（一期）实施过程中，全咨单位积极借鉴既有同类项目的实践经验及科研成果，对设计成果开展可建造性分析，针对结构形式、节点构造、专项施工技术等专题分析，结合 BIM 模型进行模拟，从施工工艺、材料、工期、造价等方面进行可行性论证，对可能出现的问题进行风险评估并提供专业咨询意见，以便设计方对设计成果进行优化，促进设计成果质量提升。

（4）实时信息平台机制

深圳技术大学项目（一期）实施过程中，全咨单位结合既有的项目信息共享管理经验，建立项目信息平台，为项目各管理层级、设计单位、相关咨询单位提供一个无缝、高效的信息交流和协同工作的环境，该信息平台建设包含以下功能：

1）施工图设计、设计变更等设计文件及成果的互通共享。

2）设计审批、设计变更等流转程序的进度查询。

3）结合 BIM 先进理念和技术，将项目三维审批工作整合至信息平台中。

4）使用单位功能需求变化的采集统计。

5）国家及地方专业设计规划资源的更新共享。

（5）设计文件管理系统

深圳技术大学项目（一期）实施过程中，建设单位、全过程工程咨询单位、各设计单位将以书面形式来往大量纪要函件，如设计成果审查单、设计联系单、设计审核流转单、设计例会会议纪要等。全咨单位积极建立规范的文件管理系统，有助于：

1）有效控制设计进度。

2）有效把控设计质量。

3）确保设计文件符合使用单位所需功能要求。

4）有效进行限额设计。

8.14.3 招标质量管理

（1）质量控制目标分解

深圳技术大学项目（一期）实施过程中，全咨单位将质量控制目标根据项目结构，分解至各个专项工程，纳入施工招标文件，并通过有效的商务约束保证工程质量目标得以实现。

（2）材料、设备采购

深圳技术大学项目（一期）实施过程中，全咨单位结合建设单位资源，积极建立合格供应商库，大型设备、大宗材料统一采购，并在设备招标文件中约定大型设备供应商应提供设备维修手册。

深圳技术大学项目（一期）的各建筑单体基本都涉及消防、暖通、弱电、强电、装修装饰等专业工程。项目实施过程中，全咨单位对各专业工程中，部分统一标准化的大宗材料及设备产品采用统一采购形式，有助于节约施工工期，便于统一管理，合理安排加工生产，同时方便后期维护和检修。

在采购之前，全咨单位组织建设单位、设计单位、造价咨询单位明确主要材料设备的品牌、档次、型号、规格、性能参数，结合主体进度及采购计划，组织询价。根据询价结果及时调整招标文件的技术要求、报价规定及进入招标控制价的价格，并在招标文件中对投标人须签约的供应商资质、生产能力及业绩进行约定，以期中标人选择有实力的供应商，同时便于后期统一维护、管理。

深圳技术大学项目（一期）实施过程中，全咨单位积极完善材料设备信息化平台，推行材料设备供应商分级管理制度，加大项目现场抽检力度，提高材料设备管控水平。

（3）专业工程采购

深圳技术大学项目（一期）实施过程中，全咨单位提前策划专业工程招标合同包的划分，重点考虑相关专业的关联度，并与专业承包人的资质相结合。在招标各标段选择总承包人时，考虑其资质等级、范围是否涵盖部分专业工程。如果总承包人具备相应的资质及能力，并有意愿参与专业工程的投标，可以减少一定的协调和管理工作量，也有利于工程质量管控。

8.14.4 施工质量管理

（1）工程质量

深圳市总体地形较为复杂，而深圳技术大学项目（一期）单体较多，且各单体造型各异，为保证结构各单体的整体性，对各单体测量平面网之间设置联结关系、相互衔接共同组成一个大的平面控制系统网。

工程测量可分为平面控制、高程控制、细部控制三个方面。按照"从整体到局部"的原则，确保测量精度可靠。测量控制网采用逐级布设、分层控制的措施，整体的控制网按照Ⅰ级设置，分层控制网按照Ⅱ级设置。深圳技术大学项目（一期）实施过程中，全咨单位尤其重视首级平面控制网中测量控制点的选址、测点，要求要保证可靠、稳定和精确，并督促施工单位配备经验丰富的专职测量人员和高精度的全站仪、水准仪，对测量控制要做到横向到边，纵向到底，以及对施工单位的工程测量成果及时复核。

另外，全咨单位督促施工单位按规范和设计的要求，及时布设沉降变形观测点，同时检查基准点、沉降变形观测点的布设是否符合规定要求。观测点应便于立水准尺、观测点能够长期保存和不容易受到破坏。对施工单位每次沉降变形观测的数据进行检查复核。

（2）人防工程

深圳技术大学项目的人防工程体量大、施工难度大，全咨单位应对人防工程施工质量严格把控。

1）门框墙。

对于人防防护密闭门、防爆波悬摆活门的门框、封堵框门框墙钢筋，施工时不能将门框墙混同一般墙体。根据构造要求，门框墙的厚度不应小于300mm，门洞四角内外两侧，应配置8根直径16mm的斜向钢筋，每根长度不应小于1m。

人防工程施工图中所标示的各种人防门框，均应随门框墙混凝土一起浇筑，不得后凿后浇。在预埋时，要认真核对图纸，确定每个门框的型号，应当注意防护密闭门门框和密闭门门框在外观上的区别，门框的四个角前者一般是斜角，后者一般是圆角；还应注意各种门框的闭锁孔均是小口向上，不能颠倒。门框上四周应焊接锚固钢筋，锚入门框墙的钢筋骨架中。在顶板的钢筋网片上要预埋吊钩，用于安装人防门扇时吊起门扇。

门框及其模板在浇筑混凝土时必须有牢固的支撑，以控制位移，保证垂直度。《人民防空工程质量验收与评价标准》RJF 01—2015规定，钢筋混凝土平板门门框墙的垂直度最大允许偏差是5mm。

在浇筑混凝土的过程中，要充分振捣。既要避免门框墙钢筋密集，振捣不到位而引起的混凝土蜂窝、麻面、露筋等质量缺陷，又要避免过分振捣导致的混凝土离析、门框位移。

2）人防门安装。

安装人防门时，要保证门扇上下铰页受力均匀，门扇与门框贴合严密，密封条压缩均匀，用灯光检查不漏光。门扇应能自由开启90°以上，人防门扇安装后密封条也要同时安装,并要求压缩均匀,严密不漏气。

3)穿墙管线的防护密闭工程。

密闭翼环应位于墙体厚度的中间,翼环与穿墙短管结合部位应双面满焊。抗力片上槽口宽度应与所穿越的管线外径相同,两块抗力片地槽口必须对插。

防护阀门应采用阀芯为不锈钢或铜材质的闸阀或截止阀,其公称压力不应小于1MPa,防护阀门距离管道所穿越的结构内侧不宜大于200mm。

(3)结构防水

深圳市雨量较充沛,地下室、屋面等部位的防水措施尤为重要。深圳技术大学项目防水工程实施前,全咨单位严格检查防水层的基面平整度、牢固和清洁干燥质量,对基面空鼓、起砂、松动、脱皮等现象,要求全数处理,并复验合格。

1)地下工程。

地下工程的防水一般强调混凝土的自防水结构,并考虑设附加防水层。以结构自防水为根本,加强钢筋混凝土结构的抗裂防渗能力。同时,以变形缝、施工缝等接缝防水为重点,阴阳角、施工缝等重要部位,考虑附加防水层加强防水。

结构自防水重点从混凝土性能、结构抗裂构造、施工分区、模板工程、施工缝处理、浇筑振捣、后期养护等环节保证结构防水性能。

铺贴防水卷材应保证搭接宽度,搭接处要保证封闭密实。涂膜厚度要均匀,并满足规定要求,不得有空鼓和脱层等现象。平面与立面防水接槎处是地下室防水的关键部位,要保证接头不被破坏。防水施工应分层按隐蔽工程检查验收。

2)屋面工程。

穿过屋面板的管道四周,需用C20细石混凝土浇筑密实。伸出屋面管道四周的找平层做成圆锥台,一般高度为30mm,管道与找平间应留下凹槽,并嵌填密实材料,防水层在管道收头处用金属条箍紧,高度不小于250m,并用密材料封严。屋面透气管上需加铸铁帽。

种植屋面荷载控制必须严格控制覆土层的厚度,确保符合设计要求,以满足楼板的不同荷重以及植物配置的要求。种植土造型宜采用轻质材料。种植屋面防水层应满足合理使用年限,并采用二道或二道以上防水层设防,最上道防水层必须采用耐根穿刺防水材料,楼板的防水层做法应符合设计要求,以防种植土及浇灌用的水肥中的酸碱成分直接腐蚀到防水面层,降低屋面防水性能。

种植屋面防水工程竣工后,平屋面应进行48h蓄水检验,坡屋面应进行持续3h淋水检验。

(4)混凝土结构工程

1)关键材料质量控制。

深圳技术大学项目(一期)实施过程中,全咨单位严格检查进场钢筋的出厂质量证明书、标识、外观等,并取样复试,检验合格后方可使用。对有抗震设防要求的框架结构,其纵向受力钢筋的强度应满足设计要求。

商品混凝土供应单位应具有相应的生产资质及材料试验室资质。商品混凝土进场时应核对供料单中的混凝土出厂时间、强度等级、方量、坍落度等数据,并对混凝土的坍落度现场抽查。

2)模板质量控制。

竖向模板及支架的支撑部分应坐落在坚实的基层上,并加设垫板,满足支撑面积要求。模板在安装过程中应跟踪检查:模板的垂直度、中心线、标高、各部件的截面尺寸及梁板底模起拱高度等,以保证结构部件的几何尺寸和相邻位置满足要求。模板及其支架应按施工技术方案拆除,不得提前拆除。

3)钢筋质量控制。

钢筋的级别、种类和直径应符合设计要求。当需要代换时,必须办理设计变更手续。钢筋加工的形状、尺寸必须符合设计要求,钢筋的表面应洁净,无损伤、油漆、污物等,不得带有颗粒状或片状老锈。受力钢筋的混凝土保护层厚度应符合设计和规范要求。

4)混凝土浇筑质量控制。

高大柱、深梁混凝土应采取分段、分层浇筑,振捣密实。为防止在施工过程中混凝土产生离析现象,应严格控制混凝土的自由落度不得大于2.0m,采用串筒、斜槽、溜筒等辅助工具,可以采用定型模板提高混凝土柱子外观质量。

结构工程涉及混凝土强度等级较多(C35~C60),不同强度等级混凝土浇筑时应在高、低强度等级混凝土界面处用钢丝网拦阻,保证不同强度等级混凝土不混为一体。严格保证高强度等级混凝土的质量,先浇筑高强度等级混凝土,再浇筑低强度等级混凝土。

对现浇混凝土结构按要求留置试件。浇筑完毕的混凝土,应及时覆盖或浇水养护。在已浇筑的混凝土强度未达到 $1.2N/mm^2$ 前,不得踩踏或安装模板及支架。混凝土结构不应有严重缺陷或影响结构性能和使用功能的尺寸偏差。

(5)钢结构工程

推行工业化建造,加大预制混凝土装配式、钢结构装配式等技术体系的应用,实行标准化设计,工厂化生产,装配式施工,提高施工质量。

1)关键材料质量控制。

深圳技术大学项目(一期)实施过程中,全咨单位严格检查钢材、焊接材料、紧固连接件、涂装材料等,要求有完整的出厂合格证、质保证书和材料试验报告。对于涉及结构安全、使用功能的原材料及成品严格按规范规定进行复验。

2)钢结构深化设计。

深圳技术大学项目（一期）实施过程中，全咨单位要求钢结构承包单位根据设计要求、结合自身加工工艺和现场安装措施对施工图纸进行深化（详图）设计，完善加工和安装的细部构造。

3）钢结构制作质量控制。

直径和壁厚较大的钢管柱，采用钢板卷制、纵缝焊接而成。钢板在压制过程中会产生延展而导致筒体的直径偏大，所以加工前必须督促制作厂采取措施进行预防。

卷管圆度、纵缝对接错边和纵向焊缝表面成形效果等是影响构件质量的主要方面，在制作工艺上应严格控制卷管成型、焊接变形和对口错边。钢管截面对接不圆易出现对口错边，在接口两侧上下各300mm以内的纵缝焊缝待接口拼装到位再进行焊接，为接口拼装留有一定的调节余量。

筒体加工过程中和加工成型及纵缝焊接后，需采用专用样板检查筒体的成型质量，每节筒体应用样板检查不少于三个部位。对于圆度超差的筒体，要求采用卷板机和火焰加热法进行矫正。

4）钢结构安装质量控制。

深圳技术大学项目（一期）实施过程中，全咨单位严格控制钢柱的定位偏差、垂直度偏差和柱顶标高偏差。钢柱制作偏差、钢柱对接焊接收缩，以及基础沉降等因素均会导致柱顶标高产生偏差。

构件接头的现场焊接，首先应确定构件接头的焊接顺序，绘制构件焊接顺序图，列出顺序编号，注明焊接工艺参数。焊工应严格按照分配的焊接顺序施焊，不得自行变更。构件接头的焊接顺序，平面上应从中部对称地向四周扩展，竖向可按有利于工序协调、方便施工、保证焊接质量的顺序。

5）钢结构涂装质量控制。

项目实施过程中，全咨单位加强防火、防锈涂层材料与厚度的检查（包括涂料与基层的粘结力，涂料间相容性等），防火涂层连接牢固度的检查，涂装环境（包括温度、湿度）、喷砂质量检查，以控制涂装施工质量。

（6）幕墙工程

1）材料检测及体系验证。

幕墙板块原材料的质量直接影响整体幕墙工程的质量。深圳技术大学项目（一期）实施过程中，全咨单位除对原材料按规定进行取样复试外，还对硅酮结构胶进行相容性测试、剥离试验。同时，为验证幕墙结构体系的合理性，提前实施幕墙性能测试。

2）板块加工制作。

铝型材截料之前应进行校直调整，横梁、立柱的长度、端头斜度、孔位、孔距等的允许偏差必须符合规范要求，截料端头不应有加工变形，并应去除毛刺。型材构件的槽口、豁口、榫头尺寸允许偏差符合规范要求，弯加工后的构件表面应光滑，不得有皱褶、凹凸、裂纹。玻璃尺寸允许偏差符合规范要求。

深圳技术大学项目（一期）实施过程中，全咨单位要求板块出厂前必须对尺寸、对角线长度差、胶缝宽度厚度、平面度及养护期等项目实施检查，验收合格后出厂。

板块打胶前一小时必须对打胶表面实施清洁，注胶必须饱满，不得出现气泡，胶缝表面应平整光滑。采用硅酮结构密封胶粘结板块时，不应使结构胶长期处于单独受力状态，硅酮结构密封胶组件在固化并达到足够承载力前不应搬动。

3）幕墙安装控制。

深圳技术大学项目（一期）实施过程中，全咨单位全数检查预埋件的牢固和位置的偏差值。当没有条件采用预埋件连接时，应采用其他可靠的连接措施，并通过试验确定其承载力。当采用后加锚栓、化学螺栓连接时，全咨单位提出以下要求：产品应有出厂合格证、碳素钢锚栓应经过防腐处理、应进行承载力现场试验，必要时应进行极限拉拔试验。不宜在化学锚栓接触的连接件上进行焊接操作，锚栓承载力设计值不应大于其极限承载力的50%。

与主体结构相连接的连接件应具有足够的承载能力、刚度、稳定性和相对于主体结构的位移能力，安装时应有三维调整余地，采用螺栓连接的应有可靠的防松、防滑和防脱措施，螺栓直径与数量应符合要求。连接件与立柱采用不同金属材料时，应采用绝缘垫片分隔或采取其他有效措施防止双金属腐蚀。

幕墙与各层楼板隔墙外延间的缝隙，当采用岩棉或矿棉封堵时，控制其厚度及填充密实度，防火材料不得直接与玻璃面接触。

幕墙的自身防雷系统应可靠连接在主体结构的防雷体系上，基本满足三层一环，10~12m间隔设一引下线的基本要求，测得的接地电阻值应小于1Ω。

（7）装饰装修工程

1）施工单位质量管理体系。

深圳技术大学项目（一期）实施过程中，全咨单位要求施工单位应具备相应的资质，并建立质量管理体系，审查批准施工单位的施工组织设计。要求施工单位按有关的施工工艺标准或经审定的施工技术方案施工，并对全过程实行质量控制。

2）深化设计协调。

机电安装与室内装饰配合的界面多，深圳技术大学项目实施过程中，全咨单位要求各相关专业安装单位共同参与装饰工程深化设计的讨论。

3）材料质量控制。

深圳技术大学项目（一期）实施过程中，全咨单位在装饰材料进场使用前，材料样板组织各方共同确认后封样，作为材料进场验收的依据。

建筑装饰装修工程所用材料的品种、规格和质量应符合设计要求和国家现行标准的规定，并按要求取样复试。使用材料的燃烧性能应符合现行国家标准的规定，按规定进行消防检测。使用的材料应符合国家有关建筑装饰装修材料有害物质限量标准的规定。进口产品应按规定进行商品检验。建筑装饰装修工程所使用的材料应按设计要求进行防火、防腐、防蛀处理。

对使用量大的材料需对生产厂家的生产能力进行检查审查。如大面积采用天然石材，应跟踪到产地及厂家进行质量预控，严格进行产品的选择和出厂检验，避免不合格材料到现场被退货而影响进度和造成经济损失。

4）样板先行制度。

深圳技术大学项目（一期）实施过程中，大面积同类型的室内装饰施工，或采用新工艺、新材料的室内装饰施工，在正式施工开始前，全咨单位要求先进行样板间（段、件）的施工，并要求其他单位配合样板间（段）的相关工作。

5）施工过程的控制。

建筑装饰装修工程应在基体或基层的质量验收合格后施工。管道、设备等安装及调试应在建筑装饰装修工程施工前完成，当必须同步进行时，应在饰面层施工前完成。装饰装修工程不得影响管道、设备等的使用和维修。

建筑装饰装修工程施工中应做好半成品、成品的保护，防止污染和损坏，严格执行隐蔽工程报验制度。

6）与其他各安装专业施工的协调。

深圳技术大学项目（一期）实施过程中，全咨单位提前发现装饰专业与安装专业图纸的矛盾，重点关注与教学专用设备等专业施工单位的沟通与协调。

对于轻质隔墙龙骨、吊顶龙骨等的隐蔽验收，要求安装专业施工单位参与，杜绝不必要的日后返工。

7）观感质量验收及功能性试验。

深圳技术大学项目（一期）实施过程中，全咨单位采用专用器具对平整度、垂直度、光泽度等进行目标量化验收。对卫生间地面需进行地面蓄水试验，并严格验收。工程验收时，必须进行室内环境污染物浓度检测，检测合格方可验收通过。

8）建筑节能。

深圳技术大学项目（一期）实施过程中，全咨单位审查节能系统所使用的材料、设备的质量证明文件是否齐全、有效，包括出厂合格证、中文说明书及相关性能检测报告，并按照有关规范规定，对重要材料、设备进行现场取样复试，经复试合格后，才同意使用。

督促并监督节能系统性能检测工作。通风与空调、配电与照明工程完成后，应进行系统节能性能检测，检测项目包括室内温度、供热系统水力平衡度和补水率、热输送效率、各风口风量与总风量、冷热水及冷却水总流量、平均照度与照明功率密度等指标。检测应由具有相应资质的检测机构进行，并出具检测报告。

（8）建筑电气工程

1）关键材料、关键设备的质量控制。

深圳技术大学项目（一期）实施过程中，全咨单位重点关注大型设备及关键材料的出厂测试：核查变压器及高低压柜出厂试验，检测项目符合规范要求。核查柴油发电机组的出厂试运行记录，必要时见证出厂试运行。母线槽和电缆须做耐压和绝缘测试，阻燃参数符合设计要求。

按照政府主管部门3C认证目录，核查进场产品的相应认证及其时效性。

对进场的电线电缆、桥架、电线管等材料使用游标卡尺、涂层测厚仪等检测设备进行验收。按规范要求，对电线电缆进行取样复试。

2）管线综合排布。

深圳技术大学项目（一期）实施过程中，全咨单位利用BIM技术，提前管线综合排布，减少施工过程中的错、碰、漏、缺等现象，提升施工质量。

3）母线槽及电缆敷设。

全咨单位核查垂直电缆敷设固定方式、绑扎间距及标识。加强穿越防火分区部位防火封堵的检查。对耐压和绝缘电阻测试进行见证，并确认结果符合规范要求。对电缆端子与设备或器具的连接力矩进行核验。

4）防雷及接地系统。

全咨单位对接地装置、引下线和接闪器细部材料规格、连接方式进行检查，强化隐蔽验收。核查各级浪涌保护器参数满足设计要求，见证防雷及接地系统测试，并确认符合规范要求，配合防雷办进行第三方测试。

5）调试。

全咨单位督促施工单位编制专项系统调试方案和供配电系统送电方案，组织相关专业进行会审。监督并见证检查电气设备的绝缘测试、监督电气开关等保护装置调整整定试验、见证差压保护装置调试、见证照明通电试验、督促电力管理系统能源管理系统的实施及调试运行。

（9）建筑电气工程

1）关键材料、关键设备的质量控制。

项目实施过程中，全咨单位严格控制管道型号、规格、材质应符合设计要求及国家验收标准，产品外观质量应符合要求。生活给水系统所采用的材料必须达到饮用水卫生标准。

阀门安装前，应经强度和严密性测试合格。闭式喷头应进行密封性能试验，以无渗漏、无损伤为合格。报警阀应逐个进行渗漏试验，试验压力应为额定工作压力的2倍，试验时间为5min，阀瓣处应无渗漏。

2）生活给水系统。

管道穿过构筑物时，应采取防水措施。对有严格防水要求的建筑物，必须采用柔性防水套管。给水管道敷设不得穿过变（配）电间。阀门安装，应检查控制其安装位置和方向、固定及间距等，以符合操作和检修的便利性要求。

水箱的溢水管不得与排水系统的管道直接连接，必须采用间接排水。溢水管上不得装设阀门。水箱泄水管应安设阀门，阀后可与溢水管相连接，但不得与排水系统管道直接连接。

3）排水系统。

排水管道的规格、尺寸、安装位置、坡度控制等，应符合设计要求。坡度不得小于规范规定的最小排水坡度，不得有倒坡现象发生。埋地及暗装管道应做好灌水、通球等试验，并做好隐蔽验收。管道支座及伸缩节的安装应符合设计及规范要求。

4）雨水排放系统。

雨水管道不得与生活污水管道相连接。雨水引管连接固定在屋面承重结构上，雨水斗边缘与屋面相连处严密不漏。采用重力流屋面雨水排水，特别要控制雨水斗的安装位置，严防产生虹吸倒流现象。

为防止渗漏，管材的切口必须保证管口垂直度。管材及管件的壁厚应均匀，管箍及密封圈的尺寸要符合要求。安装完成后须进行灌水试验，灌水高度为屋面天沟内雨水喇叭口。

5）热水供应系统。

气水逆向流动坡度不小于5‰，疏水器安装位置满足设计要求。热水干管变径遵循顶平偏心连接，蒸汽管道底平偏心连接。蒸汽管道滑动支架安装、穿墙、穿楼层放置套管满足保温要求，加强管道焊缝质量控制、等级检测，及伸缩节安装质量检查。

管网完成后做严密性、强度试验，管网冲洗达标，保温水箱24h严密性检查。水泵安装防低频噪声，隔震、减震、吸声措施检查。

6）消火栓系统安装。

项目实施过程中，全咨单位严格控制主管、支管、接口的制作质量。消防水管进入消防箱应"横平竖直"，不得斜进箱内。进箱短管长度大于500mm，或双管进箱应有固定支架。管道系统的强度和严密性试压应符合设计和规范要求。加强对箱式消火栓的安装位置、标高和栓口朝向等的检查。

7）自动喷淋系统。

各种喷淋头的安装应在管道系统完成试压、冲洗后进行，并且安装位置要有利于感温集热，安装方向必须符合该种喷淋头的性能，安装间距应符合相对应的最大保护面积的限制。喷淋头的温度等级必须与设计一致。

强度试验和严密性试验要用水进行。当系统设计工作压力等于1.0MPa时，水压强度试验压力为设计工作压力1.5倍，并不低于1.4MPa。当设计工作大于1.0MPa时，水压强度试验压力为该工作压力加 0.4MPa；水压严密性试验应在强度试验合格后进行，试验压力为设计工作压力，稳压 24h，应无渗漏。

8）气体灭火系统安装。

管道及配件安装连接处密封填料应均匀附着于丝扣表面，管件上紧时注意填料不得挤入管内，以免堵塞喷嘴。系统安装完成后，应对系统进行强度试验和严密性试验。

储存装置上的压力计、液位等仪表安装的位置应便于人员检查和操作。选择阀手柄应安装在操作侧，同时应保证操作高度。钢瓶储存间为专用储存间，钢瓶储存间耐火等级不低于二级。钢瓶储存间靠近防护区，出口直接通向室外或疏散走道。

9）消防系统调试。

室内消火栓系统安装完成后，取屋顶层试验消火栓和首层取二处消火栓做试射试验，试验结果应满足设计要求。

消防喷淋系统调试主要控制水源测试、消防水泵调试、稳压泵调试、报警阀调试、排水装置调试及系统联动试验等调试过程和调试质量的检查。

气体灭火系统调试主要对模拟启动试验、模拟喷气试验以及模拟切换试验等调试过程和调试质量的检查。

（10）通风与空调工程

1）关键材料、关键设备的质量控制。

深圳技术大学项目实施过程中，全咨单位重点检查镀锌钢板风管的镀锌层不应有严重损坏，如表层大面积白花、锌层粉化等。风管所用的螺栓、螺母、垫圈和铆钉均应采用与管材性能相匹配、不会产生电化学腐蚀的材料，或采取镀锌或其他防腐措施，并不得采用抽芯铆钉。

风管系统中柔性短管、法兰垫料等材料，应采用防腐、防潮、不透气、不易霉变、内壁光滑的柔性材料。制作风阀的轴和零件表面应镀铬、镀锌或喷塑处理，轴套应为铜制。轴端伸出阀体处要做好密封处理。静压箱本体、箱内固定高效过滤器的框架及固定件应做镀锌、镀镍等防腐处理。

2）空调水系统。

重点控制阀门、除污器等关键部件的安装位置、方向，启闭方便，开关灵活，电动阀门在安装前还应进行单体的调试，进行动作试验。检查过滤器安装位置、方向，其滤网的材质、规格及包扎方法等。检查排气阀的安装位置、管道补偿器的安装位置、预拉伸（或压缩）补偿量以及固定支架、导向支架的结构形式和安装位置等。重点控制水泵及附属设备的安装水平度、固定措施、隔振措施及联轴器的同心度等项目。

检查水泵、冷却塔、换热设备等水系统设备的单机试运转情况，以及水系统联合运转时设备、关键部件等的情况。系统的水流量平衡情况，流进各设备的水量偏差应满足设计要求。

3）空调风系统。

风机盘管机组安装前检查三速运转是否正常，安装中检查机组水平度、冷凝水管排放坡度、电磁二通阀的安装位置和方向、接线情况是否正确。

风管系统的漏风量检测，采取专用的漏风量测试装置进行现场抽查测试。

系统调试过程主要控制风机、风机盘管、空调机组等单机试运转情况，系统总风量、各风口风量、环境噪声、监控系统联合工作情况，通风机和空调机组单机试运转时转速、工作电流正常。系统的总风量、风压以及各风口的风量平衡及允许偏差应符合设计要求和规范规定。

应检测设备运转噪声，有静压差要求的房间，实测静压差应符合规定。

4）防排烟系统。

重点控制排烟风管的严密性检验，在漏光检测合格的基础上，再抽取20%的系统进行漏风量检测。

系统调试时，关注排烟风机的功率、噪声、轴承温升情况，以及系统各部件联动运转情况，总风量偏差与室内正压值等。

5）空调冷、热源设备。

设备安装前应进行基础复核，基础混凝土强度、位置、尺寸、标高、预埋件等应符合设计要求。设备就位后，检查找正和调平情况、隔振措施与固定方式等是否符合设备技术文件要求。

制冷机组试运转调试前，首先启动冷却水泵和冷冻水泵，试运转时间不应少于8h，试运转过程和结果应符合设备技术文件的规定。

（11）智能化建筑工程

1）关键材料、关键设备的质量控制。

深圳技术大学项目实施过程中，全咨单位严格核查进场产品的相应认证及其时效性。按照规范要求对线缆进行抽样复检。关键设备开箱检验，检查设备外观，设备型号、规格、数量、原产地符合合同及设计图纸要求。

2）深化设计方案。

为保证弱电系统设计满足功能及技术要求，在设计时注意在系统技术和设备上选用"主流技术"，以保证系统在总体拓扑上的扩展可能，在硬件和软件两方面留有升级的余地。

3）做好现场交叉施工协调工作。

全咨单位督促做好管线预留预埋与土建工程的配合工作，督促适时办理交接手续。专业队伍进场时，应及时安排足够人员，对预留管（孔）全面检查，督促做好与土建单位办理交接手续。加强终端设备安装与装饰单位的协调，以不影响总体装饰效果并保证安装感观质量符合要求。

4）弱电系统检测调试。

重点督促各类电气参数的检测和测试，特别是各系统与机电设备接口调试的功能检查和验收、中央监控画面的确认，以保证系统顺利开通。

（12）应用BIM技术进行质量管理

建筑各专业的碰撞影响问题几乎无法避免，尤其管线安装专业。如发生碰撞则会带来拆除、返工、浪费等问题，影响工程质量和投资。

深圳技术大学项目实施过程中，全咨单位采用BIM技术，在现场施工前使用3D模型进行碰撞检查，识别冲突、减少碰撞问题，避免施工阶段的错误损失和返工。通过模拟的方式优化管线走向，保证净空高度。

要求施工单位采用3D模型向施工作业人员交底，保证方案的落实。

（13）电梯工程

1）关键材料、关键设备的质量控制。

深圳技术大学项目实施过程中，全咨单位加强电气设备及器材的进场开箱检查工作，规格符合设计要求，附件、备件齐全。产品的技术文件齐全（装箱单、产品合格证明书、安装、调整、使用，维护说明书、电路图、安装图等）。电气设备及附件进行外观检查，不得有明显的残损。

2）关键工序质量控制。

项目实施过程中，全咨单位严格控制导轨支架固定锚栓（膨胀螺栓）应固定在井道的混凝土构件上使用，其连接强度与承受振动的能力必须达到要求。

3）垂直电梯质量控制重点。

曳引机的承重梁在混凝土埋设前，对承重梁安装的水平度、相互间偏差、埋设深度和坐标位置进行检验。

曳引机安装必须牢固，水平度控制在允许范围之内。制动器动作灵活、可靠，制动时闸瓦与转轮应有效贴合，松闸时同步离开间隙平均值不大于0.7mm。限速器应运转平稳，动作速度与电梯额定速度相符，且有可靠封记，动作速度应符合要求。

轿底平面水平度不大于3/1000，轿内操纵按钮动作正确、灵活，信号清晰。

层站地坎应有足够强度，水平度不大于2/1000，地坎高出装修地2~5mm。层门地坎至轿厢地坎之间的水平最大距离严禁超过35mm。层门锁钩必须动作灵活，在证实锁紧的电气安全装置动作前，锁紧原件的最小啮合长度7mm。层门应有可靠的强迫关门装置。

轿厢或对重装置的撞板中心与缓冲器中心的偏差不大于20mm。轿厢缓冲顶部与轿底撞块在碰撞前对应距离差不大于2mm。液压缓冲器柱塞铅垂度偏差不大于0.5%，充液量正确，且设有复位电气安全保护开关。底坑对重侧应设置不低于1.7m的防护栏，限速器张紧装置应设置安全开关，并保证动作灵活可靠。

动力与其他线路应分开敷设，进机房起零线与接地线应始终分开。所有电气设备及导管、线槽的外露可导电部分均必须可靠接地（PE）。配线应符合产品要求，护套电缆和橡套软电缆可明敷于井道或机房内使用，但不得明敷于地面。控制系统中应设置有效的相序、断相及过载保护装置，所有线路必须达到绝缘要求。

井道内应设置永久性照明，控制开关分别设置在机房和坑底。井道内电缆支架在任何情况下，保证与任何设施无卡阻现象。完全压缩缓冲器时，电缆不得与底坑地面或轿厢边框接触。上下限位完好有效，且不应与上下极限开关同时动作。极限开关动作后，对重或轿厢均不应与缓冲器相接触。补偿链应设置二次保护，运行时补偿链不应与其他物体碰撞。随行电缆严禁有打结和波浪扭曲现象。

按规范规程要求对下列各项全额试验：曳引检验、限速器、安全钳联动试验，缓冲试验，层门、轿门连锁试验，上下极限限位试验，控制开关试验，运行试验，超载报警试验，安全钳试验，消防功能试验，电梯起动、制动加减速试验等。

（14）室外总体和绿化工程

1）管道敷设质量控制。

深圳技术大学项目实施过程中，全咨单位要求布管沟槽开挖不得扰动槽底土壤，如发现超挖必须进行处理，严禁用土回填。槽底杂物必须清除，并保持不浸水。垫层及基础不得铺筑在淤泥或松填土上。管道应顺直，管节必须垫稳，管内底坡度不得有倒落水，污水管道与压力管道必须根据设计水头压力要求做泵水查验。回填时沟槽内无积水，严禁回填淤泥或腐殖土，覆土应分层夯实。

污水管道应做闭水试验，在管道和检查井完善后，管道回填土前，做闭水试验，管道每三个井段抽验一段。做闭水试验时，用砖块和砂浆封堵检查井进水管口，闭水试验的水位，应为试验段上游管道内顶以上 2m，如上游管内顶至检查口的高度小于 2m 时，闭水试验水位可至井口为止。闭水试验应在管道灌满水 24h 后进行，对渗水量的测定时间不少于 30min。应进行外观检查，不得有漏水现象，且在规范允许渗水量范围内，管道闭水试验合格。

2）道路工程质量控制。

基底上的坑穴应清除积水、淤泥和杂物等，并分层回填夯实，回填土料及土料的粒径应符合设计和规范要求。路基填挖工程接近完成时，应复查道路中线、路基边缘及纵横断面，对不符合设计要求部分，应予整修。

路面必须按设计要求设置伸缩缝，在与工程构筑物衔接处，道路交叉口处也必须设置伸缩缝。沥青路面铺贴时，气温低于 10℃ 时，停止摊铺；路面滞水时暂停施工，沥青面层全部完成，并冷却至 50℃ 后，方可开放交通。混凝土路面当有烈日暴晒或干旱风吹时，宜快速抹面。抹面前应清边整缝，清除粘浆，修补掉边、缺角，严禁在混凝土面板上洒水或撒干水泥，抹面宜分两次进行，先找平抹平，等表面无泌水时,再做第二次抹面。抹面后,沿着横板方向拉毛或采用机具压槽,压槽深度一般为 1~2mm。

3)景观工程质量控制。

叠石石质、石色必须统一,块石大小适中。堆叠必须安全牢固,石缝方向一致,造型美观,前后错叠,高低起伏,变化丰富,勾缝平整、光滑,缝宽在 10~25mm,叠石高度、宽度符合设计规定。

4)绿化种植质量控制。

项目实施过程中,全咨单位要求施工单位合理安排工期,尽量避免绿化植物的反季种植。落叶乔木和灌木的挖掘和栽植,应在春季解冻以后,发芽以前,或在秋季落叶后,冰冻以前进行。

由于工期等原因必须在反季种植时,把握反季节施工中的良好天气,一天中以傍晚栽种最好,应根据不同情况采取技术措施,苗木必须提前采取疏枝、环状断根或在适宜季节起苗,用容器假植等处理。苗木应进行强修剪,剪除部分侧枝,保留的侧枝也应疏剪或短截,并应保留原树冠的三分之一。同时,必须加大土球体积。可摘叶的应摘去部分叶片,但不得伤害幼芽。夏季可搭棚遮阳、树冠喷雾、树干保湿,保持空气湿润。冬季应防风防寒。

植物、花卉的栽植树穴大于泥球或树根 20~40cm,深度与泥球或根茎相齐。高大乔木及时用立桩支撑,种植后应充分压实,覆土平整。

8.14.5 结语

深圳技术大学项目是典型的大型项目群,每幢建筑单体的结构形式和使用功能各不相同,参建单位及施工人员众多且水平参差不齐,很容易由于某个环节管理不善而造成质量缺陷的发生,因此,加强质量管理是保证校园高品质交付的重中之重。

全咨单位通过招标策划及计划,确定本项目的标段划分、合同包划分、招标计划等,重要专业工程选择更优秀或更适合的承包商,以利于专业工程的质量控制及现场的施工管理,从源头上把控工程质量。在各个设计阶段制定设计管理相关制度和流程,严格控制设计的不合理变更,建立设计成果校审制度,提高工程项目设计质量。全咨单位在确保基础质量目标的前提下,根据各建筑物的使用功能制定质量分目标和全过程质量管理制度及流程,指导并督促各参建单位建立完整的质量管理体系,建立多道设防的质量管理组织机构,从人员管理、设备管理、原材料管理、内部管控机制建设等多个维度对工程质量进行管控。确保各建筑单体的功能性、适用性得到满足,保证高品质交付效果。

第三篇

其他案例实践

第 9 章 绍兴高铁北站 TOD 综合体项目案例分析

第 9 章 绍兴高铁北站 TOD 综合体项目案例分析

9.1 工程概况

9.1.1 项目基本信息

（1）项目名称：绍兴高铁北站 TOD 综合体项目。

（2）建设地址：位于绍兴北站周边区域，共分为 A、B、C、D 个地块。

（3）建设功能：建设换乘中心、旅游服务中心、会展中心及科创中心等用房，并配套场外道路、桥梁及管线等设施建设。

（4）建设规模：总用地面积 242795m^2，总建筑面积约 102 万 m^2。

（5）建设单位：绍兴市镜湖科技城开发服务有限公司。

（6）建设期限：计划 2025 年完成。

（7）建设投资：项目总投资约 98 亿元。

（8）项目定位：绍兴高铁北站 TOD 综合体项目将交通功能，与城市功能相融合，集商务办公、科创研发、交流展示发布、星级酒店、商业零售等多重功能于一体，打造功能完善、换乘高效、出行便捷、多元复合的现代化、智慧型城市交通综合体，是第四代 TOD 的全新枢纽，展现绍兴全新面貌的新视窗，新兴产业研发的新平台，如图 9-1 所示。

图 9-1 绍兴高铁北站 TOD 综合体项目效果图

9.1.2 项目特点

（1）工程技术复杂

该项目是目前绍兴市理念最超前、建筑体量最大的项目，也是目前浙江省内涉及高铁既有线路与站房、地铁、超高层、深基坑于一体的大型复杂工程之一。其复杂性主要体现在以下两点：

1）多专业、多功能、多主体的高度整合。将地铁、地下穿河环隧道、二层慢行系统、码头、枢纽场站、市政道路、物业开发等多种功能进行整合。

2）超大面积、密贴站房的深大基坑。基坑位于软土地区，面积超过 8 万 m^2，深度约 21m，北侧距既有大铁站房仅 8.5m，南侧紧邻河流。

（2）施工场地复杂

项目用地范围为绍兴高铁北站站前广场，范围内有绿化苗木、市政道路、人行桥、室外广场铺装、地下管线以及建筑物，包括客运集散中心、公交综合体、配套服务用房（商业）以及东西联通的地下室，既有建筑物总建筑面积约 78686m^2，其中地上建筑面积约 37933m^2，地下建筑面积约 40750m^2，对应地下区域还有大量桩基础。

（3）交通组织复杂

项目紧邻高铁站，且周边 80% 以上的道路和地块都在施工。项目施工期间，要保证大铁站房的正常使用及高铁的正常运行，各区块和单体施工过程中，大量的土方、原材料、构配件、大型设备和各类周转材料等均需要高效通畅地进出各施工场地，使得道路使用率极高，如果交通组织不利，很有可能造成场区内的堵塞，影响工程顺利开展并对施工安全带来隐患，将直接影响到乘客的出入、城市道路的交通运行。

9.1.3 重难点分析

（1）工作界面多

本项目为绍兴市理念最超前、建筑体量最大、首个采用全过程工程咨询模式的项目，也是目前浙江省内涉及高铁既有线路与站房、地铁、超高层、深基坑于一体的大型复杂工程之一，A、B、C、D 四个区块由二层慢行天桥、地下环隧连接，项目周边环境复杂，站前路网正在改造，给施工期间的交通组织带来非常大的困难。项目涉及区域广，集成功能多，区域配套要求高。因此，本项目参与单位众多，工作界面众多，包括区块与区块之间的界面、总包与市政配套之间的界面、总包与专业分包之间的界面、以及专业分包与专业分包之间的界面，管理难度大。

（2）采购数量大

本项目原计划按照审批制项目进行前期相关手续办理，A、B、C、D 四个区块整体立项，同期开发。于 2019 年 1 月 25 日取得工程可行性研究报告，土地手续办理至土地预审阶段。项目部进驻后，建设单位告知因土地性质问题，各区块土地需单独出让，单独立项，单独实施。由1个整体项目分裂为4个单独的项目，导致招标采购工作量激增，原本仅需采购一个施工总包即可，现在需要采购四个施工总包。另外，各区块需签订的咨询服务类合同多达50个，4个区块共需签订咨询服务类合同200个。根据绍兴市相关法律法规及建设单位管理文件规定，合同金额超过20万元的需进行公开招标，多数服务单位都需进行公开招标产生，招标采购工作量非常大。

（3）施工工期紧

1）高铁绍兴北站位于镜湖新区西北角，是绍兴地铁1号线、2号线、杭绍台高速杭绍台高铁站、329国道的交汇处，西邻杭州，是绍兴城市新门户和重要会客厅。2022年，第19届亚洲运动会将于杭州举办，高铁绍兴北站作为一个重要的综合交通枢纽，在亚运会到来之际，亟需进一步提升枢纽功能、完善周边配套设施建设，以提升绍兴城市形象。基于以上背景，建设方对本项目的进度提出了更高的要求。

2）本项目涉及两条地铁线路的站厅、站台建设，因此地下室施工工期需与地铁施工工期相协调。地铁预期开通时间及现有施工进度计划，也对本项目的施工进度提出了一定要求。

3）本项目建设内容中包括一条贯穿A、B、C1区块的环隧，是通向A区块地下室的唯一通道，施工进度需与A区块的进度相协调，这就要求A区块和B、C1区块的施工进度尽量同步，进一步限制了本项目的工期，提高了项目进度管控难度。

4）本项目临近高铁北站，须完成涉铁手续的办理方可进行基坑施工，项目部多次与中国铁路上海局对接，期间需完成包括设计方案审查、施工方案审查、监测方案审查、安全监管合同签订、施工安全协议签订等一系列工作，周期很长，对施工工期有较大影响。

（4）技术难度高

1）基坑开挖面积大且开挖深度较深：A区块项目基坑开挖面积约8万m^2，北侧基坑开挖深度约21m，南侧基坑开挖深度约15m，土方开挖量约150万m^3，基坑围护规模大，土方量多，土方消纳难度大。B区块位于绍兴市高铁北站南侧，分为东区、西区两个地块，中间有一条环隧隔开，基坑总面积12.06万m^2，其中基坑东区为地下三层，西区为地下二层；基坑开挖范围很大，大面积开挖深度较深开挖深度9.8～17.65m；开挖深度范围内的底部土层地质复杂，基坑开挖时易造成坑壁失稳、地面沉陷，坑底隆起、涌水、涌沙等现象。

2）桩基托换、槽壁加固作业空间有限，施工难度大。桩基托换、槽壁加固施工位于高铁站房大雨篷下，施工场地有限，且施工过程中需保证高铁站正常运行，交通流线顺畅，进出站乘客不受影响，施工难度非常大，这对施工管理工作也提出了较高的要求。

9.1.4 服务范围

服务范围包括本项目 A 区块、B 区块、D 区块、绸缎路和轨道交通 1 号线支线、5 号线地下站场的项目管理、监理、招标代理管理（不包括预算编制）、造价咨询（投资控制管理）、设计成本优化咨询等全过程工程咨询服务。

9.1.5 服务内容

（1）项目计划统筹及总体管理

1）对项目建设实施计划管理。编制包括项目管理规划、项目总控计划、月度工作计划、专题工作计划等，报委托人审核后执行，并针对计划的执行情况进行工作总结，实施风险防范管理和工作经验的及时总结制度。对项目建设期的投资控制、工程造价、建设工期、工程质量、资金使用、安全生产等负全面管理责任。

2）做好项目相关利益方协调。包括建设前期地方政府关系协调，建设过程中参建单位的工作协调以及关于质量、安全施工等专项协调工作。主持和参与各种会议（包括建设管理月度联席会议、专题工作会议及各项外部协调、论证会议），进行建设过程中的多方工作协调，做好与工程涉及的相关单位的协调工作，做好或协助委托人做好工程建设所需的各项报批核准及建设所需外部环境协调；注重信息管理并负责建设方档案管理工作；负责会议记录，编写（除有明确会议纪要编写的责任方的会议外）会议纪要，并负责其会签、发放工作。

3）对工程资料实施规范管理。包括负责各类相关文件资料的收发、归档；负责各类工程建设资料的日常收集、整理、归档工作；为委托人建立并整理完善项目建设档案；负责工程建设档案资料的归档和移交工作。

（2）报建报批管理

1）办理方案设计批准手续。

2）办理施工图审查、各专业报批（环保、交通、公安、消防、绿化、市政、防雷、人防、安防等）和建设用地规划许可证、建设工程规划许可证、建设工程施工许可证、开工报告和工程实施中及房屋交付涉及的有关手续。

3）办理质监、安监手续。

4）办理施工现场临时用水、用电手续，管理场地平整工作。

5）协调工程施工所需的与政府主管部门及周边环境的关系。

6）组织建筑单体竣工验收及建设项目综合验收，办理工程验收备案手续。

7）完成委托人委托的本工程其他管理工作。

8）对工程资料实施规范管理，包括：

a.负责各类相关文件资料的收发、归档。

b. 负责各类工程建设资料的日常收集、整理、归档工作。

c. 为委托人建立并整理完善项目建设档案。

d. 负责工程建设档案资料的归档和移交工作。

e. 办理土地、房产等产权、产籍手续,领取有关证书。

f. 上述建设手续代办如纳入设计或工程总承包合同时,则由全过程工程咨询单位提供相应建设手续办理的配合及协调管理工作。

(3) 设计管理

1) 就设计单位出具的方案设计及施工图设计、地质勘察、建筑智能化设计、高低配设计及幕墙、二次装修、室外景观绿化等专项设计提供协调与配合等管理工作。

2) 配合组织方案设计评审;督促设计单位完善优化初步设计;技术经济方案比选并进行投资控制;办理方案设计批准手续。

3) 受托提供设计条件及要求、设备订购情况的资料。

4) 受托对地质勘察及设计的工作进度和质量进行定期和不定期的检查,对勘察报告和设计文件进行初步验收,提供前期咨询服务和项目建设合理化建议。

5) 做好施工图内部会审工作,接收施工图及专项设计成果,主持设计交底。

6) 负责施工过程中的设计变更的管理工作。

7) 组织参加设备选型、设计优化等研讨,主动提出各项合理化建议。

8) 主持或参加质量问题处理专题会议。

9) 编写功能要求说明书、功能满足情况分析书、各阶段及各专项设计任务书等,做好各项设计任务界面划分、设计条件提供、设计要求明确等工作,掌控设计进度,做好设计文件研读和初审,对设计图纸"差""错""漏""碰"等问题进行汇总并协商设计进行修改等;负责设计报批审核及外部协调。

10) 协调电信、电视、燃气、供电等专业配合单位进行各项设计。

11) 组织编制相应的勘察设计任务书,协调与总体设计单位的配合工作。

(4) 合同管理

1) 组织招标采购工作、配合审计。

2) 组织审核初步设计概算。

3) 审查各种招标投标文件。

4) 负责组织各种合同文件的起草、洽商。

5) 与各中标单位商签施工承包和设备、材料、构配件采购等合同,负责合同台账的建立。

6) 对建设工期及建设投资进行控制。

7) 负责合同评审和合同履行过程的监督和履行结果的评价工作。

8) 跟踪设计变更及联系单的实施过程,做好费用控制工作,建立变更及联系单台账。

9）依据项目总控计划及合同，适时编制资金使用计划，并需及时调整，建立合同支付台账。

10）负责合同索赔的处理。

（5）招标代理管理服务

1）根据项目建设需要及委托人需求，组织招标代理单位编制项目招标方案。

2）如委托人另行委托设备材料采购招标时，按规定组织招标代理进行各类设备材料采购招标，并配合委托人对采购计划、采购范围、设备材料技术参数、设备材料招标文件等进行审核。

3）根据项目建设需要，确定招标范围、合同主要条款、评标办法等，组织招标代理单位编制各类施工、货物及咨询服务招标文件等。

4）组织招标代理完成施工招标，协调招标代理单位发布招标信息、审查投标人资质、组织勘察现场（如需要）、召开投标预备会（如需要）等。

5）协调招标代理单位组织投标、开标、询标、评标活动，督促招标代理单位对开评标资料进行整理归档，建立招标台账等。

6）协助委托人与各中标单位商签施工承包和设备、材料、构配件采购等合同，完成合同备案、建立合同台账等工作。

（6）造价咨询管理

1）根据项目建设需要及委托人需求，审核项目估算。

2）根据委托人需求，组织审核设计概算并提出审核意见，报政府相关部门审核，并做好与审核部门的沟通工作，配合其完成初步设计概算审核。

3）根据初步设计概算、项目进度总控计划、施工承包合同等编制资金需求计划，并根据委托人需求编制年度资金需求计划。

4）按照概算指标分解各专项设计限额，事先进行各专业工程造价控制。

5）根据建设进度及时提供投资控制信息，做好各阶段投资情况的分析，做好成本投资控制。

6）确定本项目合同范围、投标报价范围，并及时解决预算编制期间遇到的各种问题，如：明确图纸问题、确定现场场地标高、统一技术措施费的计取标准等，根据委托人需求，组织做好工程量清单及招标控制价编制工作。

7）根据委托人需求，制定造价控制的实施流程。

8）根据合同，审核工程进度款，编制支付台账及支付报审表，并及时报委托人审批。

9）做好设计变更、现场签证审核工作。

10）根据合同和有关法律法规，处理施工索赔，为委托人提供咨询意见。

11）及时组织对施工中由建设单位供应的材料、设备的采购及指定分包价格做好市场询价和价格确定建议。

12）根据委托人需求，做好工程竣工结算审核的组织工作。

13）做好项目竣工决（结）算审计所需资料的收集、整理，配合委托人组织的审计工作，负责审计过程中参建各单位的沟通协调。

14）提出工程实施用款计划，配合进行工程竣工结算和工程决算，处理工程索赔。组织竣工验收，协助业主方移交竣工档案资料。

15）项目建设期间，根据委托人需求，提供与造价相关的人工、材料、设备等造价信息和其他咨询服务。

（7）现场管理

1）参与审查确认承包商选择的分包单位。

2）参与审查承包商的施工准备、施工组织设计，并提出修改意见。

3）审查监理规划及监理工作情况。

4）参与检查工程所用的建筑材料、建筑构配件和设备的采购清单。

5）参与检查施工技术措施和安全防护措施。

6）审核总进度计划。

7）组织审核工程费用变更、工期顺延。

8）负责隐蔽工程质量验收。

9）抽查完成的工程量，参与分部工程验收，签署工程付款凭证。

10）检查施工单位及时形成的施工技术资料，督促整理归档。

11）参加工地例会，及时处理各单位提出的须建设方解决的问题。

12）参与工程竣工预验收，并组织工程竣工验收。

13）定期向委托人提供工程建设简报。

14）生产试运行及工程保修期管理，组织项目后评估。

（8）档案管理

1）根据绍兴档案归档管理办法、建设单位相关要求和公司体系文件要求，按照时间、内容、类型进行分类、编码、归集，高效检索、分享、传递、审批工程项目信息，保存能清楚证明与项目有关的电子、文档资料直至项目移交。

2）负责对勘察、设计、监理、施工单位工程档案的编制工作进行指导，督促各单位编制合格的竣工资料，负责本项目所有竣工资料的收集、整理、汇编，并负责通过档案资料的竣工验收以及移交。

3）借助网络信息技术，对工程建设过程中如质量、安全、文明施工等信息进行高效的分享、传递、监督、反馈、管理。

（9）验收移交

1）负责组织项目相关参建各方办理项目专业验收和总体竣工验收申报手续，并协助进行项目专项验收和综合竣工验收，及时解决工程竣工验收中发现的工程质量问题，并最终取得综合竣工验收证明。

2）协助建设单位进行产证办理。

3）负责项目移交工作的管理，包括实物、工程资料、维保手册、设施设备使用说明书的移交，并组织协调进行相关的移交培训，进行工程总结等。

9.2 管理模式

9.2.1 项目总体组织结构

为确保实现本项目的各项建设目标，结合建设单位内部管理规定及上海建科以往大型项目建设管理经验，拟针对本项目设置"管理决策层、管理执行层、建设实施层"的三层组织结构。其中，建设单位（即"管理决策层"）在本项目上的组织结构按照公司内部相关管理规定设置；"管理执行层"由上海建科的"工程咨询领导班子（3人）+职能部门（4个）"组成；"建设实施层"则由包括勘察单位、设计单位、施工总承包单位、材料设备供应商、专业分包单位等组成，如图9-2所示。

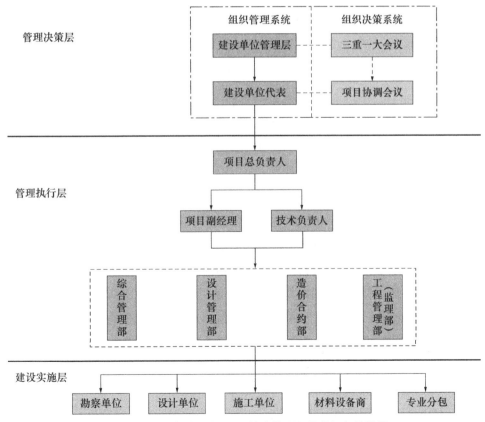

图 9-2 绍兴高铁北站 TOD 综合体项目总体组织结构图

9.2.2 全过程工程咨询单位组织结构

为保证本项目的顺利实施,作为本项目的全过程工程咨询单位,上海建科结合以往大型项目群建设管理经验,针对本项目整体设置"工程咨询领导班子＋四部一组"的全过程工程咨询组织机构,驻场人员由管理咨询人员和监理人员组成。主要工作思路如下:

(1)公司层面成立项目指挥部,确保项目的资源落实。
(2)组建合理的工程咨询领导班子,配备完善的职能管理部门。
(3)专业配套齐全,确保项目的科学管理。
(4)依托专家组,确保有效的技术支撑。

9.2.3 优化人员配置

科学、合理配备项目咨询、监理人员,由公司专门领导分管该项目的总体协调,尤其在人力资源方面确保该工程的顺利开展。在配备监理人员时,着重考虑该工程专业特点及技术需求,选派具有相应教育背景和类似工程施工、监理经验的监理工程师,并做到人员配备及专业技术能覆盖整个工程的监理需求。

9.2.4 做好前期调研

项目团队进驻前,对本项目的内外部建设条件进行了充分的前期调研,全面了解本项目建设实施可能面临的内外部环境、可利用的资源及潜在的风险。前期调研是为项目的总体策划提供输入条件的重要工作,调研越深入、越详细、越精确,越有利于精准策划,为后续的项目管理工作打牢根基,提升管理效率和效果。前期调研具体内容如下:

(1)调查本项目的外部建设条件。主要包括项目建设的自然环境(如气候、水文、地质、地形、地貌)、区域环境(如交通、市政配套)、经济及政策环境(如当地的相关法律法规情况)、市场环境(如建筑市场整体情况、材料设备价格波动情况)等方面。

(2)调查本项目的内部建设条件。主要包括建设单位现有的组织及人力资源情况、建设单位的资金准备情况、建设单位拟投入的物力资源(如大型项目必需的临时办公楼、后勤保障设施等)情况、建设单位前期工作(如前期报批报建)的完成情况等。

9.2.5 建立多层次进度计划

针对本项目,项目团队建立了不同层次的进度计划。

(1)对整个TOD项目进行进度规划,确定项目的工期目标和重要的里程碑节点。
(2)按照A、B、C、D各区块分别细化进度计划,形成各区块进度计划文件,确定关键性控制节点。

（3）考虑到本项目招标采购项数量众多、管理困难，针对各招标采购项，梳理招标工作流程和工作内容，结合当地相关政策法规，编制详细的招标采购进度计划。进度计划编制完成后，确定各项工作内容的责任部门、配合部门及实施单位，将计划文件下发给各相关部门、单位，严格督促各项工作按计划实施，严控采购进度。团队在进度计划编制完毕后，同时建立项目工作跟踪表，跟踪表与进度计划工作一一对应，进行每日更新，及时发现问题、解决问题。

9.2.6 创新采购模式

根据绍兴市相关政策法规及建设单位的管理要求，对本项目所需签订的咨询服务类合同进行筛选，针对限额以下的合同，不再按照对每一个服务项都进行一次单独招标的常规模式，而是以签订年度服务合同的模式进行整合招标，以减轻招标采购工作量。

9.2.7 重视招标前期策划

项目团队非常重视招标前期策划，详细的招标前期策划可以为后续的招标采购工作提供良好依据。招标策划方案中重点包括以下几部分内容：

（1）现状调研。明确行政审批手续办理情况，以及场地、管线、临时配套设施等的现状，为后续工作的开展奠定基础。

（2）对施工企业和咨询服务企业的资质梳理。结合项目本身的特点和业主需求，提出设定投标单位资质、业绩的合理建议。

（3）评标方法比选。针对工程类、服务类、货物类的各招标采购项，确定最适宜的评标方法。

（4）工作界面划分。根据项目特点、结合设计图纸深度及建设单位管理需求，合理划分区块与区块、总包与市政配套、总包与专业分包以及专业分包与专业分包之间的界面，明确各合同包的范围，确保工作内容详细、清晰。

（5）项目重难点分析。对影响项目招标采购工作实施的风险因素进行识别，评估其可能造成的问题，并提出针对性的工作建议，提醒招标投标单位对此重点关注。

9.2.8 充分调动后台技术力量

在为本项目提供全过程工程咨询服务的过程中，公司后台的技术力量也发挥了重要的作用，为项目团队的管理工作提供了更具专业性的技术支撑。例如，在本项目的施工图设计阶段，项目团队邀请了建科设计院对施工图进行审图，并给出了涵盖建筑、结构、给水排水、电气、暖通、景观、环隧、桥梁、基坑等各个专业的审核意见，一定程度上提升了设计管理工作质量。

9.2.9 建立有效的沟通机制

强化沟通协调机制,创建良好施工氛围,为顺利推进工程建设保驾护航,沟通和协调是保证顺利开展项目工作的有效手段。通过每周项目例会、监理例会、专题会议和平时的各部门交流,建立畅通的沟通协调机制,以便随时了解需要协调的信息,及时解决协调事宜。

9.3 管理内容

9.3.1 报批报建管理

(1)建立组织架构

按片区或标段制定本项目报批报建的组织架构,组建专业团队,确定报批报建工作的职责分工及沟通协调(会议、报告等)机制,从组织和制度上保证报批报建工作的顺利开展。

(2)梳理工作内容

梳理本项目各个片区或标段可能涉及的所有报批报建工作内容及办事要求,并将这些内容进行分类,总体上分为常规类和特殊类,其中常规类是指一般工程项目都会涉及的报批报建工作,如方案设计批复、工程规划许可、施工许可等;特殊类则是指由于本项目包含的特殊(或特色)建设内容而产生的报批报建工作。

(3)划分职责分工

根据现有的人员组织架构和工作分解结构,制定人员分工,将每一项任务落实到相应的部门和负责人。负责人负责具体工作的执行,区块负责人负责审阅报批请求和检查报批资料的完整性。

(4)明确工作流程

基于上述完整且已分类的报批报建工作内容,根据绍兴市最新的政策规定,将所有的报批报建工作按片区或标段绘制成逻辑关系准确的工作流程图,确保每个片区或标段都有内容完整且流程清晰的报批报建工作。

(5)制订进度计划

确定准备阶段要审批的文件,并对审批文件先后顺序进行排序,厘清文件之间的关系,确定要送审的部门。根据本项目总工期以及各个单项目或二级项目群的工期来确定项目行政审批的工期,进而编制项目行政审批计划。

本项目作为项目群,规模大、涉及项目多且项目间关系复杂,决定了行政审批文件多，涉及的政府部门也多，审批文件之间的衔接较为复杂。因此，在编制行政审批计划时将尽可能地利用各种资源，最有效、最节约地利用各方面的人才，协调项目时间、政府部门之间及审批文件之间的关系，以保证项目群行政审批的顺利进行。

根据各个片区或标段的进度计划及上述报批报建工作流程图，反推出各项报批报建工作的最迟开始及完成时间，并用专业的项目管理软件（MS Project 或 P6）将每个片区或标段的报批报建工作编制成专项进度计划。

（6）建立反馈机制

为了保证行政审批计划的顺利实施，在计划的实施过程中，对行政审批进度计划的实施进行动态的跟踪，不定期地、经常性地对计划的执行情况进行检查，以便及时发现偏差。分析每个片区或标段报批报建工作的关键线路（或关键工作）、可能存在的难点或风险，并建立相应的反馈及预警机制，为实现既定的报批报建进度计划保驾护航。

保证项目审批进度和质量行之有效的方法是全面质量管理方法，即 PDCA 循环。项目群行政审批进度和质量管理主要分为四个阶段：计划（P）阶段、实施（D）阶段、检查（C）阶段和处理（A）阶段。

计划既包含了单项审批文件质量要求，也包含了项目群整体审批文件的质量要求，同时还要对各次审批需要的人、资源以及相关部门之间关系的协调等进行计划，预测可能出现的不稳定因素并制定相应的解决方案；实施阶段则是以计划为指导进行项目行政审批；在这个过程中通过不断预判和检查等，发现可能存在的影响审批质量的不稳定因素，这就是检查阶段；当发现偏差或不稳定因素时，及时采用合理的方式加以解决，即为处理阶段；处理完潜在因素后要修改最初的进度和质量计划，然后循环重复上述步骤，以保证项目群行政审批的最终质量。项目团队利用已有项目管理经验，按照表格的形式编制前期行政许可及审批手续办理计划，并进行全程跟踪。

（7）涉铁手续

根据《中国铁路上海局集团有限公司地方涉铁工程建设管理办法》（上铁科信［2019］249）、《铁路安全管理条例》（中华人民共和国国务院令第 639 号）和《中国铁路上海局集团有限公司营业线施工安全管理实施细则》（上铁运［2019］129 号）等有关文件的规定，本项目为临近铁路营业线的地方涉铁工程，需与杭州地方铁路开发有限公司明确涉铁安全监管范围，以明确安全监管费用，完成安全监管合同签订，方可进行后续基坑的施工。对此，项目团队开展了大量工作。

目前，经过多次与中国铁路上海局的对接、协调，以及多次设计方案、施工方案、监测方案等的评审，本项目已完成涉铁手续的办理。同时，通过不断摸索、总结经验，项目团队绘制了涉铁手续办理流程图，并梳理了手续办理中各个具体环节所需准备的资料清单，最终形成了一份涉铁手续办理流程说明，用以指导今后其他涉铁项目的涉铁手续办理工作。

9.3.2 设计管理

（1）工作措施

设计管理工作主要从设计质量管理、进度管理、成本控制及变更管理等方面为切入点，通过制定相关措施及制度来达到管理目标。

（2）设计质量管理措施

为了提高工程项目设计阶段的质量，设计管理采取以下措施：

1）整个工程设计中，要始终贯彻相关规定和要求，做到事必留痕迹，问题有关闭。

2）认真分析项目特点，综合考虑成熟技术与新技术的应用，通过技术、路径、投资等几个方面的多方案比选，推荐具备社会效益、经济效益和技术合理，并且可行的方案。

3）各专业提资力求准确、完整，各专业负责人认真分析专业接口关系，做到利于相关专业的技术经济要求，使整个项目协调一致，提高项目整体质量，控制项目总投资。

4）为避免经常出现的质量通病，严格杜绝套图等不良设计行为的出现，坚持设计的实际针对性，完全根据实际情况进行细致的分析、设计。各单位须层层把关，保证高品质的设计质量。

5）作好过程控制，加强设计验证管理。为确保设计阶段输出满足设计输入的要求，使产品质量符合规定，应在各设计阶段设计输出形成文件后，对设计进行验证。

6）分专业评审和综合评审，专业评审应在专业方案确定前进行，之后，专业间正式提资；综合评审内容是对技术经济关键点、难点、分歧点和工程设计总体方案进行评审，协调遗留问题的各专业关系。根据评审结果，出版资料。设计评审应作好记录，以及跟踪检查工作。

（3）设计进度管理措施

设计阶段作为整个工程项目中的关键环节，其进度控制至关重要，为此制定以下管理措施：

1）推进落实驻地化服务，配备足够的经验丰富的专业设计人员、勘察仪器仪表设备、交通工具等保障设计进度的条件。

2）建立相应的项目组，负责工程项目设计进度的编制，严格按照工程设计阶段进度控制工作流程，并在设计实施过程中，跟踪检查这些计划的执行情况，定期将实际进度与计划进度进行比较，进而纠正或修订进度计划，使设计工作进度始终处于可控状态。

3）建立有效的沟通机制：根据项目要求，编制切实可行的设计总进度计划、阶段性设计进度计划和设计进度作业计划,在编制时,加强与建设单位、监理单位、施工单位及设备采购供应商的协作与配合,使设计进度计划积极可靠。保证本项目设计进度。

(4)设计成本控制措施

要求设计成本控制涵盖设计全过程:

1)方案设计阶段。

依据可研控制估算总投资。

2)初步设计阶段。

设计概算编制完成后,在报送发改部门审批前,项目团队对设计概算进行复核,必要时组织召开专家预评审会。在参考同类工程经济指标的同时,充分考虑项目特点,确保设计概算全面、合理、准确。

3)施工图设计阶段。

要求设计单位在批准的初步设计和总概算范围内进行施工图设计,实行限额设计。在施工图设计完成后,项目团队按照发改委的概算批复投资进行逐项对比。

4)设计变更。

对于确属原设计不能保证工程使用要求的,或确属设计遗漏和错误的,以及与现场情况不符合而无法施工的,或由于国家、地方相关法规调整等非改不可的设计变更,分析变更对项目造价的影响,进行设计变更的费用预估及初审,由上海建科审核;若属于重大变更应提交建设单位审批。

(5)设计管理会议制度

设计管理会议包括项目例会、技术协调会、专家论证评审会以及配套协调会等,配套协调会指与项目设计有关的政府主管部门或市政配套部门的沟通协调。

1)项目例会。

前期项目例会每周举行一次,会议主要内容为各单位回顾和总结上周有关质量、进度等具体实施情况,处理、讨论、协调和解决在本周工作中遇到的有关问题,同时根据计划对下周应完成的工作进行部署和安排。

2)技术协调会。

技术协调会视情况召开,主要解决具体技术问题、解决相关方矛盾,以保证质量、不延误工期为原则。

3)专家论证会、评审会。

对于专项工程,召开专家论证会及评审会。会议须对设计汇报形成文字性结论。

以上会议纪要,在会后 1 个工作日完成初稿,发送各相关方确认,初稿发出后 2~3 个工作日形成终稿并备案。

(6)设计评审制度

设计评审分为内审和外审两类。内审由项目团队设计管理部、专业组、分管领导组织的三种形式组成；外审由外请专家、第三方审查机构或团队两种形式组成。

1）内审：

① 设计管理部应对各阶段的设计图纸把关，设计管理部可单独进行设计评审，也可与专业组评审合并进行。

② 方案设计完成后，视需要组织对相关专业进行评审。初步设计完成后，由设计管理部相关专业组进行审核。概算完成后组织概算评审，项目专业工程师、施工图审查单位参加。施工图设计完成后，由设计管理部相关专业组进行审核，项目专业工程师、施工图审查单位参加。专项深化设计、重大技术处理方案、设计变更等，视需要报相关专业组进行评审。

③ 方案、初步设计成果请分管前期和项目的领导听取汇报，室内装饰、景观等专项深化设计向分管领导专题汇报，重大项目请相关领导参加。

2）外审：

① 项目建筑设计方案、设备系统选型、特殊专业重大技术处理方案等事项，视情况邀请外部专家进行审查论证。

② 由上海建科专家库专家对初步设计、施工图图纸进行审查。

③ 为加快项目进度，提高工作效率，外审可与内审合并进行，但外审不能替代业主角度的内审。

④ 方案、初步设计和施工图设计三个阶段以及涉及建筑外立面、室内装修、设备选型等的设计工作完成后，组织汇报会向业主领导、使用单位进行汇报，会审相关设计工作。会议研究通过后，设计方可进入下一阶段。

⑤ 各阶段设计评审会均邀请使用单位参加。设计评审会是否邀请外部专家，由各专业组决定。

⑥ 重大设计技术问题由设计单位提出审查申请，并经专家论证审查后确定。属于超规超限的，将按政府相关要求审查。

（7）设计变更管理制度

1）在工程招标完成后，所有涉及设计调整的事项，包括图纸会审、施工联系单、设计洽商单等形式确定的设计调整内容，均应以设计变更的形式来体现，并按工程变更的程序进行审批。

2）在工程招标完成后，不得以出新版图形式来规避工程变更审批程序；对于确实因前期设计不充分导致变更内容过多，必须出新版图纸的，仍需按工程变更申报程序和权限完成审批，同时将有关情况以书面形式报主管领导批准。

3）由于使用需求变化等原因，要求改变工程建设的建设标准、使用功能、增减工程等内容，导致发生设计变更或其他变更事项，由建设方确认后直接发起。

4）由施工单位提出的优化设计、施工工艺、施工顺序等需要设计配合变更的事项，由施工总包方发起联系单，项目团队设计管理部判断是否进行设计变更。

（8）工作成果

1）项目团队积极参与初步设计方案的比选工作，促进优化设计。在设计阶段设计单位未确定结构及设备选型，主动参与B、C1区块超高层结构及设备选型的确定，使其既符合预定的质量要求，又满足投资费用控制，确保设计通过。

2）按照项目的整体目标以及设计的前后顺序，编制设计进度表，与设计单位商定出图进度计划，核查设计力量是否能切实保证，并进行各专业之间的进度协调，严格按照进度推动。

3）针对项目A地块基坑临近高铁站房及杭深铁路设计方案，我司邀请上海同济工程咨询有限公司进行技术分析和安全评估，复核方案设计执行是否满足国家、铁路行业标准与规范及有关技术要求情况，并对方案设计及安全防护措施提出建议。

4）考虑到本项目的复杂性，项目团队邀请了包括同济大学副校长在内的多名国内专家，在设计阶段共组织完成了方案设计、深基坑开挖围护、深基坑施工监测、临时交通组织等多次专家评审。同时，调动公司后台技术力量，请建科设计院进行全专业施工图审图，提出了424条审图意见，设计工作得以顺利推进。

9.3.3 采购及合约管理

（1）招标采购工作思路

本项目作为一个以高铁及地铁为中心进行综合开发的大型建筑、市政结合的项目群，采购工作数量和繁杂程度都远高于其他一般工程项目，项目团队在详细分析本项目特点和建设内容的基础上，结合以往大型项目群（尤其是建筑与市政结合的项目群）的采购合约管理经验，对本项目的招标采购的主要工作思路如下：

1）与建设单位及使用单位一起共同梳理本项目所有可能涉及的采购对象。

2）与建设单位、设计单位、招标代理等一起合理划分本项目的采购包（即划分片区或标段）及合同界面。

3）与建设单位、使用单位、有关行政主管部门等共同确定不同采购包的采购方式。

4）拟定各个采购包的采购工作进度计划。

5）根据国家、浙江省及绍兴市有关招标采购的政策规定及建设单位、使用单位的内部制度和流程要求，设计各项采购工作的实施流程。

6）在完成前述工作后，将根据本项目的实际特点，制定针对招标采购工作的风险应对策略。

7）合理设定各类采购合同模式及工作范围，减少变更。

8）加强施工合同履约跟踪，及时处理设计变更及索赔。

（2）咨询服务类项目招标工作实施策略

1）建设单位已经在2020年5月完成前期部分咨询服务的招标并开展相应工作，如交通影响评估、可行性研究报告编制等，项目团队介入该项目后，还需要对其他必要的咨询工作进行招标及策划。因此，应在全面梳理前期已签合同的基础上，明确招标的项目及范围。

2）根据绍兴市相关政策法规及建设单位的管理要求，对合同进行筛选，针对限额以下的咨询服务类合同，以签订年度服务合同的模式进行整合招标。

（3）工程类项目招标工作实施策略

本项目采用施工总承包招标模式，其范围涵盖常规模式下的多个专业分包，如基坑围护、建筑、结构、电气、智能化、给水排水、暖通、空调、钢结构、景观绿化、配套道路、导向标识、精装修电梯、幕墙等专业，因此施工总承包的招标将重点关注各专业的业主需求定量化及功能需求的具体化方面。对各专业的技术要求进行详细描述，形成全面的招标文件。

1）以功能分区为单位进行技术要求描述，完成深化设计后发包。准确、全面定义TOD项目的业主需求（功能、规模、标准等）存在一定困难。施工总承包招标方式适用于功能、建造标准及技术质量要求比较确定，内容比较简单的项目，而TOD项目的施工内容较多，除建筑的土建、安装及装修等内容外，还涵盖地铁站台、地下环隧、内部道路、桥梁等的施工，施工难度高，业主需求难以在施工总承包招标时详尽说明，因此完成深化设计后发包可以适当规避此风险。

2）合理设置招标条件，选择具备综合管控能力的优质施工总承包人。本项目规模大，周边环境复杂、项目投资额大，选择一家综合能力强、具备类似项目经验的施工总承包单位至关重要。要求实施总承包单位具有较强的施工管控能力，能较好地组织和协调物资采购及现场施工等各方面的活动。如果协调不当，会造成项目工期延误。施工总包集成了土建、机电、配套设施迁改等不同专业工程，只有具备强大项目管理能力的承包人才能实现风险可控。

3）以可实施性为图纸设计出发点，减少设计变更，在考虑施工及采购全过程的基础上进行设计，可避免部分设计变更。

4）强调招标文件的编制质量，招标要求必须清楚，招标范围必须无重复及遗漏，招标标准必须前后统一，招标界面定义必须详细、准确和无遗漏。

5）强调投标控制价设置的合理性，必须加强对招标代理、造价咨询单位的管理，建立标准化的控制价编审流程，将图纸的内容、技术规范的要求与清单的内容一一对应。

（4）货物类项目招标工作实施策略

该项目的货物类招标，空调等已纳入总包采购范围内，电梯进行二次招标，在编制施工总承包招标文件时，将详细描述货物招标的要求及技术指标，使得总包在进行招标时能够有明确的依据。

（5）招标标段划分原则

为完成项目建设目标，工程标段的划分将基于以下几方面的原则：

1）各标段间的交叉界面明确，便于验收。

如果各标段间的交叉界面较多，由于施工工艺或施工顺序的要求，就会造成较多的施工干扰，出现相互等待的情况，容易造成施工范围的缺、漏或重复，出现变更或索赔。因此，标段划分应尽量避免较多的交叉界面，形成相对明确的施工内容，在竣工后能够以独立的系统或单位工程为单位进行调试、试运行及验收。

2）各标段间有先后作业顺序，减少同期施工交叉干扰。

如果各标段根据施工方案或施工工艺要求，有先后顺序，能够区分各自的工作内容及界面，界定各自的责任范围，则有利于减少同期干扰及进行工程招标。

（6）合同管理工作实施策略

以实现施工总承包合同工期、质量及概算投资控制目标为目标。实现工程总承包合同及其他专业承包合同管理目标的手段为：

1）注重施工总承包招标阶段合同条款的管理，以设计招标图纸质量及使用方需求为重点，严格审查招标文件质量、使用方需求的准确性以保证合同文件质量。

2）以合同风险预评估为基础及时防控设计变更。

3）强调现场证据收集及关键合同信函机制，防控承包单位合同索赔风险。

4）以合同权利及义务为基础，提高合同内支付及结算申请、审核及支付效率。

（7）工作措施

在项目全过程管理工作中，涉及的采购合约工作范围包括：基坑监测、桩基检测等服务类项目的招标采购管理；施工总承包、专业分包等工程类项目以及甲供材料、设备等货物类项目的招标采购管理。

采购及合同管理工作的目标是项目前期策划阶段依据项目自身特点、业主需求、编制的采购计划和设计任务书等资料，从投资控制、现场管理、进度要求等多个角度出发，通过确定合理的合同界面、合法的采购渠道，采用价格优选、性价比、品质优劣等比较，得到招标采购对象。项目实施过程阶段通过进行履约跟踪、进度款支付、合同风险及索赔防范，从而确保项目成本目标、质量目标、进度目标的实现。

（8）采购策划

1）以项目进度作为纲领启动、实施并实时更新招标计划，直至逐步完成工程招标工作。以项目需求为主导，首先进行采购策划分析，分别从采购范围、采购条件、采购计划、工作界面、合同条款等几个方面进行内部讨论，形成初步策划建议。以建设单位为核心召开采购工作启动会议，经各相关单位讨论，建设单位确认后明确采购相关的各类问题，进入招采采购具体实施环节。项目团队的主要工作有梳理招标采购内容、制订招标采购计划、明确招标采购方案（界面划分、采购方式）初稿、合同专用条款及技术要求拟定。

2）采购招标及合同梳理：根据以往工作经验，梳理项目可能会产生的合同类别及子目，详见表9-1。

项目合同类别及内容梳理　　　　　　　　　　表9-1

序号	合同类别	工程项目常规合同目录
1	勘察设计类合同	工程勘察合同、工程设计合同等
2	临时设施类合同	施工期临时供电、供水合同等
3	咨询评估类合同	造价咨询合同、环境评估咨询合同、节能评估咨询合同、社会稳定风险评估合同、水土保持第三方评价合同、交通影响评价合同防洪影响评价合同、通航影响评价合同等
4	监测、检测类合同	基坑监测合同、主体结构材料检测合同、桩基础检测合同等
5	总包及专业分包合同	施工总承包合同、电梯供应及安装合同、幕墙工程合同、二次精装修工程合同、泛光照明工程合同、区块内能源中心工程合同等
6	市政配套类合同	供电配套合同、自来水排管合同、煤气工程合同、三网合一合同等

3）制订招标采购计划：采购计划分为公开招标和非公开招标两类。公开招标中，施工总承包单位根据施工总进度计划的需求，招标采购工作完成的最佳时间节点为施工进度计划需求节点开始的前一个月。根据项目招标采购流程，所需时限一般为：招标方案编制及确认2~3周；招标文件编制及确认10个工作日，招标文件外部审核：2周；标底编制：3周；标底审核：2周。招标公告发出之日至开标至少20d，中标候选人公示3个工作日，公示结束后发放中标通知书并签订合同。从启动招标至招标完成，一般需要2.5个月。招标计划编制的关键是管理好穿插时间，保证图纸质量，对标底编制相关的问题能够迅速决策，保证不因招标进度拖延施工进度。

4）确定采购方式：施工总承包招标采用公开招标形式，通常综合评估法进行评标。招标文件采用《绍兴市建设工程施工招标文件示范文本》。

（9）采购实施

1）本项目的招标采购实施环节，项目团队更多关注招标方案、招标文件、工程量清单、附件合同等经济文件的质量，依靠有经验的管理团队分别从技术和经济两方面审核经济成果文件的不同模块，以保证工程招标质量，从源头上控制工程变更和索赔的发生。

2）审核招标文件和拟定设备材料的技术要求及参考品牌。

3）组织标底审核单位对招标代理单位编制的定价原则、工程量清单、标底、投标限价、经济技术指标进行审核。

4）协调招标代理单位和设计单位在清单编制过程中的冲突点，使其积极投入到图纸深化和工程量清单深化的工作中，减少推诿和内耗，使清单编制质量达到可报价的唯一指向，以便减少施工故过程中的工程变更，并提高工程招标工作效率。

5）组织招标答疑与补遗编制、投标文件澄清工作，对投标资料、投标样板进行审查、验证，根据建设单位的要求，参与投标单位相关人员的面试、答辩等工作，对投标方及采购的设备材料进行调研。

6）审查中标候选人技术标书中的施工组织设计及技术方案，审查材料设备的技术参数指标，审查中标候选人商务标书中的清单分项及投标报价，提出存在的问题并提出合理的优化建议。

7）负责本项目涉及的土建项目和各专业系统的设计、咨询、施工、供货及相关的专业合同的起草、谈判，协助签订；对合同履约、变更、索赔进行管理；对合同风险进行分析并制定应对措施。

8）协助建设单位建立品牌库，大型设备、大宗材料统一采购，并在设备招标文件中约定大型设备供应商应提供设备维修手册。

（10）合同管理

合同管理的主要工作内容包括合同签订、合同归档、合同管理台账建立、合同完成情况统计、合同履约评价、不良行为处理等。

1）合同的签订与归档。

中标通知书发出后，项目团队开始组织工程对接会，启动合同签订事宜，合同签订不允许更改招标附件合同的原则性条款，甲乙双方针对合同中出现的错误、异议进行讨论、定稿、提交，经项目组上报审批通过后载入合同条款，形成正式书面合同。合同归档目录清晰，按服务类、工程类、货物类合同分类分别存放以便于查找。

2）合同管理台账建立与完成情况统计。

合同台账管理贯穿项目的全过程，从合同签订流转完毕开始建立合同管理电子台账，台账信息包括：合同名称、乙方、订立时间、进度款合同支付条件和支付时间及支付金额、实际支付时间、记录重大变更发生的原因及产生的费用等，定期更新台账，统计工程完成情况，形成良性工程建设资金使用预警机制。工程类的总包合同和专业分包合同还要另外建立工程变更及现场签证台账，以便清晰统计施工过程中工程费用增加的情况。

3）合同履约评价。

加强对参建单位的监督管理，采用现场检查、工程例会、进度专题会等形式，及时发现参建单位存在问题，督促参建单位加快工程进度。对于因组织不力、管理混乱、投入不足等导致进度缓慢的单位，应及时提出批评、警告，情节严重的应根据合同及相关规定给予记不良行为记录等处罚，并作为履约评价的依据之一与参建单位绩效奖金挂钩。

9.3.4 质量管理

(1) 工程质量管理实行"质量第一,预防为主"的方针。

(2) 工程质量管理实行"计划、执行、检查、处理"(PDCA)循环工作方法,不断改进过程控制。

(3) 不明示或暗示设计和施工单位违反工程建设强制性标准,降低工程质量。

(4) 采用招标方法选择勘察、设计单位,考察勘察、设计单位资质等级、业务范围、质量能力及信誉,还要考察其过去工程的质量水平、技术水平和装备水平以及同类工程经验。

(5) 组织对勘察设计工作进行评价,质量标准须达到勘察设计任务书要求和合同要求。

(6) 鼓励设计单位进行设计方案优化,聘请专家对方案进行全面技术经济分析,最后选择优化的方案。

(7) 督促设计单位对容易产生质量通病的部位和环节,尽量优化细化设计做法。确保施工前所有设计文件都应是确定的、正确的。

(8) 及时组织勘察、设计、监理、施工单位、分包商、材料设备供应商参与施工图会审和设计技术交底,解决好他们之间的协调问题,充分论证施工的可能性、便捷性和安全性。

(9) 在施工过程中督促监理单位按照合同规定和规范的要求进行工程监督管理。

(10) 认真选择施工承包商,审查企业等级、资信及企业形象等。

(11) 在合同中明确规定对施工质量的检查和监督权力,通过合同、委托书或任务单明确质量的要求,确定质量标准、检查和评价方法、奖惩办法。

(12) 监督检查施工单位项目经理部管理人员资格、配备及到位情况;主要专业工种操作工人上岗资格、配备及到位情况。

(13) 监督施工单位严格按照国家现行相关法律、法规、标准和规范以及审查通过的施工组织设计或施工方案进行施工。

(14) 监督施工单位分包管理制度的实施。

(15) 监督施工单位严格执行工序交接"三检"制度。

(16) 监督施工单位严格执行隐蔽工程检查验收制度。

(17) 监督施工单位严格执行施工设计变更和工程变更审批管理程序。

(18) 监督检查质量问题整改,质量事故的处理情况。

(19) 监督检查检验批、分部分项、单位工程质量验收情况,严格执行工程竣工验收程序。

(20) 监督检查施工技术资料的收集和整理情况,做好档案管理。

9.3.5 进度管理

（1）督促勘察单位采取有效措施如期完成工程地质勘察报告。

（2）督促设计单位采取有效措施如期完成初步设计和施工图设计，并提交相应的设计图纸及说明。

（3）及时组织图纸会审和设计单位技术交底，确保工程顺利如期开工。

（4）督促施工单位依据合同和施工图，编制各级施工进度计划。

（5）审核、审批施工进度计划，检查施工单位进场的人员、材料、设备的规格与数量是否满足施工进度的要求，进度计划保证措施是否得当。

（6）及时协调工程建设各方关系，定期检查、监督、考核施工单位进度计划执行情况，特别是关键线路的进度控制，督促施工单位采取有效措施实现工期目标。

（7）督促相关单位依据国家相关法律法规、规范标准进行工程施工进度管理。

（8）积极为施工创造良好的外界条件，减少外界因素对工程进度的影响，使施工单位能全力投入生产。

（9）定期组织召开工程专题会议，研究分析影响进度的主要原因，制定相应的应对措施，并督促各方严格执行。

（10）在保证工程质量的前提下，协调各方采取必要的经济措施的可能性，确保项目进度目标的实现。

9.3.6 安全施工管理

（1）坚持贯彻"安全第一、预防为主、综合治理"的方针。

（2）督促施工单位做好以下施工安全工作：

1）组织员工认真学习安全生产法律法规、标准规范、规章制度及操作规程。

2）建立安全生产投入管理制度。

3）督促施工单位建立特种作业人员持证上岗制度。

4）建立安全用电管理制度。

5）建立施工机械安全技术交底制度，尤其是夏季作业主要做好防触电、防雷、防火、防滑、防洪、防高温等举措。

6）做好"三宝、四口及五临边"的安全防护工作，合理设置安全警示标志。

7）建立施工现场安全检查制度，包括定期安全检查、季节性和节假日前后的安全检查。

8）施工现场必须封闭式管理，做好防抢、防盗安全保卫工作。

（3）督促施工单位做好以下文明施工工作：

1）施工现场显著位置要按标准化要求及时设立明显的各种标牌、警示牌等。

2）按照施工组织设计架设用电线路、用电设施，严禁任意拉线接电。

3）保持施工现场道路及排水系统的通畅，管道线路布局规范合理，机械设备停放整齐，对建筑垃圾及时处理，保持现场清洁。

4）定期对安全设施和劳动保护用具进行检查维护，及时清除隐患。

5）保持施工现场及生活区的环境卫生，采取有效措施防止疾病传播，保护现场人员健康。

6）按规定建立施工现场防火管理制度，布置消防设施，建立健全消防应急处置能力。

7）施工中采用洒水来控制扬尘，以免影响旅客正常出行，施工垃圾在完工后及时清扫，按指定地点弃置或掩埋，废弃的砂、石、泥土运至规定的专门存放地堆放。

8）严禁在施工现场焚烧会产生有毒、有害烟尘和恶臭的物质。

9）施工产生的污水，要经沉淀池沉淀后回收利用或者排放。

9.3.7 协调沟通管理

（1）本项目实施范围内涉及电力、通信及管道等多项内容的迁改，前期重点协调各参建方、产权单位进行充分的现场踏勘核实，在线路调查过程中，做好详细记录；施工中协调各方施工关系，确保迁改节点目标。

（2）本项目毗邻绍兴高铁北站，施工期间车站正常营运，因此交通导改任务艰巨，交通导改的好坏直接影响现场施工的实际施工进度，充分协调设计、施工单位及车站管理单位等积极推进导改事项，始终坚持科学、有效、便捷的原则，尽力将旅客出行影响降至最低。

（3）项目施工任务范围较大、施工单位数量较多，施工单位之间交叉施工的情况较普遍，充分做好各施工单位之间的协调和有效沟通，以达到施工和谐的目的，确保各区块的同步推进。

9.4 重难点及措施

9.4.1 现场用电配额确定困难

施工现场有许多用电设备，如塔式起重机、钢筋加工机械、木工加工机械以及水泵、电焊机、照明设备等，本工程按桩基础施工、主体结构、钢结构、二次结构及机电安装、装饰装修及室外专业用电统计分析，其中基础及主体结构施工阶段属施工用电高峰期。

针对该问题，参考其他项目的临电办理经验及公司专业委的技术支持，在图纸和经验的支撑下,项目部组织成员对现场用电平均值及用电高峰期用电总额度进行分析。最终确定临电申请办理按照用电高峰阶段进行核算。结合项目实体工程量,对现场用电设备进行统计,编制用电设备功率统计表。项目部利用《工业与民用供配电设计手册》中的电压计算公式,满载条件下,对场地内用电设备及总额度进行测算,确定场地内临变工程,向业主提交临时供电申请方案。及时向绍兴市供电管理所提交了供电申请,使得临变接电施工比原计划时间节点提前通电20d。

9.4.2 临电接驳点及现场布置走向困难

施工现场用电总电源从A区块场地跨河西南侧嘉汇变电房引出,分往场地内8台临时箱变,后因用电需求,新增一台,总数9台。

针对此问题,项目团队在得到招标图纸后,对图纸进行熟悉和梳理后初步确定管线路由。场地外:考虑A区块场地西区与嘉汇变接驳处有规划人行桥,高压临电应避开桥桩(墩),沟通临电施工单位(绍兴市供电班)及测绘单位,对规划人行桥进行点位放线,路由避开影响位置;场地内:从接驳口处过嘉汇江进入地块西侧处与A区块A基坑边线仅10m距离,也需要定点放线,在解决这两点问题的基础上,向场地内延伸,在项目红线范围内,沿河(延红线边)对临电进行布置,并结合与项目相邻在建工程的整体规划,将A区块临电办理与TOD综合体及隧道交通相结合,在与绍兴电力大名设计院现场踏勘梳理确认临电入场的路线并取得初步设计的路线图纸后,发现7号、8号临变与规划的轨道交通C-2环隧处施工界面交叉重叠,该环隧施工围堰桩基施工时将会导致设计图纸上路线切断,根据《电力工程电缆设计规范》GB 50217—2007(目前已被《电力工程电缆设计标准》GB 50217—2018取代)及绍兴市地方规章要求,电缆是不允许直接在地面上架设的要求,会同大名设计院及绍兴市轨道交通公司现场讨论路由走向及临变基础安装位置,最终确认在不影响整体施工及保证本地块用电需求的情况下,将原设计安置在北站站房东侧的7号、8号临变安置在C-2环隧以西侧20m范围外,最终解决路由与整体规划冲突问题。

9.4.3 场地内需迁改管线多、范围广、需协调沟通部门多

绍兴北站TOD综合体项目(A区块)北临高铁站房,南靠嘉会河,东接车站东路,西临杭绍台高速及大越路,基坑开挖面积约87074.3m^2,基坑南北向长约160m,东西向宽约680m,开挖深度最深20.7m,基坑支护等级为一级。地下室结构为3层,局部地下4层。周边工程管线复杂且紧邻高铁站房和嘉汇江,场地北侧为绍兴高铁北站,且工程施工时,高铁正常运营。基坑距离高铁站房雨篷处最小距离为8.5m,给予设置临电等管线的位置紧张。场地综合管线复杂,地连墙、桩基施工前阶段需要对部分管线进线加固处理、迁改。

站前区域：该项目紧邻现有站房，因为该项目地理位置的特殊性，所以导致迁改难度大，涉及管线单位广。绍兴北站TOD综合体项目基坑所处范围为原有北站站前广场，东半区为商业性质的"中国阳光商城"，根据建筑使用性质，项目团队多次进行现场踏勘，除中广有线外，仅仍在使用中的站房监控、通信、信号机房就有两所，还有涉及的建筑内外部消防、给水、排污等管道；中间区域为原交投产业公司办公楼，原交通指挥信息系统等强弱电设备的拆除及清点，场地西侧现存使用中通信塔、公交换乘中心需拆除，如何在管线迁改中还要确保这些地方拆除前的强弱电的正常使用，也是难题。

站前路网：车站东路布设有电力（高铁北站站房专供）、自来水管、雨水管、燃气管（$DN400$）、电信通信管线（高铁北站站房专供）及镜湖印染污水管、美佳热力管等，需在施工前进行迁改。

针对以上难点，项目团队及时联系地块内既有建筑物管理单位，进行原有管线图纸交底，对场地内现存的给水、消防、燃气、电力、污水管线，根据交底及图纸进行摸排，做到点位及开关站各路管道阀门点位做到心中有数。就管线迁改对涉及的各部门，分别进行大量的管线征询工作，对管线征询单位给出的意见进行梳理后总结出自己的方案建议，及时汇报建设单位。在管线迁改施工过程中提供我们的咨询及技术帮助，帮助施工单位及时准确了解管线现状，为管线迁改的顺利实施作出的成果性工作得到建设单位及管线部门的认可。

第四篇

管理工具展示

第 10 章 项目管理类表格模板

第10章　项目管理类表格模板

10.1　项目进度管理报告（表10-1）

项目进度管理报告　　　　　　　　　表10-1

报告编号：
报告日期：
报告单位：　　　　　　　　　　　　　　（截至　年　月　日）

进展状态	
基准进度计划对比进度情况	
施工人员	
未来60d主要目标	根据目前进度延迟分析，要实现以上目标
其他	材料采购 施工组织安排

10.2 关键日期完成确认书(表 10-2)

关键日期完成确认书　　　　　　表 10-2

年　月　日

承包商代表: 承包商: 项目: 合同编号: 合同名称:_____工程 阶段完工证书 项目经理_____: 依据合同通用条件_____和_____条,我方特此声明以下工程阶段于下述日期完成: 阶段　　　　　关键日期　　　　　阶段工作　　　　　完成日期   本信函不免除贵方在合同中的后继所有义务。   项目管理方代表:

10.3 成果交付确认表（表10-3）

_____项目成果交付确认表　　　　　表 10-3

交付件	方案阶段 □　　初步设计阶段 □　　施工图阶段 □	
份数	纸质　　份	电子　　份

交付内容及说明：

交付人：　　　　　　　　　　　　　　年　月　日

签收意见：

签收人：　　　　　　　　　　　　　　年　月　日

10.4 招标呈批表（表10-4）

_____招标呈批表　　　　表10-4

项目名称：

工程名称			
分类	□招标公告　□招标文件　□补遗　□中标通知书　□招标投标完成情况报告		
招标范围			
招标金额			
招标时间			
招标方式			
中标单位			
中标金额			
范本版本号			
增减条款号			
修改条款号			
项目组意见	项目管理	专业工程师意见： 签名及日期：	造价工程师意见： 签名及日期：
		项目经理意见： 签名及日期：	
	管理站	专业工程师意见： 签名及日期：	造价工程师意见： 签名及日期：
		项目主任意见： 签名及日期：	
合同预算处审查意见	经办人	年　月　日	
	负责人	年　月　日	
署领导批示	年　月　日		

10.5 合同呈批表(表 10-5)

_____合同呈批表　　　　　　表 10-5

工程名称：

合同名称	
合同编号	
合同金额	
发包范围	
承包单位	
计划履行时间	年　月　日至　年　月　日

项目组意见	项目管理	专业工程师意见： 签名及日期：	造价工程师意见： 签名及日期：
		项目经理意见： 签名及日期：	
	住宅工程管理站	专业工程师意见： 签名及日期：	造价工程师意见： 签名及日期：
		项目主任意见： 签名及日期：	
合同预算处	合同工程师意见： 签名及日期：		
	负责人意见： 签名及日期：		
署领导批示	 　年　月　日		
校稿人		校审人	

注：在建设工程交易中心公开招标的工程，各项目组在合同签订后应及时办理施工许可证。

10.6 合同履约评价报告（表 10-6）

_____合同履约评价报告（年度第____次评价）　　　表 10-6

合同情况	合同名称： 合同金额： 合同类别： 履约单位： 发包方式： 开工日期： 竣工日期：	
评价等级	优秀□　　良好□　　合格□　　不合格□	
综合评价		
评价人员	项目管理项目负责人：	项目主任 （或前期处负责人）：

10.7 专家意见评审表（表10-7）

专家评审意见表　　　　　　　　　　　　　　　表 10-7

评审议题	
评审时间	评审地点
总评意见	通过（　）　　不通过（　）　　（括号内划√）

评审意见：

专家签名：

　　　　　　　　　　　　　　　　　　　　　　　　　　　　年　　月　　日

10.8 成果交付确认表（表10-8）

成果交付确认表　　　　　　　　　　　表10-8

交付件	方案阶段 □　　初步设计阶段 □　　施工图阶段 □	
份数	纸　质　份	电　子　份

交付内容及说明：

交付人：　　　　　　　　　　　年　月　日

签收意见：

签收人：　　　　　　　　　　　年　月　日

10.9　工程现场会签单（表 10-9）

工程现场会签单　　　　　　　　　　　　　　表 10-9

时间		编号	
会签事由			

会签内容及申请费用：

　　　　　　　　　　　　　　　　　　　　　　　　　　　　年　　月　　日

施工总包会签意见：

　　　　　　　　　　　　　　　　　　　　　　　　　　　　年　　月　　日

监理单位会签意见：

　　　　　　　　　　　　　　　　　　　　　　　　　　　　年　　月　　日

设计单位会签意见：

　　　　　　　　　　　　　　　　　　　　　　　　　　　　年　　月　　日

项目管理部会签意见/建设单位会签意见：

　　　　　　　　　　　　　　　　　　　　　　　　　　　　年　　月　　日

10.10 图纸审查意见（表 10-10）

图纸审查意见　　　　　　　　　　　表 10-10

审查阶段	方案阶段 □　　初步设计阶段 □　　施工图阶段 □		
审查专业			
图号	序号	审查意见	回复意见
审核人		日期		回复人签署
验证人		日期		日期

10.11 投资控制责任表（表10-11）

投资控制责任表　　　　　　　　　　　　　　　　　　表10-11

工程名称		建安工程总造价	
工期		建筑总面积	
总责任人		造价负责人	
其　中			
序号	专业名称	项目造价（万元）	责任人	备注
1				
2				
3				
4				
	合计			

注：各分管项目责任人应严格控制造价，不得突破项目造价。

10.12 设计变更洽商记录（表10-12）

设计变更洽商记录　　　　　　　表 10-12

项目名称：　　　　　　　　　　　　　　　　　　　编号：

会议时间		主持人	
会议地点		专业	
变更初稿编号		估算金额	

变更主要事项：

洽商记录：（设计变更原因、变更的合理性，对工程造价与工期的影响）

施工单位：	监理单位：	设计单位：	项目管理公司：
			项目组：

10.13 工程变更发包人员审批表（表10-13）

工程变更发包人员审批表　　　　　　　　　　表10-13

工程名称		合同金额（万元）	
工程变更编号		累计变更估算金额（万元）	

项目管理公司意见：本次变更金额估算＿＿＿＿＿元 签名及日期：
项目组专业工程师意见：本次变更金额估算＿＿＿＿＿元 签名及日期：
项目主任意见： 签名及日期：
前期技术部意见： 签名及日期：
□二类变更　　站招标领导小组意见　　□一类变更　　站招标领导小组意见 ＿＿＿年＿＿月＿＿日第＿＿次招标领导小组审议意见如下： 合同预算部经办人：　　　　　年　月　日　　负责人：　　　　年　月　日
分管站领导意见： 签名及日期：

注：本表为发包人内部审批表，一式一份，由项目组存档。对于二、三、四类变更，由项目组专业工程师填写此表，按变更管理办法规定进行发包人审批。

10.14 变更预算表(表10-14)

变更预算表　　　　　　　　　　　　　　　　表 10-14

GD2202SZ005□□

单位(子单位)工程名称：　　　　　合同号：　　　　　设计变更申请表编号：

序号	变更单号	定额编号或清单中的编号	变更内容	增减工期天数	单位	单价	变更前工程量	变更后工程量	工程量增减	金额增减	备注

本变更增减工期数：□延长　　天，□缩短　　天	工期计算说明：工期计算以监理单位、发包人审核确认的工期为准。

造价工程师签字(盖章)：　　　　　　　　　　　　　　　　单位(盖章)：

　　　年　月　日　　　　　　　　　　　　　　　　　　　　年　月　日

说明：应附工程量计算书；应在备注栏说明单价是合同工程量清单单价，还是新增单价；若为合同单价，应注明清单中的序号；若为新增单价，应附综合单价分析表(详表)，并说明下浮比例。

10.15 设计变更审核确认表（表 10-15）

设计变更审核确认单 表 10-15

建设单位						
工程名称						
施工单位						
变更单号		累计___（份）			审查性质	变更
施工单位送审造价（元）						
审核造价（五方确认造价）(元)			增减额（元）			
审核造价大写（人民币：元）						
已审核变更累计金额（元）						
审核依据：						
变更原因：						
施工单位盖章 代表： 年 月 日	监理单位盖章 代表： 年 月 日	造价咨询单位盖章 代表： 年 月 日		项目管理公司盖章 代表： 年 月 日		建设单位盖章 代表： 年 月 日

10.16 工程款支付审批表（表10-16）

工程款支付审批表　　　　表 10-16

申报单位（盖章）：　　　　　　　　　　　　　年　月　日
单位：元

工程名称		申报单位	经办人：	监理单位意见	专业工程师：
合同价			联系电话：		造价工程师：
已付款累计					
已付款占合同价比例	％		负责人：		总监：
本次申请金额					
含本次申请额累计付款占合同价比例	％				
项目管理公司意见	经办人： 负责人：	项目组意见	专业工程师： 造价工程师： 项目主任：	前期和技术部意见	经办人： 部长：	财务部意见	经办人： 部长：	分管站领导意见	分管站领导：

10.17 工程款支付汇总表（表10-17）

工程款支付汇总表　　　　　　　　　　　表10-17

工程名称			合同号			
施工单位申报						
合同总价 A	前期累计完成工程金额 B	前期累计已付金额 C	本期完成工程金额 D	本期应扣金额 E	本期应付金额 F＝B＋D－C－E	本期累计支付比例 G＝(C＋D－E)/A

项目经理：　　　　　　　　　　　　　　　　　　承包单位（公章）：
日　　期：　　　　　　　　　　　　　　　　　　　年　月　日

监理工程师审核						
合同总价 A	前期累计完成工程金额 B	前期累计已付金额 C	本期完成工程金额 D	本期应扣金额 E	本期应付金额 F＝B＋D－C－E	本期累计支付比例 G＝(C＋D－E)/A

专业监理工程师：　　　　项目管理公司：
总监理工程师：　　　　　　　　　　　　　　建设单位项目负责人：　　　　（公章）
日期：　年 月 日　　　日期：　年 月 日　　　日期：　年 月 日

10.18 工程量计算书（表 10-18）

工程量计算书　　　　　　　　　表 10-18

××工程			
编号：（　　　）			
合同段：	承包人：	监理工程师：	
支付清单号		项目名称	
位置		部位	
图号		工程报验单编号	
计算草图及计算式：			
工程数量		计算单位	
承包人		驻地监理工程师	
承包人		监理（计量）工程师	

10.19 预(结)算呈批表(表10-19)

预(结)算呈批表　　　　　　　　　　　　表 10-19

工程名称			
分类	□概算　　□标底　　□预算　　□结算		
合同编号			
合同金额	元		
承包单位		报送价(元)	
监理单位		审核价(元)	
造价咨询单位		编制价(元)	
项目管理公司	专业工程师意见： 项目经理意见： 签名及日期：		
项目组意见	专业工程师意见： 签名及日期： 项目主任意见： 签名及日期：		
合同预算处意见	造价工程师意见： 签名及日期： 负责人意见： 签名及日期：		
项目分管署领导批示	签名及日期：		
总经济师	签名及日期：		

10.20 质量交底记录（表 10-20）

质量交底记录　　　　　　　　　　　表 10-20

编号：

工程名称				
施工单位				
监理单位				
日期		年　月　日	地点	
参加交底人员签到	项目管理部			
	施工监理部			
	施工单位			
交底内容				
备注				
签名	项目管理部		施工监理部	
	施工单位			

10.21 工程质量检查记录表（表10-21）

工程质量检查记录表　　　　　　　　　　　　　　　　　表10-21

编号：

工程名称		检查时间	年　月　日
参与检查单位			
检查内容	现场巡查情况：		
	实测实量情况：　　　检查___点，合格___点，合格点率___%		
	质保体系检查情况：		
质量问题整改意见			
质量问题整改验收记录			
附件	☐1. 参加检查人员签到表； ☐2. 实测实量分项检查记录表； ☐3. 现场质量问题的图片		

10.22 重大质量问题、质量事故报告表（表 10-22）

重大质量问题、质量事故报告表　　　　　表 10-22

编号：

工程名称	
施工单位	
质量问题（事故）情况及影响	
原因分析	
整改意见	
整改检查情况	

10.23 安全生产、文明施工记录（表10-23）

安全生产、文明施工记录　　　　　　　　　表 10-23

编号：

工程名称				
施工单位				
监理单位				
日期	年　月　日		地点	
交底内容				
参加人员				
备注				
签名	项目管理部		施工监理部	
	施工单位			

10.24 安全文明施工检查记录表(表10-24)

安全文明施工检查记录表 表10-24

工程名称		检查时间	年　月　日
参与检查单位			
检查内容	现场巡查情况：		
	安全保证体系检查情况：		
安全问题整改意见			
安全问题整改验收记录			
附件	□1.参加检查人员签到表； □2.现场安全问题的图片		

10.25 安全事故报告表（表10-25）

安全事故报告表　　　　　　　　　　　　表10-25

项目名称	
事故发生时间	
事故发生地点	
事故类别、严重程度	
事故伤亡人数	
伤亡人数基本情况	
事故简要经过： 抢救措施： 项目经理：　　　　　　　　　　　年　月　日	
备注：	

10.26 工程样板验收表（表10-26）

工程样板验收表　　　　　　　　　　　　　　　　表10-26

工程名称：　　　　　　　　　　　　　　　　　　编号：

合同名称	
施工单位	
样板施工部位	施工时间　　年　月　日

施工样板	质量标准：
	存在问题：
综合验收意见	□ 不符合设计与规范要求，需返工整改 □ 符合设计和规范验收要求，无变更，可以大面积展开施工 □ 符合设计图纸，但设计上需作调整/变更，调整/变更意见
验收签认	施工单位：　　　　　　　　　监理单位： 项目负责人：　　　　　　　　总监理工程师： 设计单位：　　　　　　　　　使用单位：（在涉及装饰效果或使用功能的样板时参加，质量样板不参与验收） 负责人： 　　　　　　　　　　　　　　负责人： 项目管理单位： 　　　　　　　　　　　　　　专业工程师： 　　　　　　　　　　　　　　项目经理：

10.27 保修通知书（表10-27）

保修通知书　　　　　　　　　　　　　　　　　　　　　　　表10-27

工程名称				
使用单位				
	保修负责人		电话	
	联系人		电话	
保修责任单位				
	项目负责人		电话	
工程咨询单位				
	总监		电话	
住宅工程管理站	项目负责人		电话	
工程竣时间			房屋建筑工程保修书编号	
质量缺陷情况简介				
	主要专业或设备			
使用单位意见（公章）				
保修责任单位签收人		日期		电话
工程咨询单位签收人		日期		电话

10.28 质量缺陷处理备案表（表 10-28）

质量缺陷处理备案表　　　　　表 10-28

工程名称				
使用单位				
	联系人		电话	
物业公司				
	联系人		电话	
保修责任单位				
	项目负责人		电话	
工程咨询单位				
	总监		电话	
住宅工程管理站	项目负责人		电话	
保修通知时间			房屋建筑工程保修卡编号	
质量缺陷修完成情况				
	实际完成时间			
工程咨询单位意见（公章）				
使用单位意见（公章）				

10.29 质量回访单(表10-29)

质量回访单　　　　　　　　　　　　　　　　　　　表10-29

工程名称				
使用单位				
	联系人		电话	
物业公司				
	联系人		电话	
保修责任单位				
	项目负责人		电话	
工程咨询单位				
	总监		电话	
住宅工程管理站	项目负责人		电话	
质量回访时间				
使用单位对保修工作的意见及问题				
保修责任单位解决措施				
工程咨询单位意见（公章）				
使用单位意见（公章）				

10.30 质量控制报告（表 10-30）

质量控制报告　　　　　　　　　表 10-30

区域	检查方法 （目标检查/冲突检查/ 标准检查/元素验证）	检查内容	检查结果	检查人	负责人	整改意见

10.31 设计阶段 BIM 实施计划样表（表 10-31）

设计阶段 BIM 实施计划样表　　　　　表 10-31

项目阶段	实施单位	BIM模型深度	工作范围	方案模型阶段				初设模型阶段				施工图模型阶段			
				预计开始时间	预计结束时间	预计完成耗时（工作日）	完成内容	预计开始时间	预计结束时间	预计完成耗时（工作日）	完成内容	预计开始时间	预计结束时间	预计完成耗时（工作日）	完成内容

10.32 施工阶段 BIM 实施计划样表(表 10-32)

施工阶段 BIM 实施计划样表　　　　表 10-32

项目阶段	实施单位	BIM模型深度	工作范围	深化模型阶段				模型应用阶段				竣工模型阶段			
				预计开始时间	预计结束时间	预计完成耗时(工作日)	完成内容	预计开始时间	预计结束时间	预计完成耗时(工作日)	完成内容	预计开始时间	预计结束时间	预计完成耗时(工作日)	完成内容

10.33 项目应用成果文件审查表（表 10-33）

项目应用成果文件审查表　　表 10-33

项目名称：

审查内容	
提交时间	
审查要点	
审查结论	

审查单位		审查人		审查时间	
审核单位		审核人		审核时间	
批准单位		批准人		批准时间	

10.34 项目问题收集、反馈表（表10-34）

项目问题收集、反馈表　　　　　表10-34

记录人		记录日期		问题编号		
图号、图名、版本				标高		
				轴号		
问题描述						
图例一				图例二		
答复意见				答复人		
				答复日期		

10.35 BIM 模型综合审查表（表 10-35）

BIM 模型综合审查表　　　　　表 10-35

项目名称：

序号	检查项目	综合审查			备注
		免列	符合	不符合	
1	统一的原点				
2	模型拆分				
3	中心文件命名				
4	系统划分				
5	工作集划分				
6	视图命名				
7	构件命名				
8	模型深度				按项目 BIM 实施标准执行
审查结论：					

审查单位：

审查人：　　　　　　　　　审查时间：

10.36 BIM模型精细度审查表（建筑）(表10-36)

BIM 模型精细度审查表（建筑） 表10-36

项目名称： 专业：建筑

序号	模型构件	模型精细度要求（项目负责人填写）	模型检测精细度（在对应的精细度下打"√"）					备注
			LOD100	LOD200	LOD300	LOD400	LOD500	
1	外立面幕墙							
2	墙体							
3	楼板							
4	屋顶							
5	门							
6	窗							
7	天花板							
8	扶手、栏杆							
9	楼梯（含坡道、台阶）							
10	场地							
11	建筑柱							
12	室外井							

审查结论：

10.37 BIM 模型精细度审查表（结构）（表 10-37）

BIM 模型精细度审查表（结构)　　　　　表 10-37

项目名称：　　　　　　　　　　　　　　　　　　专业：结构

序号	模型构件	模型精细度要求（项目负责人填写）	模型检测精细度（在对应的精细度下打"√"）					备注
			LOD100	LOD200	LOD300	LOD400	LOD500	
1	预留洞							
2	剪力墙							
3	楼梯							
4	结构板							
5	结构梁							
6	结构柱							
7	梁、柱节点							
8	预埋件及支吊架							
9	承台基础							
10	桩							
11	桁架							
审查结论：								

审查单位：　　　　　　　　　　审查时间：

10.38 BIM模型精细度审查表(给水排水及消防)(表10-38)

BIM模型精细度审查表(给水排水及消防)　　　　表10-38

项目名称：　　　　　　　　　　　　　　　　　　　专业：给水排水及消防

序号	模型构件	模型精细度要求（项目负责人填写）	模型检测精细度（在对应的精细度下打"√"）					备注
			LOD100	LOD200	LOD300	LOD400	LOD500	
1	给水管							
2	污水管							
3	通气管							
4	雨水管							
5	煤气管							
6	热力管							
7	喷淋							
8	消火栓							
9	给水排水泵及消防泵							
10	水箱							
11	卫生器具							
12	阀门							
13	仪表							
14	其他附件							

审查结论：

审查单位：　　　　　　　　　　　　审查时间：

10.39 BIM 模型精细度审查表（暖通）（表 10-39）

BIM 模型精细度审查表（暖通）　　　　　　　表 10-39

项目名称：　　　　　　　　　　　　　　　　　　　　　　　专业：暖通

序号	模型构件	模型精细度要求（项目负责人填写）	模型检测精细度（在对应的精细度下打"√"）					备注
			LOD100	LOD200	LOD300	LOD400	LOD500	
1	冷热源设备							
2	空调设备							
3	风机							
4	风机盘管							
5	新风风管							
6	回风风管							
7	排风排烟风管							
8	冷热水管							
9	水泵							
10	排风/烟口							
11	回风口							
12	送风口							
13	静压箱							
14	阀门							
15	其他附件							

审查结论：

审查单位：　　　　　　　　　　　　审查时间：

10.40 BIM 模型精细度审查表（电气）(表 10-40)

BIM 模型精细度审查表（电气）　　　　　　表 10-40

项目名称：　　　　　　　　　　　　　　　　　　　　　　　　　专业：电气

序号	模型构件	模型精细度要求（项目负责人填写）	模型检测精细度（在对应的精细度下打"√"）					备注
			LOD100	LOD200	LOD300	LOD400	LOD500	
1	发电机							
2	变压器							
3	配电箱							
4	控制柜							
5	强电桥架							
6	弱电线槽							
7	灯具							
8	开关、插座							
9	接线箱							
10	电线电缆							
11	避雷设备							
12	火灾报警							
13	弱电设备							

审查结论：

审查单位：　　　　　　　　　　　　　审查时间：

10.41 档案移交清单（表10-41）

档案移交清单　　　　　　　　　　　　　表10-41

			项目管理	
文件类型			编码	
项目名称			密级：□保密　□普通	

序号	名称	编号	类别	页数	份数	备注

移交单位（盖章）： 经办人： 负责人： 时间：	接收单位（盖章）： 经办人： 负责人： 时间：

10.42 用印申请单（表 10-42）

用印申请单 表 10-42

			项目管理	
文件类型			编码	
项目名称			密级：□保密　□普通	
日期		申请人		数量	
印章名称	□项目章 □公章 □合同章			
用印内容				
发往单位				
项目管理部意见			日期	
住宅工程管理站意见			日期	
备注				

10.43 文件作废登记表(表10-43)

文件作废登记表 表10-43

		项目管理	
文件类型		编码	
项目名称		密级:□保密 □普通	

序号	文件名称	文件编号	申请作废部门/人	作废原因	申请日期	批准人签字	批准日期	备注

10.44 工作联系单（表10-44）

工作联系单　　　　　　　　　　　　　　　表10-44

		项目管理	
文件类型		编码	
项目名称		密级：□保密　□普通	
函文等级	□重要　□一般　□流转　□告知　□其他：_____	回复：□是　□否	

主送：

抄送：

提要：	传递方式：□传真　□电子邮件　□直接送交　□快递		
	拟函人	签发人	日期

致：

附件：

　　　　　　　　　　　　　　　　　　　　　　　　　　项目管理部

　　　　　　　　　　　　　　　　　　　　　　　　　　日期：

签收单位：	签收人：	日期：

注：如本函需回复，则本函主送单位及抄送单位接收人请在签收之日后3d内（除非另有说明）以书面回复发函方。

10.45 工作指令单（表10-45）

工作指令单　　　　　　　　　　　　　　　　　　　表10-45

		项目管理	
文件类型		编码	
项目名称		密级：□保密　□普通	
函文等级	□重要　□一般　□流转　□告知　□其他_____	回复：□是　□否	
主送：			
抄送：			
提要：	传递方式：□传真　□电子邮件　□直接送交　□快递		
	拟函人	签发人	日期

致：

附件：

　　　　　　　　　　　　　　　　　　　　　　　　　　　　项目管理部

　　　　　　　　　　　　　　　　　　　　　　　　　　　　日期：

收函单位反馈意见：

注：工作指令单为项目管理关于较为重要事项而下发的工作指令，例如涉及较大投资、较大变更、功能性调整、较大风险预警、较大安全隐患、工程暂停/停工等重要事项。收函单位必须尽快做出反馈。

10.46 工作流转单（表10-46）

工作流转单　　　　　　　　　　　　　　　　　表10-46

	项目管理
文件类型	编码
项目名称	密级：□保密　□普通
文件名称	
原文编号　　　　　　收文编号　　　　　　收文日期	

项目负责人签批意见：
是否需项目分管领导签批　□是　□否
项目负责人：　　　　　　　　年　月　日
有关人员签字：（根据项目负责人签批意见需有关人员传阅时可在□内打√）：
□　　　　　　　　　　□
□　　　　　　　　　　□
□　　　　　　　　　　□
□　　　　　　　　　　□
□　　　　　　　　　　□
项目分管领导签批意见：
项目分管领导：　　　　　　　年　月　日
情况反馈（如需要）：
经办人签字：　　　　　　　　年　月　日

注：项目负责人一般在下列情况下，需要向住宅工程管理站主管领导报告：
　　1. 涉及项目管理公司将要作出的重大决策；
　　2. 代表项目管理部和合作单位对有关重要问题进行处理；
　　3. 涉及项目管理部与其他组织的重大纠纷或矛盾的处理。

10.47 会议通知单（表10-47）

会议通知单　　　　　　　　　　　　　　　　　表10-47

		项目管理	
文件类型		召集人	
项目名称		密级：□保密　□普通	
会议内容				
时间		主持人	
地点			
参会人员			
单位		人员	
会议主题			
会议议程及目的			
1			
2			
会议资料准备			
1			
2			

10.48 会议签到表（表10-48）

会议签到表　　　　　　　　　　　　　　表10-48

会议名称				主持人	
会议时间		会议地点		记录人	
参加人员签到					
序号	公司名称		姓名	职务	联系方式
1					
2					
3					
4					
5					
6					
7					
8					
9					
10					
11					
备注:					

10.49 会议纪要（表10-49）

会议纪要 表10-49

			项目管理	
文件类型	☐ 项目管理例会会议纪要 ☐ 工程例会会议纪要 ☐ 专题会议纪要 ☐ 其他		编码	
项目名称			密级：☐保密　☐普通	
会议议题		会议时间		
		会议地点		
与会人员		会议主持		

序号	会议信息/决议/任务	执行单位/责任人	计划完成日期	实际完成日期	备注
1	往期遗留问题				
1.1					
2	设计管理				
2.1					
3	审批及配套				
3.1					
4	采购、合约及造价管理				
4.1					
5	进度管理				
5.1					
6	现场管理				
6.1					
7	信息管理				
7.1					
8	沟通协调				
8.1					
9	风险管理				
9.1					
10	其他事项				
10.1					
11	下次会议				
11.1					

注：请仔细阅读该会议纪要，如有任何问题，请在收到该会议纪要后2d内告知发文单位。逾期无异议，视为接受该会议纪要中的相关内容。

记录人：　　　　　　签发人：　　　　　　日期：

10.50 项目管理周报表（表 10-50）

项目管理周报表　　　　　　　　　　　　　　　表 10-50

		项目管理
文件类型		编码
项目名称		密级：□保密　□普通

一、三周滚动工作计划

1. 主要任务事项（时间轴：　年　月　日至　年　月　日）

序号	工作任务	执行单位及责任人	计划/实际完成日期	备注
1				
1.1				
1.2				
1.3				
2				
2.1				
2.2				
2.3				
3				
3.1				
3.2				
3.3				

2. 会议情况

序号	会议时间、地点	会议主题	内容及决议	文件编号
1				

3. 收发文记录

类型	序号	发文（收文）单位	内容说明	文件类型	时间

二、需建设单位协调事项

序号	事项内容	备注说明

三、安全、风险事项提示

序号	事项内容	备注说明

附表　参建单位简称

简称	单位	简称	单位	简称	单位

注：参建单位的名称和简称将随着项目的推进逐渐增加。

10.51 项目管理月报（表 10-51）

项目管理月报　　　　　　　　　　　　　　　　表 10-51

（20＿＿年＿＿月 总第＿＿月）

		项目管理
文件类型		编码
项目名称		密级：□保密　□普通
主送：		
抄送：		
日期：		
一、工程进展情况 1.1　许可及审批状态一览表 1.2　设计进展情况 1.3　工程采购合约一览表 1.4　工程施工进展 1.5　工程验收一览表 二、本月任务完成情况 三、下月工作计划 四、存在的问题及建议 五、照片		

10.52 项目管理专报（表10-52）

项目管理专报　　　　　　　　　　表10-52

（20＿＿年＿＿月＿＿日　总第＿＿项）

		项目管理
文件类型		编码
项目名称		密级：□保密　□普通

主题：

主送：

抄送：

日期：

一、背景
二、存在问题
三、风险评估
四、解决建议

10.53 关键人员临时离场申请单（表 10-53）

项目关键人员临时离场申请单　　　　　　　　　表 10-53

申请日期：

公司名称		姓名		岗位	
离场日期	年　月　日　至　年　月　日				
离场事由					
被授权人	姓名		职务		联系电话	
替班人	姓名		职务		联系电话	
承包商（项目经理）意见（签章）		监理（总监）意见（签章）		业主/管理公司项目经理意见	

说明：1. 需提前 2 天提出申请。
2. 承包商的关键人员为项目职位为副经理以上。
3. 监理关键人员为监理工程师以上。
4. 临时离场人员离开 3 个自然日内的，需有授权，填写"被授权人"一栏。
5. 临时离场人员离开 3 个自然日以上的，需有本项目以外替班人，填写"替班人"一栏。